ESG 배려의 정치경제학

배려의 정치경제학

안치용·이윤진 지음

마인드큐브

21세기 우리의 긴 여로는 밤으로 향하는가, 빛으로 향하는가

- ESG자본주의로 지속가능한 미래를 모색하는 '배려의 정치경제학'을 제안하며

유진 오닐(Eugene O'Neill, 1888~1953년)은 미국 현대 연극의 아버지로 불리는 매우 중요한 미국 작가다. 호텔 방에서 태어나 호텔 방에서 삶을 마감한, 매우 불행한 개인사로 유명하다. 오닐의 많은 작품 가운데 스스로 '피와 눈물로 점철된 오랜 슬픔의 연극'이라고 평한 〈밤으로의 긴 여로(Long Day's Journey into Night)〉는 사후인 1956년에 초연(初演)·출간됐다. 작가의 개인사가 고스란히 녹아든 자서전적 작품이어서 오닐이 생존 시 공표하지 못하게 했다.

오닐의 작품을 포함해 서구 문학엔 기독교의 맥락이 빈번하고 깊숙이 깔려 있어 번역문으로 그들의 문학을 접하는 우리 같은 이방인은 그 맥락을 종종 놓친다. 제목 '밤으로의 긴 여로(Long Day's Journey into Night)'가 그러한데, 구약성서 열왕기상 19장 4절의 "자기 자신은 광야로 들어가 하룻길쯤 가서(개역개정)"와 연관된다. 여기서 자기 자신은 구약성서의 대표적 인물 엘리야를 말하며 영어 성서는 "He himself went a day's journey into the wilderness"로 되어 있다.

'광야로의 하루의 여로(A Day's Journey into The Wilderness)'가 '밤으로의 긴 여로(Long Day's Journey into Night)'로 살짝 변용됐다. 구약성서의 전후 내용을 약간 설명하자면, 이스라엘 왕 아합(허먼 멜빌의 소설 〈모비딕〉의 선장 이름으로도 사용된 이스라엘의 유명한 왕)과 아내 이세벨은 종교적인 이유로 엘리야와 대립하고 싸우다가 엘리야가 '광야로의 하루의 여로'를 시작하기 직전에 "이세벨이 사신을 엘리야에게 보내어 이르되 내가 내일 이맘때(By Tomorrow about This Time)에는 반드시 네 생명을 저 사람들 중 한 사람의 생명과 같게 하리라"고 말한다. 즉 권력자(이세벨)로부터 "넌 24시간 안에 죽은 목숨이야"란 통첩을 받고 서둘러 도망치는 모습이 '광야로의 하루의 여로'다. 하루(A Day's Journey) 안에 생사가 갈리는 긴박한 상황이다.

연극의 '긴 하루(Long Day's Journey)'는 "피와 눈물로 작성된 슬픔"을 뚜렷하게 보여주지만, 구약성서만큼 긴박하지는 않다. 또 긴(Long)이란 수

ESG 배려의 정치경제학

식어에도 불구하고 희곡 안의 시간은 아침부터 자정 무렵까지로, 성서와 달리 하루(A Day's Journey)를 다 채우지 않았다.

이쯤 되면 이 글이 이 책의 서문으로 맞느냐는 의문을 품는 독자가 나올 법하다. 나에게 인류의 21세기는, 생사가 갈리는 긴박한 상황에서 이뤄지는 '긴 여로'처럼 느껴진다. 기후위기를 중심으로 4차산업혁명과 포스트휴머니즘 등 미처 경험하지 못한 격랑을 겪으며 인류가 21세기를 끝냈을 때 우리는 어떤 현실을 마주하고 있을 것인가.

사실 우리는 구약성서의 엘리야처럼 이미 죽음의 통첩을 받은 상태다. 성서에서 엘리야는 이세벨의 마수에서 벗어나 목숨을 부지하지만 우리도 그럴 수 있을까.

희곡 〈밤으로의 긴 여로〉는 내용도 그렇지만 '밤'이란 단어 때문에 비극적인 혹은 절망적인 느낌을 준다. 하지만 '밤으로의 긴 여로'의 시간대는 아침부터 자정까지로, 엘리야의 이야기를 기준으로 삼으면 새벽의 분투를 남겨두었다고 말할 수 있다. 확고하게 절망적이지만 아직 희망의 문이 닫히지 않아 일말의 여지가 남은. 21세기의 인류에게도 그렇다고 할 수 있다. 이런 상황인식에 대해 어떤 이는 너무 비관적인 전망을 무분별하게 확산하는 무책임한 언동이라고, 또 어떤 이는 "어떻게 감히(How Dare You)" 여지를 두어 사태를 오도하냐고 질책할 법하다.

〈밤으로의 긴 여로〉에는 '안개인간'이란 표현이 나온다. 용법이 조금 다르긴 하지만 21세기를 더듬거리며 살아가는 우리에게 적합한 말 같다. 미래의 지속가능성을 낙관할 아무런 근거 없이 너무 유약해 보이는 ESG를 가지고 사태를 헤쳐 나가야 하니 말이다. 〈ESG 배려의 정치경제학〉은 최근 각광받는 ESG에 관해 최대한 정확하고 충실하게 정리한 책이다. ESG를 제목에 넣은 비슷한 책이 잇달아 출간되었지만 내 판단에 불성실한 책이 많아 보였다.

이것이 지금 이 책을 내는 이유지만, 기실 다른 점을 이야기하기보다 왜 ESG이냐를 변명하는 게 우선이지 싶다. 작금의 엄중한 상황에 비해 ESG라는 방법론은 너무 유약해 보이고, 실제로 근본적인 해법이 아니라는 데 동의한다. ESG자본주의로 지속가능한 미래를 모색한다는 발상은, 그러한 엄중한 상황인식에 부합하지 않는다. 하지만 인류가 만들어놓은 지금 체제는, 그 정도의 변화조차 감내하기 힘들기에 또는 간신히 받아들일 수 있기에, 현실적으로 'ESG자본주의를 근간으로 한 지속가능사회'가 그나마 수용되어 실현될 수 있는 생각일 것이다. 더 강력하고 확실한 방법론이 없지는 않겠으나 구호를 외치는 것과 현실을 바꾸는 것은 다른 문제다. '블랙스완' 같은 것이 등장하면 그때는 더 근본적이고 더 과격한 해법이 검토되겠지만, 그 해법이 실행되어 뭔가를 성취하며 '안개'를 뚫고 나가는 비용은, 인류에게, 생명에게, 지구에게 미칠 고통의 총량은 상상을 초월할 것이다.

개인적으로 〈밤으로의 긴 여로〉가 열린 결말의 형식을 취하고 있다고 본다. 이 책의 끝 제임스 러브록의 인용문 또한 열린 결말을 논한다. 사실 삶의 많은 순간이 열린 결말을 향해 열려 있기에 우리는 사악해지지 않으며 올바른 일을 하기만 하면 된다. 그것 말고 달리 할 일이 없기도 하고. 그러나 잊지 말아야 할 것은 항상 그렇지는 않으며 열릴 결말이 닫힌 순간 또한 적지 않다는 사실이다. 이제 우리는 명백한 밤으로 접어든다. 어떤 아침을 맞을지, 혹은 아침이 있을지, 지금 열린 결말이 열린 순간인지 닫힌 순간인지조차 알 수 없지만, 밤에서의 모든 문제는 우리가 지금 무엇을 하느냐의 단순한 문제로 환원된다.

오늘은 세 번째 아내 칼로타에게 보내는 글을 〈밤으로의 긴 여로〉의 서문으로 남겼다. (칼로타와의 삶이) "빛으로의, 사랑으로의 여로였다(A Journey into Light, Love)"고, 오닐이 밤(Night)이 아니라 빛(Light)이라고 적었듯, 21세기 우리의 여로가 그러한 것이기를 기대하는 게 우리 모두의 최소한의 의무다.

충실하고 꼼꼼한 책을 만드는 데 많은 사람의 도움을 받았다. 공저자인 이윤진 ESG연구소 연구위원, 자료 조사에 힘을 보탠 유혜림 기자, 노희원·이찬희·장가연·장효빈·현경주·현예린 씨, 살뜰하게 작업한 마인드큐브 편집진에 감사드린다.

2022년 5월

안치용 적음

차례

서문 21세기 우리의 긴 여로는 밤으로 향하는가, 빛으로 향하는가   **5**

1장 ESG는 가장 강력한 시민혁명이자 세계혁명이다

ESG의 원조 존 웨슬리 목사와 '3 ALL' 원칙   **20**

ESG란 용어는 어떻게 출현했나   **24**

ESG, TBL, 지속가능사회   **28**

소비자는 소비만 하지 않는다. 소비자는 ESG사회의 정치적 주체다   **31**

K-ESG, 한류 대열에 동참?   **34**

2장 지속 불가능한 그들만의 '합리적 생각'과 지평의 비극

사상 최악의 자동차 핀토와 포드사의 '핀토 메모'   **47**

탐욕의 뿌리   **50**

아직 유효한 맬서스의 덫   **53**

시장의 우상   **57**

외부효과와 코즈의 정리   **62**

네슬레의 아동노동 착취… 직접 하지 않으면 책임이 없는 걸까   **70**

돌고래를 지키지 못하는 참치 통조림, 라벨링이 해답일까   **76**

세계화와 전부원가회계   **80**

전과정평가(LCA)와 소니의 플레이스테이션 반품 사태   **84**

민영화와 신자유주의   **86**

'지평의 비극'을 넘어서야 한다   **92**

3장 ESG는 하늘에서 뚝 떨어지지 않았다

인류세 혹은 '호모 사피엔스 KFC 코카콜라'의 닭세   **101**

'좋은 인류세'라는 허상   **107**

기업에 사회적 책임을 묻다   **111**

CSR의 발전과정   **115**

지속가능발전과 CSR   **123**

주주중심주의 vs. 이해관계자중심주의   **128**

기업시민   **134**

기업의 사회적 성과   **135**

지속가능경영과 사회책임경영   **137**

경제 성과와 환경/사회 성과를 함께 측정하는 TBL   **140**

대리인 문제, 주인과 노예의 변증법   **147**

사회적 비용의 내부화와 부당한 이익의 외부화   **151**

지구 차원의 해법이 필요하다   **157**

기업 밖으로, 책임의 주체와 이행범위를 확장한 ISO26000   **159**

반부패경영시스템 ISO37001   **162**

SDGs의 "Leave No One Behind"   **165**

4장 자본시장의 뉴노멀 ESG투자

ESG투자란 176

국내외 ESG투자 현황 177

ESG투자 활성화가 필요한 이유 179

국내 연기금 ESG투자 관련 법적 현황 181

해외 연기금 ESG투자 184

해외 연기금 ESG투자 법제화 사례 186

연기금의 ESG 책임투자 법제화의 어려움 188

자본시장의 ESG투자 활성화와 연기금의 ESG투자의 필요성 190

연기금이 ESG투자를 선도해야 한다 192

5장 ESG경영의 다양한 현장

경영전략으로서 ESG 197

환경경영 197

볼보, 차량 전 모델에 플러그인 하이브리드를 제공하다 198

코카콜라의 물 환원 200

리스크관리와 ESG 204

존슨앤존슨의 타이레놀 사건 205

인종차별논란과 스타벅스 212

나이키와 슬픈 축구공 212

전략적 CSR 213

구글의 '좋은 사회를 위한 AI' 214

유한킴벌리의 '우리강산 푸르게 푸르게' 217

IBM의 P-TECH 220

공유가치창출(CSV) 221

그라민은행의 그라민크레팃과 '1유로 신발' 222

CSV하면 네슬레라는 말의 의미 223

브랜드에 맞는 CSV의 성공과 실패: 파타고니아와 맥도날드 228

ESG
배려의 정치경제학

CSV와 사회적 가치 측정   **229**

    SROI vs. EP&L   **230**

    SK의 DBL   **233**

    구찌, 생로랑 등 명품 브랜드의 환경손익계산서   **234**

기업 이미지와 소비자   **235**

ESG 리스크와 글로벌 가치 사슬(GVC)   **239**

    중국 중심의 GVC에서 RVC로   **239**

    브라질의 심각한 가뭄이 스타벅스 커피 가격을 높인다   **242**

거버넌스   **244**

투명한 경영과 건전한 지배구조   **244**

    에버레인의 극단적 투명   **244**

    비건 운동화 '베자'   **245**

    비나밀크의 지배구조 개선 노력   **246**

    대한민국 지배구조 대표선수 유한양행   **247**

    지속가능경영위원회와 ESG   **248**

내부통제   **249**

    내부통제 실패를 겪은 SG와 오스템임플란트   **252**

노동이사제   **253**

소통과 참여의 조직문화   **255**

    수평적 조직문화를 대표하는 실리콘밸리 FANG   **255**

    파티션을 없앤 부동산 플랫폼 직방   **255**

    소통과정에서 형식적인 절차를 배제한 마켓컬리   **255**

    와디즈의 임팩트 포럼   **256**

ES경영 – 위기는 기회다   **256**

온실가스 배출 감축   **257**

    AT&T, 2035년까지 전 세계에서 온실가스 1기가톤 감축   **257**

    KT, '온실가스 모니터링 시스템' 도입 및 네트워크 장비 고효율화   **258**

    구글맵의 친환경 루트 제공을 통한 온실가스 감축   **259**

    당근마켓의 중고거래 활성화   **261**

탄소감축에서 탄소제로로, 탄소제거로   **262**

    애플의 더욱 환경친화적이고 더욱 정의로운 경제   **262**

    MS의 '탄소 네거티브'   **263**

네이버의 '2040 카본 네거티브' 266
탄소포집·활용·저장기술과 기후위기 대응, 수소 경제 267
CCUS로 돈을 버는 스위스 스타트업 클라임웍스 272

재생에너지 사용 노력 274
RE100 274
애플의 재생에너지 전환 276

녹색투자 278
시스코의 기후위기 대응 278
국내 금융사의 탈석탄 금융 278
포스코인터내셔널의 팜 사업 환경사회정책 279

재활용-포장 280
"포장은 곧 쓰레기다!" 280
코카콜라의 지속가능한 패키징 프로젝트 281

"거대기업의 나쁜 점은 모두 가진" 월마트의 물류혁신 283
인종차별 장벽을 무너뜨리려는 애플 285
성소수자의 인권회복을 돕는 러쉬 287

인권경영 288
KT의 인권경영 정책 289
유니레버의 인권보고서 290

ISO37001을 도입하는 국내 제약바이오사업 291

6장 ESG보고는 ESG사회의 기반이다

기업 ESG보고의 필요성 298
국내 기업과 다른 조직의 ESG보고 현황과 제도 300
해외의 ESG보고 305
공공기관과 지자체의 ESG보고 310
시민사회를 중심으로 한 ESG보고 발간역량 구축 313
GRI 스탠더드 기준에 맞춘 지속가능보고서 사례 314

ESG
배려의 정치경제학

7장 사회적 가치를 포함한 대안 GDP

GDP는 틀렸다   319

국민총행복을 측정하는 국가들   320

사회적 가치를 계량화하는 것은 왜 중요할까   324

사회적 가치 측정 방법론: SROI   326

국제사회에서의 사회적 가치 측정 방법론: GPI   328

민간과 공공영역을 아우르는 사회적 가치 측정   331

국가적 지표 도입의 선행 과제   332

개별 지역과 국가의 특성에 맞는 데이터 구축   334

탄소소득 구상   337

개인의 탄소저감 활동을 측정하여 소득화하는 방법   338

재원 조달은 어떻게?   341

8장 결어 "Don't Be Evil!"

존 엘킹턴, 르네 파세, 보 셸렌   348

명품소비보다 가치소비, MZ세대의 미닝아웃   352

내 몸에 닿는 것들, BTS와 '양심적 패션'   358

"못생긴 당근, 수프에 들어가면 상관없잖아"   363

"Don't Be Evil" vs. "Do the Right Thing"   366

사유와 연장 너머   368

미주   374

찾아보기   406

약어(용어정리)   414

1장

ESG는 가장 강력한
시민혁명이자 세계혁명이다

ESG의 원조 존 웨슬리 목사와 '3 ALL' 원칙

ESG란 용어는 어떻게 출현했나

ESG, TBL, 지속가능사회

소비자는 소비만 하지 않는다, 소비자는 ESG사회의 정치적 주체다

K-ESG, 한류 대열에 동참?

Environment,
Social and
Governance

Environment, Social and Governance

E
S
G

불가역적 변화다. ESG*열풍은 일시적 유행이 아니라 새로운 시대정신이자, 돌이킬 수 없는 변화의 시작이라는 게 우리의 진단이다. 자본시장에서 투자기법 비슷한 것으로 시작된 ESG가 일종의 미러링 방식으로 기업경영에 급속하게 반영된 뒤 시민생활과 사회영역 전반으로 확산되고 있기 때문이다. ESG투자(자본시장) → ESG경영(경제·산업계) → ESG사회(시장·공공·시민사회)의 흐름이 이미 시작되어 되돌릴 수 없는 형국에 접어들었다.

더 나은 세상을 향한 '가치' 에너지가 기업의 사회적 책임(CSR, Corporate Social Responsibility), 지속가능발전, 사회책임경영과 지속가능경영, ISO26000, MDGs**와 SDGs*** 등으로 이어지며 오랫동안 축적된 가운데 기후위기가 본격화했고, 여기에 코로나19로 비대면 사회가 도래하고 4차산업혁명의 파고까지 덮치면서 ESG시대라는 불가피하고 불가역적인 변화가 나타나고 있다(CSR에서 SDGs로 이어지는 일련의 흐름은 3장에서 자세히 살펴본다).

자본시장과 기업경영을 넘어서 사회 전 분야에 걸친 총체적 변화를 만들어낼 시대의 확고한 변곡점으로 ESG를 받아들여야 한다고 우리는 믿는다. 다른 사회는 이미 시작되었고, 가능하다.

---

* 환경(Environment)·사회(Social)·지배구조(Governance)를 뜻하는 머리글자

** MDGs(Millennium Development Goals, 새천년개발목표)

*** SDGs(Sustainable Development Goals, 2015년 제70차 유엔 총회에서 결의한 지속가능발전목표)

ESG의 원조 존 웨슬리 목사와 '3 ALL' 원칙

ESG를 논하려면 반드시 사회책임투자(SRI, Socially Responsible Investment)를 얘기해야 한다. ESG를 말하며 흔히 블랙록 CEO 래리 핑크의 2020년 연례서한과 앞서 2006년의 책임투자원칙(PRI, Principles for Responsible Investment)을 언급하게 마련인데, 사실 사회책임투자와 관련한 ESG의 연원은 더 거슬러 올라가야 한다. 사회책임투자의 역사에서 꼭 거론되어야 할 사람은 감리교 창시자인 존 웨슬리 목사다. 막스 베버의 〈프로테스탄트 윤리와 자본주의 정신〉에도 등장하는 웨슬리 목사는 일찍이 1760년 '돈의 사용법(The Use of Money)'이라는 설교에서 사회책임투자의 가장 기본적인 형태를 제시했다.

[그림 1-1] 존 웨슬리 목사

"우리의 고귀한 생명이나 건강 혹은 정신을 해치는 방법을 통해 돈을 얻어서는 안 된다. 그러므로 우리는 어떠한 사악한 거래 행위에 참여하거나 그것을 계속해서는 안 된다. 사악한 거래에는 하나님의 원칙이나 국가의 법에 위반되는 모든 방법이 포함된다. … 또한 이웃의 재산이나, 이웃의 신체 … 그들의 영혼을 해쳐서도 안 되는 것이다."[1]

웨슬리 목사는 종교적 구원과 함께 현재의 삶 역시 강조하면서 인간 속에서 이뤄지는 성스러움은 개인적일 뿐 아니라 사회적이어야 한다고 주장했다. 감리교에서는 후자를 특별히 '사회적 성화'라고 말하며 웨슬리의 중요한 신학적 입장의 하나로 받아들인다. 그의 주장이 전제한 것은 곧 사회윤리 및 사회책임의 필요성이다.[2]

그의 주장은 '돈의 사용법'에서 밝힌 3대 원칙으로 집약된다. "열심히 벌어라(Gain all you can)", "열심히 저축하라(Save all you can)", "열심히 나눠 주어라(Give all you can)"라는 웨슬리의 유명한 3 ALL 원칙은 프로테스탄트 윤리가 자본주의 정신으로 어떻게 체화했는지를 논증한 베버의 이론을 증명한 사례처럼 보인다. 세 번째 원칙을 빼고 앞의 두 원칙에만 주목하면 자본주의의 물신성과 탐욕, 천민성을 옹호하는 것처럼 여겨질 수 있다. 또한 자본주의 발흥기의 본원적 축적을 가능케 한 핵심 이념으로도 읽힐 수 있다.

동시에 영리의 한계를 설정하고 허영과 과시용 소비를 금했으며 자선을 장려했다는 측면에서 건전한 자본주의의 원형을 제시했다는 해석이 가능할 법하다. 영리의 한계를 지적한 것을 두고 웨슬리를 사회책임투자의 원조로 언급한다. 만약 이것을 사회책임투자라고 한다면 사회책임투자의

1장: ESG는 가장 강력한 시민혁명이자 세계혁명이다

가장 기본적인 형태, 혹은 정신을 표명한 것으로 받아들일 수 있겠다.

자본주의 태동기에 내려진 사회책임투자에 관한 웨슬리 목사의 정의는 종교적이었다. 비록 사회책임투자의 역사에서 반드시, 또 중요하게 언급되지만 그의 정의는 엄격하게 말해 요즘 통용되는 의미의 투자보다는 포괄적 영리의 원칙을 표명한 수준이었다. 감리교의 전통을 이어받은 세계 최초 사회책임 뮤추얼펀드 '파이어니어 펀드(Pioneer Fund)'가 1928년에 출현했으니, 웨슬리의 정신을 반영한 실제 투자 사례는 20세기에 들어서야 나타난 셈이다. '파이어니어 펀드'는 주류 및 담배 회사에 대한 모든 투자를 금지했으나 그다지 큰 족적을 남기지는 못했다.

1971년에 이르러 현대적 의미에서 최초의 사회책임투자 뮤추얼펀드라고 할 수 있는 '팍스 월드 펀드'가 성립한다. 주로 베트남전에서 돈을 버는 기업을 투자대상에서 배제하는 '반전(反戰) 펀드'였다. 펀드 설립자가 두 명의 감리교 목사였으니 웨슬리의 영향력을 실감하게 된다.

'팍스 월드 펀드'는 방위산업체 투자를 제한했고, 구체적으로는 무기사업 수주액이 상위 100위 안에 드는 기업을 투자대상에서 제외했다. 전쟁에서 돈을 버는 기업을 투자대상에서 빼는 소극적 전략에서 나아가 평화에 도움이 되는 기업을 지원하는 적극적 투자전략을 취한 현존 펀드다.[3]

도박·주류·담배 등 이른바 '죄악의 주식(Sin Stock)'에 투자하지 않겠다는 윤리적 성격을 띤 사회책임투자 펀드는 1980년대 이후 급격하게 성장했다. 아파르트헤이트(Apartheid)*에 대한 항의로 남아프리카공화국에

---

* 남아프리카 공화국의 극단적인 인종차별정책과 제도

서 투자를 철회하는 일종의 캠페인에서 점차 기업의 경제·환경·사회책임을 종합적으로 고려한 투자로 확대되며 사회책임투자는 자본시장에서 비중을 키웠다.

사회책임투자 펀드의 선구자들을 거쳐 자본시장에 사회책임투자 펀드가 점차 늘어나고 무시할 수 없는 수준으로 비중이 확대되다가 마침내 2020년 초 세계 최대 자산운용사 블랙록의 CEO 래리 핑크가 연례서한에서 마침내 ESG투자를 천명하기에 이른다. 이 사건이 중요한 이유는 사회책임투자가 명실상부하게 자본시장의 주류로 자리를 잡았다는 뜻이기 때문이다. 핑크는 2020년 투자 전략으로 환경적 지속가능성을 앞세우며 "이제 기업, 투자자, 그리고 정부는 기후변화를 핵심으로 두고 중대한 자본 재배분을 준비해야 한다"고 강조했다.[4] 팬데믹 시대의 도래와 함께 자본에 대한 유구한 낙관론을 바탕으로 한 기존 투자로부터 탈피하여 사회 전반에서 지속가능성을 추구하는 투자로 패러다임을 전환할 것을 핑크는 촉구했다. 그가 말한 패러다임 전환은 ESG투자로, 익숙한 용어로는 '사회책임투자'다.

1760년 웨슬리 목사의 기념비적 설교 이후 260여 년이 흘러 마침내 사회책임투자가 자본시장의 주류로 자리를 잡았다. 자본주의의 본질이라 할 자본시장은 돈 놓고 돈 먹는, 그야말로 수익률 말고는 아무것도 고려하지 않는 탐욕 그 자체였으나, 이제 수익률 말고 ESG를 투자의 원칙으로 받아들이겠다는 경천동지(驚天動地)할 결정을 내렸다. "두둥~" 하고 빙산의 일각이 떠오른 셈이다. 가장 바뀌기 힘든 세력(자산운용업)이 기민하게 바뀐 데는 분명 이유가 있다.

ESG란 용어는 어떻게 출현했나

사회책임투자(SRI)에서 투자대상을 고를 때는 요즘 익숙한 용어를 빌면 재무성과와 비(非)재무성과를 같이 본다. 흔히 '투 트랙 어프로치(Two Track Approach)'라고 하는 방식이다. 투자대상을 고르는 과정을 스크리닝(Screening)이라고 하는데, 정리하면 "사회책임투자의 스크리닝은 '투 트랙 어프로치'로 재무성과와 비재무성과를 함께 검토한다"다. 경영실적이 좋고 주가상승률이 높아도 (예를 들어) 비인도적 무기를 판매하는 주식을 사지 않는 투자철학 같은 걸 연상하면 된다. '투 트랙 어프로치'는 크게, 재무성과로 1차 투자 대상기업을 고르고 비재무성과로 2차 투자 대상기업을 고르는 방식과 그 반대로 비재무성과를 잣대로 투자 대상기업을 고른 뒤 재무성과를 추가로 보는 방법, 두 가지로 나뉜다. 투자철학은 그게 그거다.

사회책임투자에서 비재무성과를 검토하는 기준으로 도입된 것이 ESG다. 세계1위 자산운용사 CEO 래리 핑크와 유엔의 책임투자원칙(PRI) 이전에 ESG 개념이 있었다는 얘기다. 그렇지 않은가. 투자원칙을 채택하려면 그 전에 그 개념이 존재하는 게 논리적으로 맞다. 재무적 성과 외에, '죄악의 주식(Sin Stock)'을 배제하는 것과 같은 다소 막연한 개념 대신 환경·사회·거버넌스, 즉 ESG 측면의 성과를 함께 살펴보겠다는 발상이다. 물론 ESG성과를 재무성과와 명확하게 구분되는 비재무성과라고 칼로 두부 자르듯 나누어 설명하기 어렵다. 비재무성과와 재무성과를 일도양단(一刀兩斷)으로 구분하지는 못하지만, 뭉뚱그려 개념화해

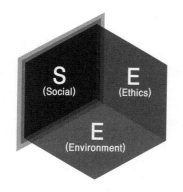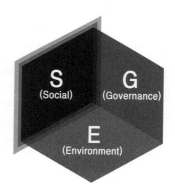

[그림 1-2] '윤리'가 '거버넌스(지배구조)'로 바뀐 ESG

단순화하면 그렇다는 얘기고, ESG를 설명하는 방법론이 다행히 그사이에 많이 개발됐다. 주목할 사항으로 사회책임투자에서 ESG 전에는 SEE라는 기준이 있었다. SEE의 앞 두 가지는 사회(Social)와 환경(Environment)이고 나머지 E는 윤리(Ethics)를 말한다.

　SEE가 ESG로 이행하며 '윤리'가 '거버넌스(지배구조)'로 바뀌었다. 생각보다 큰 차이다. 윤리경영 대 지속가능경영, 또는 윤리투자 대 사회책임투자(사회책임투자는 줄여서 책임투자(RI)라고도 한다.)의 대립에서 왜 윤리란 말이 설 자리를 잃은 걸까. 사회책임투자에서 기본적으로 윤리 성격을 제거할 수 없지만, 자본시장의 투자결정에서 웨슬리 목사가 주창한 것과 같은 엄격한 윤리적 가치에 전적으로 의존할 수만은 없는 게 현실이다. 윤리적이란 투자원칙은 종교를 같이 하는 사람들에게는 어떤 식으로든 통용될 수 있겠지만, 국가·종교를 넘어서 보편적인 투자윤리로 풀어내기는 용이하지 않다. 윤리라는 말 자체에 내포된 모호성이다. 따라서 윤리를 투자지표로 구체화하는 데도 한계가 발견된다. 글로벌한 투자가 이뤄지고 자본시장이 세계적 규모로 작동하는 요즘엔 더 그렇다.

또 투자대상뿐 아니라 최고경영자·투자결정책임자 등의 능력과 도덕적 자질을 비중 있게 고려하기 때문에 윤리경영은 불가불 '개인'으로 환원되는 측면이 있다. 조직이나 시스템 외에 개인의 자질에도 많이 의존하는 윤리투자는 지속성을 담보하기가 쉽지 않다. 그런 연유로 윤리란 말이 투자 기준에서 사라지게 된다.

결국 환경·사회 성과가 뛰어나면서 좋은 지배구조를 가진 기업에 투자하자는 쪽으로 논의가 수렴되어 SEE가 ESG로 바뀐다.

통상 지배구조라는 말로 번역되는 거버넌스는 기업 등 조직이 전반적으로 운영되는 총체적인 시스템 같은 것인데, 자주 투명성이나 공정성 등과 같은 행정학 혹은 사회과학 개념과 연관 지어 설명된다. 사회나 국가 차원에서는 '거대 담론'으로 거버넌스란 말을 차출하기도 한다. 기업 수준에서는 자본시장에 공시를 잘하고 있는지, 회사 조직 및 직무와 관련한 내부 통제가 유효한지, 경영진 내 상호견제와 감시 같은 게 적정한 수준으로 이뤄지고 있는지, 이사회가 제대로 구성되어 잘 운영되는지, CEO 선출이 합리적인 절차를 따르고 있는지 등을 따져보게 된다.

ESG투자나 ESG경영에서의 거버넌스는 기업이나 조직의 거버넌스여서 상대적으로 독자적이고 구체적인 영역을 구축한 반면 ESG사회에서 거버넌스는 사회의 거버넌스여서 이 개념이 다소 포괄적으로 다가오게 된다. 정치학·행정학·사회학 등을 동원하여 ESG사회 거버넌스의 독자적인 주제 영역을 설정하는 게 불가능하지는 않지만, 그 작업에 앞서 사회적 합의가 필수적이다. ESG사회를 소망하는 우리 입장에서는 대체로 〈우리 공동의 미래〉 등에서 제시된 인류 생존 키워드인 '환경'과 '사회'를 근본적으로 개혁하는 인프라이자 플랫폼으로 거버넌스를 이해하는 게 합당하고 무난한 방법론일 것이다. ESG투자나 ESG경영과 달리 ESG사회는, 세계시민의 전망 아래 지구촌의 환경적이고 사회적인 임박한 재앙을 막기 위한 효과적이고 효율적인 체계로서 거버넌스를 필요로 한다고 정리할 수 있다.

자본주의 태동 이래 고수된 기업 등 조직의 성과를 경제적 성과로만 보는 성과측정 방법론을 탈피하여 경제·사회·환경 성과를 함께 보는 트리플버튼라인(TBL, 3장에서 자세히 살펴본다)이란 성과측정 방법론은 ESG투자나 ESG경영과 맥락을 같이한다. 반면 ESG사회는 경제와 사회 두 측면을 강조한 더블버튼라인(DBL)과 더 유사하다. 사회적 기업을 설명할 때 흔히 동원되는 용어인 DBL은 "경제적 성과와 사회적 성과를 동시에 추구한다"는 식으로 이해되는데, 이러한 이해보다는 사회적 성과를 효율적으로 추구하는 조직의 운영철학 혹은 방법론이란 설명이 더 적합하다. ESG를 사회와 국가 차원에 적용할 때 경제·사회·환경 성과를 함께 보는 TBL 방식이 가능하겠지만, 사회적 성과를 얼마나 효율적이고 또 민주주의 원칙에 부합하게 추진했느냐를 따져보는 방법도 가능하다. 여기서 사회적 성과를 구체화하면 ES(환경·사회) 성과일 수밖에 없고 추진체계는 거버넌스가 되기에 자연스럽게 ESG사회의 개념이 도출된다.

ESG, TBL, 지속가능사회

기업 등 조직의 경영에서 하나의 성과(버틈라인)가 아니라 세 개의 버틈라인, 즉 경제·환경·사회 성과를 균형 있게 추구하는 경영방침을 흔히 '지속가능경영'이라고 한다. 이해관계자를 경영의 중심에 놓는 사회책임경영은 지속가능경영의 동의어다(3장 참고).

자본시장에서 (기왕이면) 지속가능경영을 하는 기업에 투자하자는 게 살펴보았듯 사회책임투자(SRI)다. 전술한 대로 투자대상기업을 고르는 선별(스크리닝) 과정에 ESG를 따진다. 사회책임투자를 하기 위한 투자기준인 ESG가 이제는 사회책임과 사실상 동의어가 됐다. 따라서 사회책임투자는 ESG투자다.

소비자 또한 기왕이면 지속가능경영을 하는 기업의 상품을 사려고 하는 게 사회책임 소비다. 윤리적 소비, 지속가능 소비라고도 한다. 조금 더 비싸더라도, 아니면 같은 값이면 기업의 사회적 책임(CSR)을 잘 이행하는 기업, 또는 ESG성과가 좋은 기업의 제품을 사겠다는 생각이다. 공정무역은 윤리적 소비와 구조가 살짝 다르다. 해외시장에서 물건을 사올 때 생산자의 생계비를 보장해주는, 즉 뭉뚱그려 '소셜 프리미엄'이 포함된 공정가격을 주고 구매하겠다는 소비자 운동이 공정무역이다. 인과관계의 방향이 달라지기는 하지만 사회책임 소비나 공정무역 소비는 같은 성격으로 파악된다.

투자에서, 사회책임 소비 및 공정무역 소비와 비슷한 유비(類比)가 성립하는 게 민간 투자영역의 사회책임투자와 공공영역의 사회책임투자라고 할 수 있다. 공공영역의 사회책임투자, 즉 공공영역의 ESG투자는, 공정무역 소비가 소셜 프리미엄까지 가격에 반영하듯, 전후방 효과·시계열 효과 등 사회적 효과를 심층적으로 반영한 투자결정을 내린다.

영국이 2000년 7월 3일 국민연금 등의 사회책임투자를 의무화한 데는 이런 배경이 있었다고 요약할 수 있다. 이 날은 사회책임투자가 투자의 주변부에서 중심부로 이동한 기념일이다. 자본주의의 심장부인 자본시장을 바꿔나가는 운동이기에 주류적인 흐름이다. 몇몇 종교단체에서 책임투자 간판을 단 펀드 몇 개를 운용하는 것과는 전혀 다른 상황이다. 이러한 흐름은 점점 더 세계적으로 확장되다가 2020년 래리 핑크의 선언으로 'ESG폭발'이 일어나게 된다. 핑크의 연례서한은 민간 투자영역의 사회책임투자 선언으로 이해될 수 있다. 민간과 공공영역의 자산운용 원리로써 ESG가 함께 천명되며 'ESG폭발'이 가능했다.

영어로는 'Eeconomy'로 표현되는 하나의 경제권 관점에서 이러한 흐름이 수렴되어 한 경제권 내에서 지속가능사회의 순환구조가 완성된다. 이때 'Economy' 내의 선순환을 막는 외부변수의 개입을 우리는 우려하게 된다.

예를 들어 우리나라가 자본시장의 ESG투자를 높은 수준으로 달성했다고 치자. 분명 그 자체는 반길 일이지만 우리나라 자본시장이 매우 개방적인 게 고민이다. 예컨대 국내 자본이 이른바 술, 담배, 도박 등 '죄악의 주식'을 외면하는 바람에 그것이 외국 핫머니만의 투자처가 된다면, 투자수익을 외국에 빼앗기는 것에 그치지 않는다. 우리나라는 술, 담배, 도박으로 인한 사회적 비용은 비용대로 물고 투자수익은 투자수익대로 잃게 된다.

1장: ESG는 가장 강력한 시민혁명이자 세계혁명이다

이러한 사태는 매우 극단적인 예외에 속할 것이지만, 국내 자본시장의 ESG투자를 확대하여 ESG경영을 자극·촉진하고 사회 전반에 걸쳐 ESG생태계를 구축하는 데 장애요소이긴 하다. 복잡한 논의여서 단칼에 결론을 낼 수는 없지만 국내에서 ESG투자와 ESG기업을 늘려 해외에서 들어오는 투자에서도 ESG투자 비중을 늘리는, 즉 '핫머니'를 '쿨머니'로 대체하는 국가전략을 펼 수밖에 없다는 원론은 확인 가능하다.

핫머니(Hot Momey)는 '분기 자본주의(Quarterly Capitalism)'라고도 불리는 미국식 자본주의의 독성을 체화한 자본이다. 금융시장이 '분기'와 같은 기업의 단기 실적에 집착하다 보니 기업의 장기 성장에 도움을 주

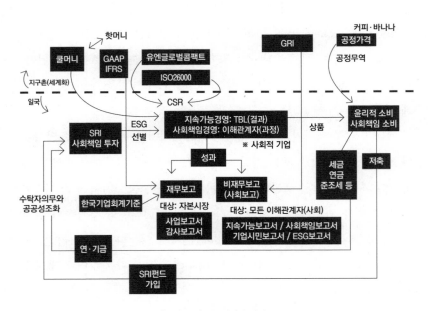

[그림 1-3] ESG사회의 개념도

지 못하고 나아가 저해한다고 비판하며 나온 용어가 '분기 자본주의'다. '분기 자본주의'는 단기적 관점에서 성과를 무조건 극대화하는 전략을 추구한다. 사실 '분기 자본주의'에 전략이란 말을 쓰는 게 적당한 지도 의문이다. (투기적) 이익을 좇아 수익률 외에 다른 어떤 가치에도 주목하지 않는 핫머니는 '분기 자본주의'의 근시안적 틀과 요철처럼 맞물린다.

반면 쿨머니(Cool Money)는 ESG자본주의와 호응한다. 단기 실적을 무시하지 않지만 중장기 성장동력을 고려하며 실적을 본다. 쿨머니는 지속가능성을 중심에 둔 미래지향 자본이다. "내일 일은 난 몰라요"를 표방하는 핫머니와 대비된다. 장기적 관점의 가치투자를 지향하기에 사회책임경영 및 지속가능사회를 전제하는 ESG자본주의와 호응한다. 핫머니를 쿨머니로 대체하는 국가 전략은 지속가능사회를 위해 전 분야의 사회책임을 강화하는 선순환 구조와 유기적으로 연결, 작동해야 한다.

소비자는 소비만 하지 않는다. 소비자는 ESG사회의 정치적 주체다

"같은 값이라면"을 넘어서 "더 지불하고라도 사회책임을 다한 기업의 제품을 사겠어요"라는 태도는 과도적으로 매우 중요하다. "더"라는 과도적 과정을 거친 후에 "같은 값"의 시대가 가능해지며, 그때서야 비로소 ESG는 특이점이 아니라 제품이 시장에 진입하기 위한 기본조건이 된다.

ESG기업이 ESG소비자와 만나려면 소통이 필요하다. 기업이 지속가능경영 혹은 ESG경영을 했다는 사실을 사회가 알게 하려고 제도화한 소통이 사회보고(Social Reporting)이고, GRI라는 구체적인 작성기준이 마련되어 있다. 그렇게 해서 나온 게 지속가능보고서, 사회책임보고서, 기업시민보고서다. 같은 말로 나아가 ESG보고서다. ESG보고가 소비자만을 겨냥한 것은 아니다. 정식 용어인 사회보고가 시사하듯 소비자·자본시장·노동자 등 사회 전체를 대상으로 소통한다. 대체로 연례보고로 제도화한 ESG보고 외에 감독 당국은 수시소통인 ESG공시를 강화하고 있다.

이러한 '거대' 소통 노력과 별개로 소비 현장에서는 소비자가 참고할 표시가 필요하다. 미국·멕시코 참치분쟁에 등장한 '돌고래 안전(Dolphin Safe)' 같은 라벨링, 인증, 이력 등 다양한 표시를 통해 소비자가 ESG소비를 할 수 있게 정부·소비자단체 등에서 지원하고 있다.

그러나 탐사보도 등을 통해 '돌고래 안전' 라벨링이 신뢰할 만하지 않다는 고발이 나오면서 소비자가 소비에 참고할 표시의 확충과 함께 표시의 신뢰를 확보할 제도적 장치의 마련이 시급한 현안이 됐다. 돌고래 보호 수칙을 지키지 않으며 제조한 참치통조림에 '돌고래 안전' 라벨을 붙여 판매한 행위는 소비자의 선의를 조롱하며 "더 지불하고라도 사회책임을 다한 기업이 만든 제품을 사겠다"는 작지만 소중한 소비자의 결의를 꺾은 심각한 악행이다.

'돌고래 안전' 허위 라벨링은 단순히 허위표시 혹은 허위광고 문제가 아니다. 그린워싱에 이어 이제 ESG워싱을 감시해야 한다는 새로운 과제가 시민사회에 부과됐다. ESG소비자가 ESG기업을 주장한 기업 중에서 진짜 ESG기업과 가짜 ESG기업을 구분하는 일까지 감당해야 할까.

ESG 배려의 정치경제학

그린워싱과 ESG워싱의 감시와 적발은 더 나은 사회로 이행하기 위한 공공 및 시민사회의 중요한 책무가 됐다. 100개의 ESG기업 사이에 1개의 ESG워싱 기업이 섞여 있어도 선한 소비자의 노력이 타격을 받기 때문이다.

ESG소비는 정치행위일 수밖에 없다. 그렇다면 올바른 정치를 위한 올바른 정치 플랫폼의 마련이란 '메타 정치'가 제대로 작동해야 한다. 두 가지는 함께 진행되어야 한다. 100개의 ESG기업 사이에 섞여 들어간 1개의 ESG워싱 기업이 시장에서 발붙이지 못하도록 제도적이고 행정적인 장치가 완비되어야 하겠지만, 동시에 100개의 ESG기업 사이에 1개의 ESG워싱 기업이 숨어 있다 해도 그 하나 때문에 100개 전체에 대한 믿음을 잃지 않는 소비자의 동지애가 필요하다.

착한 소비가 총체적으로는 정치적 각성인 만큼 ESG정보의 파악을 넘어서 종국엔 적극적 연대로 나아가는 길이 열릴 수밖에 없다. 실천과 연대를 통한 소비는 더 나은 사회를 만들 핵심역량이다. SNS 등 연대할 수단이 많다는 게 착한 소비에는 유리한 환경이다.

소비자의 각성은 ESG사회의 핵심이다. 자본시장에서 ESG투자결정, 미러링으로서 기업의 ESG경영에 이은 ESG사회로의 비상은 결국 소비자에게 달려 있기 때문이다. 상품시장의 소비자는 자본시장에 (소액)주주로 참여하여 '투자 → 경영 → 소비'라는 자본주의 메커니즘 속에서 ESG세례를 받는다. ESG소비가 ESG사회를 점화하려면 소비의 주체인 소비자가 ESG상품을 구매하는 의식 있는 소비자, 즉 새로운 정치적 주체로 거듭나야 하지만 이 수준에 머물러선 곤란하다. '깬' ESG소비자는 동시에 ESG시민이다. 이러한 다층성을 자각하고 생활 속의 ESG를 실천하면서 다른 ESG시민과 기꺼이 연대하고 악을 전복하는 일종의 촛불정신 같은 것으로 무장해야 한다. 생활에서 다방면의 ESG를 실천하면서 ESG 시민이 된다는 것은, 정치뿐 아니라 경제·사회·문화 그리고 인류문명까지 포괄한 모든 부문에서 전례 없이 강력한 촛불혁명을 일으킨다는 뜻이다. 광장의 촛불혁명을 보완하는, 혹은 완성하는 시장의 촛불혁명이다.

한 'Economy' 내의 소비자는 ESG소비를 실천하며 ESG소비자로 자신의 정체성을 재삼 확인한다. 그러한 확인을 통해 ESG투자와 ESG경영을 더 촉진하는 선순환을 만들어낸 ESG소비자는 한 단계 더 결정적 비약을 준비해야 하는데, ESG시민으로 전환이다. 새 광장은 새로운 ESG시민이 채울 것이다. 이 전환이 4차산업혁명과 포스트 코로나 시대 시민혁명의 핵심이다. 기후위기와 4차산업혁명, 언택트와 신자유주의의 위기를 한꺼번에 돌파할 계기 혹은 가능성은 자본주의 기업에 사냥당하는 개별 소비자의 지위에서 벗어나, 연대하는 ESG시민으로서 민주적 시장과 효율적 사회를 창안하는 새로운 정치적 주체로 탄생하는 데서 발견된다.

K-ESG, 한류 대열에 동참?

ESG는 주지하듯 환경(Environment), 사회(Social), 지배구조(Governance)의 머리글자를 딴 말로, 경제성장 과정에서 생긴 계층 간 불평등 확대, 환경오염, 지구온난화 등의 문제가 대두되면서 ESG에 대한 관심이 국내외에서 폭발적이다. 기업은 더는 재무적 이익만을 추구해서는 생존을 담보할 수 없고, 투자자는 재무적 성과 외에 자연스럽게 기업의 사회적 책임과 지속가능성, 즉 ESG를 고려한다. ESG가 장기적으로 기업 가치와 지속가능성을 판단하는 중요한 요소로 판단되기 때문이다. 기업 스스로도 ESG 평가를 통해 자신의 지속가능성과 나아가 생존가능성을 가늠한다.

ESG는 이제 기업의 사회적 책임 활동의 범위를 벗어났다. 최근 연구에 따르면 기업의 ESG활동은 기업에 대한 이해관계자의 신뢰를 제고한다.[5] 이해관계자들의 ESG 요구가 증가하고 전 세계적으로 환경적이고 사회적인 위기에 대한 각성이 요청되면서 현시점에서 ESG는 기업의 경영활동 전반에 갖춰져야 할 종합적인 개념으로 자리 잡았다. ESG가 기업의 잠재적 위험 요소를 판별하고 기업의 장기적인 수익을 창출하는 데에 필수적인 요소라는 인식 또한 확고해지고 있다.[6]

국제통화기금(IMF)은 2019년에 발표한 〈국제금융시장 안정 보고서〉를 통해 지속가능금융이 성장세를 보이는 이유를 기업의 ESG활동이 수익 창출에 기여할 뿐만 아니라 장기적으로 ESG 관련 리스크를 찾아낼 수 있기 때문이라고 설명했다. 현재 글로벌 금융회사, 투자은행, 신용평가회사 등을 중심으로 투자 의사결정과 금융상품개발에 ESG를 적극 반영하고 있다. 이에 따라 연쇄적으로 기업경영에 변화가 일어, 이제 기업은 탄소배출 저감, 사회공헌, 순환경제, 투명한 지배구조 등 새로운 비재무 목표를 세우고 성과를 내는 데에 관심을 쏟고 있다.[7] 실제로 많은 기업이 기존 경영방식을 ESG 경영체계로 전환하는 가운데 국가 간의 환경규제가 강해지고, 각국 정부에서 ESG 법령을 제정하고 촉진정책을 펴면서 ESG가 점점 고도화하는 추세다.[8]

국내에서는 금융위원회가 2021년 1월 〈기업공시제도 종합 개선방안〉

을 발표하면서 ESG에 대한 관심을 본격적으로 표명했다. 금융위원회에 따르면 2025년부터 자산총액 2조 원 이상 코스피 상장사에, 2030년부터는 전체 코스피 상장사에 〈지속가능경영보고서〉를 의무화한다.

ESG와 관련하여 국제적으로 빠르게 법제 정비가 이뤄지는 가운데 국내에서 21대 국회 출범 이후 100건을 상회하는 ESG 관련 법안이 발의됐다. 21대 국회에서 발의된 법안은 다음과 같다.[9]

• 환경 분야

① 소비자에게 포장 관련 정보를 제공하는 자원의 절약과 재활용 촉진에 관한 법률 일부 개정법률안

② 녹색금융 촉진계획 수립 및 녹색금융공사를 설립하는 기후위기 대응을 위한 녹색금융 촉진 특별법안

③ 탄소세를 신설하는 탄소세 법률안

④ 기금자산운용 및 평가 시 사회책임투자 요소를 고려하는 국가재정법 개정안

• 사회 분야

① 불공정거래로 인한 부당이득 환수액을 정비하는 자본시장법 일부 개정법률안

② 고용형태 공시 및 성비·평균임금·사회보험·업무내용 등을 공시하는 고용정책 기본법 일부 개정법률안

③ 소비자집단피해를 구제하는 공정거래 관련 집단소송법안

- **지배구조 분야**

① 사업보고서에 근로자의 보수격차, 여성/남성 임금격차, 환경/인권/부패근절에 관한 기업의 계획·노력 등 기업의 사회적 책임 정보를 기재하는 자본시장법 일부 개정법률안

② 다중대표소송제·감사위원 분리선출제 등을 제시한 상법 일부 개정법률안

시민의식이 높아짐에 따라 ESG를 요구하는 목소리가 커지고 있다. 소비자들은 사회적 책임을 외면하는 기업의 제품 구매를 기피하며, 반대로 ESG성과가 높은 기업의 제품을 선호하는 경향을 보인다. 구매와 불매는 시민이 소비자로서 시장에서 행사하는 핵심 권력이다. 요즘엔 특정 제품을 택함으로써 간접적으로 자신의 가치를 실현하는 소비성향을 보이기도 한다. 특히 밀레니얼 세대는 ESG 소비 및 투자에 열성적인 것으로 알려져 있다.

ESG는 오늘날의 비즈니스 환경에 큰 변화를 가져오고 있고, 규모와 무관하게 모든 기업이 이 변화로 영향을 받고 있다. 예를 들어 2021년 5월 18일 〔자원의 절약과 재활용촉진에 관한 법률〕 시행령 일부 개정안이 국무회의에서 의결되어 2023년 4월부터 고흡성수지를 이용한 아이스팩에 중량 1kg당 313원 수준의 폐기물 부담금이 부과된다. 고흡성수지는 플라스틱의 일종으로, 자기 체적의 50~1000배 물을 흡수하는 특성이 있으며 소각이 어렵고 자연분해에 500년 이상이 걸리는 물질이다.[10] 이 법령이 시행되면 고흡성수지 아이스팩의 판매단가가 올라 상대적으로 가격 경쟁력이 커지는 친환경 아이스팩의 활성화 계기가 된다. 아이스팩 제조업체뿐 아니라 식품 유통업체가 변화에 대응해야 한다.

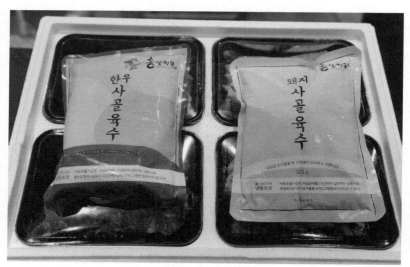

[그림 1-4] 홍성군 육수 아이스팩(자료: 홍성군청)

축산 1번지를 내세우는 충남 홍성군이 헐값에 팔리던 한우와 한돈의 뼈를 우려낸 육수를 활용해 아이스팩을 만들었다. 배송 중엔 냉장이란 본래 용도에 쓰고 이후엔 뜯어서 요리에 쓸 수 있는 일거양득의 친환경 육수 아이스팩이다.

흥미로운 변화는 2022년 1~2월 고기 선물세트 포장에 적용됐다. 명절 고기선물이 많이 나가는 홍성군에서는 선물용 고기를 포장하면서 '육수 아이스팩'을 넣어 신선도를 유지하도록 했다. 고흡성수지 대신 소와 돼지를 가공하면서 나온 뼈를 우려낸 육수를 넣어 얼린 '육수 아이스팩'이다. 홍성군 관계자는 "아이스팩이 기하급수적으로 늘다 보니 유통업체 스스로 문제를 해결할 수 없다고 판단해서 홍성군의 부산물을 활용해

ESG 배려의 정치경제학

가공품을 개발한 다음 축산농가와 유통업체에 공급했다"고 말했다.

　무엇보다 환경오염을 줄이고, 소비자는 덤으로 육수를 얻고, 고기 뼈 처리에 애를 먹던 육류 가공업체는 적잖은 뼈 보관 비용을 줄이는 효과를 거두게 된다. 홍성군 육류의 인지도 상승 및 판매 기여라는 부수적 효과도 빼놓을 수 없어 일석사조인 셈이다.[11]

　'K–'시리즈를 선호하는 흐름에 편승하여 2021년 12월 'K–ESG'가 발표됐다. SDGs에 대응하여 K–SDGs를 만든 것과 같은 맥락이다. K–SDGs는 논외로 하고, 'K–ESG'에 대해서는 ESG의 성격상 이런 통일된 지표가 필요하냐는 지표 자체에 대한 회의와 'K–ESG'의 실효성에 관한 논란이 있다.

[표 1–1] K–ESG 가이드라인 구성

구분	주요 항목
정보공시(5문항)	• ESG 정보공시 방식·주기·범위 등
환경(17문항)	• 환경경영 목표 및 추진 체계, 친환경 인증, 환경 법규위반 등 • 온실가스 배출량, 폐기물·오염물질 배출량, 재활용률 등
사회(22문항)	• 사회책임경영 목표, 산업재해, 법규위반 등 • 채용·정규직, 산업안전, 다양성, 인권, 동반성장, 사회공헌 등
지배구조(17문항)	• 이사회 전문성, 이사회 구성, 주주권리 등 • 윤리경영, 감사기구, 지배구조 법규위반 등

(자료: 산업통상자원부)

　산업통상자원부는 "공시 의무 등 ESG 규율 강화, 기업 평가와 투자기준, 공급망 실사 등에 있어 기업의 ESG경영 필요성이 급증하는 상황이고, 국내외 600여 개 이상의 평가지표가 존재하나, 평가기관의 평가기준과 결과도출 방식에 관한 정보는 대부분 공개하지 않고 있어 ESG 경

1장: ESG는 가장 강력한 시민혁명이자 세계혁명이다

영에 관심이 많은 기업이 어떻게 ESG경영을 준비하고 평가에 대응해야 하는지 어려움을 호소했다"고 'K-ESG 가이드라인'을 발표한 배경을 설명했다. 'K-ESG'는, 국내외 주요 13개 평가기관의 3000여 개 이상의 지표와 측정항목을 분석하여 ESG 이행과 평가의 61개 핵심·공통사항을 마련하고, 관계부처와 각 분야 전문가·이해관계자의 의견을 반영하여 글로벌 기준에 부합하면서 우리 기업이 활용 가능한 가이드라인이라고 산업통상자원부는 밝혔다.

투자로 시작해 경영, 그리고 사회 전반으로 확산하는 ESG, 이 현상에 대해 거센 논란이 있다. 반짝하고 지나가는 유행이 아니냐는 회의론, 기존 기업의 사회적 책임이나 지속가능발전 등과 다른 것인지 같은 것인지 혹은 어떤 관련이 있는지 등에 관한 개념 혼란 등이 목격된다. 소위 전문가란 사람들이 나름의 이런저런 해석을 내어놓지만 제각각이다.

우리는 ESG현상이 새로운 시대를 향한 확고한 분절점이자 뚜렷한 변곡점이라고 믿는다. 그 전제로 ESG가 새롭게 고안된 개념이 아니라 진지하게 누적되고 집약된 어려운 탐색의 결과물이라는 사실을 인식해야 한다. 대부분 어느 날 하늘에서 뚝 하고 ESG가 떨어졌다고 생각하지는 않을 것이다. 그렇게 뚝 떨어진 무엇인가는 분절이나 변곡을 만들지도 못한다.

ESG는 수면 위에 떠 오른 빙산의 일각이다. 수면 위의 일각은 수면 아래 거대한 덩어리와 별개가 아니라 하나다. 일종의 비유로써 ESG가 수면 위에 떠오르기까지 수면 아래에서 빙산이 계속 축적됐다고 말할 수 있다. 빙산의 일각을 보고 '거대한 전환'의 가능성을 찾아내어 세계 시민적 실천으로 연결 짓느냐 못 짓느냐의 문제가 남아 있을 뿐이다.

[표 1-2] K-ESG 가이드라인 전체

영역	범주	분류번호	진단 항목
정보공시 P (5개 문항)	정보공시 형식	P-1-1	ESG 정보공시 방식
		P-1-2	ESG 정보공시 주기
		P-1-3	ESG 정보공시 범위
	정보공시 내용	P-2-1	ESG 핵심이슈 및 KPI
	정보공시 검증	P-3-1	ESG 정보공시 검증
환경 E (17개 문항)	환경경영 목표	E-1-1	환경경영 목표수립
		E-1-2	환경경영 추진체계
	원부자재	E-2-1	원부자재 사용량
		E-2-2	재생 원부자재 비율
	온실가스	E-3-1	온실가스 배출량(Scope1 & Scope2)
		E-3-2	온실가스 배출량(Scope3)
		E-3-3	온실가스 배출량 검증
	에너지	E-4-1	에너지 사용량
		E-4-2	재생에너지 사용 비율
	용수	E-5-1	용수 사용량
		E-5-2	재사용 용수 비율
	폐기물	E-6-1	폐기물 배출량
		E-6-2	폐기물 재활용 비율
	오염물질	E-7-1	대기오염물질 배출량
		E-7-2	수질오염물질 배출량
	환경 법/규제 위반	E-8-1	환경 법/규제 위반
	환경 라벨링	E-9-1	친환경 인증 제품 및 서비스 비율

영역	범주	분류번호	진단 항목
사회 S (22개 문항)	목표	S-1-1	목표수립 및 공시
	노동	S-2-1	신규채용 및 고용유지
		S-2-2	정규직 비율
		S-2-3	자발적 이직률
		S-2-4	교육훈련비
		S-2-5	복리후생비
		S-2-6	결사의 자유 보장
	다양성 및 양성평등	S-3-1	여성 구성원 비율
		S-3-2	여성 급여 비율(평균 급여액 대비)
		S-3-3	장애인 고용률
	산업안전	S-4-1	안전보건 추진체계
		S-4-2	산업재해율
	인권	S-5-1	인권정책 수립
		S-5-2	인권 리스크 평가
	동반성장	S-6-1	협력사 ESG 경영
		S-6-2	협력사 ESG 지원
		S-6-3	협력사 ESG 협약사항
	지역사회	S-7-1	전략적 사회공헌
		S-7-2	구성원 봉사참여
	정보보호	S-8-1	정보보호 시스템 구축
		S-8-2	개인정보 침해 및 구제
	사회 법/규제 위반	S-9-1	사회 법/규제 위반

영역	범주	분류번호	진단 항목
지배구조 G (17개 문항)	이사회 구성	G-1-1	이사회 내 ESG 안건 상정
		G-1-2	사외이사 비율
		G-1-3	대표이사 이사회 의장 분리
		G-1-4	이사회 성별 다양성
		G-1-5	사외이사 전문성
	이사회 활동	G-2-1	전체 이사 출석률
		G-2-2	사내이사 출석률
		G-2-3	이사회 산하 위원회
		G-2-4	이사회 안건 처리
	주주권리	G-3-1	주주총회 소집공고
		G-3-2	주주총회 개최일
		G-3-3	집중/전자/서면 투표제
		G-3-4	배당정책 및 이행
	윤리경영	G-4-1	윤리규범 위반사항 공시
	감사기구	G-5-1	내부감사부서 설치
		G-5-2	감사기구 전문성(감사기구 내 회계/재무 전문가)
	지배구조 법/규제 위반	G-6-1	지배구조 법/규제 위반

(자료: 산업통상자원부)

2장

지속 불가능한
그들만의 '합리적 생각'과
지평의 비극

사상 최악의 자동차 핀토와 포드사의 '핀토 메모'

탐욕의 뿌리

아직 유효한 맬서스의 덫

시장의 우상

외부효과와 코즈의 정리

네슬레의 아동노동 착취… 직접 하지 않으면 책임이 없는 걸까

돌고래를 지키지 못하는 참치 통조림, 라벨링이 해답일까

세계화와 전부원가회계

전과정평가(LCA)와 소니의 플레이스테이션 반품 사태

민영화와 신자유주의

'지평의 비극'을 넘어서야 한다

Environment,
Social and
Governance

Environment,
Social and
Governance

E
S
G

지금은 생산되지 않는 포드사의 핀토(Pinto)는 1970년대 미국을 대표하는 소형차였다. 타임지가 선정한 '사상 최악의 50대 자동차' 중에 포함되어 포드의 치부로 남아 있다.

1970년에 출시된 핀토는 미국에서 인기 있는 소형차 모델이었지만 연료통의 안전성과 관련해 출시 이후 끊임없이 논란에 휩싸였고, 결국 1981년에 소송을 당한다. 추돌 사고가 일어나면 연료통이 파손되면서 연료가 새어 나왔고, 유출된 기름에 불이 붙어 폭발로까지 이어지곤 하여 핀토는 '바비큐 시트'로 불렸다. 사태를 한 문장으로 줄이면, 자동차 판매 가격을 2000달러에 맞추기 위해 연료통을 범퍼와 뒤 차축 사이에 배치한 원천적 구조결함 때문이었다.

사상 최악의 자동차 핀토와 포드사의 '핀토 메모'

이러한 사실은 옴짝달싹할 수 없는 증거인 이른바 '핀토 메모'가 재판 과정에서 공개되며 밝혀졌다. '핀토 메모'는 포드 내부의 비용편익분석 자료였다. 내용을 요약하면 [표 2-1]과 같다.

포드의 비용편익분석에 따른 차량 안전보강 비용은 1억2100만 달러였다. 예상 판매대수를 1100만 대로 잡고, 연료탱크가 쉽게 폭발하지 않도록 보강하는 데 드는 비용(대당 11달러)을 곱해 산출한 금액이다. 포드는 연료탱크를 보강하지 않고 그대로 출시했을 때 드는 비용을 함께 계산해 비교했다. 기존 사고율 등에 준거해 예상 폭발 사고 대수를 2100대

[표 2-1] 포드의 '핀토' 비용편익분석

연료탱크를 보완할 때		연료탱크에 손대지 않고 배상할 때		
판매대수	11,000,000	사고 발생 전망치	화재사망(명)	180
			중화상(명)	180
			화재로 인한 차량파괴(대)	2,100
연료탱크 개선에 드는 대당 추가 비용	$11	단위당 비용	화재사망(명)	$200,000
			중화상(명)	$67,000
			화재로 인한 차량파괴(대)	$700
총 비용	$121,000,000	총 비용	$49,530,000	

로 추산하고, 이때 사망자 180명, 중화상자 180명으로 잡았을 때 소요액
은 4953만 달러였다. 산출 근거는 사망배상금 1인당 20만 달러, 중화상
배상금 1인당 6만 7000달러, 차량 배상금 대당 700달러였다.

비용편익분석의 결론은 출고되는 전체 차량의 연료탱크를 보강하는
것보다 연료탱크를 보강하지 않는 게, 즉 사고를 방치하는 게 경제적으
로 낫다는 결론이었다. 비용편익분석은 그렇게 하는 게 '경제적'으로
7147만 달러 이익임을 보여준다. 이런 분석을 했다는 사실 자체가 가히
충격적인 데다 그 분석결과를 경영진이 수용했다는 사실은 더 충격적이
다. '핀토 메모'는 거대 기업의 경영진이 사람의 목숨보다 돈이 더 중요
하다고 공공연하게 의사를 결정한 사건으로 기록됐다.

군이 당시 포드 경영진 입장에 서보려고 노력한다면, 짐작건대 사업
특성상 사람이 죽거나 다치는 상황을 자주 접해 인명사고에 무감각해
있고, 그러다 보니 모든 상황을 수치화해, 즉 돈으로 환산하는 사고체계
가 확립되어 이 체계를 체화했을 가능성이 크다. 포드 경영진에게 이 숫
자는 경영상의 판단에 필요한 일상적 자료였을까. 그들에게 숫자 너머

에 존재하는 인간은 전혀 보이지 않았는지 궁금하다. 사망자 180명, 중화상 180명을 더한 사상자 360명은, 1인당 20만 달러, 1인당 6만 7000달러라는 '달러'로만 보였다는 정황이겠다.

일단 목표를 세우고 난 뒤에는 수단과 방법을 가리지 않고 목표달성에 매진하는 '천민자본주의 경영'이 핀토 사례 이후에 사라졌으리라고 믿는, 그렇게 순진한 사람은 찾기 힘들 것이다. 물론 핀토 사건으로 포드사는 징벌적 배상까지 포함해 처벌받았다. 그렇다고 핀토 사례가 기업경영의 인본주의 대각성으로 이어졌을 리는 만무하다. 핀토 이후 경영 및 산업계 전반에서 오히려 이러한 경향이 더 강해졌다고 보는 게 훨씬 현실에 부합한다.

금융공학 등 계량화 능력의 증대는 일종의 '숫자 환원주의'와 맞물려 경영을 포함한 사회 전체에 유체이탈과 비슷한 상태를 초래했다. 핀토 사례에서 극명하게 드러났듯 의미는 숫자로 대체된다. 모든 의미를 수치화할 수 있다고 믿는 게 유행하는 말로 신자유주의고, 적나라한 말로 천민자본주의다. 당연히 사회는 사실을 설명하기 위해 타당한 방법론을 찾아내어 적용하고 숙의의 토론을 거쳐서 비(非)재무 가치를 수치화하기도 한다. 그 필요성을 인정하더라도, 비재무적 가치 중에 결코 계량화할 수 없는, 혹은 결코 수치로 바꾸지 말아야 할 가치가 존재한다는 원론이 잊혀서는 안 된다.

어느 책 제목처럼 '돈으로 살 수 없는 것들'이 존재해야 정상사회다. 인문적 성찰을 통해 절대 양보할 수 없는 인본주의 가치 같은 것이 존재하며 그것을 존중해야 한다고 믿는 사회를 문명사회라고 부를 수 있다. 반대는 야만사회다. 그렇다면 지금의 자본주의사회는 야만사회다.

탐욕의 뿌리

코로나19로 새삼 다시 주목받은 전염병은 흑사병이다. 코로나19보다 더 강력한 팬데믹이라고 할 흑사병은 인류 역사에서 수천 년 동안 크게 세 차례 위세를 떨쳤다. 그중 14세기 중엽 중세 유럽을 강타한 2차 대유행이 제일 유명하다. 1720년 프랑스 마르세유 일대에서 유행한 '마르세유 페스트'는 대유행(팬데믹)이 아닌 지역적 유행이었지만, 감염병 역사에서 중요한 사례로 거론된다. 원인이 자연에 있었지만, 확산은 인간의 탐욕 때문이었던 감염병 유행의 대표적 사례였다.

'마르세유 페스트'의 주역은 '그랑 생 앙투안'이라는 이름의 배였다. 이 배는 시리아, 레바논, 이스라엘 등 지중해 동부 연안 지역과 마르세유 사이를 운항한 상선으로, 1720년 선원 9명이 운항 중 사망한 채로 지중해 동부에서 마르세유로 돌아온다. 나중에 사인이 흑사병으로 밝혀지는데 사인 규명에 앞서 '그랑 생 앙투안' 호는 마르세유 도착 직후인 1720년 5월 25일 일단 입항이 불허된다. 이 배는 적절하게도 마르세유 먼바다에 위치한 자르 섬에 격리됐다. 그곳은 검역 차원에서 선박을 임시로 머물게 하는 장소였다.

당시 마르세유 항에는 검역사무소가 설치되어 있었다. 항해 중 선원이 9명이나 숨진 선박에 입항을 불허하고 검역과 격리를 시행하는 것은 중세의 혹독한 흑사병을 거친 유럽의 마르세유에서 취할 법한 온당한 조치였다. 그러나 사태는 이상하게 전개된다.

선원이 9명이나 죽은, '그랑 생 앙투안' 호는 물리적으로 위협적인 그러한 정황인데도 서류상으로 안전한 배였다. 이 배는 레바논의 시돈, 티르, 트리폴리 등 기항지역 프랑스 영사로부터 검역증명서를 받았고, 항해 중 발생한 선원 사망에 대해서 선장은 흑사병이 아닌 다른 이유로 죽었다고 검역사무소에 사인을 보고했다. 마르세유 도착 후 새로 선원 한 명이 숨졌으나 마르세유 항의 검안(檢案) 의사는 시신에 흑사병의 징후가 없다는 어이없는 소견서를 냈다.

검역사무소는 불허 방침을 바꿔 입항을 허가했다. 특이사항은 이 배에 실린 화물 중 고가 상품인 비단에 대해서 먼저 하선하도록 한 것이었다. 이어 면직물을 포함, 모든 화물의 하역이 곧 허가됐다. 마르세유 항에 흑사병 균이 상륙한 순간이었다.

하역 인부들이 가장 먼저 희생됐다. 빠르게 흑사병이 확산하며 마르세유는 공포의 도가니로 변한다. 마르세유에 이어 인접한 프로방스 지방 전역으로 흑사병이 퍼져나갔고, 중세만큼은 아니었지만 많은 사람이 흑사병으로 숨졌다. 마르세유에는 지금도 1720년의 흑사병과 관련한 기록이 보존되어 있고 지명이나 동상 등에 당시 역사의 흔적이 남아 있다.

진상이 파악되며 '마르세유 페스트'는 인간의 탐욕이 초래한 가공할 만한 재앙으로 판명된다. 전염병 역사에 남은 참사의 두 장본인은 '그랑 생 앙투안' 호의 샤토 선장과 마르세유의 에스텔 부시장이었다.

도매상인이자 마르세유의 부시장인 에스텔이 이 배로 운송된 일부 직물의 수취인이었다는 사실은 사건의 전모를 밝히는 중요한 단서였다. 에스텔 부시장은, 합당한 검역절차를 무시하고 흑사병 균에 오염된 직물을 하선하도록 압력을 행사한 원흉으로 추정되지만, 진실이 규명되기 전에 그 또한 흑사병으로 사망했다. 조사 결과 항만의 의사는 마르세유

입항 후 흑사병으로 숨진 선원의 사인을 흑사병이 아닌 고령에 의한 사망으로 진단을 날조했다. 샤토 선장은 항해 중 숨진 선원들의 사인을 식중독으로 조작했다.

마르세유는 '40일의 격리'를 세계 최초로 시행하여 '검역(Quarantine)'이란 말을 만들어낸 곳이다. 흑사병이 엄습하고 불과 몇 십 년밖에 지나지 않은, 여전히 중세인 1383년에 마르세유는 기록상 세계 최초의 체계적 검역소를 설치했다. 입항하려는 선박을 조사한 후 전염병 감염이 의심되면 배와 승객과 하물을 별도의 장소에서 40일(이탈리아어로 40은 Quarantina이다) 억류하며 깨끗한 공기로 환기하고 태양광을 쐬도록 했다.

'마르세유 페스트'가 공중보건의 역사에서 상징적인 공간인 마르세유에서 발발했다는 사실은 여러모로 생각할 거리를 던져준다. 무엇보다 (마르세유시 지배계급의 일원이자 '그랑 생 앙투안' 호의 화주(貨主)인 에스텔이 궤멸적 결과를 정확하게 예측했다면 분명 다르게 행동했을 것이라는 게 이성적 판단일 텐데) 비교적 정확하게 관련정보를 입수할 위치에 있어 흑사병 발발의 가능성을 배제할 수 없었는데도 에스텔은 어떻게 적절한 방역조치를 취하지 않은 가운데 입항과 하선이라는 선택을 내릴 수 있었을까.

'마르세유 페스트' 와중에 숨겼기에 에스텔의 의중이나 판단근거가 무엇인지는 정확하게 확인할 수 없지만 짐작건대 아마 '확률'이란 요소가 그의 판단에 영향을 미치지 않았을까. 확률은 일종의 합리성으로 근대성과 직결된다. 그의 '합리적' 추론하에서 그의 경험치에 따른 흑사병 유행 확률이 '0'은 아니었지만 낮은 편이었고, 낮은 확률은 '값비싼' 화물을 포기할 이유가 되지 못했다.

현재 지금 우리는 에스텔을 부도덕할 뿐 아니라 사악하다고 당연히 비난하겠지만, 대참사를 야기한 에스텔의 의사결정 방식과 나아가 행동방식이 지금 기준으로 예외적이라고 확언할 수 없다는 데서 곤경에 처한다. 타인의 목숨 값까지 계산에 포함한, 확률에 따른 비즈니스 등의 의사결정은 현재 다반사로 이뤄진다. '마르세유 페스트' 당시에 확률을 계산하는 데 필요한 지식이 지금보다 부족해 계산법이 정교하지 못하고 조악했을 뿐 근본적인 태도는 지금의 비즈니스와 비교해 별반 차이가 없어 보인다.

앞서 살펴본 '핀토 메모' 사례는 '마르세유 페스트'와 동일한 의사결정이라 해도 좋을 정도로 판박이다. 1970년대 포드자동차 경영진이 자사의 승용차 모델 '핀토'에 결함이 있고 인명피해를 불러올 줄 알면서도 계산상의 비용(사람 목숨 값까지 포함한 비용)보다 수익이 더 크다는 판단에 따라 출시를 단행한 것과 1720년 마르세유 부시장 에스텔이 흑사병 유행 가능성을 무릅쓰고 화물을 내리도록 압력을 행사한 것 사이에 근본적인 태도의 차이가 발견되지 않는다.

아직 유효한 맬서스의 덫

이쯤에서 우리는 〈인구론〉으로 유명한 토머스 맬서스(1766~1834년)를 떠올리게 된다. 맬서스는 인구와 식량의 각각 기하급수적이고 산술급수적인 증가에 따른 비대칭 문제를 제기한 것으로 유명하다. 이 비대칭이 인류에게 재앙임은 분명하지만, 맬서스에 따르면 이 재앙은 인류의 종말을 유발하는 재앙이 아니다. 인구와 식량 사이의 비대칭은 한정된 자원에 맞춰 인구가 조정되는 방식으로 새로운 균형점에 도달하여 다시 대칭을 이룬다. 부족한 식량을 두고 사람들이 경쟁하다 보면 때로는 전쟁을 통하여 비대칭을 해소한다. 인위적이고 급격한 전쟁이 없으면 질병이 나서고, 그래도 수급불일치가 해소되지 않으면 기근이라는 극단적인 답이 최종적으로 대기한다. 답이라기보다는 비대칭 혹은 불균형의 폭력적이고 최종적인 조절이다.

공급(식량)에 맞추어 수요(인구)를 조절해야 한다는 이러한 논리구조에서는 삶의 질이 언제나 최저수준을 유지하고 인구증가는 식량공급 증가폭 내에 머문다. 식량공급량을 넘어서는 인구의 증가는 살펴본 대로 인위적이든 자연적이든 '제재'를 받아, 말하자면 '덫(Trap)'에 걸린 것과 같은 상태로 귀결한다. 사회 전체로 보아 삶의 질도 개선되지 않는다. 전반적인 삶의 질의 개선은 인구증가로 이어져 어떤 식으로든 다시 삶의 질을 끌어내리기 때문이다. 이러한 '맬서스 트랩' 상태에서는 사회가 무한루프에 갇혀 발전하지 못한다. 단적으로 "덮어놓고 낳다 보면 거지꼴을 못 면한다"는 1960년대 우리나라의 산아제한 구호가 이 무한루프 논리를 반영한다.

'맬서스 트랩'은 현대에는 유효하지 않은 것으로 되어 있다. 식량과 인구의 맬서스 함수에서 '균형'을 도출하는 방식이 완전히 달라졌다. 산업혁명 이후 인류는 수요에 맞추어 공급을 창출할 수 있는 존재가 됐다. 서구의 산업혁명에 해당하는 경제개발이 우리나라에서는 1960대 중반 이후 진행됐으니 우리나라는 서구 제국과 비교해 상대적으로 최근에 '맬서스 트랩'에서 벗어났다고 할 수 있다. 남한 기준으로 해방 무렵 2000만 명이던 인구는 현재 5000만 명이 됐고, 1인당 국민소득(혹은 GDP)은 100달러 미만에서 3만 달러를 상회한다. 아프리카 등의 저개발

국가를 논외로 하고, 적어도 대한민국은 '맬서스 트랩'을 탈출했다는 명백한 증거인 셈이다.

그렇다면 생산력의 고도화로 인류가 '맬서스 트랩'에서 완전히 탈출했다고 선언해도 좋을까. 맬서스의 우려가 해소되고 '맬서스 트랩' 이론은 무의미해졌을까.

동의하지 않는다. 개인적으로는 변수를 식량 외로 넓혀, 예를 들어 포괄적으로 지구와 인간 사이의 함수로 새롭게 구성한다면 '맬서스 트랩'은 여전히 상당한 타당성을 갖게 될 것이라고 판단한다. 지구 전체로 보면 기후위기로 상징되는 미증유의 '덫'에 인류가 걸려 있는 상태이기 때문이다. 거시적 관점에서 보면 현재 인류의 번영과 번성은 과도적이고 일시적인 현상으로, '덫'에서 벗어나려고 무리하게 애를 쓰다가 어쩌면 전체 인류가 멸절할지 모르는 위기 국면으로 몰아넣은 데 불과할 수 있다.

맬서스의 문제제기는 여전히 유효하지만 그가 너무 노골적으로 차별과 증오를 표명한 데서 맬서스는 물론 그의 이론이 반감의 대상이 된다. 수요(인구)의 조절에서 해결책을 모색한 맬서스는 결혼이나 출산의 제한 등과 같은 제도적이고 얌전한 조절방법과 질병·기아·전쟁 등 폭력적인 조절방법을 함께 거론했다. 요체는 어떤 사회 구성원의 평균적 삶의 질을 높이려면 빈곤층을 줄여야 한다는 발상이다. 맬서스는 빈민구제 같은 온정적 사회정책에 반대하고, 말하자면 적극적으로 경쟁 메커니즘을 작동시켜 취약계층이 '자연스럽게' 도태되게 만들어야 한다는 입장을 취했다.

"가난한 이들에게 위생을 강조하는 것 대신 우리는 오히려 그와 반대되는 습관을 장려해야 하며, 마을의 도로는 더욱 좁게 만들고 집 한 채에 더 많은 사람이 바글거리며 살게 만들어야 하며, 전염병이 다시 돌아오도록 노력해야 한다. 정착지 건설은 건강을 해치기 딱 좋은 늪지대와 같은 곳을 장려해야 한다. 그리고 무엇보다도, 우리는 창궐하고 있는 질병에 대한 맞춤형 치료약을 배척해야 한다."

코로나19를 떠올리며 〈인구론〉을 통한 맬서스의 이러한 진술을 읽으면 더 큰 거부감이 생기게 된다. 나름대로 인류의 미래를 고민한 맬서스의 결론은 가치 배제와 현상 집착의 귀결이었으며, 그것은 '핀토 메모'의 정신과 맞닿고, 현재 자본주의에서 정확하게 복제된다. 생산력의 획기적인 발전이 얼핏 '맬서스 트랩'을 웃음거리로 만든 듯 보이지만 인류는 '맬서스 트랩'을 결코 극복하지 못했다.

지구온난화와 기후위기 등 전 지구적 위기의 덫에 빠진 현재 인류의

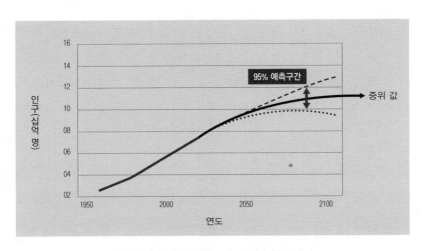

[그림 2-1] 2019년 유엔의 세계인구 전망치(자료: 유엔)

상황을 보면 분명 '맬서스 트랩'이 유효하게 작동하고 있음을 확인하게 된다. 그것이 '맬서스'든, '페스트'든, '코로나'든, 혹은 '지구온난화'든 인류는 여전히 '트랩'에 걸린 채다.

특정 집단, 특정 국가, 특정 지역의 삶의 질을 급속도로 높이기 위해서 다른 집단, 다른 국가, 다른 지역의 삶의 질을 망가뜨린 인류의 대체적 발전공식은 맬서스의 생각 그대로다. 인류의 다수를 희생시키면서 소수가 '덫'에서 탈출하는 구조에서는 탈출에 성공한 소수마저 종국에는 다시 바닥으로 추락하게 된다. 근대 이후 인간은 자연 혹은 신에 맞서 전례 없는 자부심을 갖게 되었지만 인류를 '덫'에서 구해내는 발전경로를 찾아내지 못하고 있다. 불균등하고 각기 다른 속도의 발전과정에서 '덫'에 걸렸을 때 또는 '덫'에서 빠져나오지 못하고 있을 때 '덫'에 걸린 이들 가운데서 누구를 살리고 누구를 희생시킬 것인지, 그러한 결정을 누가 어떻게 내릴 것인지를 제대로 고민하지 않았다는 측면에서 우리는 여전히 '맬서스적 세상'에서 살고 있다.

시장의 우상

'핀토 트랩(Pinto Trap)'은 모든 것을 계량화하고 시장화할 수 있다는 시장만능주의(市場萬能主義)를 뜻한다. 위험 없는 세상보다 이윤 없는 세상을 더 못 견디는 세계관이다. 이 '시장 트랩'은 근대 이후 서구를 중심으로 세계 전역으로 확산되는데, 근대의 유럽인과 현재의 세계인은 이

것을 '트랩'이라고 인식하지 않았다. 반대로 인류발전의 최고 플랫폼으로 생각하며, 심지어 인류역사의 최종 진화형태로까지 추앙하는 이들이 있다. 합리성과 효율성이란 이름으로 설명되는 이 '트랩'에 원하든 원하지 않든 우리 모두는 사로잡혀 있으며, 때로 '덫'에 걸렸다는 사실을 자각하지 못한 채 평생을 살아간다.

피동성에 근거한 듯 보이는 '시장 트랩'과 달리 '시장의 우상'은 (비록 부정적이긴 하지만) 인간의 자발성을 느끼게 하여 어쩌면 우리가 시장의 우상 섬기기를 그만둘 수 있겠다는 미미한 희망을 품게 한다. 지금과는 다른 의미로 썼지만 이 말의 저작권은 대체로 프랜시스 베이컨(1561~1626년)에 귀속한다는 게 정설이다. 베이컨이 말한 4대 우상 중 하나인 '시장의 우상(Idola Fori)'은 의사소통의 오류를 지적한 인식론 범주의 문제여서 확실히 맥락을 달리한다.

'시장 트랩'의 의미로 사용된 '시장의 우상'은 베이컨의 용법과 달리 존재론 범주의 문제다. '우리가 무엇을 어떻게 알 수 있느냐'의 문제가 아니라 '우리는 무엇인가'의 문제다. 물론 두 가지가 동떨어진 문제는 아니지만, 초점이 확연히 다르다.

시장의 우상을 섬기는 현재 인류를 익숙한 말로 '호모 이코노미쿠스'라고 하고 '호모 이코노미쿠스'가 살아가는 세상을 '시장사회'라고 한다. 시장사회의 전제는 시장경제다. 시장경제란 시장을 매개로 작동하는 경제 체제다. 재화와 서비스의 생산·유통·분배는 이른 바 자기조정 기능을 갖췄다고 간주되는 시장의 지배를 받는다. 시장은 한마디로 가격이다. 시장의 본질은 거래이지만, 거래는 가격 없이 불가능하다. 가격은 '시장이 자신의 존재를 사유하는 방식'이라고 할 수 있다.

시장경제는 상품화를 요청한다. 상품 없는 시장이나, 시장 없는 상품이나 자본주의에서 둘 다 무의미하다. 시장에서 상품화한 재화와 용역은 가격을 통해 순환한다. 시장을 통해 수요와 공급이 균형을 찾다보면 사회전체로 자원을 가장 효율적으로 사용하고 효율적으로 분배하게 된다는 논리가 앞서 말한 자기조정 기능이란 신화다. 그러므로 시장기능을 최대한 활성화하는 사회가 좋은 사회이고 그러려면 시장경제가 정치에 침해받지 않아야 한다. 시장주의자들의 이 논리는 역사에서 목격한 대로 현실에 뿌리를 내리어 발전에 발전을 거듭하여 신화가 된다.

이 신화는 날조됐다. 결론적으로 효율성을 보장하는 자기조정 기능의 자유 시장(Free Market)은 역사상 한 번도 존재한 적이 없다. 시장은 언제나 특정 참여자가 유리한 편파적 시장이었고, 자기조정 기능은 고장 나기 일쑤였다. 많은 예시를 들이댈 것 없이 2008년의 서브프라임 모기지 사태를 봐도 자기조정 기능의 좌초와 시장의 편파성을 입증할 수 있다. 최근 코로나19 국면의 시장 또한 정부의 조정으로 근근이 명맥을 유지했다. 자기조정 시장처럼 명백하고 오래 지속된 거짓말이 없지만, 이 거짓말처럼 잘 먹힌 거짓말 또한 없다.

자기조정 시장에서는 오로지 시장만이 경제 영역을 조직하는 유일한 권력이어야 한다는 논리가 통용된다. 자기조정 시장은 제도적으로 사회를 정치 영역과 경제 영역으로 분리하라는 엄청난 요구를 내놓는다. 이러한 분리는 사회가 이 요구에 복종할 때만 작동할 수 있다. 따라서 시장경제는 오로지 시장사회에서만 존재할 수 있다.[12]

칼 폴라니(1886~1964년)는 인간과 자연이라는 사회의 실체 및 사회의 경제 조직이 보호받지 못하고 시장경제라는 '사탄의 맷돌'에 노출된다면, 그렇게 무지막지한 상품 허구의 경제 체제가 몰고 올 결과를 어떤 사회도 단 한순간도 견뎌내지 못할 것이라고 보았다.[13] 우리가 견뎌내고 있는 것(또는 견뎌내지 못한다는 사실을 인식하지 못하고 있는 것)은 탈정치의 정치로 은폐된 고도의 정치적 책략 때문이다.

리오넬 조스팽 전 프랑스 총리가 "시장경제는 받아들이지만 시장사회는 거부한다"고 말한 적이 있는데, 순진하기 그지없는 발언이었다. 시장경제는 폴라니가 지적했듯이 시장사회를 수반한다. 만약 많든 적든 시장경제와 해당 사회 사이에 불일치와 간극이 있다면 시장권력은 즉시 사회의 시장화 기획에 돌입하여 빠른 시간 내에 불일치를 해소하고 간극을 메운다.

많은 사람이 1979~1980년 마거릿 대처 영국 정부와 로널드 레이건 미국 정부의 등장과 함께 신자유주의 시대가 열리면서 시장경제가 본격적으로 시장사회로 이행하기 시작했다는 데 동의한다. 정치적 합리성으로서 신자유주의는 입헌주의, 법 앞의 평등, 정치적·시민적 자유, 정치적 자율성과 보편주의적 포용 같은 자유민주주의의 기본 원리를 비용수익분석, 능률, 수익성, 효율성 같은 시장의 기준으로 대체하면서 자유민주주의의 뼈대를 전 방위적으로 공격했다. 신자유주의적 합리성은 민주주의의 원리를 기업가적 원리로 대체한다.[14]

시장경제가 사회 전반을 지배하게 되는 것, 즉 시장사회화를 하는 데 따른 문제는 재화·용역이 시장 내에서의 거래가능성, 다시 말해 상품화만을 존재의 잣대로 설정하는 데서 야기된다. '도덕적 가치'에 관한 판단 결여가 수반된다. 시장이 지닌 매력 중 하나는 스스로의 선택이 만족스러운지 판단할 때 수치(數値) 외에는 결코 참조하지 않는다는 점이

ESG 배려의 정치경제학

다. '핀토 메모'에서 목격한 그대로다. 시장은 값을 따지지 가치를 따지지 않는다. 유일한 질문은 "얼마죠?"일 뿐이다. 시장은 고개를 가로젓지 않을 것이다.[15]

시장의 도덕적 한계를 직시하면서 마이클 샌델은 "시장에 속한 영역과 '비시장 영역'의 구분이 민주주의 사회의 중요한 기준이 된다"고 말했다. 시장과 비시장의 구분, 나아가 특정 재화와 용역이 두 영역 중 어디에 속하는지를 판정하려면 사회적인 논의와 결정이 필수적이다. 이러한 과정은 당연히 도덕적이며, 그렇다면 정치적일 수밖에 없다. 인정하든 안 하든 정치의 본령은 도덕적인 결정을 다루는 것이다. 특정한 재화와 용역의 도덕적 의미와, 가치의 적절한 평가방법에 관해 사례별로 토론을 벌여야 한다.

그러나 시장사회에서는 이러한 토론이 의도적으로 생략된다. 그 결과로, 이러한 문제를 제대로 인식하지 못하는 사이에, 그렇게 하겠다고 결정하지도 않은 채, 우리는 시장경제를 가진(Having a Market Economy) 시대에서 시장사회(Being a Market Society) 시대로 휩쓸려왔다.[16] 시장의 우상을 우리가 숭배하는 것이 아니라 시장의 우상이 우리를 지배한다. 그것도 전적으로. 시장사회는 사회 내에 존재하는 모든 것을 상품화할 수 있다고 확신하며, 도덕적 가치와 정치적 행위 또한 효용과 교환가치로 환원하는 근대적 리바이어던(Leviathan)이라고 규정할 수 있다.

외부효과와 코즈의 정리

제기된 문제들을 성공적으로 해결한 모범적인 시장사회라는 게 있다 손 쳐도 시장만으로는 외부효과를 해결하지 못한다는 근본적 한계를 넘어설 수 없다.

강이 있고 상류에 피혁공장, 하류에 어촌마을이 있는 가상의 공간을 상상해보자. 시점은 60년 전으로 설정하자. 피혁공장에서 생가죽을 들여와 의류 등을 만들 수 있는 가죽원단으로 바꾸는 과정을 무두질이라 하는데, 이때 화학약품을 많이 사용한다. 옛날이다 보니 작업 공정에 사용된 화학약품이 거의 강물에 흘러 들어간다.

피혁공장을 열심히 가동하면, 즉 본연의 경제활동에 최선을 다하면 이른바 부가가치를 창출하게 된다. 피혁공장 주인은 돈을 벌고, 노동자들은 임금을 받고, 정부는 세금을 거둬, 피혁공장만을 고려할 때 국내총생산(GDP)이 상승한다. 경제의 성장이다.

시간이 흐르면서 피혁공장에서 의도하지 않은 피해가 강 하류 쪽에서 발생한다. 유해물질 유입에 따라 하류 어촌에서 어획량이 감소하는 등 문제가 보고된다. 외부효과다.

경제주체가 본연의 경제활동을 수행한 결과, 또는 과정에서 예상하지 않은 혜택을 주거나 손해를 입히는 현상이 외부효과다. 이때 혜택과 손해에 대해 대가를 받거나 비용을 지불하지 않는다. 외부효과가 긍정적일 때(혜택)는 외부경제, 외부효과가 부정적일 때(피해)는 외부비경제라고 구분하지만, 외부효과 하면 통상 외부비경제로 읽히는 문맥이 많다.

외부경제의 사례로는 양봉이 대표적이다. 양봉의 목적은 벌꿀을 이용해 꿀을 채집하는 것이다. 벌통을 부려놓은 인근 지역의 과수원과 자연 상태 초목의 수분에 기여할 의사가 양봉업자에게 전혀 없었다. 꿀벌의 도움으로 과수원에 과일이 열리고 과수원 주인은 과일을 팔아 돈을 벌게 되지만 과수원 주인이 양봉업자에게 가루받이 비용을 지불하지는 않는다.

미국에선 사정이 달라졌다. 2월의 미국 캘리포니아 아몬드 농장으로 가면 양봉의 외부경제 내용이 바뀐다. 미국의 대표 농산물인 아몬드의 가루받이를 위해 전국의 양봉업자가 모여들고, 양봉업자는 가루받이를 대가로 아몬드 농장에서 돈을 받는다. 가루받이는 경제행위가 되어, 2월 캘리포니아의 아몬드 농장에서는 더는 외부경제로 여겨지지 않는다.

외부효과 중 외부비경제로는 피혁공장이 가죽원단을 만드는 과정에 화학약품을 써서 강 하류 어촌에 문제가 발생한 사례를 들 수 있겠다. 어획량이 감소하는 것은 물론이고 때로 기형 물고기가 발견되며 마을 주민들의 건강에도 이상이 감지된다. 어촌의 삶은 긴 시간에 걸쳐 '이유 없이' 피폐해진다.

피혁공장과 어촌 사이에 분쟁이 일어난다. 분쟁의 해결방법은 여러 가지가 있지만, 당사자간 해결 경로를 찾는 방법론이 이른바 '코즈의 정리'다. '코즈의 정리'에서는 소유권 또는 재산권이 확실하게 정해져 있고 소통비용이 적다면 이해당사자 간에, 혹은 시장에서 자연스럽게 문제가 해결된다고 본다. '코즈의 정리'는 로널드 코즈(1910~2013년)라는 미국인 학자가 만든 것이다. 수학자로서 코즈는 1991년 노벨 경제학상을 수상했는데, 크게 보아 신자유주의의 옹호자인 시카고학파로 분류된

[그림 2-2] 위: 개화기의 미국 캘리포니아 아몬드 농장,
가운데: 아몬드 꽃에 벌이 앉은 모습, 아래: 아몬드 열매가 열린 모습

(자료: 캘리포니아 아몬드 협회)

ESG 배려의 정치경제학

다는 점에서 대체적인 학문성향을 짐작할 수 있겠다.

먼저 소유권에 대해 살펴보면 이 사례에서 어획권이 확고한 권리로서 인정됐을 때 피혁공장의 조업으로 어획권이 침해됐는지가 입증된다면 어촌은 본격적으로 배상을 요구하는 한편 피혁공장에 조업중단까지 요청할 수 있다. 그런 사례는 드물겠지만 만일 이 강이 피혁회사 소유라면 어촌이 공장에 요구를 할 수 있겠지만 권리를 갖지는 못하므로 상황에 따라 어촌이 문을 닫을 수 있다. 현실에서는 강이 국가 소유일 확률이 높고 어획권의 범위가 모호하며 피혁공장의 화학물질이 어장 황폐화에 어떤 영향을 미쳤는지 규명하기가 쉽지 않기 때문에 제시된 사례의 분규는 장기화할 가능성이 농후하다.

윤리적인 측면을 떠나서 먼저 법률적으로 소유권이 확실하게 정해져 있고 두 번째로 소통비용이 낮다면 이해당사자들이 합의해서 외부효과 문제를 해결할 수 있다는 게 '코즈의 정리'다. 그러나 제시된 사례에서 짐작할 수 있듯 '코즈의 정리'를 통해서는 외부효과를 완전히 해결할 수 없다. 문제 해결이 아닌 분쟁 해결이다.

'코즈의 정리'는 외부비경제를 차단하지 못한다. 외부효과를 원천적으로 차단하려면 강에 화학약품이 유입되어서는 안 된다. 당사자 사이에 분쟁 해결을 맡겨 놓으면 '원천 차단'이 테이블 위에 의제로는 오르겠지만 더 많은 배상을 받아내기 위한 카드 정도로만 활용될 가능성이 크다.

오염물질 배출 '제로' 공법 도입 비용이 배상 비용보다 작다면 해피엔딩이 가능할 수 있다. 시장 실패가 우연히 자정되는 시나리오로, '핀토 메모'와는 반대되는 비용편익분석이다. 더불어 이제 오염 문제는 외부효과가 아니라 비용으로 성격이 바뀐다. 기업의 사회적 책임(CSR)을 설명하며 종종 거론하는 '캐롤의 CSR 피라미드'에서 '윤리적 책임'에 속하는 항목이 '법적 책임'의 항목으로 바뀌는 것과 비슷하다(3장의 〔그림 3-4〕 캐롤의 CSR 피라미드 참조).

코즈의 해법 논의를 더 이어가면 피혁공장이 돈으로 문제를 해결할 수도 있다. 기존 조업방식을 유지하면서 어촌의 어로 자체를 포기하게 만드는 방법이다. 어촌에 적정하게 배상한 다음 다른 피혁공장을 지어서 그곳 어민들을 직원으로 채용하면 두 이해당사자가 서로 만족하는 결론이 될 수도 있다. 그러나 두 이해당사자뿐 아니라 사회 전체가 이용하는 강은 만신창이로 변하게 된다. 당사자들에게만 분쟁 해결을 맡겨놓으면 외부효과 해소는 의제 목록의 하단에 머물 것으로 예상된다.

더불어 사회가 복잡해지면서 소통비용이란 게 생각만큼 낮지 않다는 점을 고려해야 한다. 인터넷을 비롯해 사회에 다양한 직접적인 소통수단이 생기면서 소통비용이 낮아지고 있기 때문에 '코즈의 정리'가 다시 주목받고 있기는 하다. 하지만 사회에서 한 가지 문제가 1:1의 구조 속에서 결정되는 일은 거의 없다. 대부분 하나의 사회현상에 복수의 이해관계자가 존재하기 때문에 관련된 모든 이해관계자의 이익을 최대한 보장하면서 합리적인 해결책을 찾아내는 데는 비용과 시간이 너무 많이 들어 자칫 시기를 놓치게 된다. 문제 자체도 깔끔하게 하나로 정의되지 않을 때가 많다.

제기된 강 사례로 돌아가 복수의 어촌과 복수의 피혁공장이 있다고 가정하면 협상이 더 복잡해진다. 강 주변에 어촌 말고 농촌이 있을 수 있고 피혁공장 말고 신발공장이 있을 수도 있다. 합의에 도달하기 위해

옥신각신하는 사이 강에는 더 많은 독극물이 유입되어 물고기 씨가 마르고 어촌은 회복불능이 된다. 결국 특정 수위를 넘어서면서 강과 어촌은 죽음의 지역으로 변해버려 강 주변은 유해물질을 방류하는 공해 유발 업체들로 가득 차는 결론에 다다를 수 있다. 과거 많이 목격한 모습이다. 장기적으로는 나중에 강을 다시 살리게 되는데, '티핑 포인트'를 넘어서기 전에 시민사회와 공공부문이 개입해 사전에 조정한 것에 비해서 '사회적으로' 더 큰 비용을 문다.

보통은 정부가 많이 개입한다. 흔히 보는 수단이 규제다. 환경오염을 유발한 경제주체에게 배출부과금, 즉 세금을 물리자는 '피구세(Pigue Tax)' 구상이 대표적이다. 피혁공장에다 화학물질 방류와 관련해 과세라는 제재를 가한다. 그러나 경제성장기에는 규제가 잘 동원되지 않는다. 산업화 초기의 각국 정부는 산업자본이 비용을 사회화(또는 외부화)하고 이익을 사유화(또는 내부화)하도록 도움을 준다. 보통 유치산업(幼稚産業) 육성을 명분으로 산업자본과 결탁한 국가권력은 '비용의 사회화와 이익의 사유화'에 항의하는 민초를 폭력적으로 진압한다.

국가권력이 산업자본과 결탁한 정경유착 때문일 때가 많지만, 국가가 채택한 성장전략 때문에 그렇게 하기도 한다. 피혁공장이 고용을 창출하고 외국에 수출해서 달러를 벌어오는 것이 수질이나 어장 보호보다 더 중요하다고 판단한다.

불모상태에서 산업화가 어느 정도 진행되자 정부는 이제 양쪽을 모두 보게 된다. 국가정책의 변화 때문일 수도 있지만 우리 수출품에 대한 외국의 환경기준이 높아졌기 때문일 수도 있다. 상품화 이전 단계에 대한 사회·환경 기준 준수 여부의 검증 수준은 ESG 개념이 본격화하기 전에

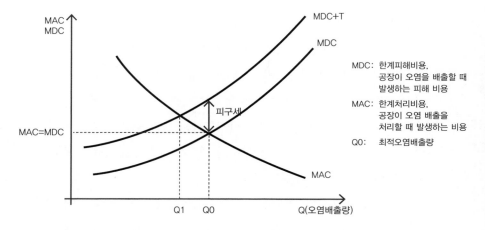

MDC: 한계피해비용,
　　　공장이 오염을 배출할 때
　　　발생하는 피해 비용

MAC: 한계처리비용,
　　　공장이 오염 배출을
　　　처리할 때 발생하는 비용

Q0: 최적오염배출량

오염물을 배출하는 공장의 입장에서는 MDC=MAC일 때의 오염배출량이 최적인데, 피구세(Pigou Tax)
를 오염배출 공장에 부과하게 되면 한계피해비용(MDC)이 피구세(T)만큼 상승하여(MDC+T) 그래프가
왼쪽으로 옮기게 된다. 이때 최적의 오염배출량은 피구세 부과 전(Q0)에서 Q1으로 줄어들게 된다.

[그림 2-3] 피구세(Pigue Tax)

이미 지속해서 높아졌다.

　마침내 자유방임 상태에 규제가 가해진다. 적정한 수준을 정해서 그
이상으로는 유해물질을 공장 밖으로 내보내지 못하게 법으로 금지한다.
법을 지키는지 확인하기 위해 담당 공무원이 가끔 현장에 나온다. 단속
에 걸리면 벌금을 물게 되고 심하면 공장 문을 닫는 일이 생긴다. 이때
감독비용이 발생한다. 단속 공무원 조직을 유지하는 것과 개별 단속 공
무원이 업자와 유착하지 못하도록 감시하는 데 드는 비용이다. 정부 조
직이 비대해진다. 1967년 보건사회부(현 보건복지부) 보건위생과를 환
경위생과로 바꾸어 신설한 공해계가 정부 내 환경담당 조직의 시초다.

1980년 보사부 외청인 환경청으로 승격했고 1994년 환경부가 됐다. 규제보다 장려금 또는 보조금을 주는 정책을 선택하기도 한다. 예를 들어 유해물질을 처리하는 환경설비를 설치하는 기업에게 정책자금을 지원하거나 세금을 깎아주는 방법을 쓸 수 있다. '코즈의 정리'에서 제시한 해법과 비교해 일견 비효율적으로 비칠 수 있겠지만 외부효과 차단에는 도움이 된다. 정부가 개입해서 시장 실패를 미리 방지하는 방법론이다.

'핀토 메모'에서는 외부효과가 쟁점이 아니다. 가치를 배제한 위법한 비용편익분석일 따름이다. 많은 외부효과가 시간이 흐르면서 기업과 조직 경영의 고려요소이자 비용투입 대상으로 바뀌고 있다. 예를 들어 피혁공장에서 오염물질을 내보내는 건 이제는 위법행위로, 공장은 정화비용을 물거나 공장폐쇄까지 포함하여 상응한 제재를 받는다. 온실가스는 수백 년 동안 주체들이 의식하지 못한 외부효과였지만, 지금은 규제이자 비용이다. '비용의 사회화와 이익의 사유화'의 정정으로, 정정과정에 ESG 개념이 요긴하게 활용된다.

'비용의 사회화와 이익의 사유화'는 외부효과를 명확히 한 표현이지만, 실제 외부효과가 작동하는 국면에서는 '비용의 사회화'가 드러나지 않는다. 비용으로 계상(計上)하지 않는 단계에서 그것이 비용임을 밝히고, 또한 그 비용이 사회에 이전되었음을 드러내고, 합당한 정정 과정을 통해 사유화한 이익에서 그 비용을 물게 하는 전 과정에 ESG는 유효하다. 외부효과가 외부효과에 머물러서는 외부효과를 없앨 수 없다. 계상하고 수치화해야 한다. 외부효과를 없애려면 용어 자체는 내버려 두더라도 외부효과라는 용어에서 '외부' 개념을 지워버리는 데서 시작해야 한다.

네슬레의 아동노동 착취…
직접 하지 않으면 책임이 없는 걸까

'비용의 사회화와 이익의 사유화'의 유혹은 기업에게 여전히 강력하다. 특히 이것이 관행일 때 적당히 "몰랐다"고 둘러대며 슬그머니 '몰랐다'에 편승하여 넘어가곤 한다. 마르크스의 〈자본론(1867년)〉 시대에만 존재할 것 같은 아동노동을 저명한 다국적 기업들이, 비록 간접적이긴 하지만 요긴하게 활용하는 시점은, 현재다.

2021년 2월 네슬레, 허쉬 등 글로벌 식품기업들이 아프리카의 코코아 농장에서 아동노동착취를 묵인했다는 혐의로 미국에서 피소됐다. 국제 인권변호사회(IRA, International Rights Advocates)는 미 워싱턴 DC 연방법원에 네슬레, 허쉬, 카길, 몬델레스 등 글로벌 식품기업을 상대로 집단소송을 제기했다. IRA는 코트디부아르의 코코아 농장으로 끌려가 노동착취를 당했다고 주장하는 8명의 원고를 대리해 소장을 제출했다. 원고들은 서아프리카 말리 출신인 것으로 전해졌다.

현재 모두 성인인 이들은 자신들이 16세도 되지 않았을 때 사기에 넘어가 코트디부아르의 코코아 농장에서 수년간 노역에 동원됐다고 주장했다. 비인간적인 환경에서 일하며 더구나 임금을 받지 못했다.

원고 측은 네슬레와 허쉬 등 초콜릿을 제조해 판매하는 글로벌 기업이 코트디부아르에서 직접 코코아 농장을 소유하고 운영한 것은 아니지만 그들의 영향력이 지배적인 코트디부아르의 농장지대에서 수천 명의 어린이가 강제노동을 한다는 사실을 인지하고도 묵인했다고 주장했다.

ESG 배려의 정치경제학

코코아는 초콜릿의 원료다. 세계 최빈국 중 하나인 코트디부아르는 전 세계 코코아의 45%를 공급한다. 이 지역 코코아 재배 산업을 두고 저임금 문제를 비롯해 아동노동 착취, 구조적 빈곤 등의 문제가 끊임없이 제기됐다. 코트디부아르를 영어로 표기하면 우리에게 익숙한 아이보리코스트인데, 제국주의 시절 상아를 수출한 식민지의 상흔이 남은 국호다. 지금은 상아 대신 코코아를 수출하면서 제국주의 시대의 수탈구조와 유사한 형태의 고통을 여전히 당하고 겪고 있는 셈이다.

소송을 당한 기업들은 즉각적인 반응은 내놓지 않은 채 아동노동 착취에 반대한다는 원론적인 입장만 밝혔다.[17] 블룸버그통신에 따르면 카길은 코코아 생산에서 아동노동에 무관용 정책을 갖고 있다고 밝혔고, 네슬레는 아동노동에 명백히 반대하며 이를 종식하기 위해 노력 중이라고 답했다.

아동노동 착취는 꽤 긴 시간 네슬레를 괴롭힌 사안이다. 미국 민주당 상원의원 톰 하킨과 같은 당 하원의원 엘리엇 엥겔은 네슬레 등 코트디부아르에서 카카오를 수입하는 초콜릿 제조업체들과 2001년 〔하킨-엥겔 협약(Harkin-Engel Protocol)〕을 맺었다. '코코아 협약'이라고도 불리는 이 협약은 국제노동기구(ILO, International Labour Organization) 조약 182호에 따라 카카오 생산 단계에서 '가혹한 형태의 아동노동'을 2005년까지 근절하겠다는 내용을 담았다. "기업이 해당 농장에 아동노동이 전혀 없다는 점을 직접 증명할 것", "기업은 아동 노동자들이 각자 자기 나라로 돌아갈 수 있도록 프로그램을 구성할 것" 등의 항목이 의무사항에 포함되어 있다.[18] 그 뒤로 네슬레는 자사의 공급망에서 아동노동력을 배제했다고 반복해서 주장했지만, 네슬레를 따라다니는 아동노동 착취 혐의를

2장: 지속 불가능한 그들만의 '합리적 생각'과 지평의 비극

떨어내지는 못했다.

ILO는 오늘날 위험한 작업에 참여하는 5~17세의 아프리카 아동이 5900만 명에 달할 것으로 추정했다.

네슬레의 아동노동 착취 혐의는 코코아에 국한하지 않는다. 영국 방송사 채널4의 디스패치스(Dispatches)는 과테말라의 커피 농장에서 아동노동 착취가 이뤄지고 있다는 사실을 취재해 2020년 3월 보도했다. 네슬레의 캡슐 커피 브랜드인 네스프레소와 스타벅스라는 두 커피 거인에게 커피를 공급하는 곳들이다. 디스패치스는 영화 촬영을 핑계로 과테말라를 방문하여 커피 공급업체에 접근한 뒤 커피콩 생산농장에 잠입했다. 그곳에서 기자들은 열악한 환경에서 장시간 일하고 있는 아이들을 촬영했다.

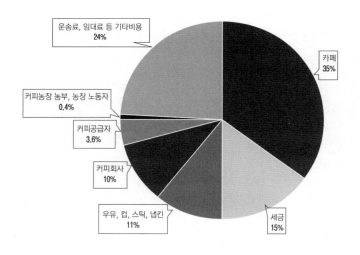

[그림 2-4] 커피 한 잔 가격(2.5파운드)의 구성

네스프레소와 연결된 7곳의 커피 농장과 스타벅스와 연결된 5개 농장 모두에서 아동노동이 발견됐다. 심지어 11~12세라고 전해들은 어린이 중에는 8세 정도로 어려 보이는 아이들이 있었다. 그들은 무더위와 벌레, 뱀과 싸워야 하는 환경에서 일주일에 최대 6일, 하루에 약 8시간을 일했다. 일을 마치고는 수확한 콩의 무게에 따라 급여를 받은 뒤 최대 50kg에 육박하는 무거운 콩자루를 다른 구역으로 옮겨야 했다. 일반적으로 어린이의 급여는 하루에 5파운드 미만이며, 때로는 시간당 31페니로, 생존에 필요한 필수품을 사는 데도 못 미치는 금액이다.

영국에서 커피 한 잔의 평균 가격이 2020년을 기준으로 2.5파운드라고 할 때 그 가운데 카페에 88페니, 세금에 38페니, 우유·컵·커피스틱·냅킨 등에 28페니, 스타벅스 같은 커피 회사에 25페니, 커피 공급자에 10페니가 돌아간다. 커피 공급자 몫 10페니 중 1페니가 커피 농부에게 돌아가고 그 1페니의 일부가 농장 노동자의 임금이다. 네스프레소의 영국 매출은 2019년에 10억 파운드를 돌파했고 전 세계적으로 200억 개 이상의 캡슐을 판매했다.

과테말라는 세계에서 10번째로 큰 커피 생산국으로 높은 품질의 원두로 유명하지만 코트디부아르와 마찬가지로 세계에서 가장 가난한 국가 중 하나다.

네스프레소는 최고경영자(CEO) 기욤 르 커프 명의의 성명에서 "네스프레소는 아동노동을 절대 용납하지 않는다"라고 주장하며 보도 내용을 철저히 조사할 것과 모든 문제를 성실하게 처리하고 단호한 조치를 취할 것이라고 밝혔다.[19]

세계 전체로 보면 노동 이슈 중에서 아동노동이 가장 부각되지만 강제노동 문제도 중요하게 거론된다. 아동노동과 강제노동 가운데 어느 게 더 부도덕할까. 만일 아동을 강제노동시킨다면 최악에 해당할 텐데, 사실 우리는 매일 그 결과물을 보고 만지고 있다.

한국은 우즈베키스탄 목화밭에서 우즈베키스탄인의 노동으로 만든 면화를 원료로 지폐를 만든다. 1990년대에 우즈베키스탄에 진출한 대우 인터내셔널이 2010년 말 합작투자한 '글로벌 콤스토 대우(GKD)'가 생산 한 면 펄프를 원료로, 한국조폐공사가 지폐를 만들고 있다. 목화의 '파종-재배-수확-유통'의 전 과정을 우즈베키스탄 정부가 관할하고, GKD 는 우즈베키스탄 대외경제부에서 원면을 구매해 현지 공장에서 가공·판매한다.

문제는 면화 생산이 어린이부터 노인까지 정부의 강제노동에 징집된 노동자에 의해 이뤄졌다는 사실이다.[20] 국내외 시민사회단체들이 우즈 베키스탄 정부를 강력하게 규탄하는 가운데 2012년 국회 한국조폐공사 국정감사에서 이 문제가 쟁점이 됐다. 당시 우즈베키스탄 면 펄프 사업 에서 철수할 것을 권고받은 대우인터내셔널은 "우즈베키스탄 정부가 자 국민에게 강제노동을 시키는 것이고, 직접적인 책임은 없다"며 거부해 국내외의 지탄을 받았다.

미국 워싱턴에 본부를 둔 시민단체 '코튼 캠페인(Cotton Campaign)'은 2007년부터 우즈베키스탄 정부에 기본적인 노동권 확보를 촉구했다. 이 와 함께 의류·신발 등 270개가 넘는 세계의 면화 수요 업체에 강제노동 문제가 해결될 때까지 우즈베키스탄산 면화 사용을 중단하겠다는 약속 을 받아냈다. 비정부기구(NGO)인 '애즈유소우(As You Sow)'도 '우즈베키스탄 코튼 서약(Uzbek Cotton Pledge)' 운동을 진행해 313개 기업으로부터 우즈베키스탄산 면화를 사용하지 않겠다는 서약서를 받았다. 이 기업들은 우즈베키스탄 대신 아프리카 국가나 인도, 투르크메니스탄에서 면화를 수입하고 있다. 우즈베키스탄 면 사태는 중국의 신장(新疆)면 사태 이전에 강제노동 문제가 국제적으로 공론화한 대표적인 사례다(5장. 'ESG 리스크와 글로벌 가치 사슬(GVC)' 참고).

세계적인 불매운동에 면화 수출이 급감하여, 우즈베키스탄의 면화 수출량은 2014년 260만 베일(1베일=218kg)에서 2016년에는 3분의 1 미만인 80만 베일을 기록했다.[21] 우즈베키스탄 면화 불매에는 전 세계 331개 업체가 참여했다.[22] 이에 따라 우즈베키스탄 정부는 2018년에 면화 산업의 강제노동 종식을 선언하며, 자동화를 도입하고 전면 민영화를 실시하는 방향으로 문제를 해결하겠다는 방침을 내놓았다. 우즈베키스탄의 면

[그림 2-5] 우즈베키스탄의 목화밭

화 수확을 모니터링한 ILO는 2017년 11월 타슈켄트에서 열린 원탁회의에서 "우즈베키스탄에서 아동노동이 더는 조직적으로 사용되지 않으며 강제노동 중단을 위한 조치가 취해지고 있다"고 결론을 내렸다. 그러나 2018년에 17만 명이 여전히 무급으로 면화 수확을 강요받았다는 조사 결과가 나온데다 민영화가 그 자체로 강제노동의 종식을 의미하지 않기 때문에 여전히 문제는 미결 상태였다.[23]

국제 사회의 제재와 세계적인 불매 운동에 직격탄을 맞은 우즈베키스탄은 자국 내 강제노동 관행을 개선해 2020년 미국 노동부로부터 자국 내 강제 노동이 종식되었다는 평가를 받게 됐다.[24] ILO도 2021년 작성된 ILO 제3자 모니터링 보고서에서 우즈베키스탄의 강제 노동이 중단되었다고 밝히고는 2022년 3월 우즈베키스탄 목화 불매 캠페인을 해제했다. ILO는 우즈베키스탄이 강제 노동을 근절하도록 법률을 정비하고 사회적 대화와 단체 교섭 관행이 확립되도록 2013년부터 우즈베키스탄 정부와 협력했다고 설명했다.[25]

돌고래를 지키지 못하는 참치통조림, 라벨링이 해답일까

소비자에게 제품의 정보를 즉각적으로 전달하는 방법에는 '라벨링'이 있다. 라벨링은 물품의 용기에 부착된 서면, 인쇄 또는 그래픽 자료의 표시를 의미하고, 탄소 배출·에너지·식품 안전성 등 제품의 정보를 소비자들에게 알려주기 위한 목적이 있다.[26] 소비자는 라벨에 적힌 관련

정보를 종합적으로 평가하면서 제품을
구매할 수 있다. 라벨링은 소비자와 생
산자 모두에게 행동 변화를 일으킬 수
있다.[27]

[그림 2-6] 미국 상무부 공식인증
돌고래 안전 라벨(Dolphin Safe Label)
(자료: NOAA Fisheries)

가끔 라벨이 진짜 정보를 담았는지
의문이 들기도 한다. 다큐멘터리 '씨스
피라시(Seaspiracy)'에서는 돌고래의 안전
을 입증하기 위한 '돌고래 안전(Dolphin
Safe)' 라벨이 실제로 돌고래를 안전하
게 보호하고 있는지 확인되지 않는다고 주장했다. 이 다큐멘터리는 부
수어획, 플라스틱 오염, 강제노동 등을 포함해 전 세계 수산물 산업이
자행하는 나쁜 행태와 환경에 미치는 부정적인 영향을 보여주면서 '돌
고래 안전' 인증 체계의 허점도 고발했다.

'돌고래 안전' 라벨은 어로작업 중 돌고래 등 해양 포유류를 죽이는
것을 최소화하기 위해 고안된 마크다. '돌고래 안전' 라벨이 붙은 참치
통조림은 통조림 안의 참치를 잡을 때 돌고래에게 해롭지 않은 어로방
법을 사용했음을 주장하는 기호다.[28]

돌고래는 주로 큰 참다랑어와 같이 헤엄치기 때문에 동부 열대 태평
양과 지중해에서 참치 어업의 부수어획으로 돌고래가 많이 죽거나 다친
다.[29] 에콰도르에서는 매년 2500~5000마리의 작은 고래가 부수어획으
로 살처분된다고 추정된다. 말레이시아 소규모 어장에서도 부수어획으
로 인해 돌고래가 개체 수를 유지하기 어려워졌다.[30]

1972년 〔해양포유류보호법〕을 제정한 미국은 1988년에 돌고래 안전보

장을 담은 내용으로 이 법을 개정했다. 이에 따라 해양포유류 어획을 제한하는 미국 수준의 프로그램이 있거나 돌고래 등 부수적 해양포유류의 평균 어획률이 미국 어선과 비교 가능한 수준이라고 인정되지 않는 국가로부터 참치 수입을 1990년 8월 금지했다. 미국의 수입금지 조치에 반발한 멕시코와 유럽은 각각 1990년과 1992년에 '관세 및 무역에 관한 일반협정(GATT, General Agreement on Tariffs and Trade)'에 제소했고 미국이 졌다.

GATT 분쟁의 와중인 1990년 미국은 '돌고래 안전' 라벨링의 표준을 정비하고 어로방법 등 관련 규제를 강화할 목적으로 〔돌고래 보호 소비자 정보법(DPCIA, Dolphin Protection Consumer Information Act)〕을 제정했다. 참치어업으로 인한 돌고래 희생에 국민적 공분이 일자 미국 참치업계는 자체적으로 '부수어획' 회피 등 '돌고래 안전' 조치를 취했고 그 표시로 '돌고래 안전' 라벨을 사용하기 시작했다. 미국은 '돌고래 안전' 라벨에 공신력을 부여하려는 취지에서 DPCIA를 통해 기존 업계 차원의 라벨링을 통합하고 표준화하게 된다.[31]

돌고래 등 해양포유류를 보호하려는 노력이 민관 양쪽에서 경주된 가운데 1980년대 참치어업의 부수어획으로 돌고래의 희생이 사회문제로 비화하면서 참치업계가 자체적으로 '돌고래 안전' 라벨을 만들어 사용한 데 이어 정부 차원에서 아예 라벨링을 도입해 시장을 돌고래를 보호하는 방향으로 제도화한 것이 1980년대 중반~1990년대 미국의 상황이었다.

멕시코는 미국의 '돌고래 안전' 라벨링이 멕시코산 참치 제품의 수입을 막는 차별적인 기술규정이라고 판단하여 2008년 10월 이번에는 세계무역기구(WTO)에 제소했다. WTO 상소기구는 미국의 '돌고래 안전' 라벨링이 멕시코산 참치 제품을 차별하여 WTO 비차별 의무를 위반했다고 판결했다. 2013년에 미국이 '돌고래 안전' 라벨링 규정을 일부 수정했지만 WTO는 조치가 충분하지 않다고 판단했다.[32] 미국은 2016년에 라벨링 규정을 다시 고쳤고 WTO가 2016년의 미국 개정안이 타당하다고 결정하여 약 30년에 걸친 미국과 멕시코 사이의 참치분쟁이 종결됐다. 그러나 해당 기간에 멕시코산 참치제품은 미국시장에서 배제됐고, 멕시코는 2017년 WTO에서 연간 1억6000만 달러의 미국에 대한 보복관세를 승인받은 것으로 만족해야 했다. 미국은 무역분쟁까지 감수하며 자국의 '돌고래 안전' 라벨링을 사수했고, 미국만큼은 아니지만 세계 전역에서 '돌고래 안전' 라벨이 통용되고 있다. 일국 표준이 세계 표준으로 확산하는 양상이다.

그러나 '돌고래 안전' 라벨링이 해양포유류를 보호하는 유효한 수단은 아니라는 고발이 새롭게 나오면서 '돌고래 안전'이 다시 국제적 논란의 대상이 되고 있다.

DPCIA에 따르면 라벨을 받기 위해서는 선장 또는 국가/국제프로그램에 참여하는 감시관(Observer)이 조업 동안 의도적인 건착망 설치 및 사용을 하지 않았고 돌고래의 심각한 사상이 없었다고 서면으로 인증해야 한다.[33] 다큐멘터리 '씨스피라시'에 따르면 '돌고래 안전' 라벨은 보기 좋은 마크일 뿐, 정말 돌고래를 보호하는 라벨은 아니다. 감시관이 있지만 매번 승선하지 않았고, 선장이 그랬다고 하면 믿는 방식이거나 은밀한 뒷거래로 라벨을 판매하기도 했다. 인증의 진실성을 개인의 양심에 맡기는 수준이었다는 게 고발 내용이었다.

라벨링 제도가 확산해 소비자가 윤리적인 소비를 하도록 돕는 것은 중요한 일이다. 그러려면 라벨을 믿을 수 있게 라벨 운용에 엄격한 체계가 적용되어야 한다. 라벨 신뢰도와 가치를 함께 높이는 방법이다.[34] 라벨 제도가 정착해 소비문화로까지 이어지기 위해서는 신뢰할 수 있는 제3의 기관의 보증, 꾸준한 관리·감독 등 지속적인 제도적 보완이 필요하다.[35]

세계화와 전부원가회계

미국이 멕시코산 참치통조림의 수입을 금지한 이유는, 멕시코의 참치 잡이 어선이 어로과정에서 돌고래에게 피해를 주고 있고 그런데도 이러한 어로방법을 바꾸지 않았기 때문이었다. 앞서 미국 정부는 참치잡이 과정에서 돌고래에게 부수적 피해가 일어난다는 지적에 따라 자국 참치잡이 어선에 기존 조업방법을 개선하도록 조치한 바 있다.

멕시코 영해에서 조업하는 멕시코 배들은 응당 멕시코법을 준수하겠지만 미국법을 지킬 의무는 없다. 따라서 미국 참치잡이 배들이 돌고래를 지키는 어로법을 사용하는 동안 멕시코 어선들은 종전과 같은 방식, 즉 돌고래에게 '부수적 피해'를 입히는 방식으로 참치를 잡는다. 멕시코 영해에서 돌고래가 더 많이 죽어 나가지만 미국과 비교해 멕시코 쪽 어로 비용이 상대적으로 낮아지게 되어 멕시코산 참치통조림이 미국산 참치통조림보다 더 싸질 수밖에 없다. 참치통조림처럼 가공과정에 특별한 기술 차이가 없는 제품에서 원재료를 조달하는 가격을 낮춘다면 확고한 경쟁우위에 설 수 있다.

물고기가 자유롭게 헤엄치는 바다 밑에 국경이 없지만 바다 위에 인

ESG 배려의 정치경제학

위적 국경이 존재하듯이, 참치에는 국적이 없지만 참치통조림에는 국적이 존재한다. 시장은 또 다른 영토를 갖는데, 자본의 영토는 참치가 헤엄치는 바다 밑과 마찬가지로 국경을 넘어선다. 한마디로 세계화란 용어로 설명되는 현상이다.

이에 따라 미국 소비자들은 슈퍼마켓 매대에서 미국산 참치통조림과 미국산보다 값이 싼 멕시코산 참치통조림이 동시에 놓여 있는 걸 보게 될 수 있다. 통조림 안에 담긴 참치에 사실상 품질 차이가 없는데 하나는 싸고 하나는 비싸면 소비자가 어느 것을 선택할지 너무나 자명하다.

미국 정부는 생태계 보호라는 대의를 지키는 자국 참치잡이 업계를 보호하기 위해 수입금지 카드를 내밀었지만 GATT와 WTO는 보통 사람들의 예상과 달리, 미국이 아닌 멕시코의 손을 들어주었다. GATT와 WTO 체제에서는 무역장벽을 최대한 낮추고 이른바 자유무역을 확대하려고 노력한다. 예외로 인정되는 상품을 빼고는 동종상품(Like Product)에 있어 외국산 차별을 금지한다. 미국산 참치통조림과 멕시코산 참치통조림을 동종으로 보아 수입금지에 반대한 것이다.

쟁점은 돌고래의 '부수적 피해'가 멕시코산 참치통조림을 동종상품으로 판정하는 데 고려요인인가 아닌가다. 자유무역을 지지하고 촉진하는 WTO가 제조공정방법(PPMs, Process & Production Methods)을 엄격하고 협소하게 해석한 결과 멕시코의 손을 들어주게 된다. 만일 멕시코산 참치통조림에 독극물이 들었다든지 하는, 제품과 직접 관련된 하자라면 당연히 수입금지를 용인하겠지만, 사실 참치통조림만 놓고 보면 먹거나 유통하는 데 전혀 문제가 없다는 논리였다.

미국 정부는 이때 시장의 정치화라는 해법으로 대응했다. 환경경제학에서 제시하는 라벨링(Labelling)은 경제적 행위가 아니라 정치적 행위다. 자체 경쟁력만으로 시장에서 평가받아야 할 상품에 구호를 덧씌운 것이다. 상품구매가 경제적 효용뿐 아니라 효용 외적인 동기에 의해서도 이뤄지도록 유도하는 게 라벨링이다.

요즘엔 '돌고래 안전' 라벨링이 실질적으로 돌고래 보호 효과를 거두지 못하고 일부 단체에게 라벨 장사를 하게 하는 용도로 전락했다는 비난이 제기되는 상황이지만 이 상황과 별개로 미국과 멕시코의 참치분쟁은 적잖은 시사점을 던져준다.

참치잡이 과정에서 일어나는 돌고래의 '부수적 피해'는 앞서 거론한 피혁공장 사례처럼 전형적인 외부효과다. 미국 정부가 외부효과 해소에 나섰지만, 문제는 국민국가의 단일 경제권(Economy) 차원에선 유효하지 않았다는 사실이다. 세계화의 폐해인 셈이다.

세계화는 자본과 노동의 국경을 넘어선 자유로운 이동을 말하는데, 역사상 여러 차례 존재한 세계화 가운데 지금의 세계화가 제일 강력하다. 세계화와 디지털화 혹은 디지털 경제. 이 두 가지가 결합해 만들어진 세상은 여러모로 위력적이고 파괴적이어서 ESG사회 실현에 장애를 초래한다. 세계화에서 제공되는 정보는 대체로 '시장적인' 것이다. 내가 사는 옷이 중국 동부 해안의 스웨트샵(Sweatshop, 노동착취공장)에서 비인간적 노동 끝에 만들어진 사악한 옷인지 알 도리가 없다. '돌고래 안전' 라벨 도입 이후엔 그나마 돌고래를 희생시킨 참치통조림인지 아닌지 어느 정도 구분할 수 있게 됐다. 하지만 'Dolphin Safe' 마크는 있지만 'Dolphin Killing' 마크는 없고 'Dolphin Safe' 마크마저 실제로 돌고래를 보호하며 어로했는지를 입증하지 못한다. 시장이 세계규모로 커졌고 디지털화로 주로 시장 정보가 실시간으로 공유되고 있는 세상에서 '공정가격'의 '공정상품'은 시장에서 살아남기 힘들 것이다.

미국과 멕시코 사이를 흐르는 강인 리오 그란데가 두 나라의 영토를 나누지만 참치통조림 시장을 나누지는 못해서 미국 제품과 멕시코 제품이 같은 시장에서 경쟁하게 되어 예시의 참치분쟁이 발생했다.

'공정가격' 개념을 적용하면 'Dolphin Safe'의 미국산 참치통조림과 'Dolphin Killing'의 멕시코산 참치통조림 사이에 가격 차이가 나야 된다. 멕시코산 참치통조림엔 'Dolphin Killing' 비용을 더 얹어야 하기 때문이다. 그러나 앞서 살펴본 대로 많은 기업이 시장가격에서 스스로 부담해야 할 사회적 비용을 외부화하는데, 멕시코산 참치통조림 또한 'Dolphin Killing' 비용을 생태계에 전가하기에 오히려 미국산보다 낮은 가격을 유지할 수 있다. '공정한 시장'이 없는 '공정가격'은 허무한 외침으로 그치고 만다.

같은 허무한 외침이지만 '공정가격'은 전부원가회계(Full Cost Accounting)와 논리가 동일하다. 전부원가(Full Cost)를 반영하자는 말은 외부에 이전한 비용을 내부화하자는 말과 같다. 비용의 외부화에 대한 대안이 전부원가회계다. 돌고래를 살리는 비용까지 포함한 참치통조림 가격이 참치통조림의 공정가격이고, 그것은 전부원가회계를 통해 산출된 가격이다. 전부원가회계를 ESG회계라고 바꾸어도 무방하며, 시장과 공공부문에서 전면적인 ESG회계의 도입과 공정가격 혹은 ESG가격을 작동시키는 게 기후위기 시대의 유력한 활로다.

전과정평가(LCA)와 소니의 플레이스테이션 반품 사태

전부원가회계와 철학을 같이하는 환경공학 쪽 방법론을 들라면 전과정평가(LCA, Life-Cycle Assessment)를 떠올릴 수밖에 없다.

내가 구매한 제품이 세상에 미치는 환경 영향은 무엇인가. 이 질문에 답하기 위해서는 수많은 요인을 분석해야 한다. 예를 들어 생산 과정에 어떤 원자재가 사용되었고 어디에서 왔는지, 생산과정에서 물, 환기, 난방 등은 어떠했는지, 상품이 어떻게 운송되었는지 등 제품의 전체 발자국을 파악해야 한다. 이런 관점에서 LCA가 제품의 환경 영향을 측정하기 위한 프레임워크를 제공할 수 있다. LCA는 환경부하를 측정·평가하는 환경공학 기법의 하나로 생애주기 동안 제품과 관련된 환경영향을 파악하는 기술이다.

LCA는 제품 관리와 연구·개발(R&D)에 도움이 된다. 일부 국가의 공공 프로젝트에 관한 표준화한 입찰에서는 입찰에 참가한 회사에 제품의 데이터를 공개하도록 요구하며, 이에 관한 LCA를 수행해야 한다. 신제품 개발, 기업정책, 규정, 고객 요구 등의 다양한 이유 외에 자원을 좀 더 효율적으로 사용하는 측면에서 LCA가 활용된다. 예를 들면 두 가지 다른 재료를 비교할 때 각각의 재료가 최종 제품을 통해 환경에 미치는 영향을 비교할 수 있다.

LCA는 공급망을 관리할 때에도 적용된다. 많은 산업에서 공급망은 환경 영향의 80% 이상을 차지한다. 올바른 공급업체를 선택할 때 가격 외에 다른 요소를 고려하게 되는데, LCA는 공급되는 자원의 출처를 제공하게 함으로써 실행 가능한 기업 경영의 통찰력을 제공할 수 있다.

마케팅 및 영업에서, LCA는 제품의 지속가능성을 이해하여 고객에게 전달하는 방법으로 사용된다. 오늘날 소비자의 대다수가 기업이 환경을 개선하는 데 도움을 주어야 한다고 생각하기에 LCA를 통한 제품 우위를 내세울 수 있다.

LCA는 회사의 최고경영자(CEO) 혹은 최고지속가능성책임자(CSO, Chief Sustainability Officer)를 포함한 경영진에게 환경에 더 긍정적인 영향을 미칠 방법에 관한 전략적 결정에서 중요한 역할을 수행한다. 더 넓은 관점에서 제품을 보는 LCA는 일반적인 다른 분석에서 놓칠 수 있는 혜안을 준다.

LCA에서 제품수명 주기는 원료 추출, 제조 및 가공, 운송, 사용 및 소매, 폐기물 처리의 5단계로 구성된다. 물론 제품수명 주기에 관해서는 다양한 의견이 존재한다. LCA의 평가 단계는 ISO14040 및 ISO14044에 정의되어 있다.[36]

LCA가 환경공학의 개념을 넘어서 세계경제의 현안으로 본격적으로 주목을 받은 건 21세기 들어서다. 2001년에 소니가 전 세계에서 인기를 끈 게임기기 플레이스테이션 II, 150만 대를 네덜란드에 수출했다가 세관 통과가 거절되면서 LCA가 국제경제의 뜨거운 이슈로 급부상하게 된다. 게임기의 컨트롤러와 본체 연결 케이블에서 네덜란드의 법적 카드뮴 허용치인 1kg당 100mg을 초과한 카드뮴 성분이 발견되어 네덜란드 세관이 전량 리콜을 명령한 사건이다. 소니는 이 사건으로 약 1억3000만 달러가 넘는 막대한 손해를 입었고 브랜드 이미지가 손상됐다. 소니 사건을 계기로 파나소닉 등 글로벌 전자제품 회사가 제품 제조 시 카드뮴을 사용하지 않게 되었으니 파문이 컸다.

유럽연합(EU)은 1999년에〔전기전자제품 내 유해화학물질 제한지침 (RoHS)〕[37]을 제정해 상당히 선제적인 법안을 적용하고 있었는데, 소니가 전과정 접근 없이 제품의 사후 처리 방식으로 관리하려다가 낭패를 당한 사례다. 이후 EU는 2006년 7월 납·수은·카드뮴 등 유해 중금속이 포함된 전자제품 판매를 전면 금지했다. 또 제조·유통업체에 폐가전제품 무료 수거 의무를 지우는〔폐기 전기전자제품 처리지침(WEEE)〕을 시행했다. LCA가 산업을 급속하게 바꾼 극명한 예다.

민영화와 신자유주의

세계화는 신자유주의의 대표적 현상 중 하나다. 소니 플레이스테이션 II의 네덜란드 수출 또한 세계화를 설명하는 소묘다. 2001년 네덜란드 정부의 조치는 단호했지만, 대체로 신자유주의는 세계화와 함께 작은 정부를 지향한다. 지향 수준을 넘어서 큰 정부를 적대한다는 게 사실에 가깝다. 마가릿 대처와 함께 신자유주의의 양대 거두로 꼽히는 미국 40대 대통령 로널드 레이건이 남긴 유명한 말, "영어에서 가장 무서운 9개 단어는 '정부에서 나왔습니다. 제가 도와드리겠습니다(I'm from the government and I'm here to help)'입니다"는 이 적대를 단적으로 보여준다.

레이건은 취임사에서 아예 다음과 같이 이러한 적대를 공식화했다.

ESG 배려의 정치경제학

"현재의 이 위기에서 정부는 문제의 해결책이 아닙니다. 반대로 정부가 문제입니다(In this present crisis, government is not the solution to our problem; government is the problem)."

정부가 문제라는 명제에서 출발하면 세계화의 확대와 작은 정부 구현은 저절로 도출된다. 세계화의 진전은 다국적 기업이란 미증유(未曾有)의 현상을 만들어냈다. 다국적 기업은 국경에 구속받지 않고 개별 국가의 통치 능력에 개의치 않으며 능동적으로 민주주의를 배제한다. 반대로 민주주의가 세계화를 향한 자본주의의 돌진과 보조를 맞추지 못했다고 말할 수도 있다.[38]

사실상 개별 국가의 역량을 초월해버린 다국적 기업의 경영진은 민주주의에 관심을 두지 않고 오직 이익에만 관심을 기울인다. 전체주의에서 주는 돈이든, 민주주의에서 주는 돈이든, 많은 돈을 안정적으로 벌 수 있다면 개의치 않는다.

국경 내의 영토를 배타적으로 장악한 지배블록 안에는 다국적 기업군의 일원이나 내통자가 있기 마련이다. 이들은 자신들의 대내외적 이익의 포트폴리오에 따라 때론 애국심을, 때론 국제경쟁력을 운운하며 글로벌 스탠더드를 주창한다. 세계란 추세를 거스를 수는 없기 때문에 또는 그러한 명분으로, 세계화를 통해 확장되고 확고해지는 세계시장에 맞춰 개별 국가는 스스로 국내 시장을 조정할 뿐 아니라 사회마저 시장화한다. 1997년 무렵 우리나라에서 보았듯, 외환위기 같은 특별한 계기는 시장사회화를 급격하게 촉진한다. 결국 노동시장, 자본시장, 환경규제 등 다양한 영역에서 세계화가 진행되며 이때 세계화는 내용상 시장

사회화와 동의어다.

　이러한 흐름을 뒤집기는 거의 불가능한 게, 국경 내에서 대표성의 왜곡이 일어나 피지배블록은 자신들의 이익을 대변할 힘 있는 정치세력을 갖지 못한 채로 끊임없이 정치적으로 주변화하면서 그들 이익의 몫을 국내뿐 아니라 국외에 나눠주고 있다. 세계화는 다국적 기업과 거칠게 말해 매판세력의 배를 불릴 뿐 다수에게는 영구히 끝나지 않는 궁핍화가 주어진다. 소위 '바닥을 향한 경쟁(Race To The Bottom)'의 저주에서 헤어나지 못하게 된다.

　특히 제3세계에서 '바닥을 향한 경쟁'이란 이 저주가 더 강력하게 작동한다.

　세계화를 중심으로 한 지금까지 묘사는 특정한 시각에서 바라본 신자유주의의 형상이다. 사실 시장사회화의 주범을 찾자면 앞서 지적했듯이 신자유주의를 빼놓을 수 없다. 1970년대 말부터 경제 강국인 미국 등 서구 주요 국가들과 신자유주의적 국제기구(OECD, IMF, 세계은행 등) 사이에 합의가 존재했는데, 이 합의는 한편으로 법질서와 정치 전략을 자유민주주의 원칙에 따르고, 다른 한편으로는 이 합의가 분명한 목표설정에 기초해야 한다는 것이었다. 여기서 분명한 목표란 낮은 인플레이션, 균형재정, 자본이 누릴 수 있는 최대한의 자유, 노동시장에 대한 최소규제, 국민을 노동으로 이끌어낼 수 있는 긴축재정에 기초한 적응력 있는 복지국가 같은 것이다. 시민은 적응능력을 갖춰야 하고, 유연해야 하며, 높은 숙련도를 갖추고, 경쟁에 노출된 기업이 어떤 개인을 '선택해' 일자리를 제공하면 만족할 줄 알아야 한다.[39]

　시장 실패의 사회적 결과에 적극 대처하는 일은 원래 국가의 본질적 기능이었고, 국가가 유지된다면 이 기능 또한 유지되어야 한다. 그렇다면 국가가 시장 실패의 사회적 결과에 대처하는 것을 스스로 제한해서는 안 되지만[40] 전 지구적 경제가 더는 개별 국가의 통제를 따르지 않게 되면서 반대로 국가가 경제에 봉사하게 됐다. 신자유주의자들에 의하면, 국가는 시장이라는 자유경쟁 기계장치가 원활히 돌아가도록 사회 갈등을 무마하고 공공질서를 유지하기 위해서만 개입해야 한다. "국가의 역할은 경제권력을 제한하는 것이 아니라 촉진하는 것"이다.[41] 세계화, 규제완화, 자유화 등은 주지하듯 신자유주의가 작동하는 방식이고 이 과정에서 국가 혹은 정부가 왜소해지는 반면 국경 이편저편에 펼쳐진 시장은 탐욕스럽게 비대해진다.

시장의 비대화와 공공부문의 위축을 입증하는 대표 지표는 민영화다. 공공성·보편성·독점가능성 등의 이유로 또는 자유 시장에서는 이윤이

[그림 2-7] 인도 뭄바이의 슬럼가(자료: 픽사베이)

보장되지 않는다는 이유로 특정한 재화와 용역의 생산과 유통을 그동안 공공부문에서 맡았다. 일종의 보편적 복지의 개념으로 혹은 변형된 기본권으로서 정부는 이러한 재화와 용역의 공급을 책임졌다. 정부 본연의 재분배 기능을 시장을 통해서 보완하되, 재분배의 기능 자체가 살아 있도록 한도를 설정한 것이 공기업이다. 전달은 시장의 형태이지만 태도는 공공적이다.

영국 대처 정부의 정책을 떠올리면 쉽게 이해할 수 있듯이, 신자유주의 정부는 공공부문의 산업을 민간으로 대거 이전해 버린다. 그나마 공기업의 효율성 제고, 복지경로의 재편 등과 같은 새로운 사회적 합의나 가치에 따라 민영화가 추진될 때까지는 사회 내에 시장사회화에 대한 저항이 존재했다고 볼 수 있다. 그러나 어느새 정부 자체의 운영방식에까지 기업적 발상, 또는 시장화 논리가 침투하면서, 공기업에 관하여 정부의 고유한 역할을 주장하는 모습은 후진적인 것으로 치부되는 상황이 빚어진다. 레이건이 웅변한 대로다.

민영화는 오랫동안 존재한 관(官) 우위를 사라지게 만들고 민영화를 통해 정부가 점차 자신감을 상실하면서 민영화의 필요성은 더 강해지는 순환논법을 구축한다. 그러다 보면 초기의 그나마 우아한 모면은 사라지고 정부는 사회에서 가장 무능한 집단으로 무시받는다. 정부는 그저 시장의 수발을 드는 것으로 족한, 일종의 '제도화한 멍청이'로 전락한다.[42]

수익성의 보장 수준이 높은 공공사업이 민간에 우선 매각되다 보면, 민영화하지 못하는 공공사업은 '잔여화'한다. 시장과 정부 양쪽으로부터 천덕꾸러기 취급을 받게 된 수익성이 떨어지는 잔여적인 공공사업은 불가피하게 그 질이 매우 낮아진다. 왜냐하면 오직 가난하고 정치적으로 거의 영향력이 없는 사람들만이 그 서비스를 이용하기 때문이다. 우리의 현존 민주주의에서는 정치적 잔여화와 경제·복지의 잔여화 사이에 비례 관계가 성립한다. 결국 잔여화한 공공 서비스는 시장 영역으로부터도, 시민권 영역으로부터도 축출된다.[43] 시장지위가 뚜렷한 공공사업과 그렇지 않은 사업 사이에 다른 민영화 문법이 적용되고, 그 결과는 공공사업을 편입한 시장의 확대와 잔여화를 동반한 공공사업의 위축이다. 민영화에 따른 시장사회화의 모습이다.

그렇다고 모든 민영화가 나쁘다는 뜻은 아니다. 시장사회화의 문법에 따른, 즉 전부원가회계를 배제하고 외부효과를 이전하는 방식의 민영화는 재고되고 저지되어야 하며, 그런 민영화는 원상 복구되어야 한다. 반면 ESG사회 관점에서 유익한 민영화가 있을 텐데, 그 범위와 내용을 단정적으로 말할 수는 없고 사회가 어떤 가치를 지향하느냐 하는 공동체의 합의에 따라 달라질 수밖에 없다.

마찬가지로 그렇다고 정부가 해답(Solution)인 것은 아니다. 시장의 실패가 있듯이 정부의 실패도 있다. 다만 시장사회화가 ESG사회에 역행한 것에서 드러나듯, 시장의 실패를 미연에 방지하고 시장의 폭주를 제어하려면 불가피하게 정부의 역할을 기대할 수밖에 없다는 사실은 분명하다. 동시에 정부의 실패를 시장과 시민사회가 보완할 장치를 마련해야 하며, 그 전제로서 정부는 자본과 시장의 지배로부터 자유로운, 또한 명실상부하게 민주주의적 통제를 받는 지금과는 다른 정부가 되어야 한다는 원론이 확인되어야 한다.

'지평의 비극'을 넘어서야 한다

필자가 지속가능 업계(?)에 진출한 때는 2007년이다. ESG사회와 동의어인 지속가능사회가 당시 새로운 시대담론으로 급부상하던 시기여서 바야흐로 '패러다임 시프트'가 현실화할 것으로 기대됐다. 그러나 대한민국 17대 대통령 이명박의 취임(2008년 2월 25일)과 직전에 터진 서브프라임 모기지 사태가 맞물리면서 분위기가 돌변했다. 2007년에 서브프라임 모기지 사태가 터지자 당시 기업의 사회적 책임(CSR)을 주축으로 지속가능사회 의제를 발굴하고 시장에 압박을 가하던 필자를 포함한 '책임과 지속가능성' 분야의 많은 사람이 분위기의 급변을 체험했다. 서브프라임 모기지 사태 전까지 그런 방향으로 어렵사리 변화가 시작되고 긍정적인 신호가 늘어났지만 사태가 발발하며 경제가 나빠지자 모든 변화가 중단되고 과거로 회귀했다. 지속가능성(Sustainability)이란 말은 일거에 생존가능성(Survivability)으로 대체되고 말았다.

지금은 상황이 달라진 듯하다. 진정성에 차이가 있겠지만 누구도 지속가능성을 한가한 담론으로 받아들이지 않는다. 기후위기가 현실화하고 인류문명의 한계가 곳곳에서 드러나면서 지속가능성은 그 함의에 부합하게 생존가능성을 포함한 용어로 사용되고 있다.

따라서 지속가능성과 생존가능성이 별개가 아니게 된다. 지속가능성의 위기는 지구의 위기이자 인류의 위기이며, 지속가능성의 위기를 넘어서지 못한다면 인류의 장래는 매우 암담하다. 지속가능성을 도외시한 생존가능성은 형용모순이며 지금의 생존을 배제한 지속가능성 또한 성립하지 않는다.

지속가능사회 혹은 ESG사회의 핵심이 기후위기 대응이라는 데는 이견이 있을 수 없다. 2015년 〔파리기후변화협약〕은 지구 표면 평균온도 상승 폭을 산업화 이전 대비 2℃ 이하로 유지하고, 더 나아가 온도 상승 폭을 1.5℃ 이하로 제한하기 위해 함께 노력하기로 합의했다. 〔파리기후변화협약〕 시대가 열리면서 지속가능성과 생존가능성은 명실상부하게 별개 사안이 아니라 하나의 주제가 됐다.

기후위기 시뮬레이션으론 2℃ 목표를 달성하는 게 결코 쉬운 일이 아니며 자칫 6℃까지 이를 수 있다는 암울한 전망이 나온다. 이 재앙의 시나리오는 예측과 가정에 근거한 것이기에 반대로 얼마든지 낙관적 전망이 가능하다. 그러나 현재 국제사회의 상황과 거버넌스를 볼 때 부정적 시나리오가 현실화할 가능성이 훨씬 더 커 보인다. 4차산업혁명을 거치며 진화의 최종 단계에 접어든 인류가 다음 단계로 나아가지 못하고 멸종하는, 인류의 최후 단계가 되는 궁극의 비극을 모면하지 못하리란 비관적 전망이다.

인류가 혼수상태에서 깨어나 다른 트랙을 찾아내어 비관적 전망을 극복하는 다른 시나리오는 불가능할까. 경로를 바꿀 힘이 있는 대다수의 사람은 기존 트랙에서 내리기를 싫어하고, 설령 내리고 싶은 마음이 있다 해도 지금 당장은 옮아갈 새로운 트랙의 행태가 모호하기에 비관적 전망을 넘어서기는 정말로 쉬운 일이 아니다.

탈원자력·탈석탄과 연결된 신재생에너지 체제를 근간으로 그린뉴딜를 통해 파괴적이고 약탈적인 경제체제를 보전과 상생의 새로운 사회체제로 이행해야 한다는 원칙은, 외형상 절대적 지지를 받고 있지만 새

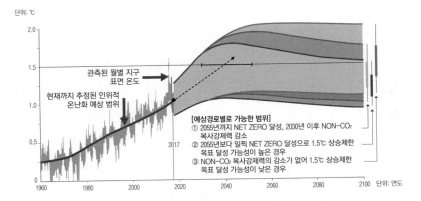

단위: ℃

온실가스는 크게 이산화탄소(CO_2)와 '이산화탄소가 아닌 대기오염 물질(Non-CO_2)' 가스로 구분하여 규제하는데, CO_2의 누적배출량과 미래 Non-CO_2 가스의 복사강제력에 따라 지구 표면 평균온도 상승제한 목표(1.5℃) 달성 확률이 결정된다. 복사강제력은 지구로 입사되는 복사에너지와 지구 밖으로 방출되는 복사에너지의 차이다. 지구로 입사되는 에너지가 방출량보다 더 클 때 '양의 복사강제력'이 발생하여 지구 온도가 상승하고, 반대로 복사강제력이 음이면 지표면 온도가 하강한다. 일반적으로 이산화탄소 등 온실가스 배출이 증가하면 지구 복사에너지가 대기에 더 많이 흡수되고 밖으로 방출되는 양이 감소한다. 이에 따라 양의 복사강제력이 발생하며 지구의 온도가 올라간다. 반면 황산화물 등 대기오염 물질이 대기 중에 증가하면 입사하는 태양 복사에너지를 더 많이 반사해 방출 에너지가 더 커진다. 음의 복사강제력을 발생시켜 온실가스에 의한 지구 온도 상승을 일부 상쇄하게 된다.

[그림 2-8] 산업화 이전(1850~1900년) 대비 지구 표면 평균온도 상승 예상 시나리오
(모든 시나리오가 2040년에 이미 1.5℃를 넘어설 것을 가리키고 있다.)

(자료: IPCC 6차 보고서, 2021년)

로운 체제로 이행하는 데 필요한 각론은 미비하다. 새 힘이 미약하고 옛 힘은 여전히 강성한데, 주어진 시간마저 얼마 없다. 새로운 원칙과 이상을 실현할 확고한 기술적·정치적 인프라가 아직 마련되지 않았다. 따라서 낙관론은 현 시스템이 가진 저항을 과소평가하고 세상을 바꿀 힘을

과대평가함으로써 가능하다.

낙관론은 얼핏 대항 논리로 보이는 근대주의를 연장하는 것에서도 모색될 수 있다. '포스트 이데올로기'로도 불리는 솔루셔니즘(Solutionism)은 기술이 모든 사회적 문제를 해결할 수 있다는 (비교적) 확고한 믿음에 근거한다. 근대주의의 최신판인 셈이다. 솔루셔니즘은 자본주의가 야기한 많은 문제를 해결하면서 동시에 세계화한 자본주의를 계속 작동하기 위해 이른바 '실용적'이라고 여겨질 합당한 해법을 제시하고 실행을 권유한다.

영국 정부에서 선호한 '넛지' 같은 것이 솔루셔니즘의 비근한 예다. '넛지' 기술은 해법에 집중하다 보니 문제의 원인을 방치하게 되고 그리하여 변화의 가능성을 결과적으로 차단한다. 결과론으로서 그 해법은 고통의 원인을 원천 제거하는 대신 진통제를 투여하거나 다른 데 신경을 돌려 고통을 잠시 잊게 만드는 방식이다. 현실을 상수, 개인을 변수로 설정하고 '민주주의'하의 개인이 현실에다 자신의 행동을 맞추는, 단순한 과업에 집중하도록 유도한다.

솔루셔니즘이 기후위기의 해법이 되지 못하는 근본적 이유는 주체에서 찾아진다. 기후위기의 당사자이자 기후위기 극복의 주체는 각성한 세계시민인데, 세계시민에겐 솔루셔니즘의 기술해법이 주어지지 않는다. 즉 세계시민은 솔루셔니즘의 주체가 아니다. 솔루셔니즘의 주체는 현실적으로, 방대한 지식 및 활용네트워크, 인적·물적 자원을 용이하게 동원하고 효율적으로 운영하며 결과까지 통제할 수 있는 국가와 자본이 될 수밖에 없다.

기술해법을 장악한 국가와 자본은 이해가 동일하다. 그것이 각성한 세계시민의 이해와 배치되기에 국가와 자본이 솔루셔니즘을 기후위기 극복을 위한 실질적 수단으로 사용할 가능성은 희박해진다. 솔루셔니즘은 공항 화장실 내 남자 소변기에 파리를 새겨 넣어 화장실 바닥에 튀는 오줌을 줄이는 데는 확실히 효과적으로 작동하지만 지구 온도 상승 폭을 떨어뜨리는 데는 별다른 역할을 하지 못한다.

솔루셔니즘의 결론은 마거릿 대처 전 영국 총리의 유명한 슬로건 "대안은 없다(There is no alternative)"에서 이미 수십 년 전부터 내려져 있었다. 시장주의자들은 단호하게 "대안이 없다"라고 주장하며 정치권력을 획득하고 시장을 지배하며 사회를 시장화하는 전횡을 일삼았다.

솔루셔니즘을 포함하여 현 체제가 기후위기를 극복하기에 적합하지 않음은 지평(地坪, Horizon) 문제에서도 포착된다. '지평의 비극(The Tragedy of the Horizon)'은 2015년 9월 당시 영란은행 총재였던 캐나다 출신 경제학자 마크 카니(Mark Carney)가 제안한 용어다. 카니는 "환경경제학에서 대표적인 문제가 '공유지의 비극(The Tragedy of the Commons)'이었

공유 녹지에서 양을 키워 소득을 내는 마을에서 주민들이 자신들의 사유 녹지를
아껴둔 채 한정된 공유지에 더 많은 양을 키워 개인소득을 더 내려고 하자,
공유지가 황폐화하여 마을 전체로 손해를 보게 된다.

[그림 2-9] 공유지의 비극

다면 기후변화에서는 '지평의 비극'이 된다(Climate Change is the Tragedy of the Horizon)"라고 말했다.

'지평의 비극'을 이해하기 위해서는 주기(Cycle)와 지평(혹은 시야)을 먼저 파악해야 한다. 비즈니스와 정치가 내다보는 의사결정의 주기는 2~3년에 불과하고 재정안정과 관련되어 봤자 이보다 조금 더 긴 정도다. 테크노크라트(Technocrat)의 통제를 받는 각국의 중앙은행 등 정부 당국 또한 각종 규정에 속박되어 있어 (금융)정책 등을 펼치는 지평(Horizon)이 좁다. 기후변화, 혹은 기후위기는 이 지평 너머에 위치하기 때문에 각국과 세계가 효과적으로 대처할 수 없다는 설명이다. 만일 기후변화가 당국에 의해 재정 및 금융 안정의 요소로 파악되기 시작했다면 그때는 이미 너무 늦어버린 때가 된다는 게 카니의 설명이다.

카니의 지적대로 기후변화와 기후위기의 지평은 수백 년에 걸쳐지지만, 자본주의와 민주주의를 근간으로 한, 한국 등 근대국가의 정책은 불과 몇 년을 내다본다. 정책 일관성을 담보할 가장 강력한 안전장치라고 할 대통령의 임기는 우리나라를 예로 들면 기껏 5년이다. 탈석탄과 탈원전 같은 국가적 이슈가 선거에서 어느 쪽이 승리하느냐에 따라 바뀌고 공약한 사항도 다가올 선거를 의식하게 되면 종종 변경되는 정치체제에서 정부와 관료집단이 기후위기에 제대로 대응하리라고 기대하는 것이 애초에 무망해 보인다. 자본주의와 서구 민주주의를 국가 틀로 수용한 근대국가 체제의 본원적 한계다.

밀턴 프리드먼은 "비즈니스의 목적은 이익이다(The Business of Business is Business)"라고 말했다. 이 말을 정확하게 해석하면 자본주의에서 영리기업의 이익은 사회와 지구의 이익을 무시하고, 때로 훼손하고 약탈하면서 자신의 이익을 추구하는 것이라고 바꿔야 한다. 영리기업 외의 다른 주체에서도 정도의 차이만 있을 뿐 "The Business of Business is Business"는 유효한 듯하다. 현 인류의 존재방식이 지평의 차이를 공공연하게 받아들임으로써 약탈과 훼손을 용인하는 것이기에 그러하다.

지속가능사회, 혹은 ESG사회는 기후위기를 슬기롭게 극복하면서 평화롭고 평등한, 그리고 자유롭고 번성하는 사회를 지향한다고 할 때 많은 것이 획기적으로 바뀌어야 하겠지만 무엇보다 지평의 차이를 조정하는 것에 집중할 필요가 있다. 기후위기는 정치 문제이며, 그렇다면 기후위기의 극복도 정치의 문제다. 그러므로 ESG는 투자용어에서 비롯했지만, 더는 투자영역에 국한하지 않고 전면적인 정치와 급진적 운동의 용어가 되어야 한다.

'지평의 비극'을 넘어서기 위해 프리드먼의 말을 다음과 같이 바꿔 쓸 수 있지 않을까.

"The Business of All Business is Value."

ESG 배려의 정치경제학

3장

ESG는 하늘에서 뚝 떨어지지 않았다

인류세 혹은 '호모 사피엔스 KFC 코카콜라'의 닭세

'좋은 인류세'라는 허상

기업에 사회적 책임을 묻다

CSR의 발전과정

지속가능발전과 CSR

주주중심주의 vs. 이해관계자중심주의

기업시민

기업의 사회적 성과

지속가능경영과 사회책임경영

경제 성과와 환경/사회 성과를 함께 측정하는 TBL

대리인 문제, 주인과 노예의 변증법

사회적 비용의 내부화와 부당한 이익의 외부화

지구 차원의 해법이 필요하다

기업 밖으로, 책임의 주체와 이행범위를 확장한 ISO26000

반부패경영시스템 ISO37001

SDGs의 "Leave No One Behind"

Environment,
Social and
Governance

Environment,
Social and
Governance

E
S
G

인류세 혹은 '호모 사피엔스 KFC 코카콜라'의 닭세

'인류세(人類世, Anthropocene)'는 지구온난화와 기후위기 시대를 가장 극적으로 표현한 말이다. 인류를 뜻하는 'anthropos'와 시대를 뜻하는 'cene'의 합성어다. 전환, 혹은 재앙이라는 단어가 자주 사용되는 지금 시기를 표현하는 인기 용어다. 흥미로운 사실은 이 용어가 널리 사용되고 있지만 정확한 정의가 내려지지 않았다는 점이다.

모호한 정의와 달리 인류세에 관한 설명은 간단하다. 1995년 오존층 연구로 노벨화학상을 받은 네덜란드 출신의 대기화학자 폴 크뤼천(Paul Crutzen)이 2000년에 처음 제안한 용어로, 말하자면 21세기 개념어다. 지질시대를 구분할 때 현존 교과서에 나오는 '신생대 제4기 충적세(沖積世)'라는 지질시대 최후의 시기이자 현재의 시기에 더하여 크뤼천은 '인류세'라는 지질시대를 새롭게 제안했다. 신생대 제4기의 홍적세(洪積世)에 이은 충적세가 이미 끝났고, 이어서 '인류세'라는 새로운 지질시대가 도래하고 있다는 관점을 취한 용어다.

인류세란 용어에 '인류'가 들어간 것에서 짐작할 수 있듯이 인류세란 이 지질시대는 46억 년 지구 역사 최초로 인간이라는 특정한 생명종이 만든 지질시대다. 지질시대라는 과학적 구분이 인간에게서 유래했으니, 지질시대에 인간이 들어간 게 대수냐는 반응이 있을 수 있다. 그러나 인간이 지구를 관찰하여 변화의 분절을 파악한 뒤 이름을 붙이는 행위와 분절이 가능한 수준의 변화를 인간 스스로 만들어낸 것 사이에는 큰 차이가 있다. 인간이라는 생명종의 힘을 보여주는 용어인 인류세는 동시에 스스로가 가진 힘을 무분별하게 사용한 대가로 인간종이 마지막을 맞게 될 수 있다는 종말론을 내포한다. 2004년 8월 스웨덴 스톡홀름에서 열린 유로사이언스 포럼에 참가한 각 분야 과학자들이 인류세 이론을 지지했지만 이것이 지질학적 이론이냐는 데는 반론이 거셌다.

이러한 난관은 인류세란 용어가 세상에 나올 때 이미 예상됐다. 인류세의 대표적 주창자로 꼽히는 크뤼천은 지질학자가 아니다. 인류세가 지질시대를 뜻하는 만큼 이 용어는 지질학자 또는 지층학자의 권위에 의거해 확정되어야 했지만 크뤼천을 비롯하여 처음 이 개념을 주장한 이들은 그러한 학문적 권위가 없었다. 그럼에도 2016년 케이프타운에서 열린 세계지질학대회의 결론은 "인류세를 지질학적 시대에 포함해야 한다"라는 것이었다.

논란은 끝나지 않았는데, '인류세 워킹그룹'의 검토를 받아들인 이 결론은 권고사항이었고 인류세를 공식적인 지질학적 시대로 인준한 것이 아니었기 때문이다. 모든 논란은 인류세라는 용어 자체가 과학보다는 정치에 기댄 의미를 내포한 데서 유래했다고 봐야 한다. 이 용어의 이면에는 지구상 최상위 포식자인 인간이라는 종의 자기반성과 나아가 규탄이 자리한다. 일각에서는 그러므로 인류세를 자기파괴적 용어로 받아들이기도 한다. 과학자 사이먼 루이스는 '자연의 힘: 우리의 인류세 시대'라는 〈가디언〉 기고문에서 "인류가 지구라는 통합 체계에 근본적인 변화를 일으키고 있다는 주장에 동의하지 않는 과학자는 거의 없다"고 말한다.[44]

인류세의 가장 큰 특징으로는 '자연환경 파괴와 환경오염'이 대표적으로 거론된다. 온실가스 배출로 인한 범지구적 위기는 사람들에게 인

ESG 배려의 정치경제학

류세란 규정을 쉽게 수긍하게 만든다. 인류세의 표지 중에 가장 많이 거론된 것은 닭뼈다. 세월이 한참 흘러 20세기를 전후한 시기의 지층을 발굴하면 상상을 초월할 규모의 닭뼈 화석이 출토될 것이란 농반진반의 예측이었다.

현생 인류인 호모 사피엔스 사피엔스(Homo Sapiens Sapiens)가 먹어 치우는 닭의 양은 어마어마하다. 전 세계에서 인간 1인당 연간 평균 10마리에 가까운 닭을 소비한다. 인간이 먹고 버린 켄터키 프라이드 치킨(KFC)의 뼈가 긴 시간이 지나 화석으로 대거 출토될 테니 이것이 선취한 인류세의 증거라는 주장이 턱없는 것은 아닌 셈이다. 플라스틱, 알루미늄, 콘크리트 등도 인류세의 화석으로 분류될 것으로 예상되지만 닭뼈만큼 흔한 화석은 없을 것이다. 2016년 케이프타운 세계지질학대회에서 '인류세 워킹그룹' 의장을 맡은 얀 잘라시에비치 영국 레스터 대학 교수는 인류에 의해 창조된 이런 물질의 화석을 '기술화석(Technofossil)'이라고 정의했다. KFC만큼은 아니겠지만 코카콜라 또한 기술화석의 형성에서 빼놓을 수 없는 이름이어서, 수백만 년 뒤에는 호모 사피엔스 사피엔스가 '호모 사피엔스 KFC 코카콜라'로 명명되고, 잠시 등장한 인류세 대신 '닭세'라는 지질시대를 사용하지 말란 법이 없어 보인다. 여기서 궁금증을 느끼는 건 후대의 이러한 가상의 명명자가 인류세의 명명자와 같은 생명종일 가능성이 얼마나 될까다. 수백 년 뒤를 장담하지 못하는데 수백만 년 뒤를 상상했으니 의미 없는 짓 같다.

인류가 환경에 가하는 영향은 주지하듯 지대하다. 대양에 거대한 플라스틱 섬이 떠다니고, 토양의 질소와 인 농도는 지난 세기의 갑절로 늘고, 핵발전과 핵무기 실험으로 만들어진 방사성핵종이 토양에서 검출되고, 동식물의 멸종이 인류의 간섭이 없었을 때보다 최소 100배 이상 늘고, 플라스틱과 알루미늄 폐기물, 즉 '기술화석'을 퇴적층에서 발견할 수 있는 시대가 도래했다. 지구 환경은 다른 생명체는 차치하고 인간조차 적응할 수 없는 속도로 악화하고 있다.[45]

다시 닭으로 돌아와서, 이 정도로 많은 닭을 식용으로 먹기 위해선 공

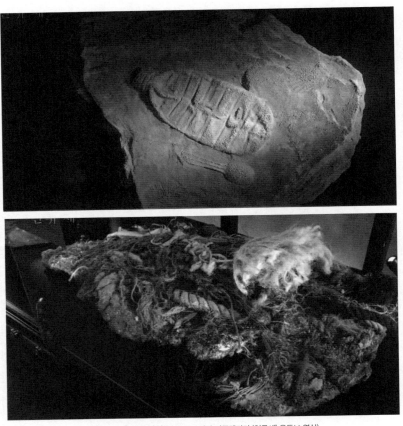

[그림 3-1] 기술화석(자료: EBS제작 다큐멘터리 '인류세' 유튜브 영상)

ESG 배려의 정치경제학

장식 양계가 가능해야 했으며, 공장식 양계를 통한 대량생산과 기업식 유통이 상품화를 거친 대량소비는 자본주의 시스템, 그것도 글로벌하게 작동하는 자본주의 없이는 불가능했다고 할 때 인류세란 개념이 자본주의 생산과 소비, 문화와 이념 등 현 인류의 총괄적 삶과 생존의 체계를 확고하게 반영했다는 사실을 직시해야 하겠다. 그리하여 세계생태학연구네트워크(WERN) 조정관이자 미국 빙엄턴 대학 사회학과 교수인 제이슨 W 무어는 "인류세라는 개념이 자본주의 문제의 책임을 인류 전체로 돌린 부르주아적인 구습을 강화하는 것은 아닐지 우려가 크다"라는 입장에서 인류세 대신 '자본세'라는 명명법을 주장한다.

인류세가 다소 자학적인 뉘앙스를 담은 것이 사실이라고 할 때 '자본세'란 용어는 분명 죄책감을 어느 정도 덜어주긴 한다. 지금 우리가 마주한 기후위기 시대의 본질을 잘 파악한 용어이기도 하다. 한데 자본세란 말로는 더는 지질학 용어로 사용할 수 없다는 게 난점이다. 자본세는 전면적인 정치적 명명법이다. 하긴 인류세 또한 지질학을 빙자한 정치적 명명인 만큼 인류세로 쓰나 자본세로 쓰나 내용이 다르지는 않다. 무어가 지적한 대로 죄책감을 약간이라도 덜 수 있다는 비겁에 대한 반성 때문인지 자본세는 호응을 얻지 못했고 인류세가 지질시대로든 인간 역사로든 대세가 된 듯하다.

인류세의 공식화를 놓고 논의가 이뤄지고 있지만, 옥스퍼드 대학 지리학 교수 제이미 로리머가 밝힌 바와 같이, 인류세의 공식화 여부와 관계없이 인류세라는 용어가 회수되거나 사라질 가능성은 거의 없다.[46] 인류세는 고고학 개념에 국한하지 않는다. 에딘버러 대학에서 열린 기포드 강연(Gifford Lectures)에서 과학기술학자 브루노 라투르(Bruno Latour)는

"인류세가 근대와 근대성의 관념으로부터 벗어나는 데 가장 적절한 철학적, 종교적 그리고 인류학적 개념이 될 것이며 인간과 비인간의 경계를 무너뜨릴 수 있다"는 견해를 밝혔다.[47, 48]

인류세라는 명명법의 제안은 20세기가 끝나는 시점에 이뤄졌고 이것이 21세기 개념어이긴 하지만 현실 적합성을 떠나서 인류세란 말을 사용하고자 한다면 대략적인 출발점을 정해야 한다. 크뤼첸은 인류세의 시작을 1784년 제임스 와트의 증기기관 발명으로 대표되는 열기관 산업혁명이 발생한 18세기 말로 잡았다. 그때 이후 현재까지 지구 전체에 메탄과 이산화탄소의 함량이 눈에 띄게 증가했다. 온실가스와 지구온난화를 설명할 때 산업혁명으로 인한 온실가스 급증으로 지구 표면의 평균온도가 산업혁명 이후 약 100여 년에 0.85℃ 올랐다는 통계를 흔히 인용하는데, 크뤼첸의 인류세 역시 이러한 견해와 같은 맥락에 위치한다. 19세기에 도입된 석탄·석유 에너지와 긴밀하게 연결된 이른바 '열-산업 자본주의(Thermo-Industrial Capitalism)'가 인류세의 후경(後景)이 된다.

생태계의 결정적인 변화와 생물 다양성의 상실을 근거로 인류세 시점을 1950년대로 잡으려는 입장이 있다. 그러나 인류세 시점이 언제냐 하는 논의는 큰 의미가 없다. 하나의 지질시대라는 것이, 명백히 구분되는 특정 연도에 출발한다기보다는 변화가 점진적으로 이어지다가 뚜렷이 표출하기 때문이다. 동시에 앞서 지적했듯 인류세라는 시기 구분이 과학보다는 정치에 힘입은 바가 크다고 할 때 특정 연도에서 시작을 찾으려는 시도는 덧없다고 하겠다.

'좋은 인류세'라는 허상

반면 과학이 아니라 정치라는 이야기에서 인류세는 개념의 유희가 아니라 엄혹한 현실이란 뜻이 된다. 현실과 정치가 연결되면 더 극명하게 입장 차이가 드러난다. 이미 살펴본 대로 인류세가 엄연히 자기반성의 용어임에도 '좋은' 인류세라는 전래의 근대성 해법을 들고 나오는 이들이 존재한다. '좋은 인류세'란 모순어법을 굳이 감수하는 이들은 기후위기의 위험성을 절대로 과소평가하지 않지만, 근대 이래 인류가 그랬듯 인간은 이 위기 또한 극복하여 운명과 삶의 조건을 개선하는 기회로 삼을 수 있다고 호언한다.

근대주의 혹은 계몽주의 정신을 계승한 이 부류는 낙관적인 솔루셔니스트와 예언자적 인문주의자로 크게 나뉜다고 하겠다. 두 진영 사이에는 연대와 경쟁의 다양한 서사와 상상이 펼쳐지지만, 결국 우리는 길을 찾아낼 것이란 긍정의 신화가 '좋은 인류세'의 본질이다.

그런 인류세가 과연 가능할까. 솔루셔니스트는 결국 기술애호가와 같은 관점을 취하며 지금이라도, 또는 조금 더 뒤라도 인류는 공동의 위기에 맞서 공동의 해법을 찾아낼 것이라고 믿는다. 그리하여 장차 인류세로 기록될 지질시대에서 닭뼈 화석이 대량으로 출토되기는 하겠지만 기후위기로 인류가 가까운 수백 년 안에 종말을 맞는 일은 없을 것이라고 확신한다.

이들이 기대를 거는 솔루션의 대표적 예는 디지털 경제다. 그러나 디지털 경제는 양날의 칼이지 완벽한 해법이 아니다. 예를 들어 전기자동차는 지구온난화와 기후위기를 해결하지 못한다. 전기를 만드는 1차 에너지가 여전히 석탄과 석유라면, 전기자동차는 위기의 심각성을 가리는 착시를 불러올 뿐이다. 위기를 벗어날 수 있는 근본적인 전환은 눈에 보이는 곳과 눈에 보이지 않는 곳에서 동시에 일어나야 한다. 눈에 보이는 곳이 극적으로 과장되면 눈에 보이지 않는 곳이 시야에서 더 멀어지게 된다.

디지털 자본주의는 산업혁명과 함께 시작된 지구 괴롭힘 역사 속의 궤적을 계속 이어가고 있다. 지금도 중국, 인도 등 세계 전역의 석탄 사용량은 줄어들지 않고 있으며 전 세계 에너지 소비는 계속 증가하고 있을 뿐이다. 생산되는 에너지의 기반 대부분은 여전히 석탄과 석유다.

디지털 경제는 암담한 상황을 개선하는 데 아무런 기여를 못하고 있다. 오히려 상황을 더 악화하는 데 한몫한다. 디지털 경제는 전 세계 1차 에너지 소비의 4% 이상을 차지하며, 개발도상국들이 디지털 설비를 확

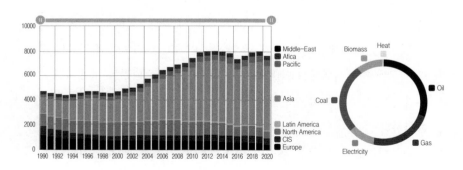

[그림 3-2] 세계 석탄 · 갈탄 생산량 추이(1990~2020년 · 단위 백만 톤) 및 에너지원별 세계 생산량(오른쪽 · 단위 %)(자료: world energy & climate statistics)

ESG 배려의 정치경제학

충하고 이용도를 높이면서 매년 9%씩 소비량이 증가하고 있다. 당장 쉽게 떠올릴 수 있는 단말기와 인터넷망 설비를 만드는 데 가장 많은 에너지가 들고, 각종 인터넷 장비·인터넷망·데이터센터를 가동하는 데도 적지 않은 에너지가 소요된다. 대표적으로 노트북 한 대를 생산하기까지 약 330kg의 이산화탄소가 배출되며, 팔라듐·코발트 등 금속이나 희토류 같은 원자재, 물이 대규모로 사용된다.

사람들은 이제 침대에서 누워 있거나 전철을 타고 이동하는 등의 모든 생활에서 핸드폰을 끼고 살며 하루에 몇 시간씩 동영상을 시청한다. 유튜브는 동영상을 만들고 저장하고 진열하여 전달하고 작동하는 모든 과정에서 온실가스를 배출한다. 그러나 사람들이 유튜브를 보면서 자신이 온실가스를 배출하고 있다고 자각하기는 힘들다. 그린피스 보고서에 따르면 전 세계 인터넷 트래픽의 70%가량이 거쳐 가는 미국 버지니아주 아마존의 대형 데이터센터에서 재생에너지를 사용하는 비중은 12%에 불과하다. 또한 인근 애팔래치아 산맥의 산봉우리에 폭발물을 써서 터뜨리며 채굴한 석탄으로 전기를 생산해 데이터센터를 움직인다. 중국도 사정이 마찬가지다. 중국의 데이터센터가 소비하는 에너지의 73%는 석탄으로 생산한 에너지다. 4차산업혁명과 코로나19로 인한 언택트(Uuntact) 경향의 강화로 사물인터넷(IOT)이 더욱 확산하고 정보유통량이 급증한다면 좋은 삶은 가능할지 모르지만 이른바 '좋은 인류세'는 영영 물 건너가게 되지 않을까 하는 걱정이 든다.

우리는 비록 형용모순이라 할지라도 '좋은 인류세'를 바란다. 그러므로 진실을 끝까지 파고들지 않는다면 좋은 인류세는 꿈도 꾸지 못하게 된다. 진실을 파고들면 무엇을 알게 될까. 아마 좋은 인류세는 원천적으

[표 3-1] 인류세의 시작

대(Era/代)	기(Priod/紀)	세(Epoch/世)	시대(Age/時代)	시기
신생대	제4기	인류세	–	1950년 전
		홀로세	–	1만 1700년 전
		플라이스토세	타란티안	12만 6000년 전
			이오니안	78만 1000년 전
			칼라브리안	180만 6000년 전
			젤라시안	258만 8000년 전
	신제3기			2300만 년 전
	고제3기			6600만 년 전
중생대				2억5200만 년 전
고생대				5억4100만 년 전

(자료: 2016 인류세 워킹그룹)

로 불가능하며 이 원천적 불가능이 인류의 새로운 출발점이어야 한다는 정도가 아닐까. 이 출발점에서 예언자적 인문주의자는 다시 갈린다. 희망이 없지만 그래도 존엄을 위해 희망을 얘기하는 그룹과 절망 가운데서 악착같이 희망의 흔적을 얘기하는 그룹으로. 인류가 만든 거대한 자승자박(自繩自縛)의 위기 가운데서 낙관하고 비관하는, 또 자학하거나 회피하는, 나아가 인간의 의미를 찾기 바라는 무수한 노력과 관점이 인류세라는 용어에서 교차한다.

기업에 사회적 책임을 묻다

인류세는 반성의 용어이긴 하지만, 대안이나 해법을 포함하진 않았다. '인류세'는 문제제기다. 호모 사피엔스 사피엔스라는 생명종이 산업혁명이란 걸 시작하고 수백 년이 지나지 않아 이렇게 심각한 문제를 일으키며 생태계를 훼손하고 지구를 망쳤다는 전면적이고 총체적인 문제제기. 문제제기는 이 용어의 등장 이전에도 있었다. '침묵의 봄', '성장의 한계', '가이아이론' 등 다양한 관점과 방식으로 지속해서 제기되었지만, '인류세'처럼 정곡을 찌른 문제제기는 없었다.

대신 답안은 계속해서 제출됐다. 외부효과와 같은 기업의 잘못을 어떻게 정정할 것인가 하는 의제가 '기업의 사회적 책임(CSR)'이다. 20세기 후반부터 지금까지 널리 쓰이는 단어이고 최근 같은 주제인 ESG에 인용빈도에서 밀리곤 있지만, 기업이 '인류세'에 어떻게 책임을 질 것인가, '인류세'를 막기 위한 기업의 노력은 무엇인가에 관한 논의는 더없이 활발하다.

인류세와 마찬가지로 CSR에 관해 누구나 동의할 수 있는 정의는 여전히 존재하지 않는다. CSR을 구성하는 '기업', '사회', '책임'이 사실상 모두 거대 담론이어서 개별 용어마다 해석과 입장의 차이가 현격하다. 따라서 이들의 조합으로 생성되는 CSR의 개념 또한 다양한 함의를 가질 수밖에 없다.

학문적으로는 CSR에 관한 논의가 하워드 R 보웬(Howard R Bowen)에 의해 본격적으로 시작됐다는 게 정설이다. 보웬은 그의 저서 〈기업인의 사회적 책임(Social Responsibilities of the Businessman, 1953년))에서 "기업인은 사회의 목표와 가치에 비추어 바람직한 방향으로, (기업의) 정책을 추진하고 의사결정하고 행동할 의무가 있다"고 주장했다.

물론 보웬 이전에 CSR에 관한 논의는 존재했다. 짧게는 2차세계대전 종전 시점으로 올라가는데, 하버드 비즈니스 스쿨의 학장 도널드 K 데이비드는 "미래의 비즈니스 지도자들은 자신들의 어깨에 깃들게 될 책임에 주의를 기울여야 할 것"이라고 말했다. 그의 발언이 순수하게 CSR 관점에 근거했다기보다는 소비에트 공산주의에 맞서 자유시장 경제를 옹호하는 관점에서 나온 것이기는 하지만 충분히 의의가 있다.

기업이란 조직이 어떤 사회적 책임을 지녀야 하는가 하는 문제는 기업의 본질과 관련되기에 CSR 논의는 길게는 기업의 탄생 시점부터 존재했다고 추정할 수 있다. 〈국부론(1776년)〉에 등장한 아담 스미스의 '보이지 않는 손'은 후대의 상상력이 계속 덧칠해지면서 경제 주체의 개별적인 사익추구가 사회 전체로서 공익을 구현하게 된다는 시장 중심주의 세계관을 대표하게 된다.[49] CSR에 대한 스미스의 관점은, 당시가 CSR이란 개념 자체가 없던 시기임을 감안하여 해석하면, 기업의 책임을 경제적 책임에 국한한 것으로 볼 수 있다.

CSR과 관련해 그 시대에서 주목할 만한 인물은 감리교 창시자인 존 웨슬리 목사다. 막스 베버의 〈프로테스탄트 윤리와 자본주의 정신〉에서 종교적 시장주의자로 묘사되는 웨슬리는 〈국부론〉 발간보다 살짝 이른 시점에 (1장에서 살펴보았듯) '돈의 사용법(The Use of Money, 1760년)'이라는 제목으로 설교하면서 사회책임투자(SRI)뿐 아니라 CSR의 원형 비슷한 것을 제시했다. "생명이나 건강 혹은 정신을 해치는 방법을 통해 돈을 얻어서는 안 된다. … 사악한 거래 행위에 참여해서는 안 된다. … 또한 이웃의 재산이나, 이웃의 신체, 그들의 영혼을 해쳐서도 안 된다"[50]는 그의 주장은 CSR의 정수를 말했다고 볼 수 있다.

카를 마르크스는 받아들이기에 따라 CSR의 근본주의자라고 할 수 있다. 자본의 물신성과 자본가의 탐욕을 경고하면서 '거시' 수준에서 CSR을 거론했다고 볼 수도 있다. 다만 그의 관심사가 자본과 자본가을 넘어 직접적으로 기업을 겨냥했다고 보기는 어렵다. 그럼에도 마르크스의 〈자본론(1867년)〉을 노동 문제에 국한해서 해독해도 노동시간, 작업장 환경, 차별금지, 아동노동 금지 등 현재의 노동분야 CSR 이슈를 얼마든지 찾아낼 수 있다.[51] 특히 10장 '노동일'은 자본주의 발전 초기의 노동시간, 노동환경, 노사갈등 등에 관해 사실적으로 묘사하고 있는데, 아동노동 사용에 대한 마르크스의 비판이 매우 날카롭다. 아동노동 사용 금지를 명시한 현재의 CSR 논의와 근본 방향이 같다.

'철강왕' 앤드류 카네기의 '신탁윤리(Trusteeship)'는 기업가의 사회책임을 겨냥한다. 그는 〈부의 복음(Gospel of Wealth, 1889년)〉에서 "부자는 단지 신으로부터 재산에 대한 관리 책임만을 맡았고 … 돈을 사회를 개선하고 세계 평화를 증진하는 데 사용해야 한다"고 말했다. 부자를 신탁인(Trustee)이자 대리인(Agent)로 파악했고, 열심히 노력해서 번 돈을 가난한 사람들을 위해 사용해야 한다고 본 카네기의 관점은 반대 진영에 선 마르크스의 관점과 일견 크게 상충하지 않는다. 당연히 두 사람 사이에는 넘어설 수 없는 간극이 있다. 마르크스는 자본가를 무한한 탐욕추구에서 벗어날 수 없는 존재로서 그 과정과 결과에서 몰락하는 존재로 그렸지만, 카네기는 탐욕에서 탈출해 인간다운 존엄성을 추구할 수 있는 존

3장: ESG는 하늘에서 뚝 떨어지지 않았다

재로 받아들였다. 카네기는 나아가 자본가 본유의 탐욕을 자선의 기반을 마련할 수 있는 기제로 보았다. 두 사람 모두 기업의 사회책임이 아닌 자본가의 사회책임에 집중한 게 공통점이다. 엄밀하게 구분하면 마르크스는 자본의 사회적 책임에 더 주목했다.

존슨앤존슨은 1943년 윤리강령 격인 '기업책임강령(Credo of Corporate Responsibility)'을 채택해 비록 '사회적'이란 단어를 빠뜨리긴 했지만 현대적 의미에 근접한 기업의 (사회)책임 관점을 보여주었다.

현대적인 형태의 기업을 주체 혹은 대상으로 하는 기업의 사회적 책임 논의는 전술한 대로 보웬의 〈기업인의 사회적 책임〉을 출발점으로 하는 게 타당해 보인다. 특히 이 책이 출간된 1953년에 "이윤에 직접 기여하지 않는" 기업의 자선 행위를 합법화한 미국 뉴저지 대법원의 결정(A. P. Smith Manufacturing Co. vs. Barlow, et al., 1953년)이 내려졌다는 사실에 주목할 필요가 있다. 이 소송 건은 스미스사가 프린스턴 대학에 1500달러를 기부하자 "주주에게 직접적 혜택이 오지 않는 지출"을 몇몇 주주들이 문제를 삼으며 성립했다. 법원은 "이제 부가 기업의 손에 전가되고 … 따라서 기업은 인간 개개인이 하던 방식과 마찬가지로 하나의 시민으로서 역할을 이행해야 한다"고 판결했다. 재판부는 나아가 "회사는 지역사회의 일원으로서 개인적 책임 이외에 사회적 책임도 인식하고 이를 이행해야 한다"고 판시했다.[52]

CSR의 중요 영역인 기업의 사회공헌 활동을 합법화한 데 이 판결의 의의가 있다. 그 이전까지 기업의 자선적 지출에 대해 이윤창출에 기여하는가, 즉 "주주에게 직접적 혜택(Direct Benefit)"이 되는지를 잣대로 삼아 가능케 한 오랜 관행이 무너진 것이다. 더불어 판결에서 기업과 관련하여 '시민'이란 표현을 사용한 데 주목할 필요가 있다. 사회공헌 이상의 CSR은 그 개념이 정립되고 기업과 사회에 수용되기까지 그 후 많은 토론을 거쳐야 했다. 시대상황과 경영여건, 학자들의 철학에 따라 CSR이 이후 다양하게 정의되고 기업 현장에 다양한 형태로 수용되었지만, '기업시민'이 CSR의 핵심을 꿰뚫은 개념이라는 데 이견은 없다.

CSR의 발전과정

CSR이 그 틀과 방향에서 어느 정도 수렴 양상을 보이면서도 세부적으로는 여전히 상당한 이견이 존재한다. 수렴은 CSR 개념이 그동안 발전경로를 걸었기 때문에 가능했다. 예를 들어 1950~1960년대 영미권에서 기업의 경제적 이익 극대화 흐름 속에서 CSR이 태동하기 시작하여, 안전 관련 규제 같은 기업의 법적 책임, 윤리적 책임, 이해관계자경영, 지속가능경영으로 진화하여 ESG경영까지 거론되고 있다. 지금은 CSR 자체에 대한 논란보다는 CSR을 받아들이되 어떤 내용으로 어떤 관점에서 수용할 것인가를 두고 토론이 진행 중이다. 보웬 이후 초창기에는 CSR과 관련하여 본질과 범위를 두고 근본적인 논쟁을 벌였다.

크게 보아 CSR의 찬성과 반대로 나눌 수 있는데, CSR을 반대하는 입장은 기업이 경제적인 측면에서뿐 아니라 사회적인 측면에서도 그 기능을 가장 효율적으로 수행하기 위해서는 자유 경쟁시장에서 개별 기업의 이익을 극대화하는 방향으로 의사결정을 하면 된다고 주장했다. 아담 스미스의 영감을 계승한 CSR 반대론은 먼저 CSR이 기업의 본질적 기능의 수행을 저해한다고 말한다. 가장 널리 알려진 CSR 반대론으로, CSR이 이익 극대화라는 기업의 기본목표에 어긋난다고 본다. 대표적으로 고전경제학을 계승한 밀턴 프리드먼 등의 신자유주의 기업관에서 나타난다. 기업은 이익을 극대화하기 위해서 비용을 절감하고 능률을 증진함으로써 사회에 공헌하기에, 굳이 CSR을 찾자면 이익을 극대화하는 것이야말로 CSR이라고 주장한다. 프리드먼은 자유기업과 사유재산제도에서 경영자는 기업소유자에게 고용된 피고용인으로, 기업소유자에게 직접적인 책임을 져야 하고 그 책임은 사회의 기본적인 규칙을 따르면서 가능한 많은 이익을 거두어들이는 것이라고 말했다(1970년). 그는 "사회적 책임을 이행하겠다는 경영자의 행동으로 인해 주주의 이익이 감소한다면 주주의 이익을 빼앗는 것이고, 제품가격을 인상한다면 소비자의 권리를 침해하는 것이고, 종업원의 임금을 낮춘다면 종업원의 권리를 침해하는 것"이라며 강력하게 CSR을 반대했다.

프리드먼이 자주 인용한 것으로 알려진 "The Business of Business is Business"라는 경구는 'CSR=이익극대화'라는 그의 입장을 웅변적으로 표현한 것으로, 프리드먼을 위시한 시장주의자들은 CSR이 "파괴적인 교리(Subversive Doctrine)"로서 자유 시장사회의 근간을 위협한다고 파악했다.

다만 프리드먼이 "이윤 추구야말로 기업의 사회적 책임"이란 논지를 펴면서 그 전제로 '게임 규칙'을 강조한 대목은 보기에 따라 약간의 비약을 감수하면 CSR 옹호론으로까지 확장해서 해석할 수 있다. 게임의 규칙이 준수되는 가운데 프리드먼이 말한 것과 같은, "완전하고 공정한

(Open and Fair)" 경쟁이 작동하는 시장은 대체로 찾아보기 힘들기 때문이다. 그런 전제가 충족되지 않는 시장이라면 기업의 유일한 사회책임이 논리상 이윤 추구일 수는 없다.

프리드먼이 기업의 관점에서 CSR에 반대했다면 세계화란 말을 대중화하는 데 기여한 하버드 비스니스 스쿨의 교수 테오도르 레빗(Theodore Levitt)은 사회의 관점에서 CSR에 반대했다. CSR은 기업의 영향력을 확대하고, 확대된 기업의 영향력이 다원사회에 위협이 된다는 생각이다. 이윤 추구가 본질적 기능인 경제적 조직, 즉 기업이 사회적 책임을 앞세워 활동 범위를 확장하다 보면 종국에는 기업에 힘이 집중되어 다원주의 사회를 붕괴시킬 수 있다고 우려했다. 기업이 사회적 책임에 관심을 기울이고 실천하고 있을 때에도 이윤 추구라는 원칙을 고수토록 해야 하고, 사회적인 문제들은 정치가나 시민사회가 맡아야 한다는 입장이다. 경영자가 사회적 책임을 기업경영의 목적으로 설정하면 기업이 고유 기능의 담당자를 넘어서 사회 전체의 지배자로 군림하게 되고, 이러한 과정을 통하여 '기업국가'의 출현 가능성이 높아진다고 전망했다.

프리드먼과 레빗이 '기업과 사회'라는 관계 속에서, 또는 기업의 정체성과 관련하여 CSR에 반대했다면 실천적인 관점에서 CSR에 회의적인 입장이 있다. 실천능력과 비용 때문에 CSR에 부정적인 입장으로, 사회문제를 효율적으로 처리하기엔 경영자에게 능력이 부족하다고 본다. 경영자는 이윤 추구에 최적화한 인간이기에 사회문제를 인식하고 해결하는 데 적합하지 않다. 비용 증가 또한 CSR 반대진영의 핵심 논거 중 하나다. 사회문제에 대응할 역량이 부족하고 비용문제가 발생하기 때문에 CSR에 적극적으로 대처하다 보면 기업은 보유 자원을 자칫 비효율적으로 사용할 수 있다. 사회책임에 경도된 기업은 본래의 기능 수행에 차질을 빚을 가능성이 있어 특정 기업이 주요한 경제적 자원을 소비하며 독자적으로 사회적 책임을 수행하기란 현실적으로 불가능할 수밖에 없다.

기업의 사회적 책임은 용어 자체에서 이미 사회에 대한 대응을 전제하는데, 기업은 그런 일을 하는 조직이 아니라거나 기업이 그런 일을 할수는 있지만 그럴 때 사회에 부정적인 영향을 미친다는 견해는 기업과 경영자의 역량을 인정한다. 반면 실천능력과 비용문제로 CSR이 어렵다는 견해는 사회에 대한 대응과 관련해 기업과 경영자의 역량에 의구심을 표시한다.

역량과 무관하게 사회에 대한 대응 자체가 쉽지 않다는 측면에서 CSR을 반대하는 입장이 있다. 미국의 경제학자 프라카쉬 세티는, 사회적 책임이 수없이 많은 상이한 맥락에서 정의되었기 때문에 정확한 개념구조와 명백한 내용체계가 마련되지 못해 그 의미가 애매모호하다고 주장했다. 따라서 CSR을 이행하고 싶어도 기업 입장에서는 실천 기준이 명확하지 않다고 반론을 펼 수 있다. CSR 보고의무의 직접적인 계통이 마련되어 있지 않다는 점에서 보고의무 문제에서도 비슷한 비판이 제기된다. 공중에 대한 기업 사회보고 의무의 직접적인 계통을 설정하는 메커니즘이 사회적으로 공신력 있게 개발될 때까지, 기업은 사회적 행동을 억제하고, 대신 시장시스템을 통해서 직접적인 보고의무를 갖는 이익목표만을 추구해야 한다는 생각이다. '공신력 있는 메커니즘'의 부재 상황에서 사회보고는 한국의 재벌기업의 사례에서 드러나듯 오히려 역기능을 수행할 수 있다고 조돈문 등이 우려를 표시한 바 있다.[53]

찬반 논쟁을 벌인 초창기와 달리 요즘은 명시적인 CSR 반대론은 드물다. 요즘은 원론적 논쟁에서 CSR의 방법론 쪽으로 CSR 논의의 틀이 옮아갔다. 물론 사회보고가 일부 역기능을 초래하고 '공유가치창출(CSV)'이 CSR 발전에 퇴행적 영향을 미치고 있다거나 제도적으로 뒷받침되지 않은 CSR은 사상누각(沙上樓閣)이 될 수 있다는 등 '걱정'이 여전히 끊임없이 나온다. 본질적으로는 CSR의 기표[記標, Signifiant]와 기의[記意, Signifié] 간의 괴리 또는 CSR의 기표 위에서 CSR의 기의가 부유하는 난관이 '우려'스럽지만, 어쨌든 기표를 중심으로 형성된 CSR이란 대의에 대한 전면적인 반대는 학계에서나 산업계에서 찾기 힘들다. 현대로 올수록 기업이 점점 더 많은 사회적 자원을 사용하여 막대한 영향력을 행사하고 있기에 기업을 빼고 사회적 목적을 논의하기엔 동원가능한 자원이 협애하다는 현실적인 판단을 내릴 수 있다.

또한 그동안 기업이 외부효과를 책임지지 않으면서 기업 내부에 부를 축적했기에 이제는 더 이상의 문제를 사회에 이전해서는 안 된다는 근본적 사회책임론이 힘을 얻고 있다. 외부효과는 개별 기업의 이익극대화라는 단일 목표를 중심으로 모든 수단을 하위 목표로 정당화한 데서 기인한다. 외부효과의 존재는 기업이 비용의 일부를 부당하게 사회에 전가했다는 징표로, 외부효과의 내부화는 기업의 사회적 책임의 본원적 내용을 구성한다. 외부효과의 존재는 또한 (사회적) 이익의 부당한 (기업의) 내부화로 해석될 수 있다. 이익의 부당한 내부화 과정에서 기업은, 자신을 둘러싼 여러 이해관계자 중 특정 이해관계자(들)를(을) 배제하는 한편 다른 특정 이해관계자(들)의 이익을 우선한다. 따라서 기업이 자신을 둘러싼 이해관계자 중 특정 이해관계자(들)의 이익을 침해하지 않으면서 전체적으로 이익을 신장해 경제적인 성과는 물론 동시에 환경적 성과, 사회적 성과를 최대화해야 한다는 큰 방향으로 CSR 찬성론이 구성되고 있다.

찬성론은 우선 규범적 관점에서 지지를 받는다. 기업을 운영하는 경영자는 다른 사회 구성원과 동일하게 일련의 문화적인 제약조건하에서 행동하고 있으므로 문화적·사회적 규범은 경영자의 행동을 결정하는 강력한 요인이 된다. 사회 규범이 변하면 경영자의 행동도 변화한다. 현재의 사회·문화적 규범은 기업에게 사회적 책임을 수행하라는 도덕적 의무를 지우는 경향을 보인다. 사회는 기업이 설립될 수 있도록 하거나 적어도 영속적으로 유지·발전하는 데 도움을 주었기 때문에 기업은 사회문제의 해결에 있어서 조력할 의무가 있다는 관점이다.

실리적 관점에서 CSR을 지지하기도 한다. CSR 수행이 기업의 장기적인 이익에 부합한다고 본다. 이러한 개념은 기업으로 하여금 다양한 사회적 재화를 산출하도록 사회가 기대하는 것을 합리화하며, 기업은 장기적으로 볼 때 이익이 된다면 사회적 재화를 산출해야 한다는 주장이다. 사회활동 결과로서 조성된 그 기업에 대한 우호적인 사회환경은 기업의 장기적 이익을 증대하는 데 기여하므로 좀 더 넓은 의미에서 사회적 재화의 산출에 기여해야 장기적인 관점에서 기업의 이익이 늘어날 것이다. 또한 직접적인 이익과 연결되지 않더라도 CSR을 통한 기업의 명성 축적은 리스크 회피에 기여한다는 입장이 있다.

그러나 장기적이든 그렇지 않든 CSR이 기업이익과 명확하게 (+) 관계인지는 여전히 논쟁 중인 상황을 감안하면, 이 같은 입장은 CSR이 기업이익에 도움이 되지 않는다면 논리적으로 기업이 사회책임을 이행할 까닭이 없다는 결론에 이를 수 있다는 측면에서 난점이 생긴다.

이 같은 난점은 미국 경제발전위원회(Committee for Economic Development)의 의뢰로 진행된 〈기업사회정책의 근거(A Rationale for Corporate Social Policy, 1970년)〉에서 해결책을 발견한다. 기업의 사회적 이익과 경제적 이익을 조화하려고 시도한 이 입장은 CSR이 주주의 이익에 반하지 않고 오히려 부합한다고 주장했다. 즉 기업이 사회에 호의적인 태도를 가지는 이유는 이것이 주주의 장기적 이익추구와 연결되어 있기 때문이다.

통상 주주는 어느 한 회사만의 주주가 아니고 여러 회사의 주주이며 동시에 사회구성원이기에 사회적 이익과 주주의 이익이 항상 상반될 수는 없다. 이에 따라 기업의 경영자는 기업 목표로서 이익의 개념을 '계몽된 사적이익(Enlightened Self-Interest)'의 관점에서 정립할 수 있게 된다. '계몽된 사적이익'이란 주주의 이익기대와 사회적·환경적 문제에 관련된 집단들의 요구와 기대를 균형 잡는 접근법으로, 사회 속에서 기업의 지속 성장을 가능케 하는 개념이다. 원래 윤리학 용어인 '계몽된 사적이익(혹은 자기이익)'은 타인의 이익을 우선함으로써 종국에 자신의 이익을 더 키우는 태도로, '공유지의 비극'을 초래하는 '계몽되지 않은 자기이익(Unenlightened Self-Interest)'이나, 자기이익과 무관하게 타인의 이익을 우선하는 이타주의와 다르다.

최근에는 CSR의 전략적 관점이 지지를 받고 있다. 기업이 현재의 사회문제를 취급하는 것을 시기적으로 지연시키면 기업은 당면한 사회적 재앙을 막는 데 급급해서 재화와 용역을 생산해야 하는 기업 본연의 목표를 달성할 시간을 잃게 될 것이므로 기업 입장에서는 선제적으로 사회문제 해결에 뛰어드는 것이 좋다. 기업에 비용을 증가시키고 의사결

3장: ESG는 하늘에서 뚝 떨어지지 않았다

정의 자율성을 제한하는 정부 규제를 회피하기 위해서도 기업이 사회적으로 책임 있는 행동에 참여할 필요가 있다.

나아가 CSR은 기업에게 새로운 성장엔진으로 제시된다. 흔히 거론되듯이 '기업의 사회적 책임(CSR, Corporate Social Responsibility)'은 기업의 사회적 기회(CSO, Corporate Social Opportunity)라는 생각이다. 피터 드러커 식으로 얘기하면 용을 피해 숨어서 구명도생(苟命圖生)하는 대신 '용 길들이기'에 뛰어들라는 것이다. 즉 사회적 문제를 경제적 기회와 혜택으로 전환하는 것이 기업의 사회적 책임이다.

전략적 CSR은 관점의 전환을 뜻한다. CSR을 경영의 고려사항으로 상정하는 것이 아니라 경영과 CSR을 통합적으로 파악하고자 한다. 기업의 지속가능성을 목표로 기업전략과 CSR을 접목하고자 하는 이론이 확장되어 마이클 포터를 비롯한 학자들이 주장한 전략적 CSR은, 명분에서는 다소 미흡하지만 실천 측면에서는 강점을 보인다. 전략적 CSR은 기존 관점과 근본적으로 다른 시각에서 CSR을 파악한다. CSR이 단지 비용 개념이 아니며 기회·혁신·경쟁우위의 원천이 될 수 있고, 기업의 성과와 사회적 성과(복지)는 제로섬 게임이 아니며, 기업과 사회는 공유된 가치를 추구하고 모두에게 이익을 줄 수 있다고 주장한다.[54]

마이클 포터와 마크 크레이머는 기업의 사회공헌 활동에 조금 더 주안점을 두어 전략적 CSR을 제안한 데 이어 2011년에 CSR을 넘어서 '공유가치창출(CSV, Creating Shared Value)'로 이행해야 한다고 주장했다. CSV는 "기업 자체의 경쟁력을 제고하면서, 동시에 기업이 소속된 지역사회의 경제·사회적 조건을 향상시킬 수 있는 정책과 운영관행"을 말하는데, 드러커의 '용 길들이기'와 같은 맥락에 위치한다고 볼 수 있다.

지속가능발전과 CSR

CSR은, 저명한 CSR 연구자인 아치 B 캐롤에 따르면, 경제적·법률적·윤리적·자유의지적(자선적) 책임까지 모두 포함한다. 이른바 '캐롤의 CSR 피라미드'에서 설명하는 사회책임의 위계로 CSR의 기반 책임으로 경제적 책임을 제시했다. 드러커도 기업의 1차적 사회책임은 기업이 미래의 비용을 감당할만한 충분한 이익을 내는 것이라고 했고 이후 추가적인 사회책임을 거론했다.

기업의 사회책임과 관련한 연구에서 부딪히는 어려움 가운데 하나는 CSR 개념 자체가 모호성을 지닌 데다 지속가능경영 등 여타 용어가 혼용되는 상황이다. CSR 외에 그 연장선에서 사회책임경영이란 말이 쓰

[그림 3-3] 캐롤의 CSR 피라미드

이고, 지속가능경영·이해관계자경영·윤리경영에 이어 포괄적으로 기업 시민(경영)이란 용어까지 섞여서 활용되고 있다. 기업이 사회에 대해 지는 책임의 관점과 달리 기업경영의 관점에서 지속가능성 개념을 탑재하여 탄생한 것이 지속가능경영이며 CSR과 지속가능경영은 본질적으로 문제의식이 같다고 볼 수 있다.

현대사회에서 지구촌 전체를 통틀어 가장 보편적인 의제인 '지속가능'의 문제, 정확하게 지속가능한 발전(Sustainable Development)의 개념이 정의된 건 1987년 유엔의 보고서 〈우리 공동의 미래(Our Common Future)〉를 통해서다. '지속가능한 발전'이란 개념의 정의가 공식화한 건 1980년대 후반이지만 문제의식은 이미 그 이전부터 나타났다고 할 수 있다.

앞서 살펴본 대로 영국의 토마스 맬서스가 지속가능의 문제를 고민한 대표적 선구자라고 할 수 있다. '기하급수 대 산술급수'란 말로 요약되는 인구와 식량의 비대칭 문제는 지속가능의 관점을 분명 선취(先取)한 것이지만 계급적인 이해, 그것도 지배계층의 이해에 기반을 두었기에 외눈박이 지속가능인 셈이다. 현 세대 내의 문제에는 눈감고, 현 세대와 미래 세대 간의 문제를 가장 원초적인 시장 해법으로 설명했다는 비판에서 자유로울 수 없다.

맬서스의 〈인구론(1798년)〉이 출간되고 200년 가까운 시간이 흐른 뒤 로마클럽은 〈성장의 한계(1972년)〉라는 보고서를 냈다. 1950~1960년대에 미국 등 서구에서 유례없는 성장기를 거치면서 마찬가지로 서구문명을 중심으로 인류가 갖게 된 자신감은 1970년대 들어 위축된다. 1968년의 68혁명과 1971년 미국의 금본위제 포기가 상징하듯 인류문명의 자기 제어 능력은 시험대에 오른다. 〈성장의 한계〉에서 명기하지는 않았지만 이후 시험대에 오른 인류문명의 자기제어 능력의 핵심은 지구온난화 문제로 집약된다.

발간 반세기를 넘긴 〈성장의 한계〉는 지구온난화 대처가 지구촌의 핵심의제로 부상하기 전에, 성장과 관련된 기존 문제를 종합한 인류의 자기반성문이라고 할 수 있다. 〈성장의 한계〉는 인구·공업생산·식량·자원·환경오염 등 5가지 영역에 걸쳐 비관적인 전망, 즉 지속가능의 부재를 예상한다. 〈성장의 한계〉가 발표될 때까지만 해도 환경오염은 5가지 의제의 하나였으나, 이후 환경오염은 독자적이고 지구촌에서 가장 중요한 의제로 격상된다. 지구온난화와 결부되어서다. 또한 환경오염과 인접하였지만, 더 중요한 의제로 지구온난화가 새롭게 대두하였다.

레이첼 카슨의 기념비적 저서 〈침묵의 봄(1962년)〉은 지구온난화 문제를 직접 다루지 않았지만 환경오염에 관한 인식을 제고하는 데 크게 기여했다. 이 책에서 말한 "침묵의 봄(Silent Spring)"은 환경오염으로 새들이 울지 않는, 즉 새들이 죽어버린 암울한 세계다. 〈성장의 한계〉 10년 전에 나온 〈침묵의 봄〉은 지속가능발전이란 의제 또는 그 문제의식을 선구적으로 제안한 저작이다.

지속가능발전 개념의 최초 사용자는 '환경과 개발을 위한 국제연구소(IIED)' 설립자인 영국의 경제학자 바바라 워드라는 게 정설이다. 1972년 6월 스웨덴 스톡홀름에서 열린 유엔인간환경회의(UNCHE) 연설에서 워드는 "더 안전하고 지속가능한 미래를 만들기 위한 환경과 개발에 관한 새롭고 공평한 파트너십(New and Equitable Environment and Development Partnership to Build a More Ssecure and Sustainable Future)"을 역설했다. 이 회의에 맞춰 출간한 책 〈오직 하나인 지구(Only One Earth: The Care and Maintenance of a Small Planet)〉에서 "인간 종이 지금뿐 아니라 미래세대에서 지구를 살기에 적합한 곳으로 유지하려면 무엇을 해야 하는지 분명히 정의할 필요가 있다(Clearly to define what should be done to maintain the earth as a place suitable for human life not only now, but also for future generations)"고 한 문장은 지속가능성의 개념을 정립한 것으로 평가받는다. 공식적인 지속가능성의 정의는 1987년에 내려진다. 유엔 '세계 환경발전 위원회(The World Commission on Environment and Development)'에서 발표한 〈우리 공동의 미래〉는 보고서 작성 책임자인 전 노르웨이 수상 그로 할렘 브룬틀란을 따서 〈브룬틀란(Brundtland) 보고서〉라고도 하는데, '지속가능'에 관한 전 세계적 합의를 최초로 도출했다.

"지속가능한 발전은 미래세대의 욕구를 충족시킬 수 있는 능력을 위태롭게 하지 않고 현 세대의 욕구를 충족시키는 발전을 의미한다. 두 가지 핵심적인 개념이 여기에 포함되어 있다. **욕구의 개념**, 특히 세계의 가난한 사람들의 필수적인 욕구다. 여기에 일차적인 우선권이 부여되어야 한다. 기술과 사회조직의 상태가 현재와 미래의 욕구를 충족시킬 수 있는 환경의 능력에 미치는 **한계의 개념**."[55]

〈우리 공동의 미래〉 발표 2년 뒤인 1989년, 지속가능발전 개념을 세계적으로 더욱 확산시킨 계기가 된 사건이 발생했다. 1989년 3월 24일 알래스카 프린스 윌리엄 해협에서 유조선 '엑슨 밸디즈(Exxon Valdez)'가 좌초해 바다로 기름을 대규모로 유출하는 최악의 해양오염 사태가 터지면서 세계적으로 환경문제에 관한 경각심을 일깨운다. 지속가능발전이 다

ESG 배려의 정치경제학

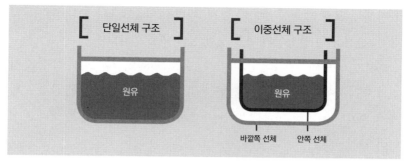

단일선체 구조   이중선체 구조

원유   원유

바깥쪽 선체   안쪽 선체

[그림 3-4] 단일선체 구조 유조선과 이중선체 구조 유조선

시금 주목받는 계기가 된 것은 물론 중요한 변화가 일어났다.

미국은 자국 영해에서 심각한 해양오염 사고의 재발을 막기 위해 그동안 단일선체 구조였던 유조선을 이중선체 구조(Double Hull Structure)로 바꾸는 것을 주요 내용으로 한 〔석유오염 방지법(OPA-90, Oil Polution Act of 1990)〕을 1990년에 제정했고, 이후 이 내용은 마폴(MARPOL)이라고 하는, 국제해사기구(IMO)의 〔선박으로 인한 해양 오염 방지를 위한 국제협약(International Convention for the Prevention of Marine Pollution from Ships)〕에 반영되어 2015년부터 이중선체가 아닌 유조선의 운항이 금지됐다.

세리즈 원칙(CERES Principles)이라고도 하는 '밸디즈 원칙(Valdez Principles)'도 생겼다. 사고 이후 미국의 유력한 환경단체 '환경에 책임지는 경제를 위한 연합(CERES, Coalition for Environmentally Responsible Economies)'이 기업이 지켜야 할 환경윤리기준을 정하여 발표했는데, 이것이 밸디즈 원칙이다. 이 원칙은, 기업은 자신의 활동으로 인해 생기는 어떤 재해에 대해서도 책임을 지며, 원상회복을 위해 노력해야 한다고

127

3장: ESG는 하늘에서 뚝 떨어지지 않았다

규정했다. 또한 철저한 정보의 공개, 에너지 이용효율의 향상, 폐기물의 감축, 환경상 및 안전상의 위험 경감 등의 내용을 담았다.

1987년 유엔의 〈우리 공동의 미래〉 발표, 1989년 엑슨 밸디즈 침몰 사건의 후폭풍이 지구온난화에 관한 선각자들의 문제제기와 한 물결로 합쳐져 1992년 브라질 리우데자네이루에서 유엔의 환경회의가 열리고 협약이 체결된다.

[리우 환경 협약]은 인류 문명 차원에서 지구온난화에 공동으로 대처하겠다는 합의를 끌어냈다는 데 큰 의의가 있다. 1997년엔 행동계획으로 [교토의정서]가 체결된다. [교토의정서]의 가장 주목할 부분은 지구온난화라는 지구 공동의 위기를 해결하는 방법으로 배출권거래(ET, Emissions Trading) 제도를 도입한 것이다. 자본주의가 초래한 지구 공동의 위기를 거래라는 자본주의 방식으로 해결하겠다는 취지다.

2010년에는 국제표준화기구(ISO, International Organization for Standardization)에서 [사회책임에 관한 국제 가이드라인], 즉 ISO26000을 발효한다. ISO26000에서는 '사회책임'이 '지속가능'을 대체하지만, [교토의정서]와 마찬가지로 지구촌 차원에서 인류 공동의 위기에 대한 인류 공동의 해법을 안출(案出)했다는 데 큰 의미가 있다.

주주중심주의 vs. 이해관계자중심주의

기업 혹은 기업의 사회적 책임(CSR)을 보는 관점은 다양하지만 크게 주주이익 극대화를 앞세우는 주주중심주의 접근법, 이해관계자의 이익을 고루 균형 있게 추구할 것을 강조하는 이해관계자 접근법, 그리고 기업을 하나의 인간으로 보는 사회구성원 접근법으로 나누어 볼 수 있다. 사회구성원 접근법은 말 그대로 법인(法人)을 기업시민으로 간주하는 생각이다.

CSR을 주주 입장에서 바라보는 관점은 전통적인 자유시장경제의 기업관에 근거를 둔다.

이 관점에서 기업은 계약을 바탕으로 한 경제활동의 기본단위다. 일반적으로 현대의 기업은 다수의 주주로부터 대규모로 자본을 조달한다. 주주는 기업에 배타적이고 독점적인 소유권과 지배권을 가지고, 기업은

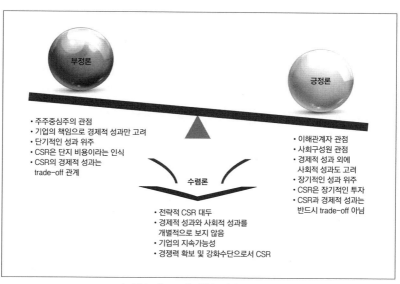

[그림 3-5] CSR에 관한 논쟁과 접근 관점

주주이익을 실현할 책임을 지게 된다. 주주중심주의 접근법에서 CSR이란 이윤추구를 위한 경제활동·납세·준법이 전부가 된다.

미국 미시건 대법원의 포드사 관련 판결(1919년)은 미국에서 주주중심주의 원칙을 확고하게 만든 계기로 평가된다. 포드가 사회공헌을 목적으로 이윤을 사용한 것이 불법이라고 밝힌 법원은 "사업회사는 근본적으로 주주의 이익을 위해 조직되고 운영된다"고 판시했다.[56]

미국의 저명한 기업법 연구자 아돌프 A 베를(Adolf A. Berle)은 법원의 판시를 더 정교화하여 〈위탁된 권한으로서 회사의 권한(Corporate Powers as Powers in Trust, 1931년)〉이란 논문을 통해 주주중심주의를 옹호했다. 즉 회사는 주주의 재산이며 회사 경영자는 주주에 대한 수탁자라는 논리다. 주주중심주의는 널리 알려진 대로 프리드먼에 의해 열정적으로 확산된다. 주주는 기업의 주인이기 때문에 기업이 창출하는 이익은 당연히 주주의 몫이어야 하며, 기업의 경영자는 단지 주주로부터 전권을 위임받은 대리인에 불과하기에 주주의 이익을 보장하는 방향으로 경영하는 도덕적 책임을 지녀야 한다고 프리드먼은 주장했다. 나아가 오늘날 당연하게 간주되는 경영자 결정에 의한 기부행위를 금지해야 한다고까지 했다.

이해관계자 관점은 기업이 '소유주'인 주주의 이익을 극대화하기 위해 존재하고 운영된다는 관점에서 벗어난다. 주주 이외에 기업 활동에 영향을 미치거나 기업 활동에 의해 영향을 받는 다른 모든 집단, 즉 모든 이해관계자를 경영의 고려대상으로 포괄해야 한다고 본다.

법학 교수인 메릭 도드(Merrick Dodd)는 베를에게 직접 반격함으로써 주주중심주의에 맞서 이해관계자중심주의를 내세웠다. 〈회사 경영자는

ESG 배려의 정치경제학

누구를 위한 수탁자인가?〈For Whom Are Corporate Managers Trustees?, 1932 년)〉라는 논문을 통해 기업이 주주의 이익창출만을 목적으로 존재한다는 베를의 견해를 강하게 비판했다. 도드는 당시 GE 최고경영자의 경영철학을 인용하여, 경영자는 주주에 대한 수탁자만이 아니라 회사에 대한 수탁자로, 주주 이외에도 고용인, 일반 공중 등 주요 회사 이해관계자에 의무를 지닌다고 주장했다.

〈하버드 법학 리뷰(Harvard Law Review)〉를 통한 베를–도드 논쟁에 이어 기업의 사회공헌을 합법화한 미국 뉴저지 대법원의 판결(1953년)은 주주중심주의에 대한 이해관계자중심주의의 의미 있는 승리로 받아들여진다. 종업원과 고객 그리고 정부에 대한 경영자의 책임은 사회에 대한 경영자의 책임보다 경영자의 입장에서 훨씬 이해하기가 쉬웠다. 더욱이 의도적이든 아니든 기업 대부분이 이미 이러한 관계를 관리하고 있

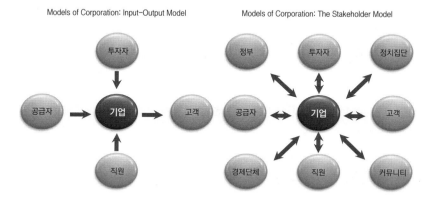

[그림 3-6] 투입–산출 모델 기업과 이해관계자 모델 기업 비교

었다. 이해관계자중심주의에서 중요한 전환점을 연 학자인 프리먼은 기업과 이해관계자가 상호 영향을 미친다고 생각했으며, 기업의 관점뿐만 아니라 이해관계자의 관점도 중요하다고 주장했다(1984년). 프리먼의 이해관계자 모델 이후 CSR을 이해관계자 모델에 적용하고자 하는 많은 연구가 진행됐다. 사회적 책임이라는 하나의 집합적 카테고리를 대신한 이해관계자 모델은 각각의 이해관계자 관계와 그 관심사의 넓은 범위를 반영하기 위하여 수많은 새로운 영역을 창출하게 된다. 환경 책임, 다양성, 차별금지, 회계투명성 등으로 CSR의 의미는 더욱 확장했다.

이해관계자 접근법의 핵심 논리는 기업과 관련된 이해당사자의 범위를 주주에서 다양한 주체로 확대한 것이다. 이해관계자 접근법은 전략적 우선순위에 따라 이해관계자들의 다양한 요구에 균형 있게 대응하는 방법을 찾는 데 그 초점이 있다고 할 수 있다. 이해관계자 이론의 주요한 특징은 완전히 다른 방식으로 기업의 목적을 구체화했다는 점이다. 즉 이해관계자 관점에서는 기업의 사회적 목적과 경제적인 목적을 구분하는 것이 큰 의미가 없다고 본다. 기업에 있어서 가장 중요한 것은 기업의 지속과 성장이며 이러한 지속가능한 성장은 주주에 의해서뿐만 아니라, 노동자·소비자·지역단체·정부 등 다양한 이해관계자로부터 영향을 받는 것으로 가정되기 때문이다.

현실적으로 모든 이해관계자를 동시에 만족시키는 것은 불가능하다. 그렇기에 이해관계자 접근법은 (주로 기업 입장에서) 전략적 우선순위를 정하여, 즉 '이해관계자 매핑'을 거쳐 이해관계자들의 다양한 요구에 균형감 있고 납득할 만한 대응 포트폴리오를 짜는 것으로 요약된다.

이해관계자

기업 경영에서 이해관계자(Stakeholder)라는 개념이 널리 사용되기 시작한 것은 1980년대이고 그 즈음 1980년대 들어 이해관계자를 본격적인 경영의 관심사로 끌어들여 주목받게 만든 학자는 에드워드 프리먼(R. Edward Freeman)이다.

기업 경영·기업 활동에 영향을 끼치거나 그에 영향을 받는 사람이나 단체라는 의미의 이해관계자 개념은 기업의 사회적 책임(CSR)에 중요한 의의를 갖는다. CSR이 처음에는 기업이 지는 다른 유형(윤리적·법률적)의 책임과 구별되었는지 모르지만 점차 CSR은 기업이 지는 모든 유형의 책임, 즉 기업책임(CR)으로 인식되었고 포괄적으로 해석하면 여기엔 경영 전반까지 포함된다. CR과 관련하여 책임을 주고받는 대상이 되는 집단과 개인을 이해관계자라고도 해석할 수 있겠다.

또한 사회책임(SR)을 다른 SR인 이해관계자 활동(Stakeholder Relation)으로 이해할 수도 있다. 이제 이해관계자는 기업 지배 구조, 사업 전략, CSR 등 경영 전반에서 핵심적인 고려 요소가 됐기 때문이다. 일부 한국 기업에서는 '이해관계자 위원회'라는 소통 기구를 운영하고 있다.

이해관계자는 학자나 분류법에 따라 다양하게 나뉘나 간단하게는 핵심 이해관계자와 주변 이해관계자로 이해하면 무난하다. 대표적인 이해관계자가 노동자, 주주, 소비자, 파트너, 정부, 지역사회, 언론 등이며 기업 업종, 성격에 따라 여러 유형의 이해관계자들과 관계하게 된다. 국내에 〈위대한 기업을 넘어 사랑받는 기업으로〉란 책으로 인기를 얻은 라젠드라 시소디어(Rajendra Sisodia) 교수는 이 책에서 이해관계자 모델로 SPICE(Society, Partnership, Investor, Customer, Employee)를 제시한 바 있다.

한편 기업의 모든 이해관계자들을 판별하고 그중 핵심 이해관계자와 주변 이해관계자를 구분하며, 이해관계자들에 대한 전략적 거리를 측정함으로써 전체 이해관계자 지도를 그리는 활동을 특별히 이해관계자 매핑(Stakeholders Mapping)이라고 한다.

기업시민

피터 드러커는 기업이 이익만 추구하는 조직이 아니며 기업의 행위는 개인의 행위와 마찬가지로 윤리적 기준에 의해 평가된다고 주장했다. 즉 기업은 자기의 행동에 대하여 법적·도덕적으로 책임을 져야 하고, '건전한 기업시민'이어야 한다며 아치 B 캐롤은 드러커의 주장에 동의를 표했다.

사회구성원 관점의 접근법은 개인과 마찬가지로 기업을 사회 내 하나의 인격체로 간주한다. 앞서 언급한 미국 뉴저지 대법원의 결정(1953년)에서 법원이 "기업은 인간 개개인이 하던 방식과 마찬가지로 하나의 시민으로서 역할을 이행해야 한다"고 판시한 대목을 주목할 필요가 있다. 이 판결은 주로 경영이 "주주에게 직접적 혜택(Direct Benefit)"이 되는지에 관해 다루고 있지만, 부지불식간에 '시민'이란 표현을 사용했다.

'기업시민'이란 말은 이제 경제·산업계에서 일상적으로 쓰이고 있다. '기업시민(Corporate Citizen)'이란 용어는 '기업책임(Corporate Responsibility)'에 비해 기업이 사회에 대한 소속감과 자발성에 근거해 더 포괄적이고 상위의 반응을 내어놓을 것이란 뉘앙스를 풍긴다. 반대로 시민이란 용어는 책임에 비해 특히 기업과 관련되어 훨씬 더 모호하기 때문에 기업이나 사회 입장에서 모두 관련 활동을 정의하고 실행케 하는 데 애로를 겪을 수 있다.

기업의 사회적 성과

CSR은 기업의 사회적 성과(CSP, Corporate Social Performance)를 중심으로 논의되면서 의미의 폭이 확대됐다(Carroll 1979; Watick and Cochran, 1985; Wood, 1991). 그러나 CSR과 달리 CSP는 학문적 관심사에 머물러 기업경영이나 국가정책에서 의미 있게 거론되지 않는 듯하다. 그럼에도 기업의 CSP는 CSR을 깊이 있고 구체적으로 검토할 수 있는 틀이기에 논의를 살펴볼 필요가 있다.

아치 B 캐롤은 CSR을 CSP의 세 가지 범주, 즉 사회적 책임·사회적 이슈·사회적 반응 가운데 하나로 포함하고 이 세 범주 사이의 관계를 해명함으로써, 기업의 경제적 목적과 사회적 목적이 상호배타적이지 않음을 강조했다. 캐롤은 추상적인 경영윤리 또는 의무보다는 사회적으로 유익하고 책임 있는 경제활동에 더 많은 관심을 기울였다. 결국 CSR의 중심이 윤리보다는 성과나 활동으로 이전되었으며, 이에 따라 기업의 경제적 이익과 사회적 책임 사이의 단절이 점차 약화했다고 볼 수 있다.

스티븐 L 워틱(Steven L. Wartick)과 필립 L 코크란(Philip L. Cochran)은 캐롤의 모델을 확장하여 원리(Principles)로서 사회적 책임, 과정(Process)으로서 사회적 반응, 대응해야 할 정책(Policy)으로서 사회적 이슈로 개념을 정립하고 이러한 원리-과정-정책의 상호관련성 속에서 기업의 사회적 성과를 강조했다.

도나 J 우드(Donna J. Wood)는 기업의 사회적 성과를 세 가지 관점에서 정의했다. 첫째, 기업의 사회적 책임 원칙은 사회가 제도적 기틀을 마련하여 기업에게 합법성 및 정당성을 부여하고 기업은 그에 해당하는 책임을 지게 되는 형식이다. 또한 조직의 특성에 따라 기업 활동으로 생성되는 성과에 책임을 지는 것을 말하며 개인적 원칙에 의하여 의사결정을 내리는 경영자는 사회적 책임이 있는 성과를 위해 자유 재량권을 행사할 수 있음을 의미한다. 둘째, 사회적 반응과정을 통해 외부환경에 관한 정보를 수집·평가하여 기업과 관련된 이해관계자들과 관계를 관리하고, 사회적으로 이슈화하는 기업정보를 추적하여 대응책을 개발하는 과정이다. 셋째, 기업행동의 사회적 성과물은 경영활동을 통한 재무적 성과를 넘어 기업을 둘러싼 여러 이해관계자에 미치는 사회적 영향력이나

캐롤(1979)	Definition	Social Issues	Philosophy of Responsiveness
	• 경제적 책임 • 법률적 책임 • 윤리적 책임 • 임의적 책임	• 소비자주의 • 환경 • 차별 • 제품 안전 • 직업상의 안전 • 주주	• 반응적 • 방어적 • 순응적 • 예방적

와틱/코크란(1985)	Principles	Politics (Social Issues Management)	Process (Responsiveness)
	• 경제적 • 법률적 • 윤리적 • 임의적 • 재량적	• 이슈 식별 • 이슈 분석 • 반응적 전개	• 반응적 • 방어적 • 순응적 • 예방적

우드(1991)	Principles of CSR within CSR Domains	Outcomes of Corpofate Behavior	Processes of Corporate Social Responsiveness
		기관	조직	개인 | 경제적 법률적 윤리적 임의적	• 사회적 영향 • 사회적 프로그램 • 사회적 정책	• 환경 평가 • 이해관계자 관리 • 이슈 관리

[그림 3-7] 기업의 사회적 성과(CSP)에 대한 주요 연구[57]

기업정책을 통해 미치는 효과를 의미한다.

막스 E 클락슨(Max E. Clarkson)은 경영자가 실제로는 캐롤, 워틱과 코크란, 우드 등이 제시한 CSP모델의 사회적 책임·반응·성과 등의 개념과 체계를 따르지 않고 자사의 기업환경을 중심으로 이해관계자들을 바라보며 실천한다는 결과를 보여주었다. 즉 기업 외부의 사회가 중심이 되는 기존 사회적 책임·반응·성과 등의 개념 체계보다는 기업이 중심에 서서 주변의 이해관계자들을 평가하고 관리하는 실제 모습을 찾아냈다. 동시에 클락슨은 기업을 둘러싼 모든 이해관계자가 중요한 것이 아니라 해당 기업의 생존을 결정하는 데 직접적인 영향을 미치는 주요 이해관계자(Primary Stakeholder)와 그렇지 않은 2차 이해관계자(Secondary Stakeholder)로 구분되어야 하며 기존의 CSP평가 모델이 기업의 전략적 태도 측면에서 보완될 필요가 있다고 주장했다.

지속가능경영과 사회책임경영

용어의 조성(造成)상 지속가능경영은 지속가능발전의 개념을 기업경영에 접목했다고 보는 게 타당해 보인다. 지속가능발전이 인류 공동의 위기에 대한 세계시민의 단일 대오, 단일 대처를 강조하고 있는 만큼 지속가능경영은 세계화한 시대의 기업시민이란 자각을 기업에 요구한다고 할 수 있다. 지속가능경영은 환경(Ecology) 책임의 자각에서 시작해 기업의 본령이라 할 경제(Economy) 책임, 기업 본령의 외연을 확장한 사회적 평등(Equity) 책임, 즉 3E를 아우르게 된다. 지속가능이란 말에 내포된 장기(長期)주의와 사회적 평등에 들어있는 균형이란 개념은 기업경영에 적용되면서 적잖은 아이디어의 원천이 된다.

그러나 기업의 사회적 책임(CSR)에 비해 지속가능경영에 더 포괄적 해석과 다양한 의미부여가 가능해 지속가능경영이 상대적으로 더 자의 적으로 수용될 가능성 또한 크다. 지속가능경영은 결국 경제·환경·사회 의 세 개 부문의 성과를 두루 고려하는 경영철학으로 간주된다.

이제 기업은 제품을 만들어 파는 것 이상을 경영의 현안으로 받아들 여야 한다는 현실에 직면하는데, 그것을 경제적 성과만 신경쓰던 것에 서 경제·환경·사회의 세 개 부문의 성과를 두루 고려하게 됐다고 말할 수도, 주주 이외에 더 많은 이해관계자와 경제외 성과를 기업경영에 고 려하게 됐다고 말할 수도 있다. 지금은 어떤 기업도 이해관계자로부터 자유롭지 않다.

CSR을 설명하는 대표적인 두 용어가 사회책임경영과 지속가능경영이 다. 사회책임경영이 이해관계자경영으로 환원될 수 있다면 지속가능경 영은 트리플버틈라인(TBL, Triple-Bottom Line)경영으로 불러도 무방하다. TBL이란 말에서 짐작할 수 있듯 지속가능경영은 성과중심적인 표현이 고 사회책임경영은 절차나 과정 측면의 접근이다. 같은 내용을 다른 방 식으로 설명했다고 볼 수 있고 같은 듯하지만, 따지고 들면 서로 다르다.

[표 3-2] CSR을 설명하는 방법론

내용	트리플버틈라인(TBL)경영	이해관계자경영
지향	지속가능경영	사회책임경영
접근방법	성과, 결과	과정, 절차

ESG 배려의 정치경제학

지속가능경영은 설명했듯 지속가능발전의 틀을 경영에 접목한 것이다. 지속가능발전이든 지속가능경영이든 지구온난화와 기후위기, 환경오염에 대한 걱정을 바탕에 깔고 있다. 따라서 지속가능경영의 한 축은 당연히 환경경영일 수밖에 없다. 여기에 다른 사회책임까지 포괄하면서 비재무적 성과 개념이 완성되고 재무성과와 합쳐서 경제·환경·사회 성과를 종합한 트리플버틈라인(TBL, Triple-Bottom Line)이 탄생한다. TBL은 지속가능경영의 선구자라고 할, 존 엘킹턴이 제시한 개념으로, 3P 즉 이익(Profit), 사람(People), 지구(Planet)란 키워드로 설명될 수 있다.

지속가능경영은 리스크 관리 측면에서 고도화한 경영방침이다. 단기 수익과 장기 수익 간에 균형과 조화를 추구하는 입장은 지속가능경영의 핵심 개념이다. 환언하면 TBL은 환경적이고 사회적인 리스크를 잘 관리하지 못해서 경제적 성과를 갉아먹어서는 안 된다는 발상일 수 있다. 장기와 단기를 동시에 보면서 경제성과를 극대화할 수 있도록 다양한 리스크에 사전적으로 대처한다는 태도를 단순화하면 리스크 관리다.

이러한 맥락에서 지속가능경영은 절차와 과정, 이해관계자를 경영의 중심에 놓는 사회책임경영과 차별된다. 사회책임경영은 바라보는 관점의 변경을 의미하며, 기업철학의 전환을 도모한 것이다. 이익과 철학의 병치는 단기 이익과 장기 이익의 병치와 같은 개념일 수 없다.

이러한 상이한 배경 때문에 단순화의 위험을 무릅쓰면 지속가능경영은 미국적인 가치, 사회책임경영은 유럽적인 가치와 연결된다고도 볼 수 있다. ESG란 용어가 대세로 자리잡기 전에 한국 기업들이 사회책임경영보다 지속가능경영이란 용어를 더 선호한 이유를 여기에서 찾을 수 있을까.

3장: ESG는 하늘에서 뚝 떨어지지 않았다

경제 성과와 환경/사회 성과를 함께 측정하는 TBL

앞서 여러 차례 언급된 TBL을 제대로 이해하려면 번거롭지만 재무제표를 들여다봐야 한다. 재무제표 중에서도 손익계산서(영어로는 Income Statement)를 살펴봐야 한다. 간단하게 개념을 중심으로 정리한 손익계산서의 구조는 아래와 같다.

매출(Sales·A)에서 원가(B)를 빼고 필요한 인건비(판매관리비의 주요 항목·C) 등을 지출하고 남는 게 영업이익(D)이다. 여기에다 은행에 내는

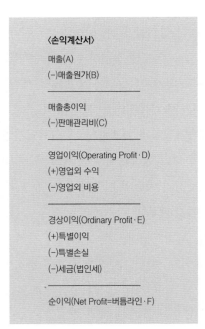

[그림 3-8] 손익계산서 구조

이자 등(영업 외 비용)을 빼고, 보유한 타사 주식에서 받은 배당 등의 수익을 더한 게 경상이익이다. 간단하게 영업이익에다 금융 관련 수익과 비용을 더하고 뺀 게 경상이익(E)이다.

경상이익에 해당하는 영어 표현이 'Ordinary Profit'인 것을 보면 알 수 있듯이 일반적으로 기업 이익을 말할 때 떠올리는 항목이라고 할 수 있다. 경상이익, 즉 통상(Ordinary)의 이익에서 납세의 의무를 다하고 남은 돈이 순이익(F)이다. 물론 경상이익(E)에서 순이익(F)로 이어지기 위해서는 특별이익을 더하고 특별손실을 빼야 하는데, 용어의 '특별'에서 짐작할 수 있듯이 통상적이지 않고 그 사업연도에만 일어나는 특별한 손익이어서 중요도는 떨어진다고 할 수 있다. 소송을 당해 배상하게 됐을 때를 떠올리면 된다.

이제 지속가능경영에서 반드시 짚고 넘어가는 나이키 사례를 거론할 대목이다. 1997년 11월 나이키가 좋지 않은 내용으로 미국 언론에 대서특필된다. 나이키가 베트남 공장에서 아동노동을 쓰고 있는 사실을 '콥워치(CorpWatch)'라는 미국 비정부기구(NGO)가 적발해 언론에 제보한 결과였다. 나이키는 이전에도 파키스탄에서 아동노동을 쓰다가 문제를 일으킨 적이 있었다. 언론보도로 나이키 주가가 폭락했고, 이후 나이키는 개선을 약속하고 이행과정을 언론과 시민사회에 공개하는 절차를 거친다. 결과적으로 전화위복이 됐지만 당시 나이키의 기업 이미지 실추나 주가폭락으로 인한 피해는 심각한 수준이었다.

손익계산서를 통해 지속가능경영 관점에서 당시 나이키 사례를 들여다보자. 전통적인 제조업에서 경영자는 비용을 줄이고 품질은 높이는 데 역점을 둔다. 비용절감과 품질향상은 절대선이다. 그런 관점에서 본다면 베트남이든 어디든 인건비(손익계산서상 C 항목)를 줄이는 행위는 합목적적이다. 노동비용을 줄이면 상품가격을 낮춰 시장지배력을 높이거나 순이익을 높일 수 있다. 아동노동을 쓰면 인건비를 줄일 수 있다.

자본주의가 생긴 이래 찰스 디킨즈의 소설 〈올리버 트위스트〉나 카를 마르크스의 〈자본론〉에 나오는 것과 같은 아동노동은 오랫동안 이어졌다. 지금에야 미국이나 유럽이 제3세계 아동노동 착취를 비난할 수 있게 됐지만 20세기 전반만 해도 아동노동 사용에 관한 한 그들이라고 사정이 크게 다르지 않았다. 문제는 지금도 지구상 많은 나라에서 여전히 아동들이 저임금을 받으며 과도한 노동에 시달리고 있다는 사실이다. 〈올리버 트위스트〉는 옛 이야기가 아니며 더구나 소설과 달리 현실에서는 해피엔딩이 거의 일어나지 않는다. 아동노동에 관한 한 현실은 〈자본론〉에 가깝다.

이 문제를 회계 관점에서 따져보자. 나이키 베트남 공장의 아동노동 사용은 손익계산서상 C 항목의 지출이 줄어드는 것으로 나타난다. 따라서 영업이익, 경상이익, 순이익에 모두 긍정적인 영향을 준다. 자본시장에서 주가에 영향을 주는 여러 가지 요인 가운데 대표적인 게 실적이다. 실적은 매출(A)과 이익(F)으로 요약된다. 손익계산서상 매출(A)은 맨 윗줄에 위치해 '탑-라인(Top-Line)'이라고 하고 순이익(F)은 맨 아랫줄에 있어 '버틈-라인(Bottom-Line)'이라 한다. 기업을 평가할 때 매출과 이익은 모두 중요하지만 요즘은 과거에 비해 버틈라인을 중시하는 추세다. 순이익을 많이 내면 일단 그 기업은 좋은 기업, 또는 애널리스트들이 말하는 '(주식)매수추천'할만한 기업이라고 볼 수 있다.

나이키 사례로 돌아가서, 단순논리로는 아동노동 사용으로 노동비용

(C)이 줄어 순이익(F)에 플러스 효과를 일으키면 주가가 상승해야 한다. 그러나 현실은 반대였다. 다국적 의류기업 갭(Gap)도 인도에서 아동노동 사용이 문제가 되어 비슷한 곤경에 처한 적이 있다. 이때 이 같은 현상을 어떻게 해석해야 할까. 순이익이 주가를 결정짓는 핵심 요인이 아니라고 말하면 편하긴 하지만 무책임해 보인다. 순이익이 중요한 지표이지만 그 크기와 함께 구현하는 방법 또한 중요하다고 말하면 무난해 보일 것이다. 그러나 이 표현도 어쩐지 미진하게 느껴진다.

주가는 계속기업(Going Concern)으로서 기업의 가치를 시장에서 평가해서 드러낸 것이다. 그래서 주가가 높은 기업은 일반적으로 계속기업의 가능성이 크다고 보는 것이고 지속가능성이 높다고 받아들인다. 1982년 타이레놀 사례. 미국 시카고 지역에서 독극물이 투입된 타이레놀을 먹고 7명이 숨지자 제조사인 존슨앤존슨은 엄청난 손해를 무릅쓰고 전면 리콜을 단행했다. 미국 식품의약청(FDA)에서 권고한 수준을 훨씬 넘어서는 대응조치를 취한 것이다. 타이레놀 사례는 사실 지속가능경영보다는 마케팅쪽 사례에 해당한다. 교과서에는 위기관리의 모범사례로 거론된다(5장. 존슨앤드존슨의 타이레놀 사건 참고).

뜻밖의 사태로 존슨앤존슨이 입은 손실(제품 전면 리콜에 따른 비용 증가)은 엄청났지만 소비자들이 존슨앤존슨의 정직한 정면돌파에 감동하면서 오히려 기업 명성이 확 높아졌다. 기업 명성은 주가의 버팀목이다.

존슨앤존슨과 나이키 간에는 차이가 있다. 여러 가지를 거론할 수 있겠지만 '상품화' 시점을 기준으로도 설명할 수 있다. 타이레놀의 문제는 타이레놀 자체의 문제가 아니라 상품이 만들어진 이후의 문제로, 제품하자가 아니라 누군가가 제품에 독극물을 넣은 것이었다. 타이레놀의 문제는 시장이 반응하는 전통적인 범위 내에 위치한다. 타이레놀은 당연히 제품 자체로는 하자가 없었지만, 판매과정에서 '크게 보아' 제품 하자를 일으켰고, 존슨앤존슨 경영진이 상품을 전면 회수하는 파격적인 처방을 선택함으로써 소비자 신뢰를 높이는 전화위복으로 이어졌다.

나이키 사태는 상품화 이전의 문제다. 타이레놀은 완제품이 공장(또는 물류 창고)에서 시장으로 나가는 과정에서 문제가 생겼지만, 나이키는 공장으로 재료를 들여와 완제품을 만드는 과정에서 문제가 발생했다.

주가와 연관 지어 얘기를 진전하자. 기본적으로 주가는 실적에 연동한다. 시장에서 주가가 형성되는 기존 방식은 매출, 이익 등 실적에 반응하는 것이었다. 상품화 이후가 자본시장의 주된 관심영역이었다는 의미다. 많이 팔아서 이익을 많이 남기면 그만이었다. 그러나 나이키 사례에서는 '상품화 이전'이 주가를 흔들었다.

간단하게 얘기해서 나이키는 아동노동 사용으로 비용을 줄였고, 결과적으로 이익을 늘렸지만 주가는 정반대로 움직였다. 그렇다면 주가와 실적은 전통적 견해와 달리 특별한 상관관계가 없다고 말해야 하는 것일까. 트리플버틈라인(TBL, Triple Bottom-Line) 개념을 적용하면 이 문제가 해결된다.

버틈라인은, 상기하면 손익계산서의 맨 아랫줄에 있는 순이익을 말한다. TBL은 '세 가지 순이익(또는 성과)'으로 번역될 수 있다. 그동안 통용된, 혹은 인정된 버틈라인은 세 가지 버틈라인 가운데 하나였지만 TBL 관점에서는 이제 기업이 세 가지 버틈라인을 종합해서 실적을 산출해야 한다. 기존 하나의 버틈라인은 짐작하듯 경제적 버틈라인이고, TBL에서 경제적 버틈라인을 제외한 나머지 둘은 환경적 버틈라인과 사회적 트리플버틈라인(Triple Bottom-Line)은 기업 등의 성과를 종합해 파악하는 방법 또는 철학을 의미한다. 종합적인 성과 그 자체를 의미하기도 한다. 여기서 종합적이란 말은 경제적 성과뿐만 아니라 환경 성과, 사회 성과를 포함해 경제·환경·사회 성과를 동시에 본다는 의미다. 이때 버틈라인은 손익계산서(Income Statement)상의 탑 라인, 즉 매출(Sales)과 대비를 이루는 용어로 손익계산서상의 맨 아랫줄, 즉 순이익(Net Profit)을 말한다. 통상 '성과'라고 부른다.

TBL 또는 3BL은 3P(People, Planet, Profit), 3E(Equity, Ecology, Economy)라고도 한다. 조직·단체·지역 등의 성과 측정에서 재무 성과와 비재무 성과를 함께 측정하는 태도다.

단순히 성과 측정 방법을 넘어서 조직을 바라보는 철학이란 말의 의미는 그동안 기업들이 외부화한 비용을 내부화해야 한다는 발상의 전환을 담고 있기 때문이다. TBL 기준은 주로 사회적 회계나 공공 회계에 적합하다고 볼 수 있으며, 이러한 맥락에서 기업이 본래 '사회적 기관'으로서 성격을 회복한다면 충분히 기업회계기준으로도 기능할 가능성이 있다. TBL은 전부원가회계(Full Cost Accounting)나 전부원가가격책정(Full Cost Pricing)과 연결된다. 외부화한 비용을 내부화(그럼으로써 외부효과를 제거)하고, 더불어 이 과정에서 불가피하게 일어난 이익의 부당한 내부화를 되돌려 이익을 외부화하게 된다.

이 용어는 '서스테인어빌리티(Sustainability)'의 설립어로 사회적 기업 분야에서도 명성이 높은 존 엘킹턴(John Elkington)이 1997년 발간한 〈포크를 든 야만인(Cannibals with Forks: the Triple Bottom Line of 21st Century Business)〉이라는 책에서 처음 제안됐다.

버틈라인이다. 경제·환경·사회의 세 가지 성과, 즉 TBL을 중시하는 경영을 TBL경영, 혹은 지속가능경영이라고 말할 수 있다.

TBL로 나이키 사태를 재해석해보자. 나이키가 경제적 버틈라인(순이익)에서 100단위의 흑자를 기록했다고 가정하고, 편의상 아동노동 사용으로 인한 비용절감이 경제적 버틈라인의 흑자에 기여한 규모를 50단위라고 하자. 그동안 작성하지 않았던 가상의 사회적 손익계산서를 작성해 사회적 버틈라인을 측정하니 110단위의 적자(아동노동 사용이 적자의 주된 원인이다)라고 하고, 환경적 버틈라인에서는 흑자나 적자가 발생하지 않았다고 치자.

이때 나이키의 실적은 기존 잣대로는 100단위 흑자이기 때문에 주가 하락을 논리적으로 설명할 수 없다. 명성에 치명적 타격을 입어 향후 매출 및 이익감소가 예상되어 미래손익을 현재화해 현 시점의 주가에 반영됐다고 설명하는 방법이 있기는 하다. 경제적 버틈라인 하나만으로 주가와 실적 간의 관계를 분석하려는 시도다. 현재의 비재무적 손익이

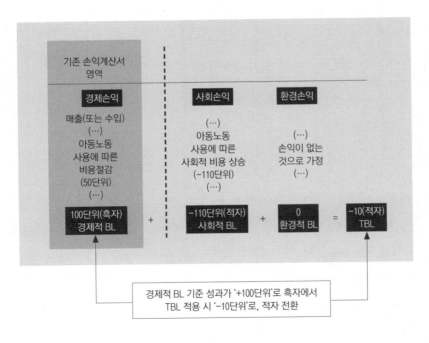

[그림 3-9] 나이키의 가상 실적표

ESG 배려의 정치경제학

미래의 재무적 손익에 영향을 미칠 것이고, 그렇게 예상할 수 있는 미래의 추가적인 재무적 손익을 현재가치로 환산해 최종적인 경제적 버틈라인을 계산해 낼 적합한 방법을 찾아낼 수 있다면 이것도 의미 없는 시도는 아닐 것이다.

반면 TBL틀에서는 현재의 비재무적 손익을 현재의 재무적 손익과 합산해 재무·비재무 통합 손익을 제시한다. 나이키 사례에 TBL을 적용하면 10단위 적자이기 때문에 주가가 떨어지는 게 정상이고, 미래가치를 감안하지 않고 현실을 해석할 수 있다. 미래의 추가적인 재무적 손익을 현재가치로 환산하는 합당한 방법론이 있다면 TBL과 같은 결괏값을 도출할 것이라 예상된다.

대리인 문제, 주인과 노예의 변증법

우리나라에서 거의 모든 기업은 주식회사다. 합자회사, 합명회사 등 다른 유형의 기업형태는 무시해도 좋은 정도로 비중이 미미하다. 일반적인 회사 형태인 주식회사의 주인은 주주다. 주주는 돈을 내고 회사의 주인임을 입증하는 서류, 주권을 받은 사람이다. 실제로 주권을 수령하지는 않는다. '회사의 주인'이라고는 하지만 실제로는 옹색한 기분이다. 자본시장이 발전하며 무수히 많은 주주를 만들어내면서 주식회사의 주인은 거의 무한대로 늘어났다. 만인의 연인은 아무의 연인이 아니듯이 다수가 주인이면 아무도 주인이 아닌 것이나 마찬가지가 된다.

발행주식수가 많은 기업에서는 따라서 작은 지분을 보유한 일반인, 소위 '개미'는 명목상 주인은 주인이지만 굿이나 보고 떡이나 먹는 처지이며, 일반의 생각보다 지분이 크지 않은 대주주가 흔히 기업의 주인행세를 한다. 어쨌든 그럼에도 법리상 회사의 주인은 주주이고, 또한 공식적으로 회사 최고의 권력기관은 주주총회다. 주주총회에서 이사를 선임해 이사회가 구성되면 이사들이 주주의 권한을 상당 부분 대행하게 된다. 이사 중에는 회사경영을 (물론 주주들로부터 위임받아) 최종적으로 책임지는 대표이사가 포함된다. 대표이사가, 미국 영향을 받은 요즘 언론용어로는, 최고경영자(CEO)다. 회사의 집행간부('이사'라는 직함을 쓰기도 한다)들을 통솔해 일상적으로 회사를 운영하는 CEO이면서 동시에 이사회의 대표이기도 하다.

요즘에는 최고경영자(CEO)와 이사회 의장을 별도로 두기도 한다. 사외이사까지 포함한 회사의 이사들은 주주총회의 위임을 받아서 경영상 중요한 현안의 결정에 일상적으로(주주에 비해서 일상적이란 뜻) 참여하고, CEO가 회사이익을 제대로 대변하고 있는지 감독하는 역할까지 수행해야 한다. 이 기능은 주로 감사에게 맡겨져 있긴 하지만, 이사 또한 원론적으로 CEO가 회사이익에 반하는 결정을 내리는 걸 막을 의무가 있다. 그렇다면 어느 정도 규모 이상의 기업에서는 CEO가 이사회 의장을 겸하는 게 적절해 보이지 않는다.

여러 가지 가치와 기능이 통합적으로 체현되어 작동하는 기업 거버넌스에서, 공정성과 투명성은 핵심적인 주제다. 족벌 지배와 제왕적 통치가 만연한 한국 재벌체제의 한계 때문이겠지만 기업 거버넌스의 여타 영역에 비해 CEO와 관련해서는 공정성과 투명성이란 가치가 아직 확립되어 있지 않다. 재벌기업에서는 설령 CEO가 이사회 의장과 명목상 분리되어 있다 할지라도 큰 의미를 부여하기 힘들다. 등기이사도 아닌 대주주(재벌총수)가 이사회와 CEO를 절대적으로 지배하는 마당에 명목상 견제하는 구조를 확립했다 한들, 물론 안 한 것보다는 낫겠지만, 눈 가리고 아웅 하는 격이다. 총수가 등기이사를 맡은 어떻든 재벌에서 1인 지배체제가 작동한다는 사실은 부인할 수 없다.

만일 대주주인 총수가 지분상 진짜 기업의 주인이라면, 법리와 무관하게 백번 양보하여 시장의 논리로 그럴 수도 있겠다 싶다만, 현실에서는 지분상 다수의 진짜 주인들을 무시하며 주인행세를 할 뿐이니, 1인 지배체제는 정당성을 얻지 못한다. 이러한 행태에 대한 분노가 소액주주운동으로 발현했지만, 사회책임경영의 대두는 기업의 주인이 누구인가에 대해 원론적인 질문을 던져 이 논의를 한층 더 복잡하게 만들었다.

이사회의 독립성을 높이기 위해서 도입된 사외이사 제도가 유명무실하다는 이야기가 돈지는 오래다. '사외'이사가 있다면 '사내'이사가 있다는 말인데 우리나라에서 '사내'이사는 철저하게 CEO 혹은 총수에 종속된 사람이다. 신문지상에 주기적으로 게재되는 "거수기로 전락한 사외이사들"이란 제목의 기사 이면에서 '사외'이사가 그럴진대 '사내'이사는 어떠할지 능히 짐작하게 한다.

이 같은 문제가 회계부정으로 연결되어 스캔들로 분출한 사건이 2001년의 엔론 사태다. 그 여파로 미국의 상장기업 회계 개혁과 투자자 보호를 위해 2002년 7월에 [사베인스-옥슬리법(Sarbanes-Oxley Act)]이 제정됐다. 회계감시를 강화하기 위한 상장회사 회계감독위원회(PCAOB) 설립은 물론 기업 경영진이 기업 회계장부의 정확성을 보증하도록 하고, 잘

못이 있으면 처벌을 받도록 규정했다.

국내에서는 소액주주가 이사 감사 등 회사에 손실을 끼친 경영진의 책임을 추궁하는 소송제도인 주주대표소송이 시행 중이고 소송제기 요건을 '발행주식 총수의 5% 이상'에서 '발행주식 총수의 0.5% 이상(자본금 1000억 원 이상)'과 '발행주식 총수의 1% 이상(자본금이 1000억 원 미만)'으로 완화한 상태다. 주주대표소송의 소송대상자(피고)는 회사경영에 책임이 있는 현재 이사나 과거 이사다.

2020년 말에는 모회사의 대주주가 자회사를 설립하여 자회사의 자산 또는 사업 기회를 유용하거나 감사위원회 위원의 선임에 영향력을 발휘해 그 직무의 독립성을 해치는 등의 전횡을 방지하고 소수주주의 권익을 보호하기 위하여 상법이 개정되어 다중대표소송제와 감사위원회 위원 분리선출제가 도입됐다. 이에 따라 모회사 발행주식 총수의 1% 이상을 가진 주주는 자회사에 대하여 자회사 이사의 책임을 추궁할 소를 제기할 수 있게 됐다. 또한 사외이사가 아닌 감사위원회 위원의 선임·해임 시 최대주주는 특수관계인 등의 소유 주식을 합산하여 3%, 그 외의 주주는 3%를 초과하는 주식에 대해 의결권이 제한되도록 하고, 사외이사인 감사위원회 위원의 선임·해임 시 모든 주주는 3%를 초과하는 주식에 대해 의결권이 제한되도록 했다.

이렇게 복잡한 제도를 만든 이유가 무엇일까. 또 견제, 감독, 투명성, 독립성, 공정성, 주인, 거버넌스 같은 단어가 경제계나 사회 저변에서 자주 거론되는 이유는 무엇일까. 바로 대리인 문제 때문이다. 대리하는 사람이 대리인인데, 대리인이 제대로 대리하지 않을 때 대리인 문제가 생기게 된다.

지금 논의하는 대리인은 정치의 대리인이 아닌 회사의 대리인인 CEO
다. 주주대표소송과 다중대표소송의 대상인 이사 또한 크게 보아 회사
의 대리인이다. 주주들이 자신들을 대리해서 회사를 경영할 대리인을
세우는 이유는 무엇일까. 전문경영인이란 용어에 비추어 경영의 전문성
을 기대하고 대리인을 내세운다고 하여 틀린 답은 아니겠지만, 본질적
인 이유는 전문성보다는 효율성이다. 항상 주주들이 다 모여서 의사를
결정한다면 회사 자체가 돌아가지 않을 것이다. 대안으로 주주 전체의
의사를 결집해 CEO에게 회사경영을 맡기고 정기적으로 확인을 받도록
했다. 그런 점에서 대의제 민주주의와 대표이사를 정점으로 한 주식회
사 제도는 닮았다.

여기서 핵심은 (대의제 민주주의에서든, 주식회사에서든) 대리인이 주주
(또는 유권자)의 이익에 복무해야 한다는 점이다. 그동안 빈번하게 문제
가 된 것은 주주 이익을 대변해야 할 대리인이 종종 주주의 이익과 반대
되는 방향으로 자신의 이익을 추구했기 때문이었다.

사회적 비용의 내부화와 부당한 이익의 외부화

미국에서 CEO의 대리인 문제와 관련하여 자주 거론된 대표적인 소
재는 주식매수청구권(스톡옵션)이다. 스톡옵션은 돈 없는 벤처기업이 유
능한 인재를 유치하기 위한 수단으로 알려졌지만, CEO에 대한 편의적
이고 편법적인 보상수단으로도 자주 활용되어 논란이 많았다.

주식시장에 공개된, 즉 상장된 기업의 주주들은 배당수익과 주가상승에 따른 시세차익을 누릴 수 있다. 스톡옵션은 주주의 이익을 반영한 제도라고 간주된다. 주주들의 이익과 CEO 등 경영진의 이익을 같은 방향으로 정렬시켜 놓으면 경영진도 주주가 되기 때문에 주주 이익이 극대화한다는 발상이다. 스톡옵션을 받은 CEO는 스톡옵션이란 인센티브(곧바로 주식을 주는 게 아니라 주식을 미리 설정한 가격에 살 권리를 주는 제도*)를 실제 수익으로 확정하기 위해 경영에 최선을 다한다. 경영성과가 좋으면 주가가 올라가기 때문에 스톡옵션은 회사, 주주, 그리고 CEO(와 임원 등) 모두의 이익에 합치하는 제도로 보였다.

여기서 분명히 할 점은 원래 경영진은 스톡옵션을 받지 않아도 회사의 이익을 최대화하도록 최선을 다해야 할 의무가 있다는 사실이다. 그렇다면 CEO를 대상으로 한 스톡옵션은 불신에서 비롯한 배신을 방지하기 위한 '슬픈 장치'일까, 아니면 좋은 말로 주마가편(走馬加鞭)일까.

일반화하기 어렵지만 둘 다 아닌 것으로 판명된 사례가 많았다. 적잖은 사례에서 스톡옵션은 CEO의 배신을 조장했다. 자신의 스톡옵션 이익을 실현하기 위해 실적을 부풀리거나, 단기 실적을 내기 위해 장기로 손실을 초래할 결정을 한다든지, 회사와 주주의 이익에 반한 의사결정이 종종 드러났다. 스톡옵션이 대리인 문제를 방지하기는커녕 대리인 문제를 더 악화했다. 특히 미국 월가 CEO들이 챙긴 천문학적 스톡옵션은 서브프라임 모기지 사태 이후 미국인들로부터 분노를 촉발케 했다.

---

* 주식수, 매입가격 수준 등에 따라 인센티브의 크기가 달라진다. 예를 들어, 현재 주가가 100원인 주식 100주를 3년 뒤 200원에 살 권리, 즉 스톡옵션을 부여하여 3년 뒤 주가가 300원이라면, 스톡옵션 행사 시 1만 원을 챙기게 된다.

[그림 3-10] '월가를 점거하라(OWS, Occupy Wall Street)' 시위 모습 (출처: 천주교 대전교구 정의평화위원회)

2011~2012년 미국 월가에서 일어난 '월가를 점거하라(OWS, Occupy Wall Street)' 시위는 근본적으로 금융을 중심으로 한 자본주의 탐욕 체제에 대한 저항으로, 스톡옵션을 둘러싼 CEO들의 탐욕 또한 적잖게 이 시위에 영향을 미쳤다.

여기서 얼핏 주인과 노예의 변증법을 떠올리게 된다. 논리구조는 다르다. 주인과 노예의 변증법에서는 주인이 더 주인답기 위해서는 노예에게 점점 더 많이 의존하여 내용상 주종이 뒤바뀌는 역설이 발생한다.

주주와 CEO의 관계에서도 이러한 역전이 관철된다. 주인(주주)과 노예(대리인, CEO)라는 명목 관계가 내용상 정반대가 되어 버렸기 때문이다. 중요한 차이점은 원래의 주인과 노예의 변증법은 노예해방이라는 진취적 전망을 담아내지만, 주식회사의 이 변증법은 사악한 묵시록으로 귀결한다는 사실이다. 노예가 주인을 물리치기는 하지만, 한 줌 대주주나 CEO가 대다수 주주를 무력화하며 그들의 이익을 침해하고 약탈하는 사태가 빚어진다.

　주주행동주의 또는 소액주주운동 등에서 이 같은 대리인 문제를 바로잡기 위해 많이 노력했다. 대기업 주주총회에 주주 자격으로 참여해 CEO가 왜 주인인 주주들의 이익이 아닌 재벌총수의 이익에 복무하느냐고 따졌다. 소액주주운동은 분명 의미 있는 움직임이지만 약간의 딜레마가 발생한다. 즉 기업의 주인이 주주라는 대전제하에서 재벌총수들의 전횡을 야단쳤는데, 기업의 주인 범위를 주주 밖으로 확장하면 야단칠 때 약간 힘이 달리게 된다. 주인인 다수 주주의 이익에 회사가 복무해야 한다는 주주중심주의는, 기업의 사회적 책임은 이윤추구라는 밀턴 프리드먼의 사상과 이웃한다. 주주의 범위에 관해 의미 있는 문제제기를 했지만 소액주주운동은 본질적으로 주주중심주의라고 할 수 있다. 한국 재벌들이 그런 최소한의 질서마저 존중하지 않았기 때문에 그동안 그것이라도 지키라고 목소리를 높인 것인데, 지속가능경영의 대두와 함께 주주중심주의는 곤란한 상황에 부닥쳤다.

　이해관계자중심주의에서 주주는 중요한 이해관계자이긴 하지만 여러 이해관계자 중 하나로 위상이 내려갔다. 주주행동주의 세력에겐 대리인 문제의 전선이 흐릿해지는 또는 복잡해지는 새로운 국면이 찾아왔다. 한 문제가 채 해결되지 않은 상태에서 새로운 문제가 중첩되어 버렸다.

　재벌 기업 입장에서는 주주행동주의 세력의 예봉을 피할 그럴듯한 명분을 이해관계자경영에서 발견한다. 대리인에게 부여된 기본적인 의무

ESG 배려의 정치경제학

에 배치되는 행동을 일삼다가 갑자기 기업의 지속가능성을 높이기 위해서는 주주뿐 아니라 다른 많은 이해관계자를 아울러야 한다는 논리를 펴며 소액주주운동의 비판을 우회할 수도 있다.

기존 주주행동주의는 나름대로 진취성이 있었다. 이들은 기업의 대리인이 행하는 전횡에 맞서서 기업의 주인인 주주의 이익을 옹호하는 것이 경제정의를 실현하는 데 합치한다고 보았다. 그런데 그 틀이 깨지면서 조정이 불가피해졌다. 기업이 주주의 이익만을 대변하지 않는다는 논리에 대응해야 했기 때문이다. 앞서 언급한 트리플버틈라인(TBL)의 관점과도 일치한다.

주주 이익의 대변을 전제한 가운데 기업의 가장 큰 사회적 책임이 이윤추구라고 보는, 말하자면 신자유주의 기업관은 트리플버틈라인 가운데서 한 가지 버틈라인, 즉 경제적 버틈라인만 보는 입장과 연결된다. 한 가지 버틈라인만을 보겠다는 생각은 기업이 만들어내는 외부효과를 종전대로 그냥 외부에다 내팽개쳐 두겠다는 부도덕한 발상이다. 외부효과는 기업 외부에 머물게 하라는 부당한 주장이 최근까지도 관철됐다.

이제 환경이 달라졌다. 외부효과를 외부에 둬서는 안 되고, 외부효과를 내부로 끌어와야 하는데, 그때 발생하는 (그동안 사회가 부담한) 비용을 내부화해야 한다는 인식과 그 인식에 부합하는 방법론을 개발하고 적용하여 실제로 내부화에 성공해야 한다는 패러다임의 전환이 지속가능경영이다. 사회적 비용의 내부화다. 여기서 사회적 비용의 의미는 원래 기업에 속한 비용이었으나 기업이 부당하게 사회에 이전해 어쩔 수 없이 사회가 감당한 비용을 말한다.

자본주의 역사에서 꽤 오랫동안 국가권력과 자본이 단일대오를 형성했다. 자국의 유치(幼稚)산업 보호 및 육성을 주요 명분으로 내세웠다. 기업이 만든 외부효과를 정부가 상당 부분 용인해, 일부만 기업이 제거하고 일부는 기업 밖으로 여과 없이 흘렸다. 내부자원을 충분히 쌓지 못한 상태에서 외부효과를 '내부화'했을 때 기업 대부분이 성장에 어려움을 겪을 수 있다는 고려에서였다. 각국 정부는, 시차는 있지만 예외 없이 뿌리 깊은 중상주의 전통에 따라 자국 기업들을 뒷바라지했다.

과거 미국에서 앨런 그린스펀 연방준비제도이사회 의장이 이른 바 '그린스펀 풋'으로 주가를 부양했듯 우리나라에서는 말하자면 '박정희 풋' 같은 게 있어서 대기업을 육성할 수 있었다. 외부효과 또한 '박정희 풋'의 한 항목이라 할 만하다. 수입규제, 저임금 기조 유지, 노동운동 탄압과 공권력 동원, 환경오염 등이 총체적으로 '박정희 풋'으로 작동하면서 재벌을 성장시키면서 동시에 심각한 외부효과를 누적했다. 그렇게 성장한 삼성·현대가 이제 세계적 규모의 다국적 기업으로 부상했고, 거기에 못 미치더라도 많은 기업이 거목으로 자라났다.

다국적 기업을 포함하여 거대 기업들은 스스로 외부효과를 감당할 역량을 충분히 갖췄다. 기업이 감당해야 할 비용을 여전히 사회에다 전가하는 행태의 본질적 이유는 더 많은 이윤을 추구하기 때문이다. 이것은 부당한 행위이고 탐욕이다. 사실 기업의 사회적 책임(CSR)이라 할 때 그 사회책임(SR)은 새로운 무엇이 아니라 기업이 본래 감당해야 할 몫을 특정한 것에 지나지 않는다. 하지만 삼성·LG와 달리 중소기업들은 외부효과를 100% '내부화'하기에는 현실적으로 어려움이 있을 수 있다. 이들에 대해서는 현실적으로 국가 차원의 지원하에 장기적인 연착륙을 유도하는 방법론이 검토되어야 한다. 어떤 형태가 됐든 사회책임을 촉진할

ESG 배려의 정치경제학

공동의 플랫폼이 조성될 것으로 전망되는데, 대기업은 여기에 상당한 책임을 져야 한다.

사회적 비용의 내부화는 부득불 일부 이익의 외부화와 결부된다. 그러나 착각하지 말아야 할 게, 그 이익은 기업이 자신이 부담해야 할 비용을 외부로 돌리고(외부효과) 부당하게 얻은 이익을 도로 내놓은 것에 불과하다는 사실이다. 물론 혼자 이렇게 하라고 하면 아무 기업도 이렇게 하지 않을 것이다. 사회적 비용의 내부화와 부당한 이익의 외부화는 지속가능경영 또는 ESG경영의 대전제이지만, 어느 한두 명 윤리적인 경영자의 결단으로 가능한 일이 아니다. 사회 전반의 패러다임 전환 속에서 가능한 조건을 구비하게 된다. 그렇다고 개별 기업이 넋 놓고 있어야 한다는 뜻은 아니다. 성서에 이르듯 도둑같이 주인이 돌아왔을 때를 대비해야 하는데, 이미 그때가 시작된 듯하다. 살펴보았듯, 자본시장의 총아인 세계적 자산운용사들이 ESG투자를 선언한 마당이니 말이다.

지구 차원의 해법이 필요하다

'성장의 한계'나 '지속가능발전'은 지구 차원의 문제제기다. 기업의 사회적 책임(CSR)이나 지속가능경영은 기업 차원의 해법이다. 기업을 중심으로 시장에서 문제 대부분이 일어났지만, 문제가 곧 지구적으로 확산하여 작동한다는 부정합과 상충하는 모습이다. 세계화는 국경이란 한계를 불편해하고 끊임없이 넘어서려고 한 일국 내의 기업과 시장이 국경을 무력화한 글로벌 현상이었다. 세계화는 시장의 확대와 동시에 문제를 확산하여 현재의 부정합을 초래한 근본 원인이었다. 시장이 주도하는 세계화로는 지속가능한 우리 인류 공동의 미래가 불가능하다. 이러한 문제의식은 오래전부터 있었지만, 문제가 걷잡지 못할 정도로 심각해지기 전까지는 구체적 실천으로 연결되지 못했다.

유엔이 1987년에 〈우리 공동의 미래〉를 발표한 것이나, 유럽 국가를 중심으로 1997년에 [교토의정서]를 체결한 것이 이전에 목격하지 못한, 지구촌 차원에서 이뤄진 공동의 문제 해결 노력이다.

UNGC(유엔 글로벌콤팩트) 또한 공동의 문제 해결 노력을 표방한 글로벌 네트워크다. 실질적으로 문제 해결에 어느 정도 기여하고 있는지에는 약간의 물음표가 붙지만, 규모로는 지구 전역을 포괄하는 거대 네트워크다. UNGC는 전 세계 162개국 1만 8000여 회원(1만여 기업회원 포함)이 참여하는 자발적 기업시민 이니셔티브(Initiative)다. 1999년 코피 아난 당시 유엔 사무총장의 제안으로 2000년 7월에 설립됐다. 사회적 합리성에 기반한 지속가능하고 통합적인 세계 경제를 실현하는 것이 목적이다.

인권, 노동, 환경, 반부패 4개 분야 10대 원칙을 기업의 운영과 경영 전략에 내재화하여 지속가능성과 기업시민 의식 향상에 동참하도록 권장한다. 유엔 사무총장을 UNGC 이사회 의장으로 하여 UNGC 리더스 서밋, UNGC 연례 지역협회 포럼, 기타 이슈별 국제회의 등을 개최하고 있다.[58] UNGC의 10대 원칙은 세계인권선언(1948년), 노동에서의 권리와 기본 원칙에 관한 국제노동기구(ILO)선언(1998년), 환경과 개발에 관한 리우선언(1992년), 유엔 부패 방지협약(2003년)에서 유래했다.

UNGC 한국협회는 2007년 9월에 설립되었으며 기업, 시민, 학계 등이 참여하고 있다.

> **UNGC 10대 원칙**[59]
>
> 1. 기업은 국제적으로 선언된 인권 보호를 지지하고 존중해야 하고,
> 2. 기업은 인권 침해에 연루되지 않도록 적극 노력한다.
>
> 3. 기업은 결사의 자유와 단체교섭권의 실질적인 인정을 지지하고,
> 4. 모든 형태의 강제노동을 배제하며,
> 5. 아동노동을 효율적으로 철폐하고,
> 6. 고용 및 업무에서 차별을 철폐한다.
>
> 7. 기업은 환경문제에 대한 예방적 접근을 지지하고,
> 8. 환경적 책임을 증진하는 조치를 수행하며,
> 9. 환경친화적 기술의 개발과 확산을 촉진한다.
>
> 10. 기업은 부당 취득 및 뇌물 등을 포함하는 모든 형태의 부패에 반대한다.

기업 밖으로, 책임의 주체와 이행범위를 확장한 ISO26000

ISO26000은 국제표준화기구(ISO)의 사회적 책임에 관한 지침이다. 정식명칭은 "Guidance on Social Responsibility"로 ISO의 다른 규격과 달리 국제표준을 표방하지 않았다. 세계 76개 참가국의 정부, 산업계, 노

동계, 소비자, NGO 등 다양한 이해관계자가 참가한 사회책임 실무그룹(ISO26000 Working Group on Social Responsibility)이 5년에 걸쳐 개발한 이 지침은 조직 지배구조, 인권, 노동 관행, 환경, 공정운영 관행, 소비자 이슈, 지역사회 참여 및 발전의 7대 핵심주제를 제시한다.

ESG와 관련된 ISO의 다른 표준에는 환경경영시스템에 관한 ISO14001, 컴플라이언스 경영시스템에 관한 ISO19600, 부패방지 경영시스템에 관한 ISO37001이 있다.

2010년 11월에 공포된 ISO26000의 의의는 CSR의 본격적인 기준을 제시했다는 데서 찾아진다. 그러나 동시에 사회책임의 주체를 기업에서 정부, NGO 등 현존하는 많은 형태의 조직으로 확대한 데 더 큰 의의가 발견된다. 즉 CSR(Corporate Social Responsibility)이 SR(Social Responsibility)로 발전한다.

지속가능성에 관한 평가 기준, 가이드라인, 인증, 표준 등 많은 규범이 존재하는 가운데 ISO26000은 세계인권선언, 국제노동기구(ILO) 협

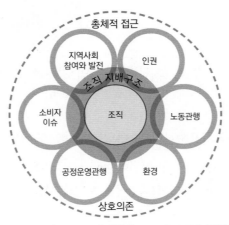

[그림 3-11] ISO26000 구성체계(자료: ISO(국제표준화기구))[60]

ESG 배려의 정치경제학

ISO26000 핵심주제(7)와 쟁점(37)

핵심주제	쟁점	핵심주제	쟁점
6.2 조직 거버넌스		6.6 공정운영 관행	1. 반부패
6.3 인권	1. 실사		2. 책임 있는 정치 참여
	2. 인권 위험 상황		3. 공정 경쟁
	3. 공포 회피		4. 가치사슬 내에서의 사회적 책임 촉진
	4. 고충 처리		5. 재산권 존중
	5. 처벌과 취약 그룹	6.7 소비자 이슈	1. 공정마케팅, 사실적이고 편파적이지 않은 정보, 공정계약관행
	6. 시민권과 정치적 권리		2. 소비자의 보건과 안전 보호
	7. 경제, 사회 및 문화적 권리		3. 지속가능 소비
	8. 근로에서의 근본 원칙과 권리		4. 소비자 서비스, 지원, 불만과 분쟁 해결
6.4 노동관행	1. 고용과 고용관계		5. 소비자 데이터 보호와 프라이버시
	2. 근로조건과 사회적 보호		6. 필수 서비스에 대한 접근
	3. 사회적 대화		7. 교육과 인식
	4. 근로에서의 보건과 안전	6.8 지역사회의 참여와 발전	1. 지역사회 참여
	5. 직장에서의 인간 개발과 훈련		2. 교육과 문화
6.5 환경	1. 오염 방지		3. 고용 창출과 기능 개발
	2. 지속가능한 자원 이용		4. 기술개발과 접근성
	3. 기후변화 완화와 적응		5. 부와 소득 창출
	4. 환경보호, 생물의 다양성 및 자연서식지 복원		6. 보건
			7. 사회적 투자

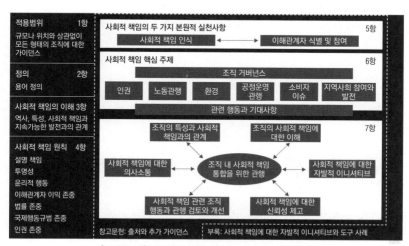

[그림 3-11] ISO26000 구성체계(자료: ISO(국제표준화기구))

3장: ESG는 하늘에서 뚝 떨어지지 않았다

약, 기후변화협약, 유엔글로벌콤팩트 등의 국제 지침을 총망라한 종합판이자 최상위 표준인 셈이다. 그러나 전술한 대로 사실상 국제표준의 기능을 수행하지만, 실제 표준은 아니고 참고자료로 제시된다. 즉 ISO26000은 사회책임에 관하여 공통적이고 포괄적인 이해를 도울 뿐 인증 규격이 아니다.

일종의 방법론으로, 80여 개 국가에서 국가별 정치, 경제, 사회, 환경, 문화적 여건에 맞추어 활용하고 있다. 자발적인 이행을 유도하는 지침표준(Guidance Standard)이자, 강제력이 없고 인증하지도 않는 이러한 ISO26000에 약간의 변화가 있다. 경영시스템에서 사회책임의 중요성이 더 커지고 인증 요구가 많아지면서 ISO26000을 경영시스템에 접목해 포괄하거나 인증의 기반으로 사용하는 사례가 많아지고 있다. 이에 따라 ISO는 ISO26000의 명확한 지침을 명시하는 'IWA 26(International Workshop Agreement 26)'을 2017년에 개발해 공유했다.[61]

반부패경영시스템 ISO37001

2020년 10월 미국 투자은행 골드만삭스는 해외에서 발생한 뇌물 사건을 해결하기 위해 미국·말레이시아·영국·싱가포르·홍콩 정부에 78억 달러에 이르는 글로벌 페널티(벌금)를 납부하기로 합의했다.

미국 〔해외부패방지법(FCPA, Foreign Corrupt Practices Act)〕 벌금 최고액과 세계 뇌물 범죄 벌금 사상 최고액을 기록한 골드만삭스 사건은

ESG 배려의 정치경제학

'1MDB 스캔들'이라고도 한다. 1MDB(말레이시아 개발 유한회사)의 사업 수주를 위해 골드만삭스의 말레이시아 법인은 16억 달러가 넘는 뇌물을 말레이시아 고위 공무원, 아부다비 고위 공무원 등에게 공여한 것으로 드러났다. 그뿐만 아니라 채권발행 대행을 통해 말레이시아 국영 펀드의 부패에 가담하여 골드만삭스는 FCPA 위반으로 총 33억 달러에 이르는 벌금을 내는 것에 미국 사법 당국과 합의했다. 추가로 말레이시아, 영국, 싱가폴, 홍콩에 지급해야 하는 것까지 총 벌금이 78억 달러에 이른다.

골드만삭스가 5개국 정부와 동시에 합의했다는 사실에서 5개국이 수사를 공조했음을 짐작할 수 있다. 1997년 [OECD 뇌물방지협약]에서 약속한 국가 간의 포괄적인 사법 공조가 실제로 작동했다는 뜻이다. 국가별로는 미국의 [FCPA(1977년)], 영국의 [뇌물방지법(2010년)], 프랑스의 [샤팽 2법(2016년)] 등 개별법 제정을 통해 반부패에 강력하게 대처하고 있다.

골드만삭스 이전에는 2008년 독일 지멘스가 미국 법무부에 8억 달러의 벌금을 납부해 [해외부패방지법(FCPA)] 고액벌금 1위를 10년 가량 유지했지만 2017년 이후엔 벌금 1위 기업이 계속 바뀌었고, 벌금도 커졌다. 미 법무부의 FCPA 집행이 그만큼 활발해졌기 때문인데, 세계 각국이 '부패행위'에 민감하게 대응하기 시작했다는 뜻으로도 해석할 수 있다.[62]

ISO는 2021년 4월 컴플라이언스(법규준수) 경영시스템 국제표준인 ISO37301을 제정했다. ISO37301은 뇌물 및 부패 방지, 독점금지, 자금 세탁 방지 등 좀 더 폭넓은 분야를 다룬다. ISO는 ISO37301에 앞서 2013

년 부패방지경영시스템(ABMS, Anti-Bribery Management System. 정확하게 번역하면 '뇌물방지경영시스템'이나 우리나라에서는 '부패방지' 또는 '반부패'로 쓴다)을 개발했다.

ISO는 2013년 개발한 ABMS를 기반으로 2016년 ISO37001을 제정했다. 정식명칭은 'Anti-bribery management systems-Requirements with guidance for use'다. 우리말로는 [부패방지경영시스템-요구사항 및 사용지침]이다.

ISO37001은 뇌물방지 준칙(Anti-Bribery Compliance)에 관한 세계 최초 국제표준으로, 미국 양형 지침, 미국 [해외부패방지법(FCPA)]에 관한 법무부와 증권거래위원회(SEC) 지침, OECD의 내부통제 및 윤리 컴플라이언스에 관한 모범사례 지침 등을 참조했다.[63]

ISO37001은 모든 국가 혹은 사법지역(관할권역)의 모든 기업/기관/조직에서 통용될 수 있는 글로벌 수준의 모범규준, 반부패 프로그램 이행, 모든 관련 직원 및 조직에게 정책 및 프로그램 공유, 프로그램을 관리·감독하는 준법감시 관리자 임명, 임직원 대상적절한 부패/뇌물 방지 정책 및 교육, 뇌물수수 및 부패 위험성 평가, 임직원 대상 적절 부패/뇌물 방지 정책의 준수 여부 확인, 선물/접대/기부 관련 통제 활동, 보고절차 및 내부신고 이행 등의 내용을 담았다.[64]

ISO37001은 공공·영리·비영리단체의 뇌물수수를 예방·탐지하며, 이 과정에서 발견한 문제를 해결할 수 있는 비즈니스 프레임워크(Business Framework)를 제공한다. ISO37001을 도입한 조직(혹은 조직의 일부)은 "자신들의 부패방지경영시스템이 국제표준의 요구사항을 충족하고 있다"는 제3자의 인증을 받을 수 있다.

ESG 배려의 정치경제학

일종의 경영시스템인 ISO37001은 기업이나 조직이 부패 리스크를 효율적으로 관리할 수 있도록 도와준다. 가령, 개별적이거나 잘게 쪼개진 방식으로 뇌물수수 행위를 예방하게 하는 게 아니라 좀 더 간소화하고, 좀 더 최적화한 가이드라인을 제공한다. 이를 통해 기업이나 조직은 자신들의 부패방지 프로세스가 의도한 대로 운영되고 있음을 정부 당국에 알릴 수 있다. ISO37001 인증을 획득·유지하려는 조직의 수가 점점 증가하는 추세다.

유엔과 OECD는 부패행위를 단속하기 위해 각각 반부패 협약과 뇌물방지 협약을 독자적으로 제정했다. 한국에서는 〔부패방지법(2005년)〕, 부정청탁 및 금품등 수수의 금지에 관한 법률(2019년, 줄여서 〔청탁금지법〕. 〔김영란법〕이라고도 한다) 등을 제정하여 반부패 행위 처벌에 관한 법적 의지를 천명했다.

SDGs의 "Leave No One Behind"

지속가능발전은 살펴본 대로 1987년 유엔의 세계환경개발위원회(WCED)에서 발간한 〈우리 공동의 미래〉에서 정식화했다. 생태환경이 더 훼손되지 않고, 미래 세대의 삶의 질을 낮추지 않는 수준에서 이뤄지는 발전이 지속가능발전이다.

1992년 리우회의(Rio Summit)에서 '리우선언'과 세부 행동강령이 담긴 '의제 21(Agenda 21)'을 채택하고, 2000년 열린 55차 유엔 새천년 정상

3장: ESG는 하늘에서 뚝 떨어지지 않았다

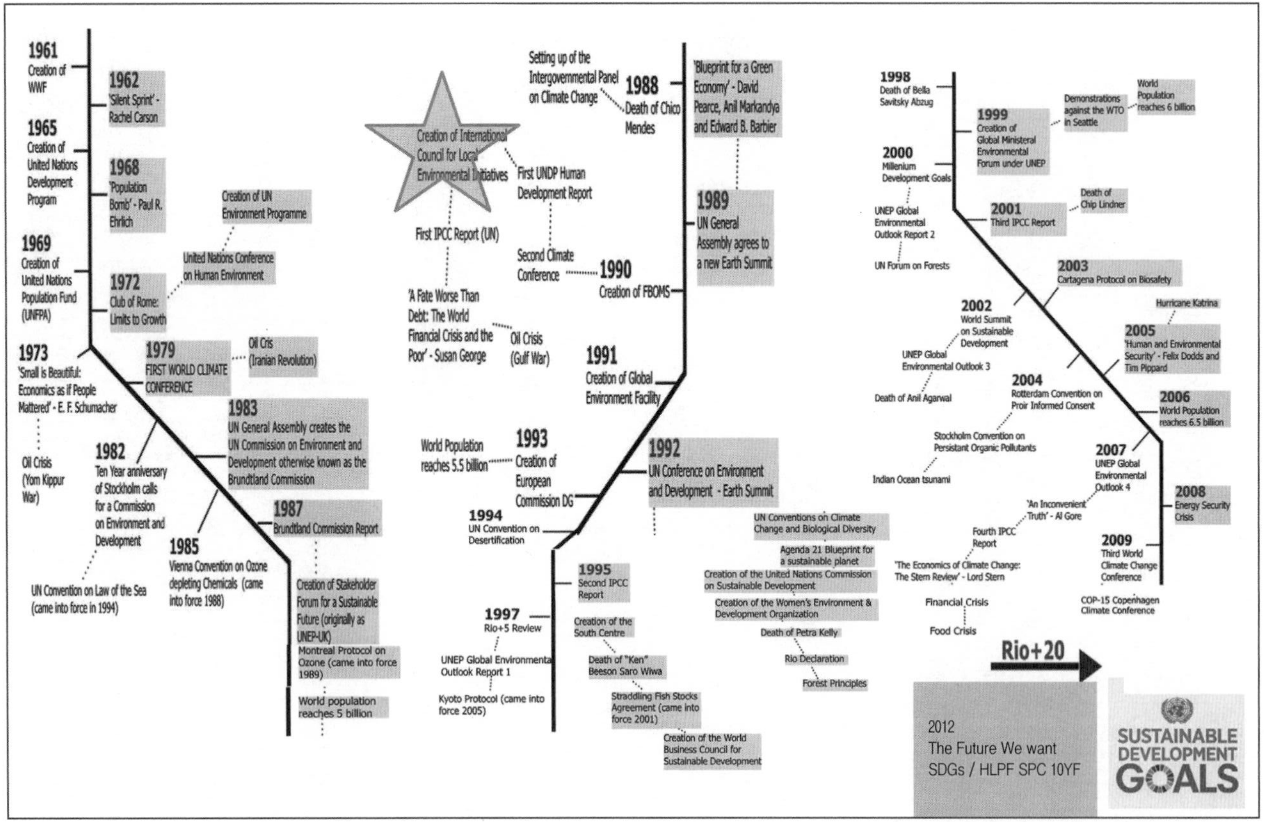

[그림 3-12] 지속가능성 담론은 어떻게 발전했나

자료: www.earthsummit2012.org

ESG 배려의 정치경제학

[그림 3-13] 지속가능 발전의 5Ps(자료: 유엔)

회의에서 '새천년개발목표(MDGs), 2002년 지속가능발전세계정상회의
(WSSD, World Summit on Sustainable Development)에서 '요하네스버그 선언'이
나오면서 지속가능성에 관한 지구촌의 논의와 결의는 확대됐다. 2012년
6월 리우회의를 거쳐, 2015년 제70차 유엔 총회에서 결의된 지속가능발
전 목표(SDGs)는 MDGs를 계승하여 2016~2030년 국제사회의 발전목표
를 제시했다.[65]

　　2015년 9월 유엔 총회에서 192개 회원국 만장일치로 채택된 SDGs는
2016년 1월 1일 발효되었으며 17개 목표와 169개 세부 목표로 구성되어
사회적 포용, 경제 성장, 지속가능한 환경의 3대 분야를 유기적으로 아
우른다.[66] SDGs는 '2030 지속가능발전 의제'라고도 불리며 '단 한 사람
도 소외되지 않는 것(Leave No One Behind)'이라는 슬로건을 제시한다.

[그림 3-14] 제70차 유엔 총회에서 결의된 지속가능발전 목표

지속가능발전 목표 세부 내용

1. 모든 곳에서 모든 형태의 빈곤 종식

2. 기아 종식, 식량안보 달성, 개선된 영양상태의 달성과 지속가능한 농업 강화

3. 모든 연령층을 위한 건강한 삶 보장과 웰빙 증진

4. 포용적이고 공평한 양질의 교육 보장과 모두를 위한 평생학습 기회 증진

5. 성평등 달성과 모든 여성 및 여아의 권익 신장

6. 모두를 위한 물과 위생의 이용가능성과 지속가능한 관리 보장

7. 모두를 위한 적정가격의 신뢰할 수 있고 지속가능하며 현대적인 에너지에 대한 접근 보장

8. 지속적, 포용적, 지속가능한 경제 성장, 완전하고 생산적인 고용과 모두를 위한 양질의 일자리 증진

9. 회복력 있는 사회기반시설 구축, 포용적이고 지속가능한 산업화 증진과 혁신 도모

10. 국내 및 국가 간 불평등 감소

11. 포용적이고 안전하며 회복력 있고 지속가능한 도시와 주거지 조성

12. 지속가능한 소비와 생산 양식의 보장

13. 기후변화와 그로 인한 영향에 맞서기 위한 긴급 대응

14. 지속가능발전을 위하여 대양, 바다, 해양자원의 보전과 지속 가능한 이용

15. 육상생태계 보호, 복원 및 지속가능한 이용 증진, 지속가능한 산림 관리, 사막화 방지, 토지황폐화 중지와 회복, 생물다양성 손실 중단

16. 지속가능발전을 위한 평화롭고 포용적인 사회 증진, 모두에게 정의 보장과 모든 수준에서 효과적이고 책임성 있으며 포용적인 제도 구축

17. 이행 수단 강화와 지속가능발전을 위한 글로벌 파트너십 재활성화

ESG 배려의 정치경제학

SDGs를 통해 회원국들은 2030년까지 모든 곳에서 빈곤과 기아를 종식하고, 국내와 국가 간 불평등을 해소하며, 평화롭고 공정하며 포용적인 사회를 건설하고, 인권을 보호하고 성평등을 촉진하며 여성과 소녀의 역량을 강화하고, 지구와 천연자원의 영구적 보호·보장을 결의했다. SDGs 의제는 유엔 헌장의 목적과 원칙을 따르며, 세계인권선언, 국제인권조약, 새천년선언(Millennium Declaration) 및 2005년 세계 정상회담(2005 World Summit) 결과에 기반을 둔다. 해결해야 할 문제들이 서로 연결되어 있기에 SDGs 또한 상호 밀접하게 연결되어 있으며 중첩되는 요소를 포함한다.

MDGs(2001~2015년)와 달리 SDGs는 국내외 구분 없이 선진국·개발도상국·저개발국을 포함한 모든 국가를 대상으로 한 포괄적인 세계적 범위의 의제다.[67] SDGs는 경제성장, 사회개발, 환경보존을 포함한 방대한 의제를 설정하고 있으며, 개도국과 선진국이 모두 참여하는 전지구적 파트너십을 지향한다. 구체적 이행수단, 강력한 후속조치와 평가 시스템이 있다는 점에서 기존의 MDGs와 차별된다.[68]

SDGs는 그 범위가 굉장히 넓고 측정지표가 방대하여 유엔은 SDGs와 관련한 활동을 유엔 경제사회이사회 산하 유엔 통계위원회에 권한을 위임했다. 유엔 통계위원회는 다시 'SDGs 지표전문가그룹(IAEG-SDGs, Inter-Agency and Expert Group on SDG Indicators)'과 '통계역량 강화·조정·파트너십을 위한 고위그룹(HLG-PCCB, High Level Group for Partnership, Coordination and Capacity-Building for Statistics for the 2030 Agenda for Sustainable Development)'을 창설해 SDGs의 이행과 지표개발을 지원하고 있다.[70]

한국 정부는 글로벌 정책 협조, 개발도상국의 SDGs 이행 지원, 국

내 정책 수립과 거버넌스 체계 구축 등 국내 지속가능발전목표를 위한
계획과 이행체계를 수립했다.[71] 우리나라는 "국가 지속가능발전목표
(K-SDGs)"의 비전으로 '모두를 포용하는 지속가능국가'를 내걸었다.

[표 3-3] SDGs의 주제별 분류[69]

주제		SDGs 목표(세부 목표 수)
빈곤(2목표, 15세부목표)		1. 빈곤퇴치(7)
		2. 기아해소와 식량안보(8)
사회발전 (5목표, 54세부목표)	보건	3. 보건증진(13)
	교육	4. 교육 보장과 평생학습(10)
	여성	5. 성평등과 여성역량 강화(9)
	사회/안보	10. 불평등 해소(10)
		16. 평화로운 사회와 제조(12)
환경 (7목표, 61세부목표)	자연/자연환경	7. 에너지(5)
		13. 기후변화(5)
		14. 해양생태계(10)
		15. 육상생태계(12)
	정주환경	6. 물과 위생(8)
		11. 도시와 인간정주(10)
		12. 지속가능한 소비와 생산(11)
경제성장(2목표, 20세부목표)		8. 경제성장과 일자리(12)
		9. 인프라와 산업화(8)
이행수단(1목표, 19세부목표)		17. 이행수단과 글로벌 파트너십(19)

ESG 배려의 정치경제학

[그림 3-15] K-SDGs(자료: 환경부)

비전	포용과 혁신을 통한 지속가능 국가 실현			
전략	사람	번영	환경	평화/협력
	사람이 사람답게 살 수 있는 포용사회	혁신적 성장을 통한 국민의 삶의 질 향상	미래 세대가 함께 누리는 깨끗한 환경	지구촌 평화와 협력 강화
K-SDGS 17개 목표	[목표 1] 빈곤층 감소와 사회안전망 강화 [목표 2] 식량안보 및 지속 가능한 농업 강화 [목표 3] 건강하고 행복한 삶 보장 [목표 4] 모두를 위한 양질의 교육 [목표 5] 성평등 보장 [목표 11] 지속가능한 도시와 주거지	[목표 8] 좋은 일자리 확대와 경제성장 [목표 9] 산업의 성장과 혁신 활성화 및 사회 기반시설 구축 [목표 10] 모든 종류의 불평등 해소 [목표 12] 지속가능한 생산과 소비	[목표 6] 건강하고 안전한 물관리 [목표 7] 에너지의 친환경적 생산과 소비 [목표 13] 기후변화와 대응 [목표 14] 해양생태계 보전 [목표 15] 육상생태계 보전	[목표 16] 평화·정의·포용 [목표 17] 지구촌 협력 강화

3장: ESG는 하늘에서 뚝 떨어지지 않았다

4장

자본시장의 뉴노멀 ESG투자

ESG투자란

국내외 ESG투자 현황

ESG투자 활성화가 필요한 이유

국내 연기금 ESG투자 관련 법적 현황

해외 연기금 ESG투자

해외 연기금 ESG투자 법제화 사례

연기금의 ESG 책임투자 법제화의 어려움

자본시장의 ESG투자 활성화와 연기금의 ESG 투자의 필요성

연기금이 ESG투자를 선도해야 한다

Environment,
Social and
Governance

Environment, Social and Governance

국제통화기금(IMF) 소속의 경제학자 다비데 푸르세리, 니콜라스 블룸, 하이츠 아히르는 글로벌 리서치 전문회사인 EIU의 세계 143개국 국가보고서에 언급된 '불확실성(Uncertainty)'이라는 단어의 빈도를 통해 세계불확실성 지수(WUI, World Uncertainty Index)를 계산했다.[72] 코로나19 이후 WUI가 최고점을 찍은 가운데[73], 다른 분야에 비해 타격을 많이 받지 않고 오히려 코로나19의 충격을 완화해줄 수 있다는 평가를 받은 투자 분야가 있다.[74] 지속가능사회에 이바지할 수 있는 ESG투자다.

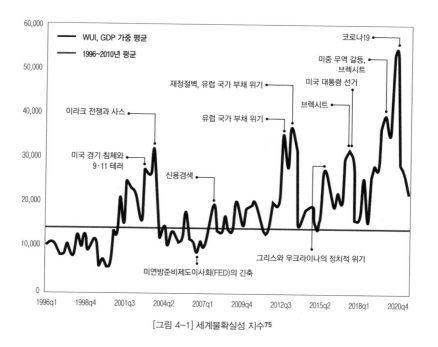

[그림 4-1] 세계불확실성 지수[75]

ESG투자란

ESG투자는 재무적 요인 외에 환경(E), 사회(S), 지배구조(G)와 같은 비재무적 요인의 영향을 고려하여 투자전략을 결정하는 것으로, 주류·담배·무기제조 등 성서적 가치 규범에 반하는 특정 산업을 투자에서 배제하고자 하는 윤리적·종교적 동기에서 연원이 찾아진다. 2006년에 유엔 [책임투자원칙(PRI, Principles of Responsible Investment)]이 제정되면서 국제적으로 공론화했고, 글로벌 금융위기 이후 시장참가자들의 탐욕에 관한 비판이 증폭되면서 투자윤리의 중요성이 강조되어 ESG투자가 전 세계적으로 확산하고 있다.

특히 2020년 초 세계 최대 자산운용사 블랙록의 최고경영자(CEO) 래리 핑크의 연례 서한이 ESG투자의 중요한 전환점으로 거론된다. 핑크는 이 서한에서 지속가능투자(Sustainable Investing)를 강조하면서 ESG투자를 공식화했다.[76] 이후 뱅가드와 스테이트스트리트 등 다른 거대 자산운용사도 ESG 요인을 고려한 투자전략을 활성화했다. JP모건, 골드만삭스, 메릴린치를 포함한 투자은행, 그리고 피치, S&P, 무디스를 포함한 신용평가사도 ESG투자에 동참했다.[77]

국제 금융시장이 기후변화, 환경오염, 사회적 가치 등을 포함하는 ESG에 점점 더 관심을 집중하는 가운데[78] PRI 서명 기관이 2021년 1월 현재 3634개로 집계됐다. 특히 기후와 환경 변화가 가져올 금융 리스크 문제가 주목받고 있다. 앞서 언급한 WUI가 과거에 비해 높아지면서, 즉 불확실성이 커지면서 사회의 장기적인 지속가능성을 추구하는 ESG

ESG 배려의 정치경제학

[표 4-1] 10대 자산운용사의 운용자산 규모와 ESG투자 여부

자산운용사	운용자산규모(10억 달러)	ESG투자 여부
블랙록	9.464	○
뱅가드 그룹	8.400	○
UBS 그룹	4.432	○
피델리티 인베스트먼트	4.230	○
스테이트 스트리트 글로벌 어드바이저스	3.860	○
모건 스탠리	3.274	○
JP모건 체이스	2.996	○
알리안츠 그룹	2.953	○
캐피탈 그룹	2.600	○
골드만삭스	2.372	○

에 더 큰 관심이 쏠리고 있다. 기후와 환경 변화 리스크의 측정 및 관리에 관심이 커진 것과 동시에 코로나19까지 겹치면서 ESG 열풍이 더 강해지는 추세다.[79]

국내외 ESG투자 현황

2년마다 ESG투자 동향을 조사하여 발표하는 GSIA(Global Sustainable Investment Alliance)에 따르면 전 세계 ESG투자 규모는 2018년 30조6830억 달러로 2012년(13조2610억 달러[80])에 비해 3배가량으로 증가했으며, 2020년에는 35조3010억 달러를 기록해 지속해서 증가하고 있다.[81]

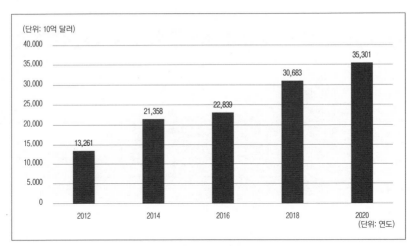

(단위: 10억 달러)

[그림 4-2] ESG투자 규모(자료: GSIA)

스웨덴, 노르웨이, 네덜란드 등 유럽은 연기금을 중심으로 책임투자
가 보편화한 반면 미국에서는 상장지수펀드(ETF) 시장을 중심으로 ESG
투자가 확대하고 있는데, 앞서 언급한 블랙록 연례 서한의 영향이 크
다는 게 중론이다.[82] 블랙록은 기후변화와 지속가능성을 '2020년 투자
포트폴리오 최우선 순위'로 삼겠다고 했고, 자사 브랜드인 'iShare ESG
ETF'와 'ESG 인덱스 펀드'를 2021년 말까지 두 배로 늘리겠다고 선언
했다.

국내에서는 2019년에 국민연금의 책임투자 활성화 방안이 발표되면
서 주요 연기금의 ESG투자가 더욱 확대됐다.[83] 국민연금의 ESG투자 규
모는 2017년 6조8778억에서 2019년 26조9800억 원으로 2년 사이에 약 4
배 정도로 증가했다.[84] 2020년에는 101조4000억 원까지 커졌다. 사학연

ESG 배려의 정치경제학

금과 공무원연금의 ESG투자 규모도 국민연금에는 못 미치지만 계속 늘어나고 있다.[85]

[표 4-2] 국내 연기금 ESG투자 규모(단위: 억 원)

연기금	2017년	2018년	2019년
국민연금	68,778	269,800	1,014,000
사학연금	1,020	1,263	3,041
공무원연금	739	1,633	3,215

2022년 2월 현재 국내 ESG 채권 상장종목은 1175개이고, 상장 잔액은 약 162조 원이며, 발행기관은 177개 사다.[86] 2021년 4월 기준 최근 3년 동안 주택금융공사 등 공기업이 발행한 ESG 채권은 약 88조 원으로 전체의 약 80%를 차지하고, 금융기관은 약 15조 원으로 13.6%를 차지하며, 민간기업은 약 7조 원으로 발행 비중이 6.7%에 머문다.[87]

ESG투자 활성화가 필요한 이유

세계는 기후위기나 사회적 가치 등 ESG에 많은 관심을 쏟고 있으며 이러한 현상은 자본주의가 기존 주주자본주의(Shareholder Capitalism)에서 이해관계자자본주의(Stakeholder Capitalism)로 진화하는 징표로도 해석된다. 3장에서 살펴보았듯 주주의 이익 보호를 최우선시하는 주주자본주의와 달리 이해관계자자본주의는 주주·채권자·노동자·공급자·지역공동체·환경·국가·글로벌 커뮤니티 등 회사의 활동에 영향을 주고받는 모든 이해집단을 존중하고, 이 집단 간의 이해관계의 균형을 맞추는 것이 경영진의 임무이며, 이 같은 이해관계의 균형이 이뤄질 때 기업이 발전한다고 보는 것을 의미한다.[88] 주주 이익 최우선에서 모든 이해관계자의 효용을 극대화하는 것으로 분위기로 바뀌고 있으며, 전 지구적 문제를 해결하려는 태도가 함께 목격되고 있다. ESG투자 열풍이 자본시장의 근본적인 변화는 물론이고 세계변혁의 단초로 기능하고 있음을 알 수 있다.

OECD는 ESG투자가 기업의 장기적인 성장에 기여하고 새로운 사업 기회를 창출할 수 있다고 했으며,[89] 코로나19의 영향으로 다른 기업들이 큰 위기를 겪은 것에 비해 ESG 관련 펀드들은 타격을 덜 받았다고 분석했다.[90] IMF는 기후위기를 포함해 환경 문제를 고려하는 '그린' 분야 투자를 통해 코로나19로 닥친 경제 위기를 극복할 수 있다고 주장했다.[91] ESG투자가 코로나19 상황에서 금융 시장의 위기를 막아주는 역할을 할 수 있고, 나아가 새로운 일자리와 신산업을 창출하는 등 돌파구 역할을 해낼 수 있다는 기대도 나온다.[92]

이에 따라 ESG투자를 더욱 활성화해야 한다는 목소리가 커지고 있다. 특히 공공성이 높은 연기금을 활용하여 사회적 역할을 강화하고 높은 수준의 선관주의의무(善管注意義務, Due Diligence)를 이행하는 게 필요하다는 의견이 많다. 양춘승 한국사회책임투자포럼 상임이사는 "공적 기금 고유의 설립목적과 철학을 투자 운용 과정에 반영하면서, 투자자 입장에서도 장기 수익성을 높이기 위해 책임투자를 도입해야 한다"고 말했다.

ESG 배려의 정치경제학

민간 자본시장은 블랙록의 사례에서 보듯 이미 시장기능에 의거해 발빠르게 ESG로 옮겨가고 있다. ESG투자를 먼저 검토한 연기금 등 공적 자본이 경직성에 사로잡혀 오히려 본격적 ESG전환이 늦어질 수 있다는 우려 또한 존재한다.

국내 연기금 ESG투자 관련 법적 현황

국내 연기금은 국민연금기금과 기타 공적 연기금으로 구분할 수 있다. 앞서 ESG투자 현황에서 드러났듯, 현재 연기금이 국내에서 ESG투자를 이끌고 있으며, 그중에서도 국민연금이 가장 ESG투자에 적극적으로 나선 최대 투자자라는 사실을 알 수 있다.[93]

국민연금은 2006년에 국내 주식 부문의 위탁 운용 유형의 하나로 사회책임투자(SRI)를 도입했다. 그다음에 유엔 PRI에 가입하고[94] 사회책임투자 유형의 비중을 확대하여 국내 책임투자 시장의 활성화를 위해 노력하고 있으나, 시장의 파급효과 측면에서 아직 영향력이 미미한 것으로 보인다. 전체 국내 주식 부문에서 국민연금의 사회책임투자 유형이 차지하는 비중은 2015년 말 6.9%까지 지속해서 증가했으나, 2017년에는 5.2%로 축소되기도 했다. 이후로 국민연금은 적극적인 주주권 행사를 강화하기 시작했다. 2018년에 스튜어드십코드를 도입하고, 단순의결권 행사에 그친 기금의 기존 주주권 행사를 기업 관여 활동을 전제로 하는 적극적인 수탁자 책임 활동으로 바꾸고 있다. 2019년엔 전체 자산군

에 책임투자를 적용하는 '책임투자원칙'을 제정했다.[95]

　한국 스튜어드십코드는 기관투자자의 수탁자 책임에 관한 원칙으로, 국내 상장사에 투자한 기관투자자가 타인의 자산을 관리·운용하는 수탁자로서 책임을 다하기 위해 이행해야 할 7가지의 세부 원칙과 안내 지침을 제시한다. 명시적으로 한국 스튜어드십코드 참여를 공표한 연기금,

> ## 스튜어드십코드 7가지 세부 원칙[96]
>
> 1. 고객, 수익자 등 타인 자산을 관리·운영하는 수탁자로서 책임을 충실히 이행하기 위한 명확한 정책을 마련해 공개해야 한다.
> 2. 수탁자로서 책임을 이행하는 과정에서 실제 직면하거나 직면할 가능성이 있는 이해 상충 문제를 어떻게 해결할지에 관해 효과적이고 명확한 정책을 마련하고 내용을 공개해야 한다.
> 3. 투자대상 회사의 중장기적인 가치를 제고하여 투자자산의 가치를 보존하고 높일 수 있도록 투자대상 회사를 주기적으로 점검해야 한다.
> 4. 투자대상 회사와의 공감대 형성을 지향하되, 필요한 경우 수탁자 책임 이행을 위한 활동 전개 시기와 절차, 방법에 관한 내부지침을 마련해야 한다.
> 5. 충실한 의결권 행사를 위한 지침·절차·세부기준을 포함한 의결권 정책을 마련해 공개해야 하며, 의결권 행사의 적정성을 파악할 수 있도록 의결권 행사의 구체적인 내용과 그 사유를 함께 공개해야 한다.
> 6. 의결권 행사와 수탁자 책임 이행 활동에 관해 고객과 수익자에게 주기적으로 보고해야 한다.
> 7. 수탁자 책임의 적극적이고 효과적인 이행을 위해 필요한 역량과 전문성을 갖추어야 한다.
>
> 참여기관은 7가지 원칙을 모두 이행해야 하지만, 예외적으로 일부 원칙을 이행하지 않는 경우에는 사유와 대안을 충분히 설명하고 공개해야 하는 Comply or Explain 방식이 적용된다.

보험사, 자산운용사 등 기관투자자, 투자자문사, 의결권 자문기관 등이 적용대상이다.

국민연금은 ESG투자와 관련하여 국제기업지배구조네트워크(ICGN, International Corporate Governance Network)와 아시아기업지배구조네트워크(ACGA)와 같은 기관투자자 연대에 참여하고 있다.[97] 국민연금은 기존 5대 기금 운용원칙인 수익성, 안정성, 공공성, 유동성, 운용 독립성에 지속가능성을 추가했다.[98] 〔국민연금기금 운용지침〕 제1장 제4조에 "지속가능성의 원칙에 따라 투자자산의 지속가능성 제고를 위하여 환경, 사회, 지배구조 등의 요소를 고려하여 신의를 지켜 성실하게 운용해야 한다"고 명시했고, 2022년까지 전체 기금 규모의 50% 이상을 ESG투자 전략에 따라 투자하겠다고 발표했다.

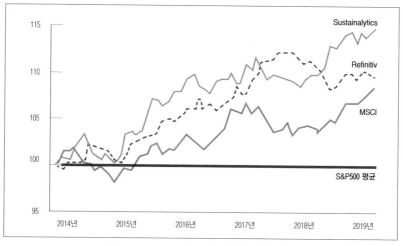

[그림 4-3] ESG 기업과 S&P500 기업의 성과 비교[99]

공적 기금으로는 국민연금을 포함하여 사학연금(TP), 공무원연금(GEPS) 등 모두 68개가 있다. 사학연금과 공무원연금은 별도 운용 조직에 의한 직접 운용과 외부 자산 운용사에 의한 위탁 운용을 병행하고 있으며, 나머지 공적 기금들은 대부분 자산을 위탁 운용하고 있다.

사학연금과 공무원연금은 각각 2019년과 2020년에 스튜어드십코드를 도입했으며, 우정사업본부도 2021년에 도입했다.[100] 국민연금과 마찬가지로 사학연금과 공무원연금 모두 수탁자책임위원회를 설치하고 의결권 행사와 같은 수탁자 책임 이행에 관련한 안건을 심의 및 의결하는 기구로 역할을 정의했다. 공무원연금은 해외투자에서 ESG 기조를 강화하여 ETF 중심으로 운용되는 해외주식투자에서 2019년 말 3%이던 글로벌 사회책임투자 자문형을 2020년에 14%까지 크게 확대한 사례가 있다.[101]

해외 연기금 ESG투자

일본의 국민연금 투자 펀드 GPIF(Government Pension Investment Fund)는 세계에서 가장 큰 연기금 중 하나로, 2014년에 스튜어드십코드를 도입하고 PRI에 서명하면서 본격적으로 책임투자를 강화했다. 장기 지속성을 추구하며 기금의 안정성을 확보하기 위해 최근 주식뿐만 아니라 채권, 대체투자 등 전 자산 투자 과정에 ESG 요소를 통합하고 있으며, ESG지수 추종 5조7000억 엔을 패시브 투자로 운용하고, 4000억 엔 규모의 녹색채권에도 투자했다. 투자위원회는 ESG 관련 주도권 및 투자

ESG 배려의 정치경제학

전략을 심의하고, ESG 통합이 전 투자과정에서 조정될 수 있도록 ESG 행정부서가 주도하고 있다.[102] 최근에는 세계은행과 공동연구를 통해 채권자산에 대한 ESG투자 확대를 추진하고 있다.[103]

미국의 '캘리포니아 공무원 퇴직연금 기금(CalPERS, California Public Employees' Retirement System)'은 미국 내 최대 규모의 공적 연기금으로 2013년에 책임투자 정책을 구체적으로 명시했다. 기금운용의 지속가능성을 향상하기 위해 장기적 투자 포트폴리오 운용의 최상위 원칙에 해당하는 투자신념을 수립하기 위함이었다.[104] 투자자 입장에서 기업의 사회적 책임(CSR)을 제고하기 위해 적극적으로 주주권을 행사하고 있다. 책임투자 원칙에서 담배·군수무기 제조업 등에 투자를 배제하고, 의결권 행사 및 경영진과 대화를 주로 활용하며 이사회 다양성을 추구하는 전략을 선택했다. 또한 장기적인 연금 혜택의 지속가능성을 개선하고 사업 위험을 적극적으로 관리하기 위해 2022년까지의 지속가능한 투자전략 계획을 수립했다.[105]

노르웨이의 국부펀드 GPFG(Government Pension Fund Global)는 11조3000억 크로네 규모의 세계적 펀드다. 2004년 노르웨이 의회가 〔GPFG를 위한 윤리투자지침〕을 채택한 후 2013년 노르웨이 재무부가 GPFG 전략위원회에 〈ESG 원칙에 따른 책임투자 전략보고서〉 제출과 책임투자 강화를 요구하면서 책임투자를 체계화하기 시작했다. 2014년에 유엔 PRI에 서명했고, 2021년 5월 현재 세계 73개국 9123개 기업에 투자하고 있다. 투자 포트폴리오 내 ESG 요소를 고려하여 다양한 기업에 투자를 지속하며 기금의 지속가능성을 제고하는 것을 책임투자의 목표로 삼는다. 유엔과 OECD 등 글로벌 국제표준을 준수하며 주주권 행사를 강화하

기 위해 적극적인 의결권 행사와 기업과 대화 후속 조치를 이행하고 있다.[106]

네덜란드 공적 연금 ABP는 단순히 새로운 투자 유형으로 ESG에 접근하는 게 아니라 포트폴리오 전체에 구속되는 운용 철학으로 접근하고 있다. 의결권 행사 및 경영진과 대화를 주로 활용하고, 대인지뢰, 핵무기 비확산조약을 위반한 무기생산 기업, 유엔글로벌콤팩트(UNGC) 원칙 위반 기업에 투자를 배제하고, 이산화탄소 배출 감소, 신재생에너지 등에 투자를 늘리는 전략을 활용하고 있다.[107]

해외 연기금 ESG투자 법제화 사례

이처럼 다양한 국가의 연기금들이 ESG 책임투자에 전략적으로 접근하고 있지만, 국내에서는 책임투자를 이끄는 국민연금조차도 구체적인 ESG 투자전략이 미비한 상황이다. ESG 투자전략이 포트폴리오 구성에 미치는 영향이 적고 전략 대상 자산군이 주식으로 한정되어 있어 적용 범위가 제한된다는 지적이다.[108] 따라서 연기금의 기금운용에 있어 ESG와 같은 공적 책임을 강화할 수 있는 법 제정이 필요하다.[109]

선진국에서는 주로 연금 관련법을 통해 책임투자 원칙을 반영하고 있다. 먼저 영국은 2000년 7월 〔연금법(The UK Pension Act)〕 개정으로 책임투자를 법적으로 명시했다. 구체적으로 "연기금 펀드를 운용하는 모든 주체는 투자 포트폴리오를 구성할 때 사회, 환경, 윤리의 세 요소를 고

ESG 배려의 정치경제학

려할 것"이라 명문화했다. 프랑스는 〔파비우스 법(Fabius Act·2001년)〕(종업원저축계획법(ESP)라고도 한다)에서 ESG 요소를 고려한 투자를 의무화하지는 않았으나 연기금이 윤리, 사회, 환경 측면을 고려하여 투자하는지 공개할 의무를 명시했으며, 독일 역시 같은 의무를 부여했다.

스웨덴은 "펀드 운용에 있어 ESG 요소를 고려하여 투자할 것"을 '스웨덴 국가 연금 계획(Swedish State Pension Scheme)'에서 정하고 있고, 호주가 2002년 〔재정서비스법〕을 개정하여 연기금 펀드에 "상품설명서에 노동기준, 환경, 사회, 윤리적 고려사항이 투자 선택, 유지, 취득에 어느 정도 고려되는지 공개할 것"을 의무화했다.[110]

물론 우리나라에서도 2014년 〔국민연금법〕 개정으로 책임투자의 근거가 마련되었고[111] 2018년 국민연금이 스튜어드십코드를 채택하면서 2019년 ESG 요소를 고려하도록 기금운용원칙을 개정한 바가 있다.[112] 그러나 2021년 기준 883조 원에 달하는 68개 공적 연기금의 책임투자를 위한 법령 근거는 국민연금 외에는, 투명하고 효율적인 자산운용을 위한 지침이 전부다.[113] 해외 연기금들의 책임투자 규모가 법적 기반을 기폭제로 확대했음을 고려한다면[114] 우리나라에서도 명확한 법령 근거를 마련해야 한다.[115] 특히 기금 자산운용의 원칙이나 지침을 규정하고 있는 〔국가재정법〕을 개정하여 연기금의 ESG투자를 법제화해야 한다.[116]

연기금의 ESG 책임투자 법제화의 어려움

하지만 연기금의 책임투자를 기금에 관한 기본 법률로 명시한다면 ESG에 관한 강행규정이 되어 기금이 수익성보다 공익성을 우선하면서 수익 활동에 최선을 다할 의무를 저버릴 가능성이 있다는 지적이 나올 수 있다.[117] 연기금을 포함해 모든 기관투자자의 가장 중요한 의무는 고객의 이익을 증진하고 보호하는 것이다. 일반투자자와 비교해 기관투자자가 더 강하게 신탁적인 성격을 띠면서 생긴 '수탁자책임'에 기반한 '신인의무'다.[118]

예를 들어 국민연금공단은 공적 기관투자자로 보건복지부 장관의 위탁을 받아 연금 급여를 실시함으로써 국민의 생활 안정과 복지 증진에 이바지하는 목적을 달성하기 위한 사업을 효율적으로 수행하기 위해 설립된 기관이다.[119] 그 설치목적과 의무에 따라 국민연금은 [국민연금 기금운용 지침]에서 많은 수익을 추구하는 '수익성의 원칙'과 안정적인 운용을 위한 '안정성의 원칙'을 기금운용 원칙으로 내세우고 있다.[120]

일반적인 연기금이 이러한 원칙을 추구한다면 기금은 투자재량권에 근거하여 ESG 요소 등의 비재무적 요소를 투자자의 위험관리 측면에서 고려해 사회적 책임투자를 하는 것이 가능할 것이다. 하지만 비재무적 요소를 고려하면서 투자의 수익성이 저하된다면 이는 기금의 의무를 지키지 못한 것이기 때문에 기금 ESG투자의 한계로 작용하게 된다.[121]

정리하면 기업과 달리 이해관계자가 오로지 국민이라는 특성으로 인해 연기금은 수익 최대화라는 하나의 목표를 가져야 하며 해외 주요 연기금 근거 법률에서도 운용 수익 최대화 이외의 목표를 규정한 전례가 없음을 근거로 법제화가 어려울 수 있다.[122]

실제로 투자의사 결정 과정에서 ESG 요소를 고려하는 것이 장기적 수익 달성에 도움이 된다는 인식과 다르게[123] 이론적으로 ESG투자는 재무적 성과와 양(+) 또는 음(-)의 상관관계를 모두 가질 수 있다.[124] 이에 대해 IMF는 2019년에 ESG투자 성과가 초과성과를 달성하거나 성과가 미달하는 두 경우 모두 일관성 있게 나타나지 않는다고 분석했다. 또한 OECD도 2020년에 ESG투자 성과와 관련해 유의한 결과를 도출하지 못하고 있다고 지적했다.[125]

이러한 지적은 우리나라를 포함해 세계적으로 투자 대상 기업의 ESG 정보를 충분히 확보하기 어렵고 관련 전문 인력과 같은 여건의 부족과 무관하지 않다.[126] 더불어 기업 대부분이 ESG 요소를 적극적으로 공시할 수 있는 환경이 형성되지 않은 상황에서 이뤄질 ESG투자는 ESG 공시를 적극적으로 할 여력이 있는 대기업 위주로 이뤄질 가능성에 관한 우려도 있다. 즉 ESG 책임투자를 법제화함에 있어 현실적인 여건상 ESG투자의 의무화가 연기금의 유연한 대응을 제약하며 ESG 정보의 산출 및 공시를 위한 준비가 부족한 국내 중소기업에 불리하게 작용할 수 있다는 걱정이다.[127]

자본시장의 ESG투자 활성화와
연기금의 ESG투자의 필요성

그런데도 기금관리 주체가 ESG 요소를 고려해 기금자산을 운용하도록 법률에 명시한다면 공적 기금의 ESG투자의 활성화로 기금의 공공성과 장기적인 수익성을 제고하고 투자 대상 기업이 장기적으로 지속가능한 성장을 추구할 수 있는 여건을 마련하게 된다는 반론 또한 강력하다. 또한 우려하는 수익성의 관점에서도 연기금의 투자자가 다수의 국민이며 투자 기간이 긴 만큼 단순히 기업의 재무적 성과만으로 투자를 결정하는 것이 적절하지 않다는 인식이 지속해서 확산하고 있다.[128] 공적 자본의 수익성은 때로 재무제표 너머 사회 전체의 이익에 종속되며 전체를 아우르지 못하는 수익계산은 앞에서 남고 뒤에서 밑지는 결과를 낳을 수 있기에 공적 자본의 '수탁자책임' 측면에서도 ESG투자가 확대되어야 한다는 논리다.

우리금융은 2022년 자산운용업의 주요 트렌드로 ESG 펀드의 다양성 확대를 선정했고, 각국의 기업 ESG 규제 강화와 투자수요 증대로 투자 일임을 제외한 ESG 펀드 AUM 투자만 해도 2025년 6조5000억 달러까지 성장할 것으로 전망했다. 또한 자산운용사들이 ESG 투자 수요를 빠르게 반영하고 있다고 분석했다.[129] 이미 살펴본 대로 세계 10대 자산운용사가 모두 ESG투자를 받아들인 상황과 무관하지 않다.

2021년에 들어 ESG에 특화한 신생기업(Start-Up)에 대한 벤처캐피탈 투자금액이 급증하고 있다. 특히 기후기술 신생기업에 대한 글로벌 벤

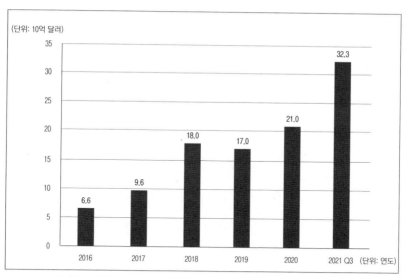

(단위: 10억 달러)

[그림 4-4] 글로벌 벤처캐피탈의 기후기술 신생기업 투자 금액(자료: Dealroom)

처캐피탈 투자금액은 2021년 3분기에 323억 달러를 기록했다. 최근 ESG 특화 신생기업에 대한 투자자금은 더욱더 빠르게 확대되고 있고 블랙록은 향후 기업가치 1조 달러 이상의 신생기업이 기후기술 부문에서 나올 것으로 전망했다.[130]

블랙록 외에 ESG투자와 관련하여 다양한 기관이 발 빠르게 준비하고 있다. 영국에서 NEST(국민고용저축신탁)와 투자자들이 화석연료 대출을 단계적으로 철회할 것을 촉구하자, 2020년 3월에 바클리즈는 화석 연료 업계의 최대 대출업자인데도 2050년까지 탄소 배출량 '0'을 목표로 하겠다고 발표했다. USB 크레딧리서치는 코로나19 사태에서 ESG 관련 채권을 투자의 방어 기회로 활용하라고 조언했다.

국내 사례를 살펴보면, 한국투자공사에서 2019년 10월에 책임투자를 수행하기 위해 책임투자 업무지침을 제정한 뒤 3억 달러 규모 ESG 전략 펀드를 운용하기 시작했고, KB금융지주는 2020년 3월에 ESG위원회를 신설하여 기업 대출과 투자 심사 반영 시 ESG 요소를 고려하기로 했다. SK증권은 2018년 6월 한국중부발전 및 에코아이와 함께 국내 금융기관 최초로 해외 탄소배출권 사업에 진출했고, NH투자증권은 '지속가능발전소'와 협업을 통해 ESG지수를 개발하기로 결정했다.[131] 양춘승 이사는 "글로벌 ESG투자 자산이 빠르게 증가하는 상황에서 투자 대상 기업의 ESG활동과 기관투자자 등의 ESG투자 모두를 유도하고 지원할 제도적이고 체계적인 도움이 필요하다"고 말했다.

연기금이 ESG투자를 선도해야 한다

ESG투자가 기관투자자의 주도하에 유럽을 중심으로 세계적으로 확대되고 있는 상황에서[132] 책임투자의 근거법 및 관련 규정, 지침조차 미비한, 체계적인 전략이 부족한 현재의 국내 상태로는 근본적인 패러다임이 될 ESG투자에 대비하지 못하게 되어 지속가능 관점의 장기수익률을 기대하기 힘들어진다.[133] 따라서 연기금 ESG투자의 법제화를 통해 〔국가재정법〕에 "장기적이고 안정적인 수익 증대를 위해 기금은 ESG투자를 고려할 수 있다"라는 항목을 신설하는 것을 통해 ESG의 어떠한 요소를 고려하고 있는지와 고려하지 않았다면 그 사유는 무엇인지를 의무적으로 공시하도록 해야 한다. 기금 자산운용에 ESG투자를 강행규정이 아닌 임의규정을 적용한다면 앞서 우려한 기금의 경직성을 해소하면서도 기금운용에 대한 평가 항목의 중요성이 큰 만큼 ESG 원칙 도입 취지를 제도적으로 뒷받침할 수 있다.[134, 135]

더 나아가 연기금의 선도적인 ESG투자가 자본시장까지 연결되기 위해서는 ESG 정보공개와 평가의 투명성을 강화해야 한다.[136] ESG투자에 대한 관심과 투자 규모가 커지는 만큼 ESG 워싱이 증가하고 있는 것은 큰 문제다.[137] 도이치뱅크 계열 자산운용사 DWS가 ESG투자 규모를 허위로 공시했다는 의혹으로 미국 증권거래위원회(SEC)와 독일 금융감독청(BaFin)의 조사가 시작되면서 하루 만에 주가가 14% 가까이 폭락한 것이 대표적인 사례다.[138] DWS 건은 경영의 ESG워싱과 투자의 ESG워싱이 하나로 합쳐진 사례에 속한다.

ESG 평가의 가장 큰 한계는 ESG가 포괄하는 영역이 매우 넓은 반면 평가 가능한 정보가 부족하여 상당한 편이가 발생할 수 있다는 점이다. 따라서 유럽연합(EU), 영국, 미국 등의 선진국처럼 기업의 ESG 요소에 대한 객관적인 평가 기준 확립과 기업의 ESG 정보공개 범위 확대 및 의무화가 전제되어야 한다.[139] 국내에서 ESG 관련 공시는 현재 사업보고서(의무), 거래소 지배구조보고서(자율/의무), 지속가능보고서(자율) 등을 통해 추진되고 있으며 금융위원회는 지속가능보고서의 공시를 3단계에 걸쳐 2030년 이후 코스피의 모든 상장사를 대상으로 의무화하겠다고 발표했다.[140] 앞으로 더욱 다양해질 정보를 바탕으로 연기금은 ESG 지수 및 평가시스템 개발에 주도적으로 나서 다른 금융기관이 ESG투자 환경을 조성하도록 유도해야 한다.

연기금이 공동의 ESG 지수를 개발하고 방법론 및 편입 종목을 대외적으로 공개한다면 기금운용에 적극적으로 활용하면서 일반투자자와 기업의 ESG 관심을 높이는 선순환이 가능하다.[141] 이것은 ESG투자가 자본시장으로 확산함에 따라 투자자와 소비자를 보호하기 위해 금융투자업자들이 어떻게 ESG 요소를 반영했는지를 명확히 밝히고 관련 선관의무를 소홀히 하지 않았는지 감독 당국의 모니터링 강화로 연결될 수 있다.[142]

결론적으로 연기금의 체계적인 책임투자를 통해 ESG투자 시장을 활성화하기 위해서는 연기금의 ESG투자 법제화를 기반으로 기업의 충실한 ESG 공시와 구체적이고 세부적인 투자 가이드라인의 마련이 필요하다.[143] 가이드라인은 현재 ESG 데이터의 부족으로 투자금을 받기 어려운 신생·중소기업의 성장에 도움을 줄 수 있다. 연기금의 책임투자 근거법의 마련과 ESG투자 강화는 한국의 ESG투자 흐름을 확립하고 확대하며 자본시장과 한국사회의 지속적인 성장을 촉구하는 강력한 정책적 수단이 될 것이라는 데 의견이 모이고 있다.

5장

ESG경영의 다양한 현장

경영전략으로서 ESG

환경경영 / 리스크관리와 ESG / 전략적 CSR / 공유가치창출(CSV)

CSV와 사회적 가치 측정 / 기업 이미지와 소비자

ESG 리스크와 글로벌 가치 사슬(GVC)

거버넌스

투명한 경영과 건전한 지배구조 / 내부통제

노동이사제 / 소통과 참여의 조직문화

ES경영 – 위기는 기회다

온실가스 배출 감축 / 탄소감축에서 탄소제로, 탄소제거로

재생에너지 사용 노력 / 녹색투자 / 재활용–포장

"거대기업의 나쁜 점은 모두 가진" 월마트의 물류혁신

인종차별 장벽을 무너뜨리려는 애플

성소수자의 인권회복을 돕는 러쉬 / 인권경영

ISO37001을 도입하는 국내 제약바이오사업

Environment,
Social and
Governance

Environment, Social and Governance

Environment, Social and Governance

경영전략으로서 ESG

소비자가 기업 활동을 평가할 때 기업의 의도(Intention)와 기업의 역량(Ability)을 보게 된다. 평가를 통해 기업 이미지를 형성하게 되는데 이때 소비자는 크게 따뜻함(Warmth)과 유능함(Competence)의 두 가지 차원으로 단순화하여 이해한다. 따뜻함은 주로 관대한, 친절한, 진실한, 정직한, 이해심 있는, 그리고 도덕적으로 옳은 등과 같은 인식을, 유능함은 능숙한, 경쟁적인, 자신감 있는, 역량 있는, 효율적인, 숙련된 그리고 지능적인 등과 같은 인식을 포함한다.

기업의 ESG활동이 소비자의 반응에 어떠한 영향을 미치는지에 관한 연구에서 ESG활동 중 '환경'은 기업의 따뜻한 이미지 형성에 '사회'는 기업의 따뜻한 이미지와 유능한 이미지 형성에 긍정적인 영향을 미치는 것으로 나타났다. '지배구조'는 기업의 유능한 이미지 형성에 긍정적이었다.

또한 긍정적 기업 이미지는 그 기업의 제품 또는 서비스의 가격을 공정한 것으로 받아들이게 하는 데 좋은 영향을 미치는 것으로 나타났다. 마지막으로 지각된 가격 공정성은 그 기업에 대한 태도, 충성도, 그리고 추가 비용 지불 의사에 긍정적인 영향을 미친다는 것이 확인됐다.[144]

환경경영

ESG의 첫 글자에 해당하는 '환경(E)'은 기업의 따뜻한 이미지 형성에 긍정적인 영향을 미칠 뿐 아니라 사실상 ESG의 핵심이자 가장 중요한 주제다. 지구온난화와 결부된 기후위기를 필두로 수없이 많은 E의 문제가 산적해 있다. ESG란 용어가 등장하기 전부터, ESG경영이 본격화하기 전부터 환경경영은 산업과 경제계에 일찍 자리 잡았고 선구적인 사례가 많다. 환경경영은 그 자체로 방대한 분량의 주제가 되는 만큼 개별적인 환경 프로젝트가 아닌 경영전략의 관점에서 대표적으로 볼보와 코카콜라의 사례를 살펴본다.

볼보, 차량 전 모델에 플러그인 하이브리드를 제공하다

"기후변화는 최종적인 안전성 평가(항목)입니다(Climate change is the ultimate safety test)."

세계 자동차 업계에서 안전의 대명사로 불리는 볼보의 자동차 광고

[그림 5-1] 볼보의 자동차 광고(자료: Volvo Car USA 유튜브 채널)

ESG 배려의 정치경제학

에 등장한 말이다. 안전성은 기후변화와 등치된다. 광고의 이어지는 영상에서 남극의 빙하가 무너져 내리는 모습을 보여주며 "이것이 볼보가 전기차회사로 전환하는 이유입니다"라는 메시지가 나온다. 오랫동안 환경 문제에 기민하게 대응한 볼보의 경영철학을 보여준 '기후위기 버전' 광고인 셈이다.

볼보는 1972년 스웨덴 스톡홀름에서 열린 유엔 인간환경회의에서 처음으로 회사 차원의 환경 선언을 했다. 당시 최고경영자(CEO) 페어 G 길렌하마르(Pehr G. Gyllenhammar)는 자사의 제품이 환경에 부정적인 영향을 끼쳤다는 사실을 인정하면서 이 문제를 해결하기 위한 행동에 나서겠다고 발표했다.

1976년 람다 센서(Lambda Sensor)가 있는 삼원 촉매 장치를 발명해 유해한 배기가스를 최대 90%까지 줄인 것은 스톡홀름 '약속' 이행의 대표 사례로 꼽힌다. 이것은 배기가스 제어에 있어 가장 중요한 혁신 중 하나로 지금까지 모든 현대 가솔린 자동차의 필수 부품이다.

1991년 세계 최초로 프레온가스(CFC)를 사용하지 않는 자동차를 출시했고, 1993년부터는 전체 제품라인에서 프레온가스 사용 자동차를 퇴출했다. 1996년에는 공급업체에 대한 환경 관련 요구사항을 마련하기 시작했고, 볼보의 모든 제품에서 특정 화학물질의 사용을 자발적으로 제한했다. 2008년부터는 생산활동이 환경에 미치는 영향을 줄이기 위해, 유럽 소재 제조 시설에서는 수력발전으로 얻어지는 전기만 사용하였고 2012년 세계 최초 디젤 플러그인 하이브리드 차량 V60(디젤, 디젤-전기 하이브리드, 전기 등 세 가지 주행방식 선택)을 내놓았다.

2025년까지 기후 중립 제조·운영을 달성하겠다는 볼보의 비전으로 향하는 과정에서 2018년 스웨덴의 셰브데(Skövde) 공장을 볼보의 글로벌 제조 네트워크에서 기후 중립을 달성한 첫 번째 공장으로 만들었다.

나아가 순수 전기차 모델(XC40 Recharge, 2019년)을 선보인 데 이어 볼보는 파리기후협정의 목표에 발맞추어, 2040년까지 가치 사슬 전반에 걸친 기후 중립을 달성하겠다는 계획을 발표했다. 볼보는 2019년 이후 출시하는 모든 신차가 부분적으로 또는 완전히 배터리로 구동될 것이라고 약속했고, 모든 모델에 플러그인 하이브리드를 제공하는 첫 메이저 프리미엄 자동차 브랜드가 됐다.[145] 2030년까지 판매되는 차량 중 50%는 하이브리드로, 나머지 50%는 전기차로 전환하기로 했다. 광고에서 밝힌 대로, 2030년까지 100% 순수전기차 기업으로 전환한다.

1926년 스웨덴의 혹독한 환경에서도 쌩쌩 달릴 수 있는 자동차를 목표로 창업한 볼보는 안전의 대명사에서 이제 지구의 안전에도 관심을 기울이는 자동차로 빠르게 변신하고 있다. 이러한 변신이 볼보가 '선한 기업'임을 보여주는 징표일 수 있지만, 그보다는 '유능한 기업'이란 징표에 더 가깝다. 유능함이 선함을 보여주는 시대다.

코카콜라의 물 환원

가장 유명한 다국적 기업이자 대표상품이 음료인 코카콜라는 수자원 보호를 중심으로 환경경영을 펼치고 있다. 코카콜라는 2004년부터 물자원 보호, 에너지 관리 및 기후변화 대응, 지속가능 용기 개발 및 재활용 분야에서 글로벌 목표치를 설정하고 꾸준히 개선하고 있다.

코카콜라는 2004년부터 회사의 글로벌 물 관리 시스템을 통해 물 자원의 효율성 관련 진행 상황을 보고하기 시작했다. 같은 해 글로벌 물 관리 프로그램 및 전략과 관련하여 '글로벌 환경과 기술 재단(Global Environment & Technology Foundation)'과 제휴를 맺었다. 코카콜라는 또 코카콜라재단 및 미국 국제개발처(USAID)와 함께 '물 개발 협력기구(Water Development Alliance)'를 만들었다. 2005년에는 '도시 빈민을 위한 물과 위생(Water and Sanitation for the Urban Poor)'과 파트너십을 맺었다.

이러한 일련의 과정을 거쳐 2007년 제품 생산에 사용된 물을 사회와 지구에 환원하는 '물 환원 프로젝트'를 시작했다. 2020년까지 사용한 물의 100%를 돌려주겠다는 목표는 5년 앞선 2015년에 달성했다. 그해 100%를 넘어 115%를 환원한 코카콜라는 〈포춘〉이 선정한 500대 기업 중 물 환원 목표를 달성한 최초의 기업이 됐다. 2015년 코카콜라가 환원한 물은 1919억 리터이며 2020년엔 목표치의 170%에 해당하는 2778억 리터를 환원했다.

코카콜라에서 사용하는 용수는 제품 원료로 사용되는 '제품수'와 제품 제조를 위해 사용되는 '공정수'로 나뉜다. 공정수는 폐수처리 과정을 거쳐 모두 자연으로 환원되기 때문에 제품수를 기준으로 환원량을 측정한다. 물 환원 프로젝트는 전 세계 70여 개국, 2000여 개 지역사회에서 진행된다.

환원 방식은 크게 세 가지로 나뉜다.

① 우물이나 수도 시설, 정화 시스템 등을 만들어 사람들에게 '깨끗한 물'을 제공하는 방식
② 지역 주민의 삶의 터전인 '유역(流域)'을 보호하고 복원하는 방식

③ 빗물이나 생활하수처럼 아깝게 버려지는 물을 '재활용'하여 농업 등 필요한
　곳에 공급하는 방식

코카콜라의 물 환원은 또한 네 가지 원칙에 따라 진행된다.

① 지역사회에 직접적인 혜택을 줄 것
② 더 많은 사람과 생태계에 더 큰 영향력을 미칠 것
③ 비슷한 문제를 가진 다른 지역에서 쉽게 배워 따라 할 수 있게 할 것
④ 시간이 흘러도 지역사회에 계속 물을 환원할 수 있을 것

　코카콜라의 전 세계 800여 개 보틀링 공장은 공장이 위치한 지역사회
의 구성원이 물을 사용하는 데 어려움을 겪고 있지 않은지를 반드시 조
사해야 한다. 만약 깨끗한 물 사용이 용이하지 않다거나 지속적인 물 공
급이 어렵다면, 각 공장은 가이드라인에 맞게 '상수원 보호계획'을 마련
하여 시행해야 한다. 물 환원 프로젝트를 여러 지역에서 효율적으로 추
진하기 위해 유엔개발계획(UNDP), 워터에이드(WaterAid), 세계자연기금
(WWF), 월드비전 등 정부, 시민단체, 민간기구와 약 900여 개 이상의
긴밀한 파트너십을 구축했다.
　이러한 파트너십을 통해 세계 전역에서 약 1350만 명이 깨끗한 물을
이용할 수 있게 됐다고 코카콜라는 밝혔다. 이 숫자는 객관적인 외부 전
문기관의 검증을 받아서 계산한 것이다. 코카콜라의 물 환원 프로젝트
중에서 가장 성공적인 사례로는 코카콜라 아프리카재단이 2009년부터
진행한 RAIN(Replenish Africa Initiative)을 꼽는다. 탄자니아, 르완다, 에티

ESG 배려의 정치경제학

[그림 5-2] 코카콜라의 RAIN 프로그램이 시행되어 깨끗한 식수를 이용하는 케냐의 마을 주민들

(자료: 코카콜라 홈페이지)

오피아, 가나 등 아프리카의 다양한 지역사회에 깨끗한 식수를 제공하고, 위생 환경을 개선하는 이 사업은 2020년까지 600만 명에게 혜택을 제공하기로 한 목표를 설정했고, 달성했다.

RAIN 시행 전과 후 아프리카 해당 지역 아이들과 주민들의 삶은 달라졌다. 멀리 떨어진 강에서 물을 길어오기 위해 새벽 4시에 일어나야 했던 아이들은 학교에 가지 못하거나, 피곤한 탓에 수업에 집중하지 못했다. 마을 주민 전체가 설사에 시달렸는가 하면, 물을 두고 이웃 마을과 갈등을 빚었다. 그러나 깨끗한 식수가 공급된 뒤로 아이들은 학교에 정시에 등교할 수 있게 됐고, 물을 두고 지역 주민끼리 더는 다투지 않게 됐다.

2020년 말을 기준으로 코카콜라는 RAIN을 통해 아프리카 600만 명에게 안전한 식수를 제공했고, 아프리카 41개국 4000개가 넘는 지역사회의 위생 환경을 개선하는 데 도움을 주었다.

우리나라에서도 2018년 평창동계올림픽을 계기로 한국코카콜라가 강원도, 평창동계올림픽 조직위원회, WWF와 손잡고 2017년 3월 '통합적 수자원 관리 프로젝트 협약'을 체결하여 물 환원 프로젝트를 추진 중이다. 대관령 일대가 건조화하지 않도록 물막이 시설을 설치해 물을 확보하고, 생물 다양성 보존을 위해 관목과 수변식물을 심는 등 강원도 평창과 한국 생태환경의 보고인 대관령 일대에서 물을 보호하기 위해 노력하고 있다. 2018년에는 경남 김해시 등과 함께 낙동강 유역에서 물 환원 프로젝트를 시작했다.

가장 많이 알려진 사례는 경상남도 김해시 진례면 시례리 프로젝트다. 낙동강유역환경청, 김해시, 한국생태환경연구소 등과 협력해 '시례리 도랑 품은 청정마을 1호 저수지'와 도랑습지를 준공했다. 2018년 6월 저수지 준공으로 시례리의 저수량은 두 배 이상으로 늘었으며, 수질은 4급수에서 2급수로 오르는 등 깨끗한 물을 자연에 공급하여 청정마을로 변화를 이끌었다.

리스크 관리와 ESG

현실화한 위험에 사후적으로 대응하는 것을 위기 관리(Crisis Management)라고 하고, 불확실성을 보이는 위험을 미리 예방하고 회피하려는 사전적인 대응 활동을 리스크 관리(Risk Management)라고 한다. 리스크는 기업가치에 감소를 초래하는 모든 사건, 조직의 전략·업무·재무적 목표를 달성하는 데 영향을 줄 수 있는 불확실한 미래의 사건을 포함한다.

투자자산의 가치, 현금흐름·손익 등의 영업활동 결과가 예상치를 벗어날 가능성, 또는 장래 예상하지 못한 손실이 발생할 수 있는 불확실성(Uncertainty) 정도를 의미한다.[146] 기업 리스크는 목적에 따라 재무 리스크(Financial Risk), 운영 리스크(Operational Risk), 사업 리스크(Business Risk)로 구분된다. 또 통제 가능성에 따라 통제 불능 리스크와 통제 가능 리스크로 나뉜다.

금융권에서는 1997년 바젤은행감독위원회에서 효율적인 은행 감독을 위한 핵심 준칙을 발표하면서 리스크의 유형을 다음처럼 8개로 구분했다.

- 신용 리스크(Credit Risk)
- 시장 리스크(Price Risk)
- 금리 리스크(Interest Rate Risk)
- 환율 리스크(FX Risk)
- 유동성 리스크(Liquidity Risk)
- 운영 리스크(Operational Risk)
- 전략 리스크(Strategic Risk)
- 평판 리스크(Reputation Risk)

존슨앤드존슨의 타이레놀 사건

1982년 9월 29일 미국 시카고에서 존슨앤존슨의 대표 상품인 캡슐형 타이레놀 'Extra-Strength Tylenol' 제품에 들어간 독극물(청산가리) 때문에 사망사고가 발행해 10월 1일까지 타이레놀을 복용한 시민 7명이 숨졌다.[147] 사고 직후, 처방전 없이 구입할 수 있는 진통해열제 시장에서 타이레놀의 시장점유율은 35.5%에서 7%로 폭락했다.[148] 주가 역시 사건 발생 후 9일 동안 30%가량인 약 23억 달러나 하락했다.[149, 150]

존슨앤존슨은 연방수사국(FBI), 시카고 경찰, 식품의약국(FDA)과 공조하여 사건을 추적했다. 범인이나 사건에 관한 정보를 제공하는 사람에게 10만 달러의 현상금을 걸었다.[151] 조사 결과 문제의 캡슐은 펜실베니아와 텍사스의 두 곳에서 제조됐으며, 판매용 매장 선반에 제품이 배치된 후 캡슐이 변조되었음이 밝혀졌다.[152]

사건 발생 이후 존슨앤존슨은 흔히 위기에 처한 기업이 그러듯 해명이나 변명을 일삼지 않았고, 사건의 진상이 다 드러나기도 전에 아는 대

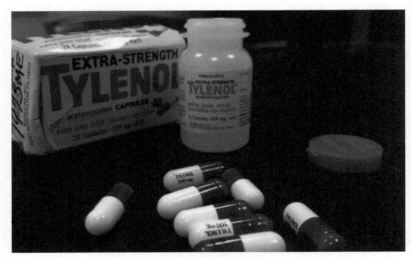

[그림 5-3] 타이레놀 캡슐과 포장병

ESG 배려의 정치경제학

로 해당 사실을 알리는 선제 조치에 나섰다.[153] 존슨앤존슨의 자회사이자 타이레놀 제조회사인 맥네일사(McNeil Consumer Products)는 사건 발생 다음 날인 9월 30일 로트번호 MC2880 타이레놀 캡슐 9만 3000병(470만 캡슐)과 로트번호 1910MD 17만 1000병(850만 캡슐)의 리콜을 발표했다. 제임스 버크 회장은 타이레놀 캡슐 생산라인을 즉시 폐쇄하고, 타이레놀 광고를 중지했고[154, 155] 사건 발생 일주일 만에 전국 모든 매장에서 'Extra-Strength Tylenol' 제품 회수 조치에 들어갔다. 맥네일사의 경영진은 ABC 방송사의 나이트라인 등 뉴스 프로그램에 출연하여 타이레놀 제품의 변조방지 포장재가 마련될 때까지 타이레놀 캡슐 제조 판매를 금지할 것을 약속했다. 동시에 모든 캡슐 형태의 타이레놀 제품을 정제형으로 교환해 주겠다고 제안했다. 당시 미국 전역에 배포됐다고 추정된 2200만 병은 약 8000만 달러어치였다. 이후 실제로 존슨앤존슨이 회수한 타이레놀은 3100만 병으로 폐기에 들어간 비용은 1억 달러를 훌쩍 넘어섰다.[156]

이 사건 이전에 존슨앤존슨은 외부에 나서거나 미디어의 뉴스거리가 되는 것을 되도록 삼가는 소극적 홍보전략을 취했다.[157] 그러나 사건이 발생하자 언론 취재에 적극적으로 협조하며 실시간으로 관련 정보를 제공했다. 존슨앤존슨은 즉각 최고경영자(CEO)인 버크 회장을 비롯하여 임원진 7명으로 위기대응팀을 구성했다.

요즘과 달리 특별한 위기관리 매뉴얼이 없던 당시 존슨앤존슨은 의사결정 과정에서 회사의 철학이 담긴 '우리의 신조(Our Credo)'를 기준으로 삼았다.[158] '우리의 신조'는 "우리의 첫 번째 책임은 환자, 의사, 간호사와 아버지와 어머니들, 그리고 우리의 상품과 서비스를 사용하는 모든 사람에 대한 것이라고 믿는다"는 문장으로 시작한다.[159, 160] 존슨앤존슨의 창립 멤버이자 1932~1963년 회장을 지낸 로버트 우드 존슨이 존슨앤존슨이 상장 기업이 되기 직전인 1943년에 '우리의 신조'를 직접 만들었다. 존슨앤존슨의 '신조(Credo)'는 기업의 사회적 책임(CSR)이라는 개념이 나오기 훨씬 전에 CSR을 선취한 사례로 언급된다. '신조'는 소비자에 대한 책임을 시작으로 비즈니스 파트너, 직원, 지역사회에 대한 기업의 책임을 명시하고 마지막으로 주주에 대한 책임으로 끝난다.

'우리의 신조'에 근거해 존슨앤존슨은 핫라인을 설치해 언론과 소비자의 질문에 일일이 답하면서 제공할 수 있는 모든 정보를 신속하게 전달했다.[161] 언론과 긴밀한 공조 체제를 구축해 소비자가 추가적인 위험에 노출되지 않도록 노력했다. 실제로 존슨앤존슨이 사건 발생 후 바로 모든 캡슐을 수거한 덕에 추가적인 인명피해를 막았다. 수거한 캡슐을 검사한 결과 독극물이 함유된 타이레놀(캡슐)을 추가로 75개 발견했다.

사태가 진정되고 난 후 존슨앤존슨은 비슷한 사태를 방지하기 위해 새로운 포장재 개발에 나섰다. FDA와 협력해 1982년 11월 11일 존슨앤존슨은 타이레놀 소매 판매용으로 변조방지 포장재(병)를 새로 출시했다. 새로운 포장재는 3중 밀봉의 변조방지 병이었다. 또한 소비자들이 집에 보유한 타이레놀 캡슐을 가져오면 아무런 조건 없이 무료로 교환해 주었다.

존슨앤존슨은 독극물 사건 이후 출시된 타이레놀 제품 구매 시 2.5달러 상당의 쿠폰을 제공한다는 신문광고를 냈다. 당시 액체형을 제외한 타이레놀 제품 한 병의 가격은 2.5달러 미만이었다. 존슨앤존슨이 발행한 쿠폰은 4000만 개로, 약 1억 달러 규모였다. 새로운 변조방지 포장재

ESG 배려의 정치경제학

❞ 존슨앤존슨 '우리의 신조(Our Credo)'[162]

우리의 첫 번째 책임은 환자, 의사, 간호사와 아버지와 어머니들, 그리고 우리의 상품과 서비스를 사용하는 모든 사람에 대한 것이라고 믿는다. 그들의 요구에 부응하는 데 있어, 우리가 하는 모든 일은 높은 질적 수준을 유지해야 한다. 우리는 가치를 제공하고 비용을 절감하며 적절한 가격을 유지하기 위해 지속적으로 노력해야 한다. 고객의 주문은 신속하고 정확하게 처리되어야 한다. 우리의 비즈니스 파트너는 정당한 이익을 낼 수 있는 기회를 가져야 한다.

우리는 전 세계에서 우리와 같이 근무하는 모든 직원에 대해 책임을 갖는다. 우리는 직원들이 개인으로 인정받고 포용되는 업무 환경을 제공해야 한다. 모든 직원의 다양성과 존엄성을 존중하고, 각 개인의 장점을 인정해야 한다. 직원들은 자신의 일에 대해 안정감과 성취감을 느껴야 하며 목적의식을 가져야 한다. 보상은 공정하고 적절해야 하며, 근무 환경은 청결하고 정돈되어 있으며 안전해야 한다. 우리는 직원들의 건강과 행복한 삶을 지원하며, 그들이 가족과 기타 개인적인 책임에 충실할 수 있도록 도와야 한다. 직원들은 자유롭게 제안을 하거나 이의를 제기할 수 있어야 한다. 자격을 갖춘 직원의 채용, 개발, 그리고 승진에 있어 공평한 기회가 보장되어야 한다. 우리는 우수한 역량을 갖춘 리더가 준비되어야 하며, 그들의 행동은 공명정대하고 윤리적이어야 한다.

우리는 우리가 생활하고 일하는 지역사회와 세계 공동체에 대해 책임을 갖는다. 우리는 세계의 더 많은 지역에서 보다 나은 접근성과 보살핌을 지원함으로써 인류의 건강 증진에 기여해야 한다. 우리는 선량한 시민으로서 선행과 자선을 베풀고 더 나은 보건과 교육을 위해 힘쓰며 정당한 세금을 부담해야 한다. 우리는 환경과 천연 자원을 보호함으로써 우리가 혜택을 누리고 있는 자산을 최적의 상태로 유지해야 한다.

우리의 마지막 책임은 우리의 주주에 대한 것이다. 우리의 사업은 건전한 이윤을 창출해야 한다. 우리는 새로운 아이디어를 시도해야 한다. 지속적으로 연구를 수행하고 혁신적인 프로그램을 개발하며 미래를 위해 투자하고 잘못은 보상해야 한다. 새로운 장비를 구입하고 새로운 시설을 제공하며 새로운 상품을 출시해야 한다. 어려운 시기를 대비하여 자금을 보유해야 한다. 우리가 이러한 원칙을 가지고 사업을 운영할 때, 주주들은 정당한 이익을 실현할 수 있다.

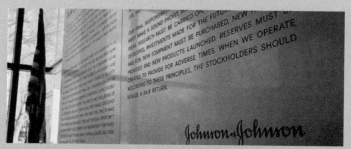

[그림 5-4] 존슨앤존슨사 본사에 새겨진 '신조'(자료: 존슨앤존슨)

를 도입함으로써 한 병당 제조비용이 2.4% 증가했다. 초기에 경보를 발령하고 타이레놀 캡슐을 회수한 뒤 캡슐을 검사하고 폐기하는 전 과정에 이미 1억 달러의 비용을 지출한 상태였다. 타이레놀 시장을 복원하는 데 막대한 비용을 부담한 셈이다.[163]

존슨앤존슨의 변조방지 포장재 개발은 1년 후 미국 의회에서 식품 및 의약품 포장을 변조하는 것을 연방 범죄로 규정하는 〔타이레놀 법안 (Tylenol Bill, 1983년)〕통과를 이끌었다. 이에 따라 식품 및 의약품 포장의 변조를 시도한 사람은 최소 2만 5000달러에서 최대 10만 달러의 벌금과 최대 10년의 징역, 상해 피해자 발생 시 최대 20년의 징역, 사망 피해자 발생 시에는 최대 무기징역에 처해지게 됐다.[164]

당시 존슨앤존슨의 철저한 대처는 좋은 평가로 이어졌다. 사건을 은폐하고 무마하기보다는 정직하게 그리고 적기에 발 빠르게 대응함으로써 대중과 언론의 신뢰를 회복하는 데 성공했다. 타이레놀의 진통제 시장점유율은 사건이 발발하고 7%로 하락한 후 약 8개월 만인 1983년 5월에 종전 수준인 35%를 회복했다.[165]

1986년 2월 존슨앤존슨은 또 다른 사망 사건에 직면한다. 이번에는 미국 뉴욕주 웨스트체스터 카운티 용커스에서 청산가리가 든 타이레놀 캡슐을 먹고 한 여성이 사망했다.[166] 1982년 사건으로 변조방지 포장재 (병)를 만들었지만, 타이레놀 캡슐이 변조방지 병에 투입되어 소매점으로 배송되기 전에 독극물이 주입된 사건이었다. 버크 회장은 다시 한번 대규모 리콜을 단행했다. 사건이 발생한 웨스트체스터 전역의 모든 타이레놀을 회수하고 전국 소매점에서 타이레놀 판매를 보류했다. 전국의 소비자에게 갖고 있던 캡슐 타이레놀을 반품하면 정제 알약이나 코팅

정제 알약으로 교환하거나 전량 환불해 줄 것을 약속했다.[167]

존슨앤존슨은 차제에 위험을 원천 차단하기 위해 캡슐 형태의 제조를 전면 중단했다.[168] 정제 알약(Tablet 형태)은 1976년, 코팅 정제 알약(Caplet 형태)은 1983년에 이미 출시되어 캡슐과 병행 유통되었는데, 1986년 두 번째 청산가리 투입 사건으로 캡슐 형태 제조를 전면 중단하기로 결정한 것이다. 독극물이 들어갈 수 있는 길목을 막는 근본적인 조치였다. 그렇게 지금 우리가 아는 형태의 타이레놀이 탄생했고, 현재 우리가 모르는 캡슐은 두 번의 사건 너머로 사라졌다.

정제분말을 넣은 캡슐 형태의 타이레놀 제품 제조를 전면 중단한 존슨앤존슨은 1988년에 'Extra Strength TYLENOL Gelcaps'라는 캡슐 형태 제품을 재출시했다. 그러나 이 제품은 코팅되지 않은 정제형 타이레놀 제품을 목 넘김이 쉽도록 젤라틴으로 코팅한 제품(젤캡슐)으로 이전에 독극물 투입 사고가 일어났던 (분말)캡슐하고는 다르다. 2005년에는 섭취 후 더 빠른 효과를 위해 고안된 'TYLENOL Extra Strength Rapid Release Gels'를, 2008년에는 캡슐에 액체 약물을 넣은 'TYLENOL PM Rapid Release Gels'를 출시했다. 자동화 등으로 과거와 같은 독극물 투입 사고를 원천 차단했기에 가능했다.

존슨앤드존슨의 타이레놀 독극물 사건은 기업이 위기에 직면했을 때 어떻게 대응해야 하는지, 그리고 위기를 어떻게 기회로 바꿀 수 있는지를 보여준 모범사례로 각종 경영학 서적에 인용된다. 위기 및 리스크 관리이자 윤리경영이며, ESG경영의 고전적 사례인 셈이다. 참고로 타이레놀에 청산가리를 투입한 범인은, 몇몇 용의자가 있긴 했으나 아직 잡히지 않았다.

인종차별 논란과 스타벅스

2018년 4월 미국 필라델피아 스타벅스 매장에서 흑인 남성 두 명이 가만히 앉아 있다 경찰에 연행됐다. 당시 스타벅스 매장 직원들은 흑인 남성 두 명이 음료를 주문하지 않은 채 자리에 앉아 있다가 화장실을 사용하기 위해 비밀번호를 요청하자, 거절하고 대신 무단침입으로 경찰에 신고했다. 백인 부동산업자를 기다리던 두 흑인 남성의 손에 수갑이 채워져 연행되는 동영상이 공개되자 백인이었다면 체포되지 않았을 것이라며 대중의 거센 반발을 불러일으켰다.

이후 항의 시위와 소셜 미디어를 통한 스타벅스 불매운동이 일어났다. 스타벅스는 같은 해 5월 29일 미국 전역 8200여 개 점포의 문을 몇 시간씩 닫고 17만 5000명의 종업원에게 인종차별 금지 교육을 시행했다. 이로 인한 스타벅스의 매출 손실은 약 2000만 달러에 상당했다. 무디스의 스타벅스 신용등급은 A1에서 Baa1로 3계단 강등됐다.

케빈 존슨 스타벅스 최고경영자(CEO)는 봉변을 당한 흑인 고객 두 명에게 찾아가 직접 사과했다. 존슨은 언론을 통해 여러 차례 공식적으로 잘못을 인정하고 사과하는 노력을 보였다.

나이키와 슬픈 축구공

1996년 〈라이프〉지에 한 소년이 축구공을 꿰매고 있는 사진이 실렸다.[169] 사진의 주인공은 나이키 농구화가 130달러일 때 일당으로 60센트(시급 6센트)를 받은 12살 파키스탄 소년 타리크였다. 다국적 기업 나이

ESG 배려의 정치경제학

키의 동남아 납품업체에서 일어난 아동노동이 공개되면서 나이키 불매운동이 벌어졌고, 나이키는 창사 이래 최초로 1997년에 적자를 기록했고, 1998년 나이키의 기업가치는 2분의 1로 주저앉았다.

나이키의 설립자이자 최고영영자(CEO)인 필 나이트는 노동자 최소연령 상향 등 노동자 처우 개선 대책을 마련했고, 기업책임(Corporate Responsibility) 부서를 설립했다. 이후 나이키는 공급망을 책임 있게 관리하기 위해 '지속가능 제조조달 지표(SMSI, Sustainable Manufacturing and Sourcing Index)', 즉 건강·안전·환경 지표를 공표해 평가 기준을 통과한 공급업체하고만 계약을 체결했다. 현재 나이키는 세계적으로 CSR을 가장 잘 수행하는 100대 기업 중 하나가 되었고[170] 2020년 기준 의류 브랜드 가치 1위[171] 기업이 됐다.

전략적 CSR

미국의 저명한 경영학자 마이클 포터가 제안한 전략적 CSR은 조직이 사업 목표 및 전략과 CSR 활동을 연계해 고객과 이해관계자의 긍정적 상품 인식을 구축함으로써 이윤과 부가가치를 창출할 수 있다고 판단한다. 전략적 CSR을 통해서 기업은 공익과 이윤을 동시에 얻을 수 있다. 포터는 2006년 발표한 〈전략과 사회(Strategy and Society)〉라는 논문에서, 기업활동의 부정적 영향에 적절히 대응하는 책임 활동인 '반응적 CSR'과 사회와 기업 모두에 긍정적인 혁신을 끌어내는 '전략적 CSR'로 CSR을 구분했다.[172]

전략적 CSR은 브라이언 W 허스테드와 데이비드 브루스 앨런(2007

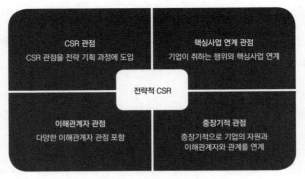

[그림 5-5] 전략적 CSR[173]

년)이 그 개념을 전통적 CSR과 비교하여 가시성(Visibility), 전유성(Appropriability), 자발성(Voluntarism), 구심성(Centrality), 진취성(Proactivity)의 5가지 잣대로 명확히 구분하면서 확장됐다. 2000년대부터는 CSR이 '비용'보다는 '투자'라는 인식이 확대되고 시장에서 경쟁우위를 확보할 수 있는 전략이라는 인식이 생겼다.[174]

구글의 '좋은 사회를 위한 AI'

구글은 2018년 '모두를 위한 인공지능(AI)' 프로그램을 시작했다. 인간 삶의 질을 향상하고 인류가 직면한 문제를 해결하는 데 AI를 활용하겠다는 목적이다. 이 프로그램은 '좋은 사회를 위한 AI(AI4SG, AI for Social Good)' 프로젝트의 하나다. 구글은 '모두를 위한 AI 프로그램'을 통해 홍수 예측, 고래 보호, 기근 예측 등 사회적으로 긍정적인 영향을 미

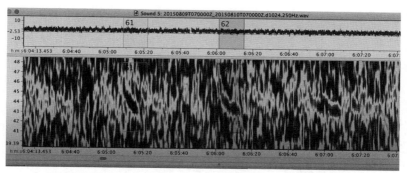

[그림 5-6] 방대한 분양의 녹음 분량에서 고래 소리를 식별하는 구글의 AI 시스템(자료: 구글)

치는 사업에 구글의 핵심 AI 연구 및 엔지니어링을 적용할 것을 목표로 AI 기술을 오픈소스(Open Source)[175]로 공유했다.

이에 따라 멕시코 '몬터레이만 수족관 연구소(MBARI, Monterey Bay Aquarium Research Institute)'에서 인턴십을 하던 대학생 다니엘 레옹은 구글이 개발한 AI를 사용해 멸종 위기에 처한 고래를 보호하는 시스템을 개발했다.

태평양에서 녹음된 10만 시간 분량의 오디오 자료를 구글의 AI를 통해 빠르게 스캔하여 고래 소리를 식별함으로써 고래를 찾고 보호하는 시스템을 만들었다. 레옹이 개발한 시스템 덕분에 MBARI팀은 고래 울음소리를 자동으로 감지하고 분류하는 방법의 토대를 마련할 수 있었다.

캘리포니아 가뭄에 대한 경각심을 일깨우기 위해 만든 비영리 단체 'Raindrop US'의 창립자인 몬타비스타 고등학교 학생인 아디티야 샤와 산자나 샤는 구글의 AI를 사용해서 산불에 취약한 숲의 영역을 식별하고 산불을 예측하는 장치를 만들었다. 이들이 만든 산불 조기 경보 제공 장치는 풍속·풍향·습도·온도와 같은 산불 유발 요인을 측정하여 산불 발생 확률을 확인한다.

AI4SG(AI for Social Good)

AI를 사용하여 오늘날 존재하는 중요한 사회, 환경 및 공중 보건 문제를 해결하는 데 중점을 둔 연구분야[176]로 환경과학·사회과학과 AI의 교차점이다. AI4SG는 유엔의 17가지 지속가능발전목표(SDGs)에 요약된 우선 순위에 따라 긍정적인 사회적 영향을 전달하는 데 중점을 둔다.[177]

AI4SG의 연구문헌상 정의는 몇가지로 요약된다. 루치아노 플로리디 등(2020년)은 AI4SG 애플리케이션에 필수적인 7가지 요소, 즉 (1) 반증가능성 및 점진적 전개 (2) 예측가능한 변수 조작에 대한 보호 장치 (3) 수용자 상황에 따른 개입 (4) 수용자 상황에 맞는 설명과 투명한 목적 (5) 개인정보 보호 및 데이터 주체의 동의 (6) 상황적 공정성 (7) 인간 친화적인 의미화를 제시했다.[178]

이러한 원칙은 〈벨몬트 보고서〉[179, 180]와 〈멘로 보고서〉[181]에 설명된 원칙과 일치하지만 AI와 기술의 남용 또는 악의적 사용 가능성에 밀접하게 초점을 맞추고 있다.

특정 응용 프로그램이 17개 SDGs 모두에 긍정적인 영향을 미치는 것이 항상 가능한 것은 아니다. 실제로 목표 중 하나에는 긍정적인 영향을 미치고 별도의 목표에는 부정적인 영향을 미칠 수 있다. 이에 대응하기 위해 응용 프로그램은 다른 SDGs에 피해를 주지 않으면서 가능한 한 많은 SDGs에 긍정적인 순효과를 최대화하는 것을 목표로 해야 한다.

국제인공지능학회(AAAI)는 2019년 연례 컨퍼런스에서 AI4SG를 새로운 주제로 제시했고 이후 AI4SG 애플리케이션에 필요한 몇 가지 기준을 만들었다. 지금까지 AI 커뮤니티에서 해결되지 않은 문제, 사회적 영향 등을 고려하고, 참신한 접근방식과 새로운 모델 도입 혹은 기존 모델의 데이터 수집 기술, 알고리즘 및/또는 데이터 분석 기술을 현저히 개선하는 것 등이다.

오늘날 AI4SG에 사용되는 가장 일반적인 기술은 게임 이론, 네트워크 이론, 다중 무장 도적(multi-armed bandit) 알고리즘, 마르코프 의사결정 프로세스, 강화 학습 및 의사결정 중심 학습으로, 모두 AI 및 다중 에이전트 시스템 분야를 활용하는 일반적인 모델링 접근 방식이다.

모든 학문, 특히 사회 개선을 요구하는 학문과 마찬가지로 AI4SG 적용 시 의도하지 않은 결과가 발생할 수 있다. 이를 감안하여 특정 응용 프로그램을 개발하는 개발자는 그 프로그램의 장단점을 명확하게 제시하고 프로그램의 광범위한 영향에 대해서도 명확하게 설명하도록 제안됐다.[182]

남아프리카공화국 하람비청년고용촉진단(Harambee Youth Employment Accelerator)은 구글 AI의 데이터 분석 및 머신러닝을 이용해 남아프리카공화국의 청년 실업 문제를 해결하고자 노력했다. 그 결과 2018년에 5만 명 이상의 실업 청년을 일자리와 연결했다.[183]

구글은 물리학 기반의 모델링과 AI를 결합해서 홍수 예측 및 경고 프로그램인 'Google Public Alerts'를 제공한다. 캐나다의 유벤와(Ubenwa)사는 아기가 우는 소리를 분석하여 출생 시 아기의 질식 위험을 예측하는 시스템을 개발했다. 의사가 없는 곳에서 사용가능한 모바일 앱도 개발했다.[184] 더욱 광범위한 문제에 AI를 적용하고 외부 조직과 협력하여 광범위한 솔루션을 찾도록 2019년엔 '구글 AI 임팩트 챌린지(Google AI Impact Challenge)'를 시작했다.

'구글 AI 임팩트 챌린지'는 전 세계의 비영리단체, 학계, 사회적 기업이 AI를 사용하여 세계 최대 사회적, 인도적, 환경적 문제를 해결할 방법에 관한 제안을 내도록 격려한다. 구글 AI 전문가의 코칭, 2500만 달러의 자금 지원, 구글 클라우드의 크레딧 및 컨설팅을 통해, 선발된 제안이 현실화하도록 돕는다.

유한킴벌리의 '우리강산 푸르게 푸르게'

유한킴벌리의 '우리강산 푸르게 푸르게' 캠페인은 기업의 핵심 전문성과 CSR을 연계한 전략적 CSR의 모범 사례다. 유한킴벌리는 나무로부터 제품 원료를 얻는 기업의 특성과 CSR을 연결해 1984년부터 숲환경 캠페인 '우리강산 푸르게 푸르게'를 펼치고 있다. 이 사업은 나무심기와 숲가꾸기를 통해 숲과 사람의 공존을 우리 사회에 제안하기 위해 시작했다.[185] 주요 프로젝트로는 나무심기 운동, 지역 숲 모델 조성, 숲가꾸기 운동, 아름다운 숲 보전 운동 등과 청소년 그린캠프, 시니어 산촌학교, 자연사랑 문학지원사업 등이 있다.

1995년 학교 숲 조성 사업에 착수하여 1999년 서울 화랑초등학교, 안양 신기초등학교 등 10개교를 시작으로 2019년까지 전국 735개 학교에서 약 87만 제곱미터 면적의 숲을 만들었다. 1985년부터 매년 봄 신혼부부를 초청하여 대대적인 나무심기 활동을 펼쳐 숲의 중요성을 알리고, 숲 체험과 봉사활동의 기회를 제공하고 있다. 2021년까지 참여한 신혼부부는 2만 1444명이고 22만 6100그루의 나무를 심었다. 1988년부터 매년 여름 전국 여고생을 대상으로 한 자연체험교육 그린캠프를 개최하여 2021년까지 51회, 4661명의 여고생이 참여했다.

국내 산림복구사업에 나서 군부대 시민단체와 함께 1999년 경기 파주시 접경지대에서 평화의 숲을 조성한 것을 계기로 북한지역 산림조성 협력 방안을 모색해 2005~2008년 북한 지역인 금강산 일대에서 남북공동 신혼부부 나무심기 행사를 진행했다. 2017년 강원도 화천에 40만 그루 생산시설을 갖춘 화천미래숲 양묘센터를 준공하여 2019년까지 소나무, 낙엽송, 쉬나무 등 36만 본을 육성했다.

국내를 넘어 사막화 방지를 위해 몽골에서도 나무를 심었다. 2002년 몽골 정부로부터 산불피해지 복구를 요청받은 이후 2003년 몽골 토진나르스 지역에서 나무를 심기 시작해 2014년까지 3250헥타르에 1015만 그루의 나무를 심어 숲을 조성하고 이후로도 매년 100헥타르의 숲을 가꾸었다. 2018년에 토진나르스 숲은 '유한킴벌리숲'으로 명명됐다.

[그림 5-7] 유한킴벌리의 몽골 나무심기
(위: 나무심기 전, 가운데: 나무심기 후, 아래: 유한킴벌리 숲 명명식)(자료: 유한킴벌리)

5장: ESG경영의 다양한 현장

IBM의 'P-TECH'

미국 뉴욕의 브루클린 크라운 하이츠 지역의 P-TECH(Pathways in Technology Early College High School)은 글로벌 기업인 IBM이 2011년 뉴욕시, 뉴욕시립대(CUNY)와 함께 만든 학교로, 2017년 6월에 첫 졸업생을 배출했다. 미래 사회가 원하는 인재를 기존 교육방식으론 배출하기 힘들다는 판단에서 만든 P-TECH은 고등학교 4년과 전문대 2년 과정을 통합한 6년제 학교다. 직업 현장에서 쓰는 기술 위주로 배우고 수업료는 전액 무료이며, 졸업하면 컴퓨터과학 분야의 전문대 학위를 얻는다. 이른바 'STEM(과학·기술·공학·수학)융합 교육' 위주의 교육을 받고 졸업 후 바로 취업 전선에 뛰어들 수 있는 학교다.

P-TECH의 두 가지 목표는 '새로운 직업에 필요한 전문 기술을 갖춘 인력을 양성하여 글로벌 기술 격차를 해결하고 지역 경제를 강화하는 것'과 '소외된 청소년에게 대학 진학과 취업 준비를 동시에 시켜주는 혁신적 교육과정을 제공하는 것'이다.[186]

2013년에 이 학교를 방문한 버락 오바마 당시 미국 대통령은 학생들 앞에서 "여러분은 이제 중산층으로 도약할 티켓을 거머쥐었다. 모든 미국인 학생에게 P-TECH과 같은 교육 기회를 줘야 한다"고 말했다.

P-TECH 졸업생은 IBM에 지원해 면접까지 볼 수 있다. 1회 졸업생 중 20명이 IBM에 입사했다. IBM 글로벌 마켓 사회공헌부 책임자 데이비드 래퍼는 "P-TECH 졸업생들은 매우 훌륭한 인재"라며 "회사가 원하는 기술을 충분히 갖췄으며 프리젠테이션 능력이 뛰어난 친구들"이라고 평가했다.[187]

P-TECH은 2020년 말 현재 미국을 포함하여, 호주·모로코·대만·싱가포르·중국 등 28개국 300개교 이상으로 확대되었고, 1000개 이상의 인턴십을 제공하며[188] 의료IT, 첨단 제조 및 에너지 기술을 포함한 다양한 분야 600여 개 대기업·중소기업과 협력하고 있다.[189] 한국에서도 2019년 3월 경기과학기술대(2년), 명지전문대(2년)와 연계해 5년 통합 교육과정의 '한국 뉴칼라 스쿨(교원그룹+미래산업과학고+명지전문대)'과 '서울 뉴칼라 스쿨(세명컴퓨터고+경기과학기술대)'을 열었다. 한국 뉴칼라 스쿨 졸업생은 향후 교원그룹 입사 지원 시 서류전형이 면제된다.

공유가치창출(CSV)

기업과 지역사회는 상호의존적이라는 전제하에 제안된 공유가치창출(CSV, Creating Shared Value)은 기업이 사회적 가치를 창조하기를 요구한다.[190] 하버드 대학 경영학부 교수 마이클 포터와 마크 크레이머는 2011년 〈하버드 비즈니스 리뷰〉에 기고한 '공유가치의 창출: 자본주의의 재발명과 혁신과 성장을 불러일으키는 방법(Creating Shared Value: How to Reinvent Capitalism and Unleash a Wave of Innovation and Growth)'이라는 논문에서 CSV를 처음 제시했다. 기업이 단순히 사회에 환원하는 수준을 넘어, 사회공동체와 기업이 상호의존적이라는 인식하에, 경제적 이익과 사회적 혜택 사이에서 이해관계가 일치(Convergence of Interest)하는 지점에서 사회와 공유된 가치를 창출해야 한다는 개념이다.[191, 192]

포터는 2012년 공유가치 이티셔티브(Shared Value Initiative)를 설립했다. CSV는 CSR을 기업의 재무적 성과와 연결해 창출해낸다는 점에서 기업에게 더 매력적으로 다가올 수 있는 사회공헌 방법론이다.

국외에서는 2000년대 초반 CSV 활동이 시작되었는데, 2010년대 초반에는 아디다스와 BMW 등의 대기업이 CSV 활동을 적극적으로 펼친 바 있다.[193] BMW는 2011년부터 이후 6년 동안 차량형 실험실을 이용해 전 세계 9개의 주요 도시에 방문해 도시 생활의 문제점을 건축학·기술·교육·디자인 등 다양한 방면에서 진단하는 'BMW 구겐하임 랩(BMW Guggenheim Lab)' 사업을 운영했다. BMW는 이 프로그램을 통해 자사 제품이 '특권층만을 위한 차'라는 인식을 탈피하는 효과를 거두었다고 평가했다.[194] 네슬레는 2050년까지 자체적으로 온실가스를 '제로'로 줄이는 '넷 제로 로드맵(Net Zero Roadmap)'을 2020년에 발표하고 포장재 개발 투자, 배송경로 최적화, 식품안전 교육과 저탄소 제품 전환 등을 통해 CSV를 실천하고 있으며 앞서 2006년부터는 전면적인 CSV경영을 시행한 바 있다.[195]

그라민은행의 '그라민크레딧'과 '1유로 신발'

방글라데시의 경제학자이자 치타공 대학의 농촌 경제 프로그램 책임자인 무함마드 유누스 교수에 의해 1976년 설립된 그라민은행은 2006년 설립자와 함께 노벨 평화상을 수상했다. '그라민'은 벵골어로 '시골' 또는 '마을'을 의미한다.

이 은행은 150달러 미만의 돈을 담보와 신원보증 없이 하위 25%에게만 낮은 이자로 빌려준 뒤 오랜 기간에 걸쳐 조금씩 나눠 갚도록 하는 소액 장기 신용대출 사업을 벌였다. 그라민은행은 현재 2564개의 지점을 두었고, 1만 9800명의 직원이 8만 1367개 마을에서 829만 명의 차용인에게 대출서비스를 제공하고 있다. 그라민은행의 성공은 전 세계 58개 이상의 국가에 영감을 주었고 우리나라에서는 '신나는 조합'이 그 계획을 이어가고 있다.

그라민은행은 빌려간 돈을 못 갚았을 때 법적 책임을 묻지 않는다. 차용인 중 97%가 여성이고, 상환율은 2021년 10월 누적상환액 기준 93.9%다.

그라민은행의 자금은 초기 몇 년 동안 기부기관으로부터 낮은 이율로 제공받았고, 1990년대 중반까지는 방글라데시 중앙은행에서 조달받았다. 그 이후에는 조달 수단으로 방글라데시 정부가 보증하는 채권 판매를 시작했다.

그라민은행 설립자 유누스 박사가 운영하는 사회적 기업 '그라민 회사'는 2009년 11월에 독일의 신발업체인 아디다스에 가난한 사람들을 위한 생분해 재질의 저가 신발 '1유로 신발' 사업을 제안했다. 아디다스는 이 사업을 위해 방글라데시에 공장을 설립하고 20개월에 걸친 연구 끝에 제품을 만들어 방글라데시에서 '1유로 신발'을 공급했다.

CSV하면 네슬레라는 말의 의미

CSV의 성공 모델로 꼽히는 네슬레는 준법과 지속가능성을 위한 노력을 CSV의 필수과제로 설정했다. 2006년 네슬레는 장기적으로 사업을 지속할 수 있는 선순환 구조를 만들고자 CSV 패러다임을 최초로 도입했고, 2009년 전사 CSV 경영체계를 구축했다. 'CSR 체계(Hierarchy of

Corporate Social Responsibility)'라 불리는 네슬레의 CSV경영은 법규·행동강령 등의 컴플라이언스(Compliance, 준법)와 지속가능성 전략을 바탕으로, 사회를 위한 가치를 창조하는 것을 목표로 한다.

네슬레 'CSR체계'의 가장 아랫단인 1단계는 기본이 되는 '컴플라이언스'다. 기본적 비즈니스 원칙, 법, 행동 수칙 등을 기업이 지켜야 한다는 뜻이다. 미래 세대를 희생하면 안 되기에 지속가능한 방식으로 사업을 진행해야 한다는 비전이 2단계 지속가능성(Sustainability)이다. 그다음 3단계가 사회문제를 해결하면서 새로운 비즈니스 기회를 창출하는 CSV다. 준법이 이뤄져야 지속가능성을 논의할 수 있고, 지속가능성의 기반 위에서 비로소 CSV를 실행할 수 있다는 논리구조다.

네슬레의 CSV는 가치 사슬(Value Chain)을 살펴보고, 모든 영역에서 책임 있게 이행되고 있는지 확인한다. 1930년대 대공황 직후 커피 가격

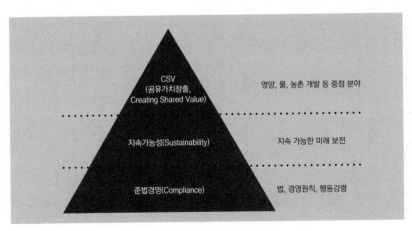

[그림 5-8] 네슬레의 CSV 모형(자료: 네슬레)

이 폭락하자, 브라질 투자은행이 네슬레를 찾아왔다. 브라질의 커피 산업이 처한 곤경을 해결해달라는 요청을 받은 네슬레는 브라질의 분유와 커피를 어떻게 활용할지 조사했고, 그렇게 1938년에 탄생한 브랜드가 네스카페다. 현재 네스카페는 매일 4억7000만 컵의 커피를 판매할 정도로 성장했다.

2010년 도입한 농촌개발 프로그램 '네스카페 플랜'도 비슷한 계기로 시작됐다. 당시 커피 가격이 큰 폭으로 하락하면서 중간상인이 취하는 이득에 비해 커피 농가의 수익성이 형편없었다.

네슬레는 건강하고 질병에 강한 묘목을 커피 농가에 제공하고 재배 기술을 교육했다. R&D센터 7곳을 세워 농학자들과 함께 수확량을 높이는 방법을 연구하고, 커피 공장의 에너지 문제와 위험 물질에 대해서 엄격하게 모니터링했다. 네슬레와 직접 거래하는 17만 농가의 수입이 배로 늘었고, 소비자는 질 좋은 커피를 마실 수 있게 됐다. 네슬레는 이 사업에 5억 스위스프랑을 투자했다.

네슬레는 사회적 가치 창출이 성공적인 사업을 위한 가장 기본적인 요소라고 생각하여 영양, 물, 농촌개발, 환경 지속가능성, 인권의 5가지 영역으로 나눠 CSV 프로젝트를 진행했다. 네슬레는 물 사용 최소화 원칙에 따라 멕시코 할리스코에 있는 낙농 공장을 확장하여 2014년에 회사 최초의 '물제로(Water Zero)' 제조공장으로 탈바꿈했다. 낙농 작업에서 취득한 물을 커피 공정에 재사용했다. 특히 우유 가공 과정에서 물을 취득해 흥미롭다. 약 88%가 수분인 신선한 우유를 낮은 압력에서 가열하면 증기가 생성되는데 이 증기의 일부는 설비 등을 청소하는 데 쓰고 나머지는 응축·정화하여 물로 재활용된다. 2015년에 이렇게 재활용한 물

약 160만 리터를 할리스코의 네슬레 공장 운영에 사용했다. 이것은 공장 1년 사용량의 약 15%에 해당한다. 또한 커피 수확 후 남은 껍질을 연료로 사용하는 적정 기술을 개발·적용했다.

전사 CSV경영체계를 가동할 때 네슬레의 CSV 총괄은 최고경영자(CEO)였다. CSV 프로젝트에 어마어마한 금액이 투자되기 때문에 회장을 필두로 한 전 직원의 의식이 강조됐다. 네슬레에 입사하면 모든 직원이 CSV 교육을 받고, 자신의 업무와 CSV 비전을 자연스레 연결했다.

실제로 5가지 영역의 CSV 주제에 맞춰 네슬레의 생산·유통·판매 등 가치 사슬 전부를 바꿔나갔다. 예를 들어 오래된 커피 공장을 좀 더 안전한 환경으로 개선하기 위해 제조업팀이 개입했고, 소비자에게 재활용을 권유할 수 있는 캠페인을 위해 마케팅팀이 협력했다. 커피 수확량을 높이기 위해 R&D팀이 투입됐고, 홍보팀은 사내 CSV 커뮤니케이션을 원활하게 조정했다. CSR팀이나 CSV팀 대신 CEO를 위원장으로 CSV 전략위원회가 수시로 열렸다. 이 위원회는 영양, 물, 농촌개발, 환경 지속가능성, 인권 등 5가지 영역별로 사회에 어떤 임팩트를 주고 있는지 모니터링하고, CSV 프로젝트별로 부서별 현황을 공유하며, 현재 어떤 문제가 있는지, 얼마만큼 투자가 필요한지를 논의하는 자리였다. 주주, 비영리단체 등 주요 이해관계자의 조언을 받아 다음 전략을 짜고, 모든 부서가 함께 움직였다.

현재에도 CSV는 네슬레의 핵심 경영 원칙이며 전략의 기초를 형성한다. 네슬레의 CSV와 지속가능성 원칙을 운영하기 위한 내부 지배구조는 이사회와 이사회 직속 위원회인 지속가능성위원회(Sustainability Committee), 이사회의 지휘를 받는 집행이사회(Executive Board)와 외부

전문가로 구성된 집행이사회 직속의 CSV 자문단(Creating Shared Value Council), 집행이사회 지휘를 받는 ESG 및 지속가능 자문단(ESG & Sustainability Council) 등으로 구성되어 있다.

과거 CSV경영이 한창일 때 홍보팀 안에 CSV 커뮤니케이션 담당자가 있었지만, 오히려 그는 단지 CSV 프로젝트 소식을 회사 내외로 알리고 소통하는 역할만 했다. 대신 네슬레는 매년 CSV포럼을 열어 이해관계자들에게 CSV 현황을 공유하고, 글로벌 사회문제 트렌드를 토론했다. CSV포럼은 2009~2015년까지 매년 열렸고 이후 2년마다 열리며, 포럼에서 논의된 내용은 다음해 네슬레 CSV 정책 및 전략에 반영한다. 가장 최근의 CSV포럼은 2018년 3월 브라질에서 '지속가능발전 목표를 위한 동인으로서 물'을 주제로 열렸다. 2020년 이후에는 코로나19로 인해 과거와 같은 형태의 이해관계자 포럼은 없었고 비대면 가상회의를 진행했

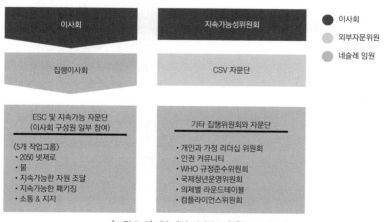

[그림 5-9] 네슬레의 지배구조 현황(자료: 네슬레)

다. 향후 CSV포럼이 대면 혹은 비대면으로 진행될지는 상황에 따라 유동적이다.

브랜드에 맞는 CSV의 성공과 실패: 파타고니아와 맥도날드

네슬레가 CSV의 대표선수이지만 논란이 많은 선수라고 한다면 파타고니아는 거의 무결한 CSV의 대표선수다. 파타고니아의 CSV는 브랜드에 맞는 사회문제를 선정하는 것이 얼마나 중요한지 잘 보여준다.

널리 알려진 대로 파타고니아 창업자 이본 쉬나드는 등반에 필요한 강철 피톤(암벽을 오를 때 바위에 박아 넣어 중간 확보물로 쓰는 금속 못)을 만들어 팔았는데 강철 피톤이 암반을 파괴하고 있다는 사실을 깨달았다. 이후 암반의 자연적인 틈에 거는 알루미늄 초크를 만들어 팔기 시작했고 각종 등산용품, 등산복 등 친환경 제품 생산에 착수했다.

100% 유기농 목화로 만든

[그림 5-10] 파타고니아의 'DON'T BUY THIS JACKET' 광고 (자료: 파타고니아코리아)

ESG 배려의 정치경제학

데님, 재활용 원단, 염색하지 않은 캐시미어, 고무 대체품 율렉스(Yulex) 등이 나왔다. 파타고니아는 중고 옷 구매를 장려하고 망가진 옷을 수선해주는 서비스를 제공했고, 급기야 'Don't buy this jacket(이 재킷(파타고니아 제품)을 사지 마세요)'이라는 슬로건까지 내놓았다. 이 같은 철학에 미국인은 열광했고 파타고니아는 미국의 3대 아웃도어 브랜드로 올라섰다.

반면 맥도날드는 CSV를 위해 실제로 행동했는데도 역풍을 맞았다. 2011년 맥도날드는 아이들의 건강을 증진하기 위해 자사 해피밀 세트에서 감자튀김의 양을 절반으로 줄이고 캐러멜 소스를 제거한 후 사과 조각을 추가했다. 이후 해피밀 세트 칼로리가 기존보다 20% 낮아졌다며 대대적으로 홍보했다. 그러나 20%를 줄인 해피밀 칼로리는 600킬로칼로리가량으로 여전히 아이들이 먹기에 고칼로리라는 비판을 받았다. 해피밀 세트를 건강한 음식인 양 눈속임을 했다는 평가 속에 맥도날드의 브랜드 이미지만 악화했다.

CSV와 사회적 가치 측정

예컨대 문재인 정부에서 사회적 가치를 중시하는 등 사회적 가치의 중요성이 나날이 높아지고 있지만 사회적 가치를 한마디로 정의하기는 힘들고 아직 사회적 가치에 관한 사회적 합의가 존재하지도 않는다. 그럼에도 사회적 가치가 포기할 수 없는 사회적이고 국가적인 의제라는 데 어려움이 있다. 특히 공유가치창출(CSV)에서 말하는 가치(Value)는 사회적 가치일 수밖에 없다는 점에서 사회적 가치는 CSV에서 반드시 확인되고 계량되어야 할 가치가 된다.

CSV 관점에서는 사회적 가치 창출을 통해 이해관계자 삶의 질을 향상하고 행복을 증진하는 게 기업 본연의 목적이자 사명이다. 영국의 통신기업 BT와 독일의 세계적 스포츠 브랜드 퓨마는 CSR 선도기업으로서 다양한 사회적 가치를 창출하기 위해 노력했다. 그들은 경영활동이 사회에 미치는 영향을 파악하고, 궁극적으로 자신들이 생산해 내는 '순사회적 가치(Net Social Value)'를 향상하고자 했다. 순사회적 가치란 기업이 사회에 주는 긍정적 사회적 가치와 부정적 사회적 가치를 상계하고 난 순효과다.

SROI vs. EP&L

BT와 퓨마는 순사회적 가치의 측정과 활용 방안을 두고 근본적으로 다른 접근방법을 택했다. BT는 CSR 활동 중 정보 접근 격차 해소, 즉 정보 접근 포용성(Digital Inclusion) 향상을 위한 프로젝트 'Get IT Together'가 얼마만큼의 사회적 가치를 창출하는지, 그 사회적 가치가 투자 대비 얼마나 이익을 내는지 알고자 했다. 목적은 더 효과적인 사회적 투자를 하기 위함이었다.

사회적 가치는 아주 다양한 형태로 나타나서 전부를 측정할 수는 없지만 BT는 대표적인 사회적 가치로 확신, 사회적 격리 감소, 독립성, 효율적 시간 사용, 비용 절감, 편의성, 고용 증진 등의 사회적 편익(Social Benefits)을 선정했다. BT는 'Get IT Together' 교육에 참여한 모든 사람을 대상으로 한 설문조사에서 얻은 1차 자료로부터 교육의 주관적·비계량적 효과를 파악하고, 이것을 계량화하기 위해 이미 다른 기관이나 연구에서 발표한 비용화 기제(機制)를 사용했다.

예를 들어 고령자의 독립성 향상이라는 사회적 가치 측정에서, 설문을 통해 측정한 교육 효과를 수치화하기 위해 영국 정부가 설립한 비영리조직인 'Independent Money Advice Service'가 발표한 시간당 돌봄서비스 고용 원가를 적용했다. 이렇게 계산된 총 사회적 가치를 총투자금액으로 나누면 '사회적 투자수익률(SROI)'이 계산된다. BT가 2012년 자료로 계산한 결과 42만 파운드 투자에서 150만 파운드의 사회적 가치가 발생해 SROI가 3.7대1로 나타났다.

BT의 SROI 접근법은 사회적 가치 측정과 활용의 여러 기법 중 하나다. 그 특징은 다음과 같다.

① 투자금액과 결과를 비교해 투자의 타당성을 판단하고 그 활용 방안을 찾는 것이다.
② 조직 전체의 사회적 가치를 측정하는 사회적 회계(Social Accounting)와 달리 특정 프로젝트의 분석에 적절한 기법이다.
③ 특정 프로젝트가 만들어내는 긍정적 사회적 가치를 투자금액과 비교함으로써 투자 관련 부정적 사회적 가치인 외부효과를 고려하지 않는다.
④ 많은 단점이 있는데도 개별 CSR 활동의 사회적 가치 측정과 타당성 검증을 가능하게 해 줄 뿐 아니라 이를 통한 스토리텔링을 가능하게 해 전략적 가치가 뛰어나다.

퓨마는 이와는 대조적으로 2011년에 환경손익계산서(EP&L, Environmental Profit & Loss)를 발표했다. 퓨마는 공급사슬 전반에 걸쳐 발생하는 사회적 비용(부정적 외부효과) 측정 결과를 손익계산서 형태로 작성·발표했다. 비록 환경 이슈 중 물과 에너지 사용에 국한하고 다른 사회 이슈 측정은 미래 계획으로 미뤘지만 연차보고서에 반영되지 않은 사회적 비용을 측정했다는 데 의의가 있다. 자사의 사업장뿐 아니라 4단계에 걸친 공급업체의 활동에서 사용된 용수와 에너지를 파악해 이것의 사회적 비용을 계산했다. SROI 접근법과 마찬가지로 기존 연구에서 제시한 단위당 가치를 적용했다.

퓨마의 사회적 가치 측정은 다음처럼 BT와 여러 면에서 차이가 있다.

① 프로젝트별 사회적 가치가 아니라 기업 전반의 활동에 따른 기간별 사회적 가치를 측정하고자 했다.
② 사회적 가치 중 긍정적 가치인 사회적 편익은 측정하지 않고, 사회적 비용을 측정했다.
③ 기업활동으로부터 발생하는 사회적 비용을 비(非)시장 방법으로 측정해, 손익계산서에 포착되는 비용뿐 아니라 기업이 궁극적으로 부담해야 하는 외부비용을 공시함으로써 사회책임에 진정성을 보이는 전략적 효과를 거뒀다.

사회적 가치 측정에는 여러 방법이 있으나 기업이 사회적 가치 측정여부와 방법을 선택하면서 중요한 것은 진정성과 전략적 고려다. 사회적 가치 향상과 사회변화의 의지가 전제되어야 하며 그것을 위해 적절한 방법을 찾아야 한다. 다른 기업이 하니까 따라 하는 것은 이른바 비전략적 동형화(Non-Strategic Isomorphism)에 불과하다. 기업은 경제적 가치와 사회적 가치의 접점에서 이해관계자 가치 최적화를 추구해 전략적 성공을 달성하려 노력해야 한다.[196]

SK의 DBL

CSV가 만들어낸 사회·경제적 가치를 제대로 측정하는 것이 중요하지만 합의된 방법론이 없는 지금으로선 이것저것 나름의 합리성에 근거해 시도해 보는 게 의미가 없지는 않다. 제대로 된 측정이 물론 중요하지만 어떻게든 측정이 되어야 목표를 향해 잘 나아가고 있는지 알 수 있기 때문이다. 자체적으로 합의된 내부적 방법론은 적어도 자체의 성과 평가를 가능하게 한다. 이 성과를 경영진, 주주, 노동자 등과 지속해서 공유한다면 기업이 어려울 때 가장 먼저 사회공헌 예산을 줄일 일이 없어지고 경영진이 바뀔 때마다 전략이 수정되는 일도 없다.

SK가 2018년에 경제적 가치와 사회적 가치를 동시에 추구하는 더블 보텀라인(DBL, Double Bottom Line) 경영의 시동을 걸었다. 예컨대 전기를 아끼는 저전력 반도체, 장애인 고용 등을 사회적 가치를 높인 성과로 기록하고 반대로 법 위반이나 과태료 등은 사회적 비용으로 기록하는 식이다. SK하이닉스가 첫 적용 대상 계열사였는데, 이 회사는 2017년에 7조866억 원의 사회적 가치를 창출했다고 발표했다. 임금, 법인세, 배당금 등을 모두 사회적 가치에 포함했다.

SK의 시도는 기업 자체의 의미 외에 사회적 가치 측정에 관한 사회적 논의를 촉진했다는 측면에서 더 큰 의미가 있다.

구찌, 생로랑 등 명품 브랜드의 환경손익계산서

세계적으로 유명한 명품 브랜드 구찌, 생로랑, 보테가베네타, 발렌시아가를 보유한 프랑스 명품 기업 케링 그룹은 환경손익계산서(EP&L)를 공개한다. 프랑수아 앙리 피노 회장 겸 최고경영자(CEO)가 2010년 일부 브랜드에 처음 도입한 이래 2015년부터 산하 브랜드 전체에 적용하고 있다. 가죽 원단 등 원자재 90%의 생산·유통 과정을 분석해 탄소배출량과 생태계에 끼치는 영향, 즉 환경발자국을 추적했다. 여기에 그치지 않고 금전적 가치로 환산해 매년 EP&L을 발표한다. 환경에 미친 악영향이 큰 부문에 대해선 새로운 공정을 적용해 개선한다.

케링은 2025년까지 EP&L상 '환경 손실'을 2020년 대비 40% 줄인다

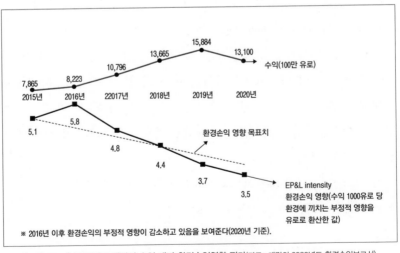

[그림 5-11] 2020년도 케링의 수익 대비 환경손익영향 평가(자료: 케링의 2020년도 환경손익보고서)

ESG 배려의 정치경제학

는 목표를 세웠다. 이에 따라 미국 항공우주국(NASA), 스탠퍼드 대학 등과 협업해 몽골 내 캐시미어 생산지 일부에서 염소 방목법을 바꿔 목초지를 보호하게 했다. 중국 내 섬유공장에는 새 대기·수질오염 기준치를 설정하고 여기에 맞게 생산 과정을 바꿨다. 피노 회장은 "기업은 경영 활동으로 환경이 오염된다는 현실을 직시하고, 악영향을 줄여야 하는 책임이 있다"고 말했다.

피노 회장은 2019년 말에 에마뉘엘 마크롱 프랑스 대통령의 요청에 따라 프랑스 〔패션협정〕을 주도했다. 〔패션협정〕은 패션 기업이 지속가능 경영을 추구하겠다는 일종의 가이드라인으로 프랑스 기업 60곳이 참여했다.[197]

기업 이미지와 소비자

세계적인 식품 메이저인 네슬레는 공유가치창출(CSV)의 성공적인 사례로 언급되지만 사회적 가치 훼손에 따른 악명도 높다. 1970년대 중반 아프리카에서 벌인 분유 마케팅은 극단적 이윤 추구로 거센 반발에 직면했다. 분유를 더 팔기 위해 아프리카 아기를 기아와 질병으로 내몰았다는 비난을 사며 전 세계적 불매운동을 초래했다.[198]

네슬레가 아프리카에서 실시한 분유 판매 촉진 마케팅은 매우 공격적이었는데, 문제는 현지 사정을 고려하지 않아 부작용이 컸다. 공짜 샘플을 뿌려 모유 수유를 줄인 후 분유를 판매하는 방식은, 깨끗한 식수를 구하기 힘든 아프리카 상황과 분유 수유에 관한 교육이 부족한 현지 실정을 전혀 고려하지 않았다. 이 마케팅으로 아프리카에서 네슬레의 분유 판매량은 늘었지만 아프리카 아기들이 기아와 질병으로 죽는 사태를 부채질하는 결과를 낳았다. 네슬레에 소송제기와 불매운동이 이어졌고 네슬레는 이러한 움직임에 굴복하여 마케팅 전략을 바꾸기로 합의했다. 이 사건은 네슬레가 기업 이미지에 신경을 쓰는 중요한 계기가 됐다. 단 기간의 이익보다 장기간에 유지되는 좋은 평판의 가치가 더 크다는, 모종의 깨달음이었다. 그러나 네슬레의 그 깨달음에는 오랫동안 물음표가 따라다닌다.

시나르마스는 인도네시아 전역에서 팜 플렌테이션 농장을 경영하는 인도네시아 유수 기업이다. 이 회사는 네슬레가 생산하는 초콜릿바 '킷 켓(KitKat)'의 주재료인 팜유를 공급했다. 기업 규제가 약한 개도국에서 흔히 그렇듯 시나르마스는 환경문제에 무관심하고 그저 이윤만을 추구하는 곳이었다. 이 회사는 팜유 생산을 늘리기 위해 무자비하게 삼림을 파괴했고 그곳에 농장을 건설했다. 이 과정에 많은 문제가 생겼고 특히 멸종 위기 동물의 생존이 위협받게 됐다. 그중에서 오랑우탄의 개체수가 심각한 수준으로 감소했다.

2010년 3월 그린피스는 〈현장 검거-네슬레의 팜유 사용이 우림과 기후, 오랑우탄 생존에 미치는 치명적 악영향〉이라는 제목의 보고서를 발간했다. 네슬레의 사업 방식 변경을 압박하고자 지지자를 끌어모아 SNS에 배포할 동영상을 제작했다. '좀 쉬어갑시다'라는 제목의 60초짜리 영상은 유튜브에 최초 공개됐다. 네슬레의 킷캣이 인도네시아 우림을 파괴하고 오랑우탄의 생존을 위협한다는 내용의 이 영상은 상당히 섬뜩한 장면을 포함했다.

유튜브에 오른 후 초반 조회 수가 약 1000건에 불과했고 소수의 지지자를 확보하는 데 그쳤다. 그린피스로서는 실패한 캠페인이었다. 그러나 네슬레가 저작권 침해를 들어 이 영상을 내리게 한 강경 조치가 역으로 캠페인을 살려내게 된다. 그린피스는 맞대응으로 비메오(Vimeo)에 영상을 올렸고, 이 영상의 조회 수는 나날이 증가했다. 그린피스는 SNS를 통해 네슬레를 공격했다. 표현의 자유를 소중히 생각하는 온라인 사용자들이 페이스북을 포함한 다양한 SNS, 웹사이트를 통해 네슬레 공격에 동참하여 마침내 네슬레를 항복시켰다.

네슬레는 그린피스와 자사 팜유 생산망에 관한 논의 자리를 만들어 팜유 생산에서 환경을 파괴하는 공정을 없애는 방향으로 이야기를 진

[그림 5-12] 그린피스가 올린 '좀 쉬어갑시다' 유튜브 동영상 중
킷캣 제품에 오랑우탄의 손가락이 들어간다는 의미의 장면(자료: 그린피스)

전시켰다. 또한 시나르마스가 엄격한 환경 규제를 준수하는 생산방식을 채택한 2011년 9월까지 네슬레는 시나르마스와 거래를 중단했다.

　네슬레 사례는 다른 많은 기업에 타산지석이 됐다. ESG, CSR, CSV, 사회공헌 등은 직접적으로는 아니지만 중장기적으로 기업 이미지에 긍정적인 영향을 미친다. 반대로 기업이 자사의 긍정적인 기업 이미지를 형성하기 위한 도구로써 ESG 등을 활용하기도 한다. 기업 이미지는 기업의 성과 및 제품 구매 의도와 깊은 연관성이 있다고 알려져 있다. 기업의 이미지는 한 개인이 특정한 기업에 대해 갖게 되는 신념 및 아이디어 또는 인상의 총체라고 할 수 있고, 구매 의도(Purchase Intention)란 소비자의 계획된 미래행동을 의미하는 것으로, 신념과 태도가 실제 구매 행위로 옮겨질 확률이라고 볼 수 있다.

　기업 이미지에 관한 연구는 1980년대 미국에서 환경오염에 연루된 기업들의 문제가 사회적 이슈가 되면서 주목받기 시작했고, 우리나라에서는 1970년대에 광고대행사의 사보 등에서 논의되다가 1980년대 말부터 본격적으로 학문적 연구가 이뤄졌다.

　세계가 하나의 시장으로 연결되며 많은 다국적 기업의 글로벌화가 활발히 진행되는 가운데 2007년 글로벌 금융위기의 원인으로 다국적 기업의 도덕적 해이가 지목되면서 국제사회에서 CSR 및 ESG 의제가 더 강력하게 부각된 계기가 됐다.[199]

ESG 리스크와 글로벌 가치 사슬(GVC)

중국 중심의 GVC에서 RVC로

지난 30년 동안 세계 무역은 국제적 분업구조인 글로벌 가치 사슬 (GVC, Global Value Chain)을 통해 이뤄졌다. GVC는 세계 각국에 산재한 기업이 제품을 분업해 기획한 후 원자재 및 부품을 생산, 가공해 세계 각국의 최종 소비자에게 전달하는 세계적인 공급망을 의미한다. GVC에서 공급망을 선택하는 전통적인 주요 고려사항에는 기술 수준, 비용 효율성, 적기 납품, 신뢰가 있다.

1960년대부터 1990년대까지 아시아의 한국, 대만, 홍콩, 싱가포르가 수출주도형 경제체제를 구축하며 글로벌 공급망에 합세했고, 1995년 세계무역기구(WTO) 출범으로 관세 인하, 운송비용 감소 등을 배경으로 다국적 기업들은 해외 공장을 세워 글로벌 공급망을 확대했다. 2001년 WTO에 가입한 중국은 '세계의 공장'으로 자리매김한다. 값싼 노동력과 각종 세제 혜택, 거대 인구의 소비시장을 앞세운 중국은 WTO 가입 이후 글로벌 공급망의 축으로 부상했다.

그러나 2010년 중국이 일본과 센카쿠열도(尖閣列島, 일본명)·댜오위다오(釣魚島, 중국명) 영토분쟁을 벌일 때 세계 시장의 60% 이상을 장악한 희토류 수출을 제한하고, 2017년 주한미군의 사드(고고도 미사일 방어체계) 배치로 한국에 경제보복을 가하면서 중국 중심의 글로벌 공급망의 안정성 문제가 떠오르게 됐다.

2020년 초 코로나19 진원지로 알려진 중국 우한을 시작으로 하는 국가 봉쇄조치에 따라 중국 경제는 2020년 1분기에 지난 분기 대비 처음으로 마이너스 성장을 했고, 글로벌 제조업도 위축됐다. 2011년 동일본 대지진, 세계 백신 시장의 60%를 차지하는 인도의 백신 수출 통제, 2021년 3월의 수에즈 운하 폐쇄 사태, 파운드리(반도체 수탁생산) 세계 시장 50%를 점유한 대만 반도체 기업 TSMC의 화재로 인한 반도체 수급 불안 등은 특정 물류망에 과도하게 의존한 글로벌 공급망의 취약성을 확인한 계기가 됐다. 또한 코로나19의 확산은 그동안 견고한 것으로 인식된 GVC의 구조적 한계를 드러냈다. 한국은 국내총생산(GDP) 대비 무역의존도가 59.83%(2020년 기준)[200]에 달해 글로벌 공급망 혼란에서 크게 영향을 받는다.

중국 중심의 글로벌 공급망 리스크에 의해 저비용, 고효율이란 전통적인 GVC의 핵심 가치가 안전성, 유연성, 신뢰성을 넘어 ESG로 옮아가게 됐다. 2021년 7월 미국의 조 바이든 정부는 중국 신장(新疆) 지역에서 생산한 제품의 전면 수입 금지로 중국을 미국 경제의 글로벌 공급망에서 배제하는 디커플링(Decoupling, 탈동조화)을 강화했다. 2020년 트럼프 정부의 중국 신장 지역의 태양광 패널 재료, 토마토, 면화 수입 금지에 이어 더 확대된 강력한 조치다.

영국의 BBC는 2020년 중국 신장 위구르 지역의 강제노동 면화에 대해 폭로했다. 중국 면화 시장의 85%와 세계 면화 시장의 25%(유엔 FAO 2018년 통계)를 차지하는, 패션계의 주요 원료인 면화가 무자비한 강제노동과 인권 침해에 의해 생산되고 있다는 사실을 보도했다. 미국 국제정책센터(Center for Global Policy) 조사에 의하면 적어도 57만 명의 위구르인이 중국 정부의 강제노동에 동원되어 신장 지역 면화 생산에 종사하고

ESG 배려의 정치경제학

있으며 여기에는 아이와 노인이 포함됐다. 수십만 명이라는 강제노동 동원인구 수는 중국 정부의 공문서와 보도에서도 확인됐다. 중국 정부는 '국가 빈곤 퇴치 계획'의 일부라고 반박했지만, 미국뿐 아니라 영국도 신장 지역의 강제노동 지적에 신빙성이 있다는 입장이다. 소수민족의 강제수용에 의한 강제노동이며 인권탄압이라는, 중국에 대한 국제사회의 비난이 쏟아졌다.

그동안 신장 면을 사용한 의류 브랜드 H&M, 나이키 등은 2021년 신장 면을 사용하지 않기로 했다. 나이키를 비롯한 BCI(Better Cotton Initiative, 지속가능한 면 생산을 위해 조직된 단체)[201] 회원사들은 더는 신장 면을 사용하지 않겠다고 선언했고, 이러한 움직임에 대응하여 중국 소비자들은 애국주의를 내세우며 해당 브랜드에 불매운동을 벌였다.

2019~2020년, 전 세계 23개국 240만 명의 BCI 가입 원면 재배자가 620만 톤의 면화를 생산했고 이는 전 세계 면화 생산량의 23%를 차지한다. BCI에는 생산자 단체, 공급 및 제조업체, 소매업체 및 브랜드, 시민사회, 기타 조직 등 2021년 현재 2394개의 조직이 가입되어 있다. 나이키, 갭, 랄프로렌, 리바이스, 뉴발란스, 버버리, 멀버리, 아디다스 등이 BCI에 가입한 대표적인 의류 브랜드다. 우리나라에서는 일신방직, 대한방직 등 16개사가 가입했다.

탈(脫)중국 기조의 이러한 흐름은 중국을 중심으로 글로벌하게 작동한 GVC를 자국 중심의 RVC(Regional Value Chain)로 재편하는 움직임을 불러왔다. 2021년 1월 본격 시행에 들어간 〔파리기후협약〕 또한 변수다. 온실가스 감축 목표를 이행하기 위해 생산, 소비, 유통뿐 아니라 통상까지 중요한 이슈로 부상하면서 RVC가 GVC의 대안으로 고려되기 시작했다. RVC가 GVC보다 구조적으로 온실가스가 덜 나오는 구조인 것은 사실이기 때문이다.

각국에서 환경 규제가 강화하고 수입품 중 친환경재 비중의 상승 요구가 이어졌다. 상품 생산에서 천연자원 에너지 등 환경 요소가 필수적으로 개입하고, 공정 중 환경오염 물질의 발생이 불가피하기에 글로벌 기업들은 환경오염 물질 배출을 줄이는 데 사활적 노력을 기울이게 됐다. 동시에 중간재 아웃소싱 교역을 줄이고 자국 중심의 공급망 체제로 전환도 고려한다. 환경보호에 관한 논의를 주도하는 선진국들이 환경 인식이 상대적으로 느슨한 신흥국들에게 강력해진 환경규제에 맞는 새로운 생산방식과 제품구성을 요구함에 따라 무역협정에 환경 관련 조항이 지속해서 늘고 있다.[202]

브라질의 심각한 가뭄이 스타벅스 커피 가격을 높인다

기후변화는 자연재해의 위험을 증대한다. 농업과 관광업 등 1차 산업 중심의 개발도상국에는 더 직접적 영향을 준다.[203] 개발도상국의 위난(危難) 상황은 GVC에 의해 전 세계로 확산할 가능성을 높인다. 예컨대 2011년 태국 홍수로 현지 도요타 자동차 생산라인이 멈추면서 도요타 본사의 경영전략을 전면 수정하게 했다.

2021년 5월 이후 계속된 브라질의 심각한 가뭄과 냉해 등 기후 이상으로 인해 2021년 말 현재 아라비카 원두의 세계 최대 생산지인 브라질의 원두 비축량이 6만 7000톤으로 20년 만에 최저치를 기록했다. 2021년 현재 브라질의 세계 아라비카 원두 시장점유율은 55%다.[204] 브라질은 설탕, 커피, 콩, 오렌지의 세계 최대 공급국이며 옥수수, 연초, 각종 콩류와 열대과일 생산량이 모두 세계에서 1~3위를 차지한다.[205]

시장예측기관들은 최근 몇 년 브라질 커피 생산량이 지속해서 감소하고 있으며, 커피 원두 가격은 2021년에 전년 대비 76% 인상됐다. 미국의 스타벅스는 2021년 10월과 2022년 1월에 커피값을 인상했고 2022년 안에 추가적인 가격 인상을 계획하고 있다.[206] 브라질의 이번 가뭄과 냉해는 라니냐 현상이 브라질 동부 해안의 해수면 온도 저하를 초래해 비롯했다. 브라질 정부는 브라질 전역의 가뭄재해와 물 부족 사태를 대비해 물 절약 홍보를 강화하고 있다. 가뭄 등 기상이변으로 인한 브라질의 재해는 농산물 시장 외에 에너지 공급, 통화정책, 물류운송, 국가 이미지에까지 직접적인 영향을 끼치고 있다.

기후변화에 따른 직접적 피해 발생 시기와 규모는 불확실하다. 향후 더 큰 기후변화에 따라 발생 가능한 비용과 비교해, 현재의 기후변화 대응에 필요한 비용이 훨씬 적은데도 국가나 기업의 대응은 부진하다. 기후변화는 GVC에 장차 가장 큰 위협이 될 수 있다. 그렇다고 지구상 어느 나라도 GVC를 RVC로 전면 대체할 수는 없다. 신장 솜과 같은 GVC에 대한 '사회'적 위협은 하기에 따라 지구촌 차원에서 대처할 수 있지만, 기후위기에 의한 GVC 위협은 어떻게 해도 대응 수단을 마련하지 못할 수 있다. 아무튼 그러한 위협이 현실이 됐을 때 상당 부분 RVC에 기대는 방법 말고는 논리적으로 다른 해법이 없다.

거버넌스

투명한 경영과 건전한 지배구조

에버레인의 극단적 투명

에버레인(Everlane)은 제조원가와 제조과정을 투명하게 공개하는 '극단적 투명성'을 실천한다. 대중에게는 영국의 왕자비 메건 마클이 즐겨 입어 가성비 좋은 패션 브랜드로 알려진 기업이다. 2010년 미국 실리콘밸리에서 창업할 때 25세 청년이었던 마이클 프레이스먼(Michael Preysman)은 패션업계의 폭리에 분노해 직접 기업을 설립했다.

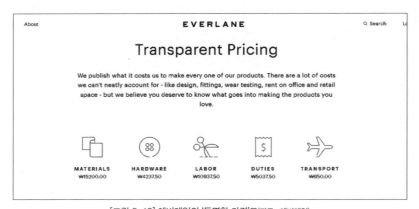

[그림 5-13] 에버레인의 '투명한 가격'표(자료: 에버레인)

대부분의 패션회사는 제조원가보다 디자인과 브랜드 가치 등으로 의류 가격을 책정하고, 제조원가는 불투명하게 관리한다. 에버레인 창업자는 소비자에게 제조원가를 공개하여 신뢰를 얻을 수 있다고 판단하여 과격할 정도의 공개정책을 단행했다. 에버레인의 판매 홈페이지를 보면 판매 중인 모든 제품 소개 화면 하단에 '투명한 가격(Transparent Pricing)'이라는 표가 게재되어 원단, 부자재, 인건비, 관세, 항공운송료에 관한 정보가 기입되어 있다.

원자재 가격이 변동하면 의류 가격에 즉각 반영한다. 일반적으로 원자재 가격 변동에 즉각 반응하지 않는 다른 의류 브랜드들과 대조된다. 단순히 '질 좋은 제품을 싼 가격에 팔자'라는 단계를 넘어서 소재와 작업공정까지 환경을 오염하지 않는 것만을 채택하는 에버레인의 전략은 '신념을 먹고 마신다'는 가치소비의 밀레니얼 세대의 공감을 끌어냈다.

에버레인은 제조원가 공개를 넘어 제품별 제조공장과 공정 등 모든 사항을 공개했다. 공장의 위치, 제조 공정, 근무환경, 근속연수 등 모든 정보를 공개했다. 제조 공정이 투명하게 공개되기 때문에 공장 노동자의 급여와 복지가 최상으로 관리된다.

비건 운동화 '베자'

마찬가지로 영국 왕자비 메건 마클이 2018년 호주 로열 투어 때 신어 유명해진 운동화는 2004년 창립된 프랑스 '베자(Veja)'의 것이다. 베자는 자사 운동화에 비건 재료인 '베지터블 가죽(Vegetable Tanned Leather)'을 사용한다. 이 가죽은, 지방, 털 등을 제거하여 가죽이 썩지 않도록 가공하는 무두질에 기존 방식인 크롬과 크롬 황산염을 사용하지 않고, 탄닌(Tannin)이라는 식물성 원료를 사용한다. 베자는 브라질의 유기농 면, 탄소중립 고무 밑창에 최소한의 플라스틱을 써서 신발을 만든다. 플라스틱을 쓸 때는 폐 페트병을 재활용한 원료를 활용하는데, 한 켤레에 보통 페트병 세 개가 사용된다.

비건 운동화를 생산하는 프랑스 신발 '베자'의 브랜드 정체성이자 핵심 마케팅 전략은 기업 정보는 물론 제품생산 과정을 투명하게 공개하는 것이다. 제품의 라벨에는 소비자와 제품에 관련된 세부적인 정보가 공유된다. 광고를 하지 않는 '노 광고 전략'에서 절감한 비용은 친환경 원료, 공정거래 원자재, 노동자 권익보호, 탄소배출 최소화 등에 투입한다.

비나밀크의 지배구조 개선 노력

베트남의 비나밀크(Vinamilk)는 2020년 12월 ASEAN 국가 중 선진적인 지배구조를 가진 기업을 선정하는 ACGS(ASEAN Corporate Governance Scorecard)에 베트남 기업으로는 유일하게 이름을 올렸다.

비나밀크는 2020년에 26억 달러 이상의 매출을 올렸고, 유제품 매출 세계 36위를 기록하며 동남아에서 유일하게 50위권에 진입했다. 베트남은 2016년 기업의 ESG공시를 의무화했고, 2017년에는 [기업 지배구조에 관한 별도 법령(71/2017/ND-CP)]을 제정했다. 상장기업은 6개월마다 기업지배구조 및 재무제표에 관한 보고서를 제출해야 한다. 자금 흐름의 투명성을 높이고, 고용주와 노동자의 이해관계 충돌 방지를 위해 인

사규정 등과 같은 내부 지침을 명확히 정하도록 했다.

지난 10여 년 운영된 비나밀크의 감사위원회는 회계시스템, 재무보고, 위험관리, 내부통제, 규정준수 등 기업 지배구조의 핵심 영역을 독립적으로 감독했고, 결과 평가 및 관리 절차의 전문성·객관성·독립성을 갖춘 '3단계 모델'을 수립했다. 3단계 모델을 통해 이사회가 경영의 주요한 결정을 내리기 전과 후, 또 결정 과정 중에도 감사위원회가 감독을 수행할 수 있게 했다.

대한민국 지배구조 대표선수 유한양행

1926년 설립된 유한양행은 1969년 창업자 유일한 박사(1895~1971년)가 경영 일선에서 은퇴한 이후 전문경영인 제도를 시작하여 지금까지 유지하고 있다. 소유권과 경영권을 분리하지 않고 소유주가 직접 경영하고 그 가족이 경영을 이어받는 게 한국 산업계의 그간 관행이었다. 국내 상장기업 가운데 경영권을 가족이 아닌 전문경영인에게 넘긴 사례는 지금까지 유한양행(1969년)과 풀무원(2018년) 등 극소수를 제외하고는 없다.

유한양행은 2021년 3월 정기 주주총회 이후 이사회에 전원 사외이사로 구성된 감사위원회를 설치했다. 감사위원회 위원 중 1인은 회계·재무 전문가로 선임했다. 다수의 전문 분야 이력자를 외부에서 선임함으로써 감사위원회가 독립된 위치에서 객관성을 유지하고 효율적인 내부 감사 업무를 수행할 수 있도록 했다. 특히 이사회 내 '사외이사 후보 추천위원회'를 신설해 사외이사에 대한 면밀한 사전 검토 이후 적합한 사외이사 후보를 주주총회에 추천할 수 있도록 했다.

"기업에서 얻은 이익은 그 기업을 키워 준 사회에 환원해야 한다"라는 유일한의 유명한 말처럼 유한양행은 사회공헌에 많이 힘썼다. 2021년 '한국에서 가장 존경받는 기업'에 18년 연속 1위로 선정됐다. 2014년 국내 제약업계 최초로 매출 1조 원을 달성하여 기업의 ESG경영이 기업의 가치와 매출에 긍정적인 영향을 미친 모범사례로 거론된다.

유한양행 관계사인 유한킴벌리는 비상장기업으로 재무적 투자자의 관점에서 ESG 평가를 요구받는 기업은 아니지만, 우리 강산 푸르게 푸르게 캠페인, 윤리경영, 환경경영 등을 통해 지속가능경영을 실천한 오랜 경험을 바탕으로 최고경영자(CEO) 직속 ESG위원회를 2021년 7월에 설치했다.

유한킴벌리 ESG위원회는 환경(E)소위원회, 사회(S)소위원회, 거버넌스(G)소위원회를 두고 탄소중립 경영체계 마련, 환경경영 이행관리, 지속가능 제품 혁신, 우리강산 푸르게 푸르게 등 사회공헌 임팩트 증대, 준법·윤리경영 강화 등에 힘을 보태고 있다.

지속가능경영위원회와 ESG

국내에 ESG 열풍이 불어닥친 2020년 이후 대기업을 중심으로 유한킴벌리처럼 사내에 ESG위원회를 신설하거나 기존 지속가능경영위원회나 사회공헌위원회 등을 ESG위원회로 변경하는 흐름이 목격되고 있다.

현대차그룹은 ESG경영 고도화를 목적으로 현대모비스를 필두로 현대차, 기아차가 기존 투명경영위원회를 2021년에 잇달아 지속가능경영위원회로 바꾸고 이 위원회에 ESG 관련 의사결정 권한을 추가했다. 이

3사는 지난 2015년 이후 주주가치 제고와 주주 소통강화를 위해 각각 이사회 내에 사외이사로만 구성된 투명경영위원회를 신설했고 2021년에 일제히 ESG 기능을 포함한 지속가능경영위원회로 변경했다. 지속가능경영위원회는 기존 투명경영위원회 역할에 더해 ESG 분야로 안건 논의 범위를 넓혀 EGS 정책·계획·주요활동 등을 심의하고 의결하는 권한을 추가로 갖게 됐다. 지속가능경영위원회는 회사의 안전보건 계획 등에 관한 검토 권한도 있다.

개정된 [산업안전보건법]에 따라 일정 규모 이상의 기업은 2021년부터 매년 안전보건 계획을 수립해 이사회에 보고하고 승인을 받아야 한다. 지속가능경영위원회는 수립된 안전보건계획을 사전 검토해 더 객관적인 시각에서 실효성을 확인하고 수정, 보완 등의 의견을 제시한다.

내부통제

오늘날 기업의 리스크 관리는 위험과 불확실성에 대한 대응의 차원을 넘어 시장 경쟁우위 확보와 전략적 대응 차원의 기회 개념으로 확대됐다. 동시에 리스크 관리를 넘어선 기업의 목표, 전략 관리를 돕는 수단으로 내부통제(IC, Internal Control) 개념이 중요하게 대두한다.

국제내부감사협회에서는 "내부통제란 리스크 관리를 향상하고 조직의 목적 및 목표 달성의 가능성을 제고하기 위해 경영진 및 조직원이 선택한 일련의 활동/규정/절차"라고 규정한다. 1985년 미국에서, 효과적인 내부통제 체계를 확립하기 위해 AICPA, AAA, FEI, IIA, IMA의 5개의 민간단체가 공동 설립한 COSO(Committee of Sponsoring Organization of the Treadway Commission)는 "내부통제는 통제목표 달성을 위한 합리적 확신을 제공하기 위하여 조직의 이사회, 경영층 및 여타 구성원이 수행하는 제반 프로세스"라고 통제와 리스크와의 관계를 설명했다.[207]

2017년 배포된 COSO의 내부통제 프레임워크의 구성요소는 총 20개 항목이며 기업의 리스크 관리 5단계와 구성요소는 다음과 같다.

- 미션·비전·핵심가치 설정 단계(거버넌스와 문화)
- 전략개발 단계(전략과 목표 설정)
- 사업목표 형성 단계(수행)
- 실행과 성과 단계(검토와 수정)
- 강화 단계(정보, 소통, 보고)

내부회계 관리제도의 목적은 외부에 공시되는 재무제표의 투명성과 객관성, 신뢰성 확보에 있으므로 회사의 재무제표가 회계 처리기준에 따라서 작성되고 공시됐다는 합리적인 확신을 제공해야 한다. 합리적 확신은 절대적 확신과 대비되는 개념이다. 모든 내부통제에는 한계가 있으며, 정확하게 예측할 수 없는 불확실성과 위험이 존재하는데 이러한 위험과 불확실성을 인정하는 것이 합리적 확신이다.

미국 증권거래위원회(SEC) 증권거래법의 합리적 확신에 관한 규정 및 정의에 따르면 합리적 확신은 신중한 관리자(내부회계 관리제도 및 회계에 충분한 전문지식을 갖춘 객관적인 관리자)의 판단을 만족시키는 정도를 의미한다. 또한 보편적인 내부통제 시스템을 구축하도록 했는데 요약하면 다음과 같다.

① 거래는 경영진의 일반승인 혹은 특별승인에 의해 수행할 것

② 자산에의 접근은 경영진의 일반승인이나 특별승인에 의해서만 가능할 것

③ 거래는 일반적으로 인정된 회계원칙 및 기타 준거 의견에 의거하여 재무제표에 기록하고, 자산 관리 책임을 유지할 것

④ 기록된 자산은 실제 존재하는 자산과 비교하고 차이가 발생하는 부분에 대해서 적절한 조치가 취해질 것

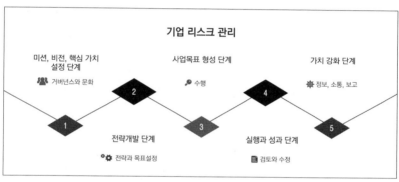

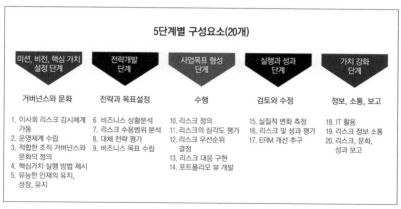

[그림 5-14] 기업 리스크 관리 및 5단계별 구성요소 20개(자료: COSO)

내부통제 실패를 겪은 SG와 오스템임플란트

2008년 프랑스 2위 은행인 소시에떼 제네랄(SG)이 직원 한 명의 잘못으로 70억 달러가 넘는 손실을 본 사건은 최악의 내부통제 실패 사례로 꼽힌다. SG 주식 선물 트레이더 제롬 케르비엘은 명의 도용을 통한 사기거래로 2008년에 72억 달러를 날리는 사상 최악의 금융사고를 일으켰다. 이미 서브프라임 모기지(비우량 주택담보대출) 부실 여파로 29억9000만 달러의 손실을 낸 SG는 케르비엘 사고까지 겹쳐 100억9000만 달러에 달하는 사상 최대의 손실을 보았다.

사고의 원인은 한 명의 트레이더가 수 억 유로의 선물거래를 하는 것을 SG 금융 전산망에서 잡아내지 못한 취약한 내부통제 때문이라는 것이 중론이다. SG의 이번 사건은 1995년 선물 트레이더 닉 리슨이 영국 베어링은행에 12억 달러의 손해를 입혀 이 은행을 파산으로 몰고 갔던 사건의 판박이다.

당시 28세의 선임 트레이더 닉 리슨은 위험한 파생상품 거래를 은폐한 채 고수익 거래를 추구하다 233년 전통의 베어링은행을 파산시키고 영국 금융가를 패닉에 빠뜨렸다. SG 사건도 한 직원이 과도한 고위험 투자행위를 회사 몰래 하다 천문학적인 피해를 일으켰다는 점에서 베어링 사건과 닮았다. 두 사건 모두 내부통제 실패의 전형적인 사례에 해당한다.

2022년 1월 국내에선 치과용 기기 제조업체 오스템임플란트의 재무관리 직원 한 명이 2000억 원이 넘는 돈을 횡령하다 적발됐다. 2215억 원이란 횡령액이 그 자체로 큰 금액이긴 하지만 2020년 기준 회사 자기

자본금 2047억원의 1.08배에 달하는 규모여서 더 화제가 됐다. 오스템임플란트의 사고금액은 역대 한국 상장사를 통틀어 최고 횡령액이다. 내부통제 장치가 고장 나서 일어난 일임은 두말할 필요도 없다.

노동이사제

이해관계자 관점에 기반해 1970년대부터 유럽에 도입된 노동이사제는 공공부문에서 시작했다. 공공기관은 사기업보다 공공성과 사회책임이 더 중요하기에 내외부 이해관계자의 견제·감시 구조를 마련할 필요가 있다는 사회적 공감대가 선행했다.

노동자가 선출한 노동자 대표를 이사회에 참가시키는 노동이사제는 유럽에선 31개국 가운데 19개국이 도입한 보편적인 제도다. 1951년 독일을 시작으로 프랑스, 핀란드 등 유럽 주요 국가 공공·민간 기업에 광범위하게 안착했다.

국가별로 노동이사제의 양상은 다르다. 독일은 종업원 500인 이상 기업의 노동이사제를 의무화했으며 이사회의 3분의 1 이상을 노동이사로 채우도록 한다. 2000명 이상 기업은 이사진의 2분의 1이 노동이사다. 노동자 대표가 이사로 참여하는 이사회가 한국 기업의 이사회와 동일한 성격이 아닌 것은 유의할 필요가 있다. 예컨대 독일의 대표 전자기업 지멘스에는 최고 의사결정기구인 이사회가 경영이사회와 감독이사회로 이원화하여 존재한다. 경영이사회는 투자결정 등 경영상 중요한 의사결정을 하며 감독이사회는 경영이사회의 의사결정을 감시한다. 감독이사회는 전체인원(20명)의 절반이 노동자 대표로 채워져 노동자의 이익훼손

행위 등을 철저히 감시한다.[208] 노동이사는 경영이사회가 아니라 감독이사회에 참여한다.

북유럽 국가는 스웨덴(25인), 노르웨이(30인), 덴마크(35인)처럼 노동이사 의무도입의 종업원 숫자 기준을 낮춰 대상기업을 독일보다 크게 확대했다. 그리스, 아일랜드 등 5개국은 국영기업에 한해 노동이사를 도입했다.

노동이사제를 도입한 덴마크, 프랑스, 독일, 그리스, 아일랜드, 노르웨이, 핀란드 등 7개국의 공통점은 노동이사가 노동조합 대표가 아닌 노동자 대표라는 사실이다.[209] 노동조합의 조합원뿐 아니라 관리직이나 전문직 등 비조합원이 포함된 기업의 노동자 전체가 투표를 통해 비상임인 노동이사를 선출한다. 선출 이후 노동자 대표에게 이사로서 갖춰야 할 경영 지식 등의 교육을 진행한다.[210, 211]

우리나라도 유럽의 상황을 감안해 노동이사제를 도입하려는 움직임이 가시화하는 가운데 유럽과 국내 환경이 다른 만큼 충분한 검토가 필요하다는 반론 또한 거세다. 노동이사제를 시행 중인 유럽 국가들에는 주식회사보다는 유한회사가 많다는 게 반론의 근거로 제시된다. 독일은 법인의 대다수가 유한회사 형태이며 주식회사는 유한회사보다 적다. 독일은 2019년 1월 기준 1만 4566개인 주식회사에 비해 월등히 많은 128만 9037개의 유한회사가 존재한다.[212] 반면 한국의 법인은 대다수가 주식회사다. 2020년 기준 총 법인 83만 8008개 중 주식회사가 79만 6582개로 비중이 95% 이상[213]이어서 도입 여건이 다르다는 주장이다.

소통과 참여의 조직문화

수평적 조직문화를 대표하는 실리콘밸리 FANG

실리콘밸리에서 'FANG'이라 불리는 글로벌 기업 페이스북(Facebook), 아마존(Amazon), 넷플릭스(Netflix), 구글(Google)의 공통점은 남다른 조직 문화다. 이들은 수평적인 소통, 조직 내 다양성 존중, 회사의 비전을 직원과 함께 만드는 방식으로, 구성원이 하나의 목표를 향해 나아가는 발판을 만들었다. 이후 고객 만족도를 높여 성공을 거두고 직원의 만족도까지 사로잡으며 안팎으로 인정받는 글로벌 기업으로 우뚝 섰다.

파티션을 없앤 부동산 플랫폼 직방

부동산 플랫폼 직방은 사무실에 파티션을 없앴다. 직원과 부서 간 구분을 없애 언제든 효율적인 커뮤니케이션을 가능하게 하기 위해서다. 여기에 매달 좌석을 순환하여 다양한 구성원들과 자연스럽게 서로 소통할 수 있게 했다. 월 2회 진행되는 타운홀 미팅에서는 대표가 중심이 되어 모든 구성원에게 비즈니스 현황, 시장 환경, 각 팀의 현안과 목표를 직접 공유하고 있다.

소통 과정에서 형식적인 절차를 배제한 마켓컬리

신선식품 배송 스타트업 마켓컬리는 소통 과정에서 형식적인 절차를 최대한 배제한다. 대표가 낸 의견이라 하더라도 고객에게 옳은 것이 아니라는 판단이 들면 누구라도 서슴없이 반론을 제기할 수 있다. 조직 내에서도 수시로 태스크포스(TF) 팀을 결성해 협업을 진행하며 부서간 시너지를 도모한다. 또한 설립 초기부터 강조한 '퀵하게'란 문화를 살리고자 조직 구성원 모두에게 충분한 재량권이 주어진다.

와디즈의 임팩트 포럼

상장(IPO)을 준비 중인 국내 최대 크라우드 펀딩 플랫폼 '와디즈'는 매달 초 '임팩트 포럼'을 열어 전 직원에게 회사의 성과와 계획을 투명하게 공개한다. 구성원끼리 칭찬을 이어가는 '칭찬 릴레이 제도'를 통해 긍정적 분위기를 조성하고 있다. 또한 탁월한 성과를 이룬 직원을 정기적으로 선정해 '서퍼상'을, 파트너와 고객에게 긍정적인 기억을 남긴 직원에게 '키퍼상'을 수여해 호텔숙박권, 제주도 왕복항공권, 고급 레스토랑 이용권 등을 상품으로 준다. 한 달에 한 번 '노마디즈 데이'를 통해 자율 근무 제도를 시행하고, 3년을 근무한 직원에게는 2주의 유급 휴가와 2주의 노마디즈 위크를 안식 휴가로 지급한다.

ES경영-위기는 기회다

ESG경영에서 핵심은 ES다. ESG 중 맨 앞에 위치한 E(환경)는 기후위기의 급부상과 함께 ESG경영에서 가장 중시되고 있으며, 기업이 E를 통해 다양한 사업 기회를 창출하고 있기도 하다. S(사회)는 노동자, 투자자, 지역사회, 소비자, 정부, 공급처 등 기업의 이해관계자에서 파생될 리스크를 사전에 관리하고, 기업이 기업시민으로 역할하기 위해 기반이 되는 선진 ESG경영의 필수요소다.

G(거버넌스)는 비즈니스에 직결되지 않지만 경영 추진체계의 바탕이 되는, 기업의 지속가능성을 위한 필수요소로 이 장의 앞에서 다뤘다.

온실가스 배출 감축

AT&T, 2035년까지 전 세계에서 온실가스 1기가톤 감축

미국의 AT&T는 'Connected Climate Initiative'를 설립하여 2035년까지 온실가스 배출량 1기가톤을 줄인다는 목표를 세웠다. 1기가톤은 2020년 기준 미국 온실가스 배출량의 약 15%에 해당한다. AT&T는 MS, 듀크에너지를 비롯한 기업, 대학, 기타 다양한 조직과 협력하여 전 세계적으로 광대역 지원 기후 솔루션을 제공하기로 했다.

포춘 글로벌 200대 기업 중 55%가 온실가스 배출 감축 혹은 제거를 위한 목표를 설정했고, 이들 중 일부는 탄소중립에 도달할 일정을 설정했다. AT&T는 이들이 기업 규모에 맞게 온실가스를 줄여갈 수 있도록 IoT(사물인터넷) 솔루션, 운송 및 에너지의 AI 관리, 모니터링 등을 위한 5세대 이동통신(5G)을 포함한 광대역 기술을 제공할 예정이다.

AT&T는 2018~2020년 고객사들과 협력하여 제조·농업·상업 부문의 스마트 IoT 및 '에지 컴퓨팅(Edge Computing)' 기술의 활성화를 통해 7200만 미터톤 이상의 탄소 감축이 이뤄졌음을 확인했다. 글로벌지속가능성이니셔티브(GeSI, Global Enabling Sustainability Initiative)는 2030년까지 IT 및 기술 산업에서 2020년 기준 전 세계 에너지 관련 배출량의 3분의 1 이상을 줄일 수 있을 것으로 기대한다.[214]

KT, '온실가스 모니터링 시스템' 도입 및 네트워크 장비 고효율화

KT는 온실가스 저감을 위해 2011년 온실가스 배출원을 규명해 산정하는 통계 시스템 '온실가스 인벤토리 시스템'을 구축했고[215] 2013년부터 관리 범위를 스코프 3(Scope 3)[216]까지 확대해 운영하고 있다. 2015년 정부의 온실가스 배출권 거래제가 시행된 이후 온실가스 감축을 위해 에너지 효율화 활동을 진행했다. 통신망 구조 개선과 고효율 저전력 통신설비 도입 등 통신 시설의 전기 사용량 저감 활동과 친환경 냉방 시스템 구축을 통해서다.

2018년부터는 전국 169개 KT빌딩의 온실가스 배출량을 실시간으로 점검하는 '온실가스 모니터링 시스템'[217]을 가동 중이다. '온실가스 모니터링 시스템'은 KT 빌딩에 설치된 전력량 계측기를 이용해 실시간으로 전기 사용량을 수집하고 이 정보를 바탕으로 온실가스 배출량을 수치화하여 제공한다. 별도 웹사이트에 구축된 대시보드 현황판을 통해 전기 사용량과 온실가스 배출현황 확인 외에도 빌딩별·일자별·시간별 전력량과 온실가스 배출량, 전년 대비 증감 현황, 목표 배출량 달성률 등을 확인할 수 있다.

KT가 2020년 자체 개발한 'AI 오퍼레이터'는 KT 온실가스 배출량의 3%를 차지하는 사옥의 온실가스 배출량 감축을 위해 개발된 시스템이다. 서울 광화문 KT EAST 사옥에 적용하여 10% 이상 에너지 절감 효과를 보았다. KT의 다른 사옥과 다른 빌딩에 확대 적용할 방침이다.

2021년에는 전국의 모든 통신장비(전진배치 사업장, 기지국, 중계기 등)의 온실가스 배출량도 관리하고 있다.

KT는 자사 온실가스의 약 73%가 유/무선 네트워크 장비의 전기소비에 의해 발생한다고 추산했다. 더불어 5세대 이동통신(5G) 네트워크 수요에 따른 대규모 장비 투자로 네트워크 부문의 온실가스 배출량이 증가하는 추세다. 이에 저효율 네트워크 장비를 고효율 장비로 교체하고, 기지국·중계기는 시간대별로 운영을 최적화하며, KT 온실가스 배출량의 22%를 차지하는 전국 13개 인터넷데이터센터(IDC)의 배출량 감축을 위해 외기도입 냉방기 구축, 항온기 효율개선 등을 시행했고 2020년 새로 준공한 서울 용산의 IDC에는 설계단계에서부터 냉수식 항온기, 프리쿨링, 인터버 방식의 고효율 설비를 도입하여 에너지 최적화에 중점을 두었다.

이 시스템을 활용해 2007년 대비 온실가스 배출량을 2030년까지 35%, 2040년까지 50%, 2050년까지 70% 감축할 계획이다.[218]

구글맵의 친환경 루트 제공을 통한 온실가스 감축

직접적인 온실가스 감축 외에 간접적으로 온실가스를 줄이는 형태로 사업을 벌이는 기업이 있다. 구글은 구글맵 내비게이션(Google Map

Navigatioin)을 통해 경로를 제공할 때 가장 친환경적인 길, 즉 가장 적게 탄소를 배출하는 경로를 기본 옵션으로 제공하겠다고 나섰다.[219] 구글맵은 미국 에너지부 산하 국립신재생에너지연구소(NREL) 자료를 활용해 연료소비, 경사로, 교통체증 등의 요소를 분석한 후 가장 친환경적인 길을 파악하여 2021년 10월 5일부터 미국 사용자들에게 제공하고 있으며 2022년에는 유럽까지 확대한다. 구글 최고경영자(CEO) 선다 피차이는 "저탄소 배출 경로 안내를 통해 연간 차량 20만 대의 이산화탄소 배출량에 해당하는 온실가스를 감축하는 효과를 거둘 수 있다"고 말했다. 구글맵은 친환경 루트 제공과 함께 공유자전거나 전동킥보드로 갈 수 있는 주변의 경로를 안내하며, 온라인 자동차 구매자에게 기존 화석연료 구동 모델과 하이브리드 차량이나 전기 차량 모델 사이의 비교 정보를 제공한다.

[그림 5-15] 항공편 예약 시 낮은 탄소 배출량 옵션을 선택할 수 있는 구글플라이츠

구글이 발표한 또 다른 친환경 사업으로 항공요금 검색엔진인 '구글 플라이츠(Google Flights)'에 온실가스 배출량 정보를 게재하는 것이 포함됐다. 2021년 10월 6일 이후 구글을 통해 항공권을 검색하는 전 세계 사용자는 모든 항공 루트의 탄소 배출량 정보를 확인할 수 있다.

당근마켓의 중고거래 활성화

중고거래 플랫폼 기업인 당근마켓도 간접적으로 온실가스 배출량 감축을 이끌고 있다. 당근은 '당신 근처'를 줄인 말로 도시 지역이면 '반경 6km' 이내를 '당근'으로 치고 '당근' 내 사용자끼리 중고거래를 할 수 있도록 2015년 설립된 플랫폼 기업이 당근마켓이다.

2020년 기준 월평균 1000만 건 이상의 지역 내 중고거래가 이뤄졌다. 이러한 자원 재사용을 통한 온실가스 감축 효과는 2020년을 기준으로 한 해 나무 2770만 그루를 심은 것과 같다. 당근마켓은 6월 5일 '세계환경의 날'에 당근마켓 앱을 통해 사용자가 환경보호 팁을 공유하도록 장려했고, 매월 1일 당근 가계부를 통해 한 달 동안 중고거래로 재사용된 자원의 가치를 동네 사람들과 함께 줄인 온실가스 정보로 공유함으로써, 생활 속 환경보호를 실천할 수 있는 분위기를 조성하고 있다.[220]

탄소감축에서 탄소제로, 탄소제거로

애플의 더욱 환경친화적이고 더욱 정의로운 경제

2021년 4월 미국 캘리포니아주 애플 본사에서 열린 신제품 공개 행사에서 애플의 최고경영자(CEO) 팀 쿡은 제품 설명에 앞서 "매년 탄소 배출량을 100만 미터톤씩 줄여, 2030년까지 기후에 미치는 영향을 제로로 만들겠다"는 탄소제로의 의지를 밝혔다. 애플은 앞서 2020년 7월 21일에 2030년까지 제조 공급망 및 기업 활동 전반에서 탄소 중립화를 달성하겠다는 계획을 발표한 바 있다.

"우리 모두의 것인 이 지구에 대해 모든 사람이 함께 염려하는 지금은 더 지속가능한 미래를 열기 위한 노력에 기업이 함께할 수 있는 매우 중요한 기회"라고 전제하며 쿡은 "기업의 혁신은 지구에 이로울 뿐만 아니라, 제품의 에너지 효율을 높이고 전 세계에서 새로운 청정 에너지원을 개발하는 원동력이 되고 있다. 기후변화 대응은 새로운 시대의 혁신 잠재력, 일자리 창출, 탄탄한 경제 성장을 이루기 위한 기반이 될 수 있다. 탄소 중립화를 위한 노력을 통해 애플은 작은 파문이 연못을 가득 채우듯 더 큰 변화를 끌어내는 첫 발걸음이 되고자 한다"고 밝혔다.

탄소중립의 방법론은 다른 IT업체와 대동소이하다. 제품생산에 사용되는 저탄소 및 재활용 소재를 지속해서 늘리고, 제조 공정을 개선하고, 제품 재활용을 혁신하고, 제품을 최대한 에너지 효율적으로 설계하는 것이다. 관건은 의지와 효율이다.

다양한 산업에서 기후변화에 미치는 영향을 줄이기 위한 노력이 진행되고 있는 상황을 감안하여 애플은 탄소 중립화 달성을 위한 자사의 접근 방식을 다른 기업이 참고할 수 있도록 세부적으로 공개하고 있다.

이 같은 노력과 그 이상의 변화를 뒷받침하기 위해 애플은 '임팩트 액셀러레이터(Impact Accelerator)'를 설립하여 소수자 소유 기업체 및 솔루션에 집중적으로 투자할 계획이다. 이를 통해 자사 공급망 및 기후변화 등의 환경 문제에서 많은 영향을 받는 지역사회에 긍정적인 성과를 기대하고 있다. 이 사업은 교육·경제적 평등과 형사 사법 개혁의 자금 지원에 주력하는 1억 달러 규모의 '인종 간 평등 및 정의 주도권(Racial Equity and Justice Initiative)' 프로젝트의 하나다.

애플의 '환경, 정책 및 사회적 이니셔티브' 담당 리사 잭슨 부사장은 "구조적 인종차별과 기후변화는 각기 개별적인 문제가 아니며, 각기 개별적인 해결책으로 풀 수도 없다. 지금이 더욱 환경친화적이고 더욱 정의로운 경제를 이룩할 수 있는 우리 세대의 기회이며, 다음 세대에게 더 사랑할 만한 세상을 물려주기 위한 노력을 통해 완전히 새로운 산업을 일궈낼 수 있을 것"이라고 말했다.[221, 222]

MS의 '탄소 네거티브'

2018년 11월 MS가 애플을 꺾고 20년 만에 세계 시가총액 1위 자리를 되찾았다. 2014년 사티아 나델라가 새 최고경영자(CEO)로 부임한 이후 몰락한 공룡이 새롭게 부활하며 이후 주가가 꾸준히 상승하여 2021년에 300달러를 넘어섰다.

세계에서 기업가치가 가장 크고 미래성장 기대도 크다는 것을 반영하는 척도 중 하나인 세계 시가총액 1위라는 타이틀은 세계 주식시장에서 가장 인기 있는 ESG 주식회사라는 의미가 있다. 뱅크오브아메리카(BoA)의 2021년 5월 분석 결과 ESG에 초점을 맞춘 237개 '롱온리 펀드(Long-Only-Fund)'가 가장 많이 보유한 주식이 MS(70% 보유)로 나타났다. MS는 ESG 중 E에 중점을 둔 경영전략을 보이며, 지난 5년간 MSCI에서 AAA 최상위 등급을 받아 ESG 최고 인기 주식회사로서 면모를 보였다.

2020년 1월 MS는 기후 문제 해결에 앞장서고자 2030년까지 '탄소 네거티브(Carbon Negative)'를 실현한다는 계획을 발표했다. '탄소 네거티브'는 배출되는 탄소보다 더 많은 양의 탄소를 제거해 순 배출량을 마이너스로 만드는 정책이다. MS의 탄소 정책은 기업 운영 과정에서 발생하는 탄소 배출량을 감축하고, 동시에 전 세계적으로 탄소를 제거하는 환경 프로젝트를 진행하는 두 가지 방향으로 설정됐다.

MS는 재생에너지 전환과 사내 탄소세 범위 확대로 2020년 자사의 탄소 배출량을 전년 대비 6%(약 73만 톤) 줄였다. 각 부서 직원의 자발적인 노력을 통해 탄소 배출을 줄이기 위해 만들어진 사내 탄소세는, 출장이나 전기 사용과 같이 직접 배출되는 탄소뿐 아니라 2021년 7월부터는 공급사와 고객으로부터 발생하는 간접적인 탄소에 대해서도 물리도록 확대됐다. 이에 따라 MS 디바이스팀이 데이터 시각화 도구인 파워BI를 활용하여 구축한 감사관리 시스템을 통해 결과 추적 및 공급망 개선을 지원하고, 엑스박스(Xbox)팀은 장비가 대기 상태일 때 전력을 15W에서 2W 미만으로 줄이는 새로운 기능을 개발하는 등 많은 부서가 창의적인 방법으로 탄소배출 감축을 위해 노력했다.

MS는 2021년 7월 역대 최대 규모인 연간 기준 100만 톤의 탄소 제거

ESG 배려의 정치경제학

[그림 5-16] MS의 나틱(Natick) 프로젝트(자료: MS 홈페이지)

프로젝트를 공모했고, 접수된 189개 프로젝트 중 26개에 투자해 약 130만 톤의 탄소를 제거했다. 탄소 제거 프로젝트는 기후 문제 해결을 위해서는 배출량 절감이라는 소극적인 정책이 아니라 직접적인 투자와 행동, 그리고 모두의 참여를 이끄는 적극적인 정책이 필요하다는 취지에 따라 진행됐다.[223]

MS는 다른 기업이 참고할 수 있도록 〈탄소 제거 백서(Carbon Removal White Paper)〉를 발행해 탄소 제거 프로젝트 제안과 실행을 통해 얻은 노하우와 통찰을 투명하게 공개했다. 탄소 제거 생태계 조성과 함께 새로운 시장의 창출, 기술적 접근, 장기적 프로젝트의 필요성을 MS는 강조했다.

MS는 해저에 데이터센터를 구축하는 '나틱(Natick)' 프로젝트를 추진 중이다.[224] 사용자와 가까운 바다 속에 데이터센터를 구축하면 효율적으로 데이터를 관리할 수 있다는 장점과 함께 데이터센터 냉각과 동력으로 수심 100m의 바닷물과 조류를 이용한 조력·파력을 이용할 수 있다. 나틱 프로젝트가 실제로 현장에 적용되면 데이터센터의 전력사용량을 상당량 줄이는 것은 물론, 고장률을 8분의 1로 떨어뜨릴 수 있을 것으로 예측된다.

네이버의 '2040 카본 네거티브'

네이버는 2020년 10월 '2040 카본 네거티브' 계획을 발표하며 탄소 제거 정책에 동참했다.[225] 2022년 준공 예정인 네이버 제2데이터센터와 5세대 이동통신(5G) 활성화 등에 따라 향후 10년간 온실가스 배출량이 지속해서 증가할 것이라는 전망에 따라 탄소 제거 정책을 마련했다. 네이버 데이터센터의 온실가스 배출량은 2017년 4만 9539톤CO_2e, 2018년 6만 4906톤CO_2e, 2019년 7만 3176톤CO_2e로 해마다 늘고 있다.[226]

2040년까지의 네이버 탄소 제거 목표가 있는데도 현실적으로 데이터센터를 통해 직간접적으로 발생하는 탄소 배출량은 늘어날 전망이다. 이에 네이버는 다양한 각도에서 탄소 배출량을 관리하고 있다. 2019년부터는 온실가스 배출량을 재무재표 내의 부채로 인식하고 있다. 탄소 배출량이 늘수록 재무 부담이 가중되므로 온실가스 저감의 압박 효과가 생긴다.

네이버의 전력효율지수가 국내 데이터센터 평균인 2.66(PUE)보다 낮은 수준인 1.09이지만, 네이버는 지열과 태양광 에너지 등 100% 재생에너지로 전환하고, 친환경 외기 냉방시스템 도입 등을 통해 2040년까지 탄소 배출량 제로화를 추진한다. 1년 중 약 90% 기간에 자연 바람으로

서버를 식히는 기술을 구현하고, 빙축열·수축열 시스템을 활용하며, 버리는 빗물과 서버의 폐열을 쓸모 있게 이용하여 기존 대비 물 사용량을 69.1% 절감하고 있다.

탄소포집 · 활용 · 저장기술과 기후위기 대응, 수소 경제

탄소포집·활용·저장기술(CCUS)은 말 그대로 탄소를 포집(Capture), 활용(Utilization) 또는 저장/격리(Storage/Sequestration)하는 기술로, 포집한 이산화탄소를 자원화하는 것까지를 일컫는다. CCUS는 이미 1972년에 미국 발베르데 천연가스 발전소에서 활용되기 시작했고, 이후 약 50년 꾸준한 발전을 통해 최근에 상용화 단계에 이르렀다.

파리기후협정에서 약속한 대로 2050년까지 지구 온도 상승 폭을 산업화 이전 대비 1.5℃ 이내에서 억제하려면 재생에너지 사용의 확대와 에너지 효율화 그리고 에너지 사용의 전기화 등이 필수적이다. 산업구조를 근본적으로 개편해야 가능한 것인데, 당장은 불가능하므로 단계적으로 개편하는 과정에서 CCUS 기술이 효과적인 대안으로 사용될 수 있다.[227]

인류가 경제활동을 통해 배출한 탄소를 가장 효율적으로 없애는 방안을 강구하기 위해 많은 기업과 연구소가 CCUS 연구를 진행했는데, '포집' 단계, '압축(포집 후 공정) 및 수송' 단계, '저장' 또는 '사용 및 판매' 등의 4개 단계에서 각각의 기술이 필요하며 각 단계에 투자 또한 시급한 상황이다.

첫 번째는 '포집' 단계다. 석탄 및 천연가스 화력발전소, 제철소, 시멘트 또는 정유 공장 같은 대규모 산업 공정 시설에서 생성된 온갖 불순

[그림 5-17] CCU 기술 개요(자료: 대한민국 정책 브리핑)

물 중에 이산화탄소만을 따로 분리하는 단계다. 이산화탄소는 대기 중에 분산되는 성질이 있으므로 이런 산업 공정 시설에 흡수제 또는 흡착제를 설치하여 이산화탄소만을 걸러내는 작업을 해야 한다. 포집 방안으로는 습식[228], 건식 그리고 분리막 공정 등이 있는데, 습식이 현저하게 상용화에 앞서 있다고 할 수 있다.

포집 기술로는 ① 연소 후 포집 기술 ② 연소 전 포집 기술 ③ 순산소 연소 포집 기술 등이 있다. 연소 후 포집 기술은 흡수제를 이용하여 연소 후 배가스에 포함된 이산화탄소를 분리하는 기술로 기존 발생원에 적용하기 가장 용이하며, 연소 전 포집 기술은 석탄의 가스화 또는 천연가스의 개질 반응을 통해 합성 가스를 생산한 후 '수성가스 전이반응(Water Gas Shift Reaction)'을 통해 수소와 이산화탄소를 포집하는 방식이다. 순산소 연소 포집 기술은 질소 성분을 배제한 순도 95% 이상의 산소로 연료를 연소하면 배가스 주성분이 이산화탄소와 수증기가 되는데, 이때 응축을 통해 물을 분리하여 이산화탄소를 얻는 방법을 일컫는다.[229]

두 번째 단계는 '압축(포집 후 공정) 및 수송' 단계다. 보통 분리된 이산화탄소를 전환할 때 고온의 스팀가열기로 80~100기압의 압력을 가하면 액화한다. 압축 단계에서는 '누가 더 적게 열을 사용하는가'가 관건이다. 이 과정에서 사용된 전기 에너지양의 비율을 측정하여 공정비용(고온 수증기를 누가 더 적게 사용하는지)과 기술의 우수성을 정한다. 액화 이산화탄소는 파이프라인, 트럭, 선박이나 다른 이동 수단을 통해 심해 지반과 같은 깊은 지하 퇴적층에 저장된다.

마지막 단계는 '저장' 또는 '사용 및 판매'로 나뉜다. 수송된 이산화탄소를 필요에 따라 저장하면 '탄소포집저장(CCS)', 그리고 다른 목적으로 활용하면 '탄소 포집 활용 및 판매(CCU)'가 된다. CCS는 보통 액화한 이산화탄소를 지하 퇴적층에 묻어 온실가스 감축이라는 하나의 목표를 달성하고자 한다. 저장 단계에서 가장 중요한 것은 '얼마나 안전하게 지하에 매립을 할 수 있느냐'다. 수송 방법과 밀접하게 연관이 되어 얼마나 깊이 그리고 멀리 매립하는지에 따라 이 비용이 측정된다.

CCU에는 우선 이산화탄소를 전환(Convert)하여 활용하는 방안과 그대로 사용(Use)하는 방법 두 가지가 있다. 전환 방법은 이론적으로는 다양하지만 글로벌 기술 발전(성숙도) 동향 및 실현 가능성, 잠재성 요인에 따라 크게 세 가지 유망 분야가 거론된다.

첫 번째는 화학적 전환으로, 이산화탄소에 촉매 반응을 일으켜 메탄올, 요소, 우레탄 등 화학제품의 원료로 전환하는 기술이다. 두 번째는 생물학적 전환 기술로 광합성률이 굉장히 높은 플랑크톤 등 미세조류를 이용하여 이산화탄소를 화학물질로 전환하여 바이오 자원화하는 방법이다. 미세조류의 광합성을 이용해 이산화탄소를 화학물질로 바꾸는 방법이기 때문에 화학적 전환보다 매우 느려 비교적 효율성이 낮다. 세 번째는 광물학적 전환 방법으로 이산화탄소를 칼슘염 등 광물질과 반응시켜 건축자재 등을 생산하는 방식이다.[230]

현재 CCU의 실현을 위해서는 생산 비용 저감, 전환 공정의 효율성 개선, 설비 확장, 시장 형성 등 여러 가지 도전과제가 놓여 있는 가운데 많은 기업과 정부가 배출된 이산화탄소를 활용하기 위해 다양하고 창의적인 방안을 내놓고 있다.

CCU는 수소화 전략에서 빼놓을 수 없는 기술이다. 전 세계적으로 2050년까지 수소 에너지 수요가 2015년에 비해 약 10배 가까이 증가하여 전체 에너지 수요의 7%를 감당할 것으로 예상된다.[231]

수소 경제는 크게 그레이수소(Grey Hydrogen), 블루수소(Blue Hydrogen), 그린수소(Green Hydrogen)로 나뉜다. 그레이수소는 기존 화력발전소 또는 석유화학 공정이나 철강 등을 생산할 때 발생하는 부산물로 나오는 수소, 즉 부생 수소와 천연가스 개질(改質, reforming)로 얻은 것 등을 말하며, 블루수소는 그레이수소를 만드는 과정에서 CCU 기술을 활용하여 탄소배출을 줄이고 수소만 걸러낸 것을 일컫는다. 마지막으로 그린수소는 재생에너지 전력으로 만드는 수소다. 수소는 자연상태에서 물이나 메탄, 암모니아, 불화수소 등 여러 화합물로 존재하는데 결합력이 커 수소를 분리하는 데 많은 에너지가 필요하다. 재생에너지를 이용해 '물을 전기분해(수전해)'해 얻은 수소가 그린수소다. 수소 생산과정에서 온실가스 배출이 전혀 없는 깨끗한 수소라는 뜻이다. 전기를 이용해 가스 형태의 수소를 만들기 때문에 수전해를 'P2G(Power-to-Gas)'라고도 한다.[232]

그린수소가 당연히 가장 이상적이지만 비용과 현실 여건을 감안할 때 그레이수소와 블루수소를 거치지 않을 수 없고 혼재(混在) 상태를 피할 수 없어 보인다. 경제·산업계 동향이 실제로 그렇다.

국내에서 에쓰오일은 수소 제조공정에서 발생하는 다량의 이산화탄소가 포함된 부생 가스를 동광화학에 공급하고, 동광화학은 부생가스를 받아 CCU 기술로 이산화탄소를 정제해 산업 및 식품용 액화탄산과 드라이아이스를 생산하고 있다.[233] 한국중부발전은 충남 보령시에 연간 25만 톤의 블루수소를 생산할 수 있는 수소 생산기지 건설을 위해 2조5000억 원 투자를 논의 중이며, 이르면 2025년 중반 수소 생산 및 판매를 시작할 것으로 기대된다.[234]

롯데케미칼은 CCU 설비를 공장 굴뚝에 설치하여 탄소를 폴리카보네이트(PC) 제품의 생산 원료로 사용하거나 드라이아이스, 반도체 세정액 원료 등으로 만들어 인근 중소 화학사에 판매하고 있다.[235] 현대오일뱅크는 2021년에 국내 탄소 포집과 정제 과정에서 발생한 부산물과 결합해 시멘트 등의 원료인 탄산칼슘을 제조하는 것에서 더 나아가 메탄올을 상용화한다고 발표했다.[236] 미국의 란자테크(LanzaTech)라는 회사는 버진애틀랜틱항공과 협력하여 탄소포집 방법으로 추출된 지속가능항공연료(SAF, Sustainable Aviation Fuels)인 에탄올로 2018년에 보잉 747을 운행하는 데 성공했다.[237]

이처럼 지금은 에너지 및 석유화학, 정유회사가 가장 활발하게 CCU 기술을 활용한다. 지하 퇴적층에 이산화탄소를 저장함으로써 지하의 압력을 높여 원유를 비교적 쉽게 채굴하는 '석유회수 증진(EOR, Enhanced Oil Recovery)' 기술도 대표적 CCU 기술로 꼽힌다. 다만 석유회수 증진 기술을 통해 탄소배출량을 줄일 수 있지만 이 기술이 단순히 석유를 더 많이 생산하려는 목적에 복무하는 것이라는, 즉 그린워싱 기술이라는 비난 또한 받는다. 따라서 아직 온실가스 감축량으로 인정을 받지 못하고 있다. 갑론을박이 당분간 이어질 전망이다.[238]

CCUS로 돈을 버는 스위스 스타트업 클라임웍스

현재까지는 1톤의 이산화탄소를 처리하는 비용의 추정 범위가 꽤장히 넓다. 스위스 스타트업 클라임웍스(Climeworks)는 이산화탄소를 포집하는 데 드는 비용을 현재 1톤당 600~1000달러 수준에서 2024년까지 200달러까지 낮춘다는 목표를 세웠다.[239] 앞서 2018년에 미국 하버드 대학의 물리학과 데이비드 키스(David Keith) 교수가 이산화탄소 포집 비용을 1톤당 94~232달러까지 낮출 수 있다는 분석을 내놓아 상용화 기대를 높인 바 있다.[240]

투자 비용 또한 만만치 않다. 영국의 탈탄소 수소 에너지 클러스터 '하이넷 노스웨스트(Hynet North West)'의 프로젝트가 매년 1.1메가톤의 이산화탄소를 감축하는 사업에 책정한 초기 투자 비용이 9억2000만 파운드에 달했다.[241] 따라서 현재로선 경제성에 의문이 많이 들 수밖에 없다. CCUS 상용화 방안으로 탄소 가격제(Carbon Pricing)와 연동하는 방안이 강구되고 있다.[242]

아직 탄소 포집부터 수송, 저장 또는 활용하는 데 많은 초기 비용과 유지 비용이 들기 때문에 경제성에 의문이 컸지만, 최근 스타트업인 클라임웍스가 이익을 내면서 비즈니스 모델로 주목을 받기 시작했다. 클라임웍스의 비즈니스 모델은 이산화탄소를 제거해주는 구독 서비스 사업이다. 클라임웍스는 소규모의 확장 가능한 조립식 설비를 운영하여 매달 7유로, 21유로, 80유로 등을 내고 가입하면 각각 매년 85킬로그램, 255킬로그램, 1톤 상당의 이산화탄소를 제거해준다. 이 서비스를 이용하는 글로벌 기업과 개인이 매년 증가하고 있다.

ESG 배려의 정치경제학

독일 완성차 업체인 아우디는 연간 1000톤, 미국 핀테크 기업인 스트라이프(Stripe)는 333톤의 이산화탄소를 제거하는 계약을 클라임웍스와 맺었다. 클라임웍스는 이산화탄소를 제거해주는 서비스 자체를 상품화하여 고객에게 감축된 이산화탄소량을 확실하게 측정할 수 있게 해주고 스스로는 수익을 낸다.[243]

클라임웍스는 카브픽스(Carbfix), 온파워(On Power)와 협력해 아이슬란드 최대 규모인 오르카(Orca) 프로젝트를 수행 중이다. 클라임웍스의 기술로 걸러낸 순도 높은 이산화탄소를 카브픽스가 2년 안에 탄산염 광물로 바꾸고 광물화 과정에 필요한 에너지는 온파워가 지열에너지로 공급하는 삼각 협력 모델을 구축했다.

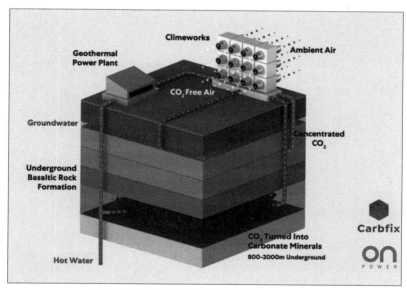

[그림 5-18] 클라임웍스의 탄소포집 실행도(자료: 클라임웍스)

재생에너지 사용 노력

RE100

재생에너지(Renewable Energy) 100%를 의미하는 'RE100'은 기업이 자사에서 사용하는 전력의 100%를 재생에너지로 충당하겠다고 자발적으로 약속하는 글로벌 캠페인이다. 국제 비영리 단체인 클라이미트 그룹(Climate Group)과 탄소정보공개프로젝트(CDP, Carbon Disclosure Project)가 2014년 개최한 뉴욕 기후주간(Climate Week NYC 2014)에서 처음 발족했다. 발족 당시 이케아(IKEA)를 비롯한 13개 기업이 참여했으며, 이후 회원사의 꾸준한 증가로 2022년 1월 기준 애플, 구글을 포함하여 349개 기업으로 회원이 늘어났다. 우리나라에서는 2020년 SK그룹의 6개 자회사를 시작으로 2021년까지 14개 기업이 회원으로 등록했다.

RE100은 2050년까지 기업에서 사용하는 전력량의 100%를 재생에너지로 사용하는 것을 목표로 한다. 재생에너지는 화석연료를 대체하는 태양열, 태양광, 바이오, 풍력, 수력, 지열 등에서 발생하는 에너지를 가리킨다. 회원사들은 RE100을 달성하기 위해 태양광 발전 시설 등을 통해 직접 재생에너지를 생산하거나 재생에너지 발전소에서 전기를 구입하여 조달하게 된다. 어떤 방식을 사용하든 회원사는 전 세계 모든 사업장에서 사용하는 전력을 재생에너지에서 생산된 것으로 대체해야 한다.

전 세계 전기 사용량의 절반 가량을 차지하고 있는 제조업이나 서비스업 분야 기업들은 안정적이면서도 저렴한 에너지 공급원을 필요로 한다. 지금까지는 화석연료가 이러한 역할을 담당했지만, 천연자원을 고갈

시키고 환경을 오염시키는 단점으로 인해 대안이 필요하다는 지적이 제기된지 이미 오래다. 재생에너지는 환경친화적이면서 생산가격이 점차 낮아지고 있고 더불어 안정성도 높아지고 있어, 화석연료에 비해 확실히 합리적인 대안이라 할 수 있다. 궁극적으로 재생에너지로부터 생산된 전력 사용은 탄소 배출 감축 목표를 달성할 수 있게 해 줄 뿐만 아니라 중장기적으로 기업의 경쟁력을 향상하는 데 도움이 될 것으로 기대된다.

국내에서는 RE100에 본격적으로 참여할 수 있는 기반을 구축하고 재생에너지 사용 활성화를 통해 국내 기업경쟁력을 강화하기 위해 2021년부터 한국형 RE100(K-RE100) 제도를 도입하여 시행하고 있다.[244]

RE100 참여기업은 100% 재생에너지 사용을 약속하고, 이행계획 수립과 함께 매년 달성 수준을 탄소정보공개프로젝트(CDP)에 보고해야 한다. 사실 재생에너지 100%는 매우 도전적 목표이지만, 2020년에 목표를 달성한 기업이 참여기업의 31%에 이른다. 2030년에 달성을 목표로 한 기업은 75%로 미국, 유럽연합(EU), 우리나라가 목표하는 2050년보다 20년이나 빠르다. RE100은 구속력 없는 자발적 의사로 실천하는 방식이다.

RE100이 대상으로 하는 에너지는 풍력, 태양광, 수력, 바이오매스 등 재생에너지다. RE100에 원자력은 포함되지 않는다. 탄소중립에서 인정하는 청정 에너지원에는 재생에너지와 원자력이 모두 포함되지만 민간 기업 중심인 RE100에는 재생에너지만 포함됐다. 원자력 보유국가가 38개국에 지나지 않으며 독일, 스위스, 벨기에, 오스트리아 등 적지 않은 유럽 국가가 탈원전 원칙을 고수하고 있다는 점이 고려됐다.

RE100에 가입한 한국의 기업은 2021년 말 현재, 고려아연(2021년 가입,

2050년 목표), LG에너지솔루션(2021년, 2030년), SK하이닉스(2020년, 2050년), SK텔레콤(2020년, 2050년), 아모레퍼시픽(2021년, 2030년), KB금융그룹(2021년, 2040년), 한국수자원공사(2021년, 2050년), 미래에셋생명(2021년, 2025년), SK홀딩스(2020년, 2040년), SKIE테크놀로지(2021년, 2030년), 인천국제공항(2022년, 2040년), SK 머티리얼즈(2020년, 2040년), SK 실트론(2020년, 2040년), 롯데칠성(2021년, 2040년) 등 14개다.[245]

애플의 재생에너지 전환 노력

애플은 신규 전력 생산 프로젝트에 집중하여 자사 운영 활동의 재생에너지 사용률을 100%로 유지하고, 공급망 또한 청정 에너지로 전환할 계획이다. 애플은 2021년 3월 31일 110곳 이상의 협력업체로부터 애플 제품 생산에 100% 재생에너지를 사용하겠다는 약속을 받았다. 약속이 모두 실행되면 연간 1500만 톤의 이산화탄소 배출 저감이 이뤄지며 이는 340만 대의 차량 운행 중단에 상당하는 효과다.

애플은 전 세계 협력업체의 재생에너지 사용 목표 달성을 도울 수 있는 새로운 도구를 개발하는 데 투자한다. 자사의 자체적인 재생에너지 전환 과정에서 얻게 된 경험을 공유하면서, 애플은 협력업체에 국가별 맞춤형 정보가 담긴 다양한 자료 및 교육훈련 자료를 소개하고 있다. 선도적인 전문가들과 함께 협력업체에게 최첨단 맞춤형 교육을 제공하고 있다. 더불어 협력업체들이 각 지역에서 재생에너지 관련 기회를 자세히 알고 활용할 수 있도록 이들이 가입할 수 있는 재생에너지 산업 단체의 창설 및 성장을 지원한다.

[그림 5-19] 애플의 캘리포니아 플랫 태양광 발전단지 전경(자료: 애플)

풍력과 태양광 발전이 전 세계 많은 지역에서 가장 비용 효율적인 새로운 전력 공급원으로 부상하고 있지만, 이 발전 기술이 지닌 생산의 간헐성은 보급 확산을 저해한다. 간헐성을 해결하는 한 가지 해결책은 에너지 저장으로, 생산된 에너지를 필요할 때까지 유지한다는 발상이다. 애플 또한 이 사업에 투자하고 있다.

애플은 미국 내 최대 규모의 배터리 프로젝트 중 하나인 캘리포니아 플랫(California Flats)을 건설 중이다. 240MWh 규모의 에너지 저장 능력을 보유한 그리드 스케일(grid-scale) 에너지 저장 프로젝트로, 하루에 7000가구 이상에 전력을 공급할 수 있는 규모다. 이 건설 사업은 130MWh 규모 애플의 캘리포니아 지역 태양광 발전 시설을 지원하는 프로젝트로, 낮 동안 생산된 에너지 여유분을 저장해 에너지 공급이 가장 필요할 때 사용하는 방식이다.

녹색투자

시스코의 기후위기 대응

시스코 파운데이션은 2021년 4월 미국 캘리포니아주 새너제이에서 기후위기 해결에 힘을 보태기 위해 10년에 걸쳐 1억 달러를 투입한다고 발표했다. 자금은 ① 순 제로 또는 순환/재생 경제를 추진하는 혁신적 및/또는 상상력이 풍부한 기후 솔루션 ② 기후, 생태 인식, 개인 습관 변화 및 효과적인 협력 행동에 관한 지역 사회 교육 및 참여 사업에 지원된다. 시스코는 자금을 지원받는 조직과 긴밀히 협력하여 사업의 영향을 측정하고 보고할 예정이다.

국내 금융사의 탈석탄 금융

KB금융지주는 2020년 9월 국내 금융지주 중 최초로 모든 계열사가 참여하는 '탈석탄 금융'을 선언했다. '탈석탄 금융' 선언을 계기로 KB금융은 석탄화력발전 감축을 위해 국내외 석탄화력발전소 건설을 위한 신규 프로젝트 파이낸싱(PF)과 채권 인수 사업 참여를 전면 중단할 계획이다.

신한은행은 국내 시중은행 최초로 금융기관의 환경·사회적 책임 이행을 위한 '적도원칙'에 2020년 9월에 가입했고 2021년 10월엔 〈적도원칙 연간 보고서〉를 발간했다. KB국민은행, NH농협, 우리은행, 하나은행도 잇달아 가입했다. 적도원칙은 대규모 개발 사업이 환경을 훼손하거나 해당 지역 주민의 인권을 침해하는 등 환경·사회 문제를 야기할 수

ESG 배려의 정치경제학

있다고 판단할 때 그 사업에 자금을 지원하지 않겠다는 금융회사들이 자발적으로 맺은 행동협약이다. 적도원칙에 따라 신한은행은 대규모 PF 나 기업 대출을 실행할 때 환경·사회 리스크를 고려해야 한다.

포스코인터내셔널의 팜 사업 환경사회정책

포스코인터내셔널은 2011년 인도네시아 파푸아에 현지법인을 설립해 팜오일을 생산해 판매하고 있다. 팜오일 생산은 환경을 파괴한다는 국제적 논란이 끊이지 않은 민감한 사업이다. 글로벌 투자기관인 노르웨이 연기금, 네덜란드 공적연금 등이 인도네시아 팜 농장을 비윤리적 투자로 규정하고 관련 주식을 매입하지 않겠다고 선언한 상태다.

2020년 초 포스코인터내셔널은 국내 기업 최초로 팜사업 환경사회정책(NDPE정책)을 선언했다. NDPE정책은 환경 보존 및 관리 측면에서 기존 환경정책보다 한 걸음 더 나아가, 환경 보존 및 관리, 인권 보호 및 존중, 이해관계자 소통에 초점을 맞췄다.

특히 개발한 농장 면적에 상응하는 산림을 보호하는 프로그램 개발과 이행을 선언했다. 고보존 가치구역, 고탄소 저장지역, 이탄지역(석탄 이전 단계의 유기물 퇴적층) 등의 개발 금지도 선언했다. 주민 인권보장에 주력하며 지역사회의 경제적 자립, 일자리 창출을 위한 상생프로그램을 강화해 나가고 있다. 인도네시아 파푸아 지역에 유치원과 초등학교를 설립해 지역 주민 자녀들에게 교육 기회를 마련했다. 또한 사업장 내에 3개의 의료 클리닉을 설립해 연간 2만 5000여 명의 지역주민이 무료로 의료 혜택을 받도록 했다.

재활용-포장

"포장은 곧 쓰레기다!"

화장품 회사 러쉬(Lush)는 "포장은 곧 쓰레기다!"를 모토로 포장없는 제품 즉 '네이키드(Naked) 제품'을 개발하여 판매한다. 러쉬 제품의 절반을 차지하는 배쓰밤, 샤워 젤리, 고체 샴푸 같은 제품은 포장재 없이 판매된다. 러쉬의 포장 없는 고체 샴푸바는 전 세계적으로 약 600만 개의 플라스틱 병을 절감하는 효과를 거둔다.[246]

러쉬의 모든 제품 포장(종이봉투, 알루미늄 통, 선물 포장, 리본, 상자, 태그 및 삽입물 포함) 중 총 재활용재 함량은 89%다. 구매한 자재 1톤당 900킬로그램이 재활용 자원에서 나온다는 것을 의미한다. 캐리어 종이백은 100% 재활용 종이로 만들어져 매년 100톤의 이산화탄소를 절감한다.

[그림 5-20] 러쉬의 채러티 팟(블랙 팟) (자료: 러쉬)

선물포장용 종이는 감자 전분으로 만들어져 100% 생분해된다.

로션 유형과 같이 용기가 필요한 제품은 블랙 팟(Black pot)이라는 폴리프로필렌으로 된 재활용 용기를 사용한다. 구매자가 사용한 블랙 팟 용기 5개를 깨끗이 씻어 매장에 제출하면 새로운 마스크 제품(75g)으로 교환해 주는 프로그램은, 2013년부터 진행된 러쉬의 대표적인 재활용 확산 프로그램이다. 블랙 팟은 2013년 3만 8405개를 시작으로 2019년엔 총 27만 6850개가 수거되어 재활용됐다. 이렇게 수거된 블랙 팟 용기는 용기로 다시 사용되거나 예술재료로 쓰인다.[247]

코카콜라의 지속가능한 패키징 프로젝트

2020년 환경단체 '브레이크 프리 프롬 플라스틱(Break Free from Plastic)[248]'은 세계 1위 플라스틱 오염 유발기업에 3년 연속 코카콜라를 선정했다. 플라스틱 쓰레기 최대 배출 기업이라는 오명을 벗어버리기 위한 노력으로 코카콜라는 재활용 플라스틱 용기의 도입이라는 목표를 세워 추진 중이다. 2018년 코카콜라가 발표한 '쓰레기 없는 세상(World without Waste)' 비전을 통해 2030년까지 자사 제품 용기의 50% 이상을 재활용 재료로 만들고 모든 제품 용기는 100% 재활용하겠다는 목표를 세웠다. 코카콜라는 덴마크 종이 용기 개발 회사인 '파보코(Paboco)'와 함께 종이 콜라병(아데스병)을 개발하여 헝가리에서 시제품을 출시했다.

코카콜라는 2021년 10월 100% 재활용 플라스틱 병에 담긴 콜라를 출시했다. 코카콜라가 사용한 100% 재활용 플라스틱 병(rPET)은 폐플라스틱(PET)을 수거해 세척 후 작게 갈아 다시 녹여 새로 병을 만드는 방식을 사용한다. 뚜껑과 라벨이 제외됐지만, 2021년 11월 한국에서는 라벨이 없는 라벨 프리 코카콜라병이 세계 200여 개 판매국 중 최초로 출시됐다.

2021년 최초로 100% 식물성 플라스틱으로 만든 음료병 개발은, 2009년 최대 30% 식물성 재료(사탕수수에서 추출된 MEG)로 만들어진 플랜트바틀을 만든 지 10여 년 만이다. 2018년 600억 개 이상 사용된 30% 식물성 재료의 플랜트바틀은 43만 미터톤의 이산화탄소 배출을 줄였다.[249]

세계에서 가장 많이 재활용되는 플라스틱인 PET는 약 30%의 모노에틸렌글리콜(MEG)과 70%의 고순도 테레프탈산(PTA)이라는 두 가지 성분으로 구성된다. 이번에 출시된 100% 식물성의 플랜트바틀은 사탕수수에서 추출한 MEG 30%와 옥수수에서 얻은 설탕에서 추출한 식물성 고순도 테레프탈산(bPTA) 70%로 구성됐다. 외관과 기능뿐 아니라 재활용도 기존의 PET와 동일하다.

[그림 5-21] 코카콜라의 종이 콜라병인 아데스병(자료: 코카콜라)

"거대기업의 나쁜 점은 모두 가진" 월마트의 물류혁신

2000년 매출 1910억 달러로 세계 2위 기업에 올랐던 미국의 월마트는 2021년까지 8년 연속 〈포춘〉 500대 기업[250]의 1위를 유지했다. 월마트의 경쟁력은 혁신적인 물류시스템에 기인한다.

'크로스 도킹 시스템(Cross-Docking System)'이라 불리는 적기운송시스템은 재고를 최소한으로 유지하면서 계속해서 물품을 떨어지지 않게 공급할 수 있다. 창고에 운반된 물품은 즉시 분류되고 재포장되어 48시간 이내에 점포로 배송된다. 41개 물류센터, 4000여 공급자, 440여 개 창고형 회원제 할인매장인 샘스클럽(Sam's Club), 430여 개 대형할인점 간의 신속한 정보교환을 위해 회사 자체 위성통신 시스템이 이용된다. 상품을 수송하는 1만 8000대의 트레일러를 추적하여 운송 시간을 정확하게 파악함으로써 저가의 효율적인 물류시스템을 구축할 수 있었다.

월마트는 이전에 비윤리적인 거대기업의 대표 격으로 비난을 받았다. 〈포춘〉의 말을 빌리면 "거대기업의 나쁜 점은 모두 가진" 기업이었다. 월마트의 저가 전략은 값싼 노동력, 대량생산, 환경파괴에 기인했다. 월마트가 무노조 정책으로 열악한 노동조건과 저임금을 노동자에게 압박해 밀어붙여 값싼 노동력이 가능했다. 이런 노동착취에 의해 얻어진 저가 상품은 지역 상권을 파괴했다. 경쟁 자체가 불가능했기 때문이다. 월마트는 나아가 대량생산, 대규모 유통을 위해 환경파괴를 계속했다.

환경파괴 대기업의 표본으로 비난을 받았던 월마트는 기업의 부정적 이미지 탈출을 목표로 2005년 '지속가능 전략 이니셔티브' 발족을 선언했다.[251] 에너지 공급원을 100% 재생에너지로 충당할 것, 폐기물 배출량을 '0'으로 만들 것, 환경적으로 지속가능한 제품을 판매할 것을 3대 주요 목표로 삼았다.

월마트의 폐기물 감축 목표와 관련하여 2011년 이후 폐기물 배출량을 80% 이상 감축해 왔다. 앞서 2007년에는 포장회사, 제조업체, 정부 부처 및 비영리단체와 협력을 통해 포장재 감축을 유도하는 포장 기준을 개발하여 2013년엔 2008년 대비 5% 이상의 포장재 절감 효과를 거뒀다. 또한 공급망 내 '식품 손실 및 폐기물(FLW, Food Loss and Waste)'이 발생하는 주요 원인을 파악하고, 이를 감축하기 위해 다양한 활동을 수행하여 2019년 대비 2021년에 폐기 식자재를 약 5700만 개 줄였다. FLW 감축은 ① 수요 예측 및 주문 시스템 효율화 통한 유통 개선 ② 물류센터 증설 및 빅데이터 활용한 운송 루트 최적화 ③ 매장 구조 개선 통한 제품 회전율 증가 ④ 유통기한 임박 상품의 할인 판매 등을 통해 이뤄졌다.

아마존과 경쟁이 더 치열해짐에 따라 월마트는 2020년에 미국 내에서 당일배송 서비스를 시작했다. 초고속 배송 서비스 도입에 따라 노동자에게 더 나은 임금, 더 엄격한 보건 규정, 더 나은 노동환경, 그리고 더

[그림 5-22] 월마트의 물류창고(자료: 월마트)

ESG 배려의 정치경제학

많은 직원 고용이 뒤따를지가 중요해졌다. 월마트가 이전에 받았던 비윤리적인 기업이라는 오명을 다시 쓰지 않으려면 말이다.

인종차별 장벽을 무너뜨리려는 애플

2020년 조지 플로이드 사망 사건[252] 이후 미국에서 흑인 등 유색인종 차별에 대해 항의 시위가 잇달자 애플은 2021년 1월, 1억 달러 규모의 '인종간 평등 및 정의 이니셔티브(REJI, Racial Equity and Justice Initiative)'를 발표했다. 기회를 막는 장벽을 무너뜨리고 유색인종 커뮤니티가 직면한 불평등을 타파하도록 돕는 프로젝트를 포함했다. 이 이니셔티브는 교육, 경제 및 사법체계에서 인종 평등을 발전시키겠다는 애플의 가치를 반영했다. 애플의 '환경, 정책 및 사회적 이니셔티브' 담당 부사장인 리자 잭슨이 이끌고 있다. REJI는 회사의 모든 면에서 다양성과 포용성을 개선하려는 애플 내부의 노력을 보완한다.

흑인대학(HBCU, Historically Black Colleges and Universities)을 위한 글로벌 혁신 및 학습 허브인 프로펠센터, 디트로이트 지역 학생들의 코딩 및 테크 교육을 지원하는 '애플개발자아카데미(Apple Developer Academy)', 그리고 흑인 및 유색인 기업인을 위한 벤처 캐피털 등의 내용이 REJI에 포함됐다. 애플의 REJI 지원은 미국 전 지역에서 유색인종 커뮤니티의 기회를 확대하고 다양한 인종의 차세대 지도자 양성을 돕는 것을 목표로 한다.

애플로부터 2500만 달러 지원을 받은 프로펠센터는 차세대 흑인 지도자를 키우기 위한 교육 커리큘럼, 기술 지원, 취업 기회, 펠로십(인턴) 프로그램을 제공한다. 애플은 프로펠센터의 개장을 지원하기 위한 서던

컴퍼니(Southern Company) 및 다양한 커뮤니티 이해관계자와 협력하고 있다. 프로펠센터는 가상 플랫폼, 애틀랜타 유니버시티 센터 내 실제 캠퍼스, 그리고 파트너 기관(대학)의 캠퍼스 활성화를 통해 흑인대학 학생 및 교수진을 지원한다. 흑인대학 학생은 애플의 인턴십 기회 제공과 더불어 애플의 전문가로부터 지속적인 멘토링 및 학습 지원을 받을 수 있다.

애플은 2022년 이후 미국 최초로 디트로이트와 한국에 '애플개발자아카데미'를 연다. 애플개발자아카데미는 2013년 브라질에 처음 개설되었으며 기업가, 개발자, 디자이너를 꿈꾸는 이들에게 툴과 트레이닝을 제공해 iOS앱 분야에서 일자리를 얻고 창출할 수 있도록 하는 것을 목표로 한다. 이후 인도네시아, 이탈리아를 포함한 세계 12곳에 애플개발자아카데미가 만들어졌다.

디트로이트에는 활력 있는 흑인 기업가 및 개발자 커뮤니티가 있으며, 미국 센서스 자료에 따르면 이곳에 흑인 소유 사업체가 5만 개를 상회한다. 아카데미는 젊은 흑인 기업인, 크리에이터 및 코더가, 급성장 중인 iOS앱 경제에서 일자리에 필요한 기술을 함양할 수 있도록 지원한다. 미시건 주립대학과 협업해 출범하는 디트로이트 애플개발자아카데미는 디트로이트 전역의 모든 이에게 학력이나 과거 코딩 경험에 관계없이 문호를 개방한다.

애플은 또한 향후 20년 다양한 창업자의 1000개 기업에 대한 투자를 지원하기 위해 뉴욕 소재 벤처 캐피탈 회사인 할렘캐피탈(Harlem Capital)에 1000만 달러를 투자한다. 흑인 기업인들에게 자본을 제공하는 것 외에, 할렘캐피탈은 유색인종의 경제적인 기회 접근성을 향상하려는 애플의 광범위한 노력에 그들의 전문성을 보탠다. 또한 유색인종 소유의 기업체를 중심으로 중소기업에 자본을 제공하는 '클리어 비전 임팩트 펀드(Clear Vision Impact Fund)'에 2500만 달러를 투자하기로 했다. 이 펀드는 소외된 시장에서 운영되는, 포용적인 성장 프로젝트를 지향하는 기업체를 지원하는 데 중점을 두게 된다.²⁵³

성소수자의 인권회복을 돕는 러쉬

1995년 설립된 영국의 화장품 브랜드 러쉬는 '네이키드(Naked) 제품'으로 가장 많이 알려져 있지만 이밖에 제품의 원료수급에서부터 생산·유통·판매에 이르기까지 공정무역, 친환경, 윤리적 경영을 지향하는 회사로도 유명하다. 러쉬는 전 세계적으로 수익의 10% 이상을 환경보호 등 각종 사회적 활동에 기부한다.

러쉬는 2015년엔 성소수자의 인권 회복을 위해 'GayIsOk'란 문구가 새겨진 6달러짜리 한정판 비누바 '사랑비누(Love Soap)'를 내놓았다. 반(反)동성애 법으로 판매가 금

[그림 5-23] 러쉬의 '사랑비누(Love Soap)' (자료: 러쉬)

지된 약 80개 매장을 제외한 전 세계 800여 개의 매장에서 팔렸다. 총 10만 7479개의 비누가 팔렸고 27만 5955파운드가 러브 펀드에 모금됐다. 모금액은 전 세계적으로 LGBT의 권리, 평등, 그리고 포용을 위해 적극적으로 싸우고 있는 단체인 '올아웃(All Out)'에 전달됐다.

러쉬의 고객들과 올아웃의 멤버들은 페이스북, 인스타그램, 트위터 등의 소셜 미디어를 통해 그들의 셀카, 해시태그와 함께 LGBT의 권리와 평등을 지지하는 포스팅을 했고, 이 메시지들은 전 세계 총 3000만 명에게 전달됐다.

올아웃과 러쉬가 협력한 캠페인은 1969년 미국 뉴욕 맨해튼에서 일어난 동성애자들의 자발적 시위인 스톤월 항쟁의 기념일인 6월 28일에 맞춰 진행됐다. 캠페인 시작 24시간 직후 발표된 미국 대법원의 동성 결혼 합헌 결정에 힘입어, 추가로 4000만 명에게 지지 메시지가 도달했다.[254]

러쉬는 2020년 1월까지 5년 동안 514개의 LGBTQ+ 그룹에 총 160만 파운드를 기부했다.[255]

인권경영

인권경영 개념은 20세기 들어 형성되어 왔으며 여기에는 다국적 기업의 인권침해와 국제기구들의 대응이 배경이 됐다. 특히 1990년대 이후, 다국적 기업의 인권침해 문제가 국제사회에 부각되면서 기업에 사회책임을 묻고 국제기구 차원에서 인권보호를 규범화하려는 흐름이 생겨났다. 기업의 사회적 책임(CSR)으로 대표되는 사회책임경영과 인권경영을 비교해보면 인권경영이란 기업이 인권을 보호하고 인권침해에 가담하지 않아야 한다는 내용을 기본으로 하면서, 사회책임경영에서 이야기하는 환경과 지역사회에 대한 책임을 두루 포함하고 있는 것으로 정의할 수 있다.

인권경영 관련 규범에는 유엔, OECD, 국제노동기구(ILO) 등 국제기

ESG 배려의 정치경제학

구와 민간 기구를 중심으로 발전시킨 국제 규범과 기준이 있다.[256]

KT의 인권경영 정책

KT는 2017년 6월 'KT 인권정책'을 수립하여 인권 보호와 증진을 위해 사회적 책임과 역할을 다하는 동시에, KT의 사업 및 가치 사슬 전체에서 발생할 수 있는 인권침해를 사전에 방비하기로 했다. 디지털 플랫폼 기업으로서 유엔 세계인권선언, ILO 협약, OECD 다국적 기업 가이드라인, '유엔 기업과 인권 이행원칙(UNGPs, United Nations Guiding Principles on Business and Human Rights)' 등 인권 및 노동과 관련한 글로벌 기준을 공식적으로 지지하며, 2008년 5월 유엔 글로벌콤팩트에 가입한 이래 인권, 노동, 환경, 반부패의 4대 분야 10대 원칙을 경영 전반에 걸쳐 적극적으로 실천하려고 했다. UNGPs는 '보호, 존중 및 구제 방법' 체제를 정리한 인권경영의 핵심 가이드라인이다.

KT 이사회 내 지속가능경영위원회가 인권경영 활동을 감독하며 총괄 책임을 담당한다. KT는 운영 및 전 가치 사슬상에서 인권침해가 발생가능한 이슈를 사전에 식별함으로써 부정적인 인권 영향을 최소화하는 한편, KT 비즈니스를 통해 공헌할 수 있는 긍정적인 인권 영향을 최대화하기 위해 노력하고 있다.

KT의 인권정책에서 인권은 기본 인권과 노동 인권으로 분류된다. 세계인권선언에 명시된 인권 존중 책임에 따라 개인의 평등 보장, 자유 실현, 인간 존엄을 누구나 보장받아야 할 기본 인권으로 정의했다. 기본 인권 보장을 위해 성, 연령, 국적, 인종, 종교, 교육 수준, 장애 여부에 따른 모든 차별을 금지한다. 자유 실현·강제노동 금지를 위해 모든 종류의 비자발적인 노동과 서비스, 인간 존엄·아동 노동 금지를 위해 18세 미만의 미성년자에 대한 모든 형태의 고용을 금한다.

노동 인권 보장과 관련, KT는 ILO 선언 및 협약에 명시된 노동 인권을 바탕으로 자발적인 근로를 보장하며 근로 계약, 임직원 권리, 근무 조건, 공정한 보상 및 보건 안전 등과 관련된 법규 및 규정을 준수한다고 선언했다. 결사의 자유·단체 교섭권을 보장하여 모든 임직원은 개인 및 단체의 이익을 보호하기 위해 노동조합을 결성하거나 자유롭게 가입할 권리를 지닌다. 노동에 대한 공정한 보상을 보장하며 근로기준법을 철저히 준수한다. 또한 직장 내 보건 및 안전 관련 법률을 지킨다는 내용이 포함됐다.

KT는 고객의 표현의 자유 실현과 정보에 접근할 수 있는 권리를 보장하며 통신 서비스상에서 유해 콘텐츠로부터 아동 고객을 보호하기 위해 노력하고 있다. 고객의 프라이버시를 존중하고 개인정보를 철저히 보호하며 이를 위해 개인정보의 기록과 저장을 최소화하고 정보유출 방지를 위해 기술적/관리적 보호 조치를 철저히 하기로 했다. 또한 지역, 계층, 장애 여부와 관계없이 고객이 혁신 서비스를 경험하며 행복을 추구할 수 있도록 모든 지원을 아끼지 않겠다고 약속했다.[257]

유니레버의 인권보고서

세계적인 인권경영 선도 기업인 유니레버는 2014년 '유엔 기업과 인권 이행원칙(UNGPs)'을 이행하겠다고 공개적으로 선언한 이후 인권보고서를 계속 발간하고 있다. 유니레버는 중대한(Salient) 인권 이슈로 차별, 공정 임금, 강제노동, 결사의 자유, 성희롱, 건강과 안전, 토지권, 노동시간의 8개를 제시했다. 유니레버의 인권정책은 16개 언어로 번역되어 각국에 제공된다.[258]

유니레버는 인권을 증진하는 직장 문화를 구축하기 위해 24개의 사업강령(Code of Business Principle)을 명시했다. 사업강령은 모든 직원이 업무 시 이행해야 하는 윤리적 행동과, 회사가 직원의 권리를 존중하기 위해 해야 하는 모든 사항을 정의했다.

유니레버는 인권의 날을 이용한 인권 옹호 활동을 비롯, 회사 내부 공지사이트, 내부 학습 플랫폼 등에서 지속적인 인권캠페인 활동을 펼친다. 3년마다 모든 직원에게 인권 존중 교육을 실시하고, 내부망을 통해 주요 정책 간행물, 보고서 및 모범 사례 등을 공유한다. 직원들이 자신과 다른 사람의 권리를 이해하고 업무에서 인권 존중 책임을 인식하는 데 도움을 줄 수 있도록 교육 프로그램을 개발했다.[259]

ISO37001을 도입하는 국내 제약바이오산업

과거 국내 제약사들이 공정거래 자율준수 프로그램(CP, Compliance Program)에 집중했다면 지금은 나아가 부패방지 경영시스템인 ISO37001에 무게를 싣고 있다. ISO37001은 사내 위법 리스크를 줄일 수 있을뿐 아니라 고객 및 관계사의 신뢰 증가에도 효과적이다.

국내 제약기업 상당수가 ISO37001을 도입했거나 도입을 추진 중이며, 한국제약바이오협회는 회원사를 대상으로 도입을 권고하고 있다.

한국제약바이오협회에 따르면 2021년 2월까지 정회원사 180곳 중 총 54곳이 인증을 받았다.[260]

실제로 제약바이오업체 중에서 ISO37001을 도입한 기업이 미도입 기업보다 청렴지수가 높은 것으로 나타났다. 한국투명성기구가 발표한 '제약바이오산업 ISO37001 인증사업 도입 효과 분석 연구'에 따르면 ① 반부패 윤리문화(업무의 투명한 처리, 청탁 등) ② 부패방지 제도(부패 행위 신고제도 등) ③ 내외부 업무 청렴(인사, 금품수수 등) ④ 윤리경영 리더십(최고경영자의 노력 등) 등의 항목을 종합해 집계한 회사의 청렴 수준은 ISO37001을 도입한 기업이 5점 만점에 4.34점으로, 도입을 진행 중인 기업(4.29점)이나 도입하지 않은 기업(3.89)에 비해 더 높았다.[261]

ISO37001은 기업의 반부패 윤리문화 정착에도 효과적이지만 국내 제약사가 다국적 제약사 등 파트너사와 협업하는 데 필수 요건으로 자리 잡고 있다. 리베이트 쌍벌제 시행이나 공정거래법 강화 등으로 제약사의 영업 및 마케팅 전략이 많이 변하는 추세다. 또한 최근 각종 규제 법안도 강화하고 있어 ISO37001이 제약기업 변신의 시금석이 되고 있다.

ESG보고는 ESG사회의 기반이다

기업 ESG보고의 필요성

국내 기업과 다른 조직의 ESG 보고 현황과 제도

해외의 ESG보고

공공기관과 지자체의 ESG보고

시민사회를 중심으로 한 ESG보고 발간역량 구축

GRI 스탠더드 기준에 맞춘 지속가능보고서 사례

Environment,
Social and
Governance

Environment, Social and Governance

ESG 확산과 함께, 일회용품 대신 장바구니나 텀블러를 사용하는 단순한 행동을 넘어서 환경을 생각하고 사회적 약자를 보호하며 사회문제 해결에 도움이 되는 이른바 '착한 소비'를 하려는 소비자가 증가하고 있다.[262] 소비자의 변화는 자연스럽게 투자자와 기업으로 연결되었으며 이제 사회는 기업의 가치를 과거 재무제표처럼 단기적이고 정량적인 지표로만 평가하지 않는다. 중장기적인 관점에서 기업의 지속가능성에 큰 영향을 미치는 비재무적인 정보인 ESG를 핵심적인 가치로 여기게 됐다.[263] ESG 정보 또는 비재무적 정보가 기업의 지속가능성 및 기업의 장기 성과를 예측할 수 있는 좋은 지표로써 그 중요성이 커지자 ESG보고서를 비롯하여 관련한 정보의 공시를 통해 사회에 충분한 ESG 정보를 제공하여 기업의 투명성 제고, 사회적 책임, 지속가능한 성장을 알 수 있도록 해야 한다는 의견이 투자자를 포함한 이해관계자 사이에서 대두하고 있다.[264]

정기적인 ESG보고서 발간과 ESG 정보 공시는 국제적인 화두다. 주지하듯 2006년 유엔 주도하에 지속가능성 투자원칙을 준수하는 국제 투자기관 연합체 유엔 책임투자원칙(PRI, Principles for Responsible Investment)이 출범하면서 현재의 ESG 흐름을 주도했다.[265] ESG라는 용어는 이에 앞서 2004년 유엔환경계획(UNEP, United Nations Environment Programme) FI(Finance Initiative)의 보고서에서 처음 공식적으로 사용되었으며, 2006년에 UNEP FI와 유엔글로벌콤팩트(UNGC, UN Global Compact)가 공동으로 PRI를 만들었다.

이러한 배경에서 유럽연합(EU)은 지난 2006년 기업의 비재무적 정보를 사업보고서 안에 공시하도록 했고[266] 나아가 2014년 EU 집행위원회는 일부 대기업에 국한하여 비재무적 정보를 정기적으로 공시하는 기존 지침의 한계점을 보완하고 기업 전체의 사회·환경 문제를 개선하기 위해 ESG 정보 공개 의무화를 담은 EU회계지침(EU Accounting Directive) 개정안을 발표했다.

EU는 2021년 3월 10일 유럽의 금융기관을 대상으로 '지속가능금융 공시 규제(SFDR, Sustainable Finance Disclosure Regulation)'를 발효했다. SFDR 은 18개 의무 사항으로 구성된 ESG 공시를 제도화했다. 시행은 2023년 1월이다.

EU의 SFDR 발효로 ESG 정보 공개는 세계적인 대세로 자리 잡고 있다. 미온적이던 미국도 최근 금융기관의 ESG 점검 강화 방침을 밝혔다.[267] 2021년 3월 기후 공시 및 ESG투자 관련 위법 행위를 점검하는 태스크포스를 미국 증권거래위원회(SEC)가 발족했고 같은 해 5월에는 조 바이든 미국 대통령이 [기후 관련 금융 위험에 관한 행정 명령(Executive Order on Climate-Related Financial Risk)]을 발표했다. 이러한 개별적 조치뿐 아니라 연이어 6월에 [기업 지배구조 개선 및 투자자 보호에 관한 법률(Corporate Governance Improvement and Investor Protection Act)]이 하원을 통과하면서 미국의 ESG 공시 법제화의 기반이 마련되고 있다.[268]

이처럼 전 세계적으로 ESG, 즉 비재무 정보의 공개 요구가 증가하고 있고 이러한 ESG 정보를 투자 의사 결정에 반영하는 책임투자 또한 확산하고 있다. 작금의 상황에서 ESG 정보가 충분히 제공되지 않는다는 것은 앞으로의 사회변화에서 기후변화를 비롯한 사회의 다양한 위험에 대한 정보 부족을 의미하며 이에 따라 투자자와 기업이 자산의 적정 가치를 제대로 평가할 수 없어 비효율적인 자본의 배분을 초래하게 된다.

따라서 장기적인 관점에서 효율적으로 자본을 배분하기 위해서는 기업이 ESG와 관련한 위험과 기회를 어떻게 관리하고 있는지에 관한 ESG 정보를 공개하는 ESG보고서가 매우 중요하며 필수적이다.[269]

국내에서는 국민연금 등 연기금 중심으로 책임투자 운용 규모가 2020년 말 기준 약 103조 원(국민연금이 101조 원으로 98% 차지)으로 확대되었지만, 기업들의 ESG 정보 공개는 활성화하지 않고 있다. 비재무 정보를 담은 지속가능경영보고서 작성 기업은 2019년까지 100여 개사이지만 의무가 아니다 보니 20개사만 거래소에 공시가 됐다.[270] 정부는 2030년까지 전체 코스피 상장사에 대한 ESG 정보 공시 의무화 계획을 발표했지만 결국 자본시장을 겨냥하는 ESG 공시는 비재무 정보의 전달보다는 기업의 재무보고를 보조한다는 의미가 더 크다는 근본적인 한계를 지니고 있다.[271]

기업의 ESG 정보 공개가 재무보고를 보조하는 성격에 머물러선 곤란하며, 기업이 기후위기와 지속가능사회 같은 국가적이고 세계시민적 의제를 외면하는 것은 불가능하기에 정교하고 전면적인 ESG보고서 발간의 의무화와 수시 공시의 강화가 시급하다고 우리는 판단한다. 기업뿐 아니라 모든 조직이 사회와 세계를 대상으로 ESG 정보를 공개해야 한다. 이때 사업보고서처럼 정기적이고 종합적인 정보 공개를 뜻하는 ESG보고와 수시 공시에 해당할 ESG공시의 강화가 모두 필요하며, 특히 연례보고 형식의 ESG보고서 혹은 사회보고는 법이나 제도로 의무가 되어야 한다.

기업 ESG보고의 필요성

　다양한 조직 중에서도 자본주의 핵심인 기업의 ESG보고가 중요한 이유는, 첫째로 기업의 고객인 소비자가 변화했기 때문이다. '착한 소비'는 제품의 디자인이나 품질을 넘어서 그 제품에 담긴 가치관과 신념, 사회나 환경에 미치는 책임을 다하고 있는지까지를 고려한 소비를 의미한다. 경영컨설턴트 사이먼 사이넥은 '골든 서클' 이론에서 "과거 소비자들에겐 차별화한 경험을 제공할 '무엇(What)'이 가장 중요한 요소였다"며 "최근에는 '무엇'을 넘어서 '어떻게(How)' 그리고 '왜(Why)' 제품을 만들었는지를 고려한 구매자로 바뀌었다"라고 말했다.

　특히 소비 시장과 노동 시장의 주역으로 떠오르고 있는 MZ 세대에서 이러한 경향이 증가하면서 기업에게 ESG활동이 더는 선택이 아닌 필수로 인식하도록 전환을 이끄는 상황이다.[272] 이에 따라 소비자와 투자자의 ESG 요구 수준이 모두 높아지는 상황에서 기업은 ESG 요소를 단순한 마케팅이 아닌[272] 기업과 사회의 소통 채널로써 중시하여 투자자를 보호하고 소비자를 유인할 필요가 있다(8장의 '명품소비보다 가치소비, MZ세대의 미닝아웃' 참고).[274]

　사회 리스크를 줄이고 국가경쟁력을 높일 수 있다는 점에서 ESG보고는 매력적이다. 지속가능한 발전이라는 관점에서 국가적 목표를 달성하기 위해서는 시장 메커니즘을 보완해야 한다는 인식이 확산하고 있다. 많은 국가에서 기업에 자율적인 ESG활동을 권고하는 단계를 넘어, 최근에는 ESG성과 관리를 위한 정부 차원의 다양한 규제를 마련하고 있고 그중 대표적인 것이 ESG보고 의무화다. 상징적인 예가 2014년 유럽연합(EU) 집행위원회가 EU 회계지침(Accounting Directive)을 개정하여 도입한 비재무보고지침(NFRD, Non-Financial Reporting Directive)이다. NFRD는 일정 규모 이상의 기업에 대해 환경, 사회, 노동, 인권, 반부패 등에 관한 ESG 정보의 공개를 의무화했고 이를 통해 기업의 ESG 리스크 관리와 ESG 정책 시행 결과정보를 관리하는 체계를 마련했다.[275] 의무화 대상기업은 종업원 500인 이상이고, 자산 2000만 유로 초과 혹은 매출 4000만 유로 초과의 두 가지 조건 중 하나를 충족해야 한다. ESG 공시를 통해 모은 정보를 바탕으로 선제적으로 대응한다면 사회 리스크를 줄일 수 있다는 생각이 깔려 있다.[276]

또한 국내외 많은 연구에서 ESG성과가 좋은 기업이 재무성과도 우수한 것으로 나타나고 있다. 뱅크오브아메리카의 〈ESG from A to Z 보고서(2019년)〉는 MSCI의 ESG 점수 상위 20% 기업이 하위 20%보다 주가 프리미엄 격차가 최근 들어 더욱 증가하고 있음을 보여주면서[277] 기업이 ESG보고를 통해 ESG 요소를 전략적으로 관리할 필요가 있음을 지적했다. ESG보고와 그 과정을 통해 기업이 기후변화, 노동환경 등 글로벌 이슈를 어떻게 바라보고 어떻게 대응하는지 알린다면 튼튼한 국가 경제 체계 형성에 기여하여 국가경쟁력을 높일 수 있다.[278]

마지막으로 기업은 이윤을 추구하는 경제 주체로서 해야 할 역할뿐 아니라, 사회발전을 위해 공생·공존의 역할과 책임을 모든 경영 활동과 일상에서 실천하는 '기업시민(Corporate Citizenship)'이므로 ESG보고는 기업시민의 중요한 의무가 된다.[279] 기업의 사회적 책임(CSR)의 중요성이 부각되면서 사회구성원의 삶의 질과 안녕에 공헌해야 한다는 기업의 책무에 대한 호소가 갈수록 강력해지고 있다.[280] CSR에서 가장 진보한 개념에 속하는 기업시민은 (인간)시민과 같은 사회구성원으로서 역할과 책임을 다하는 기업을 말한다.[281] 2002년 뉴욕에서 열린 다보스 포럼에서 엑슨모빌, 포드, 나이키 등 많은 대기업이 '글로벌 기업시민' 협약을 통해 기업시민을 기업의 경영이념으로 본격적으로 채택하기 시작했다.[282] 국내에서는 포스코, 삼성전자, SK그룹, 현대자동차그룹 등이 기업시민을 경영철학 키워드로 삼고 있다.[283, 284]

결론적으로 투자자를 보호하고 사회 리스크를 줄이며 국가경쟁력을 높이는 효과와 더불어 기업이 사회구성원으로서 행동하는 기업시민의 의무를 다하기 위해서 기업의 ESG보고를 의무화해야 한다.

국내 기업과 다른 조직의 ESG보고 현황과 제도

환경·사회·거버넌스의 ESG 중 기업의 환경보고는 어떻게 이뤄지고 있을까. 2021년 4월에 〔환경기술 및 환경산업 지원법〕 개정안이 통과되었고 같은 해 10월 시행에 들어갔다. 환경부는 〔환경기술 및 환경산업 지원법〕 제10조의 4에 따라 '지속가능한 녹색 경제 활동' 여부를 판단하는 녹색 분류체계[285]와 기업의 환경적 성과를 평가하기 위한 표준 평가 체계를 구축하기로 했다.[286] 또 ESG 중 환경성과 평가와 관련하여 민간 평가기관의 평가지표 및 평가방법론 분석을 토대로 표준 평가 가이드라인을 마련하고 추진할 계획이다.[287] 개정된 〔환경기술 및 환경산업 지원법] 제16조의 8에 따르면 2022년부터 환경정보 공개 대상이 온실가스 배출권 할당 대상 업체 등 환경 영향이 큰 기업이나 단체에서, 자산 총액이 일정 규모 이상인 기업까지로 확대됐다. 자본시장과 금융투자업에 관한 법률 제9조 제15항 제3호에 따라 주권상장법인 중 최근 사업연도 말 자산 총액이 2조 원 이상인 기업이 해당한다.[288] 공개항목은 용수, 에너지 사용량, 화학물질, 폐기물 발생량 등 총 19~27개다.[289]

거버넌스와 관련해서는 2017년에 기업지배구조 공시제도가 국내에 처음으로 도입됐다. 10가지 항목*의 준수 여부를 '원칙준수 예외설명 (CoE, Comply or Explain)' 방식으로 밝히도록 했다. 하지만 2017년과 2018년 〈기업지배구조 보고서〉를 공시한 기업은 금융업을 뺀 유가증권시장 상장기업 중 각각 4.5%, 7.8%에 불과했고, 공시 과정에서 준수 여부를 명확하게 설명하지 않고 유리한 내용을 선별적으로 제공하는 사례가 발견됐다.

자율 공시로는 낮은 공시 참여와 정보의 선별적 제공 등의 문제가 생긴다는 판단 아래, 2018년에 기업지배구조 공시제도를 개선하여 2019년에 적용했다.[290] 자산 2조 원 이상 유가증권시장 상장기업에 〈기업지배구조 보고서〉 제출을 의무화했고, 공시 보고서의 충실도를 높이기 위해 10개 핵심 원칙을 구체화·세분화했으며, 핵심 원칙별 준수 여부를 명확하게 판단할 수 있도록 보고서에 반드시 포함되어야 하는 내용을 가이드라인으로 제시했다. 또한 미공시, 허위공시 등에 대한 제재 조항을 만들었다.[291]

---

* 주주의 권리, 주주의 공평한 대우, 이사회 기능, 이사회 구성 및 이사 선임, 사외이사, 이사회 운영, 이사회 내 위원회, 사외이사 평가 및 보상, 내부감사기구, 외부감사인

녹색 부문

1. 온실가스 감축

산업	·탄소중립 핵심기술 활용을 위한 제조 ·탄소중립 핵심기술 활용을 위한 소재·부품·장비 제조 ·배출원단위가 상대적으로 낮은 철강 제조 ·배출원단위가 상대적으로 낮은 시멘트 제조 ·배출원단위가 상대적으로 낮은 유기화학물질 제조 ·온실가스 감축 설비 구축·운영
발전·에너지	·재생에너지 생산(태양광, 태양열, 풍력, 수력, 해양에너지, 지열에너지, 수열에너지) ·재생에너지 생산 : 바이오매스 ·재생에너지 생산 : 바이오가스 ·수소·암모니아 기반 에너지 생산 ·혼합가스 기반 에너지 생산 ·폐열·냉열·감압(폐압) 기반 에너지 생산 ·바이오매스·바이오가스·바이오에탄올·바이오디젤·바이오중유 제조 ·수소 제조·암모니아 제조 ·전기 에너지 저장·전환 ·열에너지 저장 ·수소·암모니아 에너지 저장 ·재생에너지 관련 송배전 인프라 구축·운영 ·바이오가스·수소·암모니아 이송 인프라 구축·개조·운영 ·폐열·냉열 공급 인프라 구축 개조·운영 ·ICT 기반 에너지 관리 솔루션 개발 및 시스템 구축·운영
수송	·무공해 차량·철도차량건설기계·농업기계·선박·항공기 제조 ·무공해 대중교통 운영 ·무공해 육상·철도 운송 ·무공해 선박 운송 ·무공해 운송 인프라 구축 운영 ·무공해 개인 이동 및 공유 운송 인프라 구축·운영
도시·건물	·제로에너지 특화 도시 개발·운영 ·제로에너지 건축물 또는 녹색건축물 신규 건설 및 리모델링 ·건축물 관련 온실가스 감축 설비·인프라 구축 운영 ·저탄소 인터넷 데이터 센터 구축·운영
농업	·저탄소 농업·저탄소 사료 및 대체가공식품 제조
이산화탄소 포집	·배출되는 이산화탄소 포집 ·이산화탄소 운송 네트워크 인프라 구축·운영 ·포집된 이산화탄소 처리 및 영구격리·바이오차 제조 및 토양 살포
연구개발	·탄소중립 핵심기술 연구·개발·실증

녹색 부문	
2. 기후변화 적응	
기후변화 적응	· 기후변화 적응 핵심기술 활용을 위한 소재·부품·장비 제조 · 기후변화 적응 관련 조사연구 · 기후변화 적응 관련 교육·문화·예술활동 · 공정한 노동전환 지원
3. 물	
물	· 하폐수 관리 · 저영향 개발 · 물 공급 · 대체 수자원 활용 · 물 수요관리·물 재이용 · 지하수 정화
4. 순환경제	
자원순환	· 폐기물 발생 억제 · 폐자원 수거·회수·선별·분리 · 폐자원 재활용 (재사용·재제조·재생이용)·새활용 · 폐자원 열분해 · 폐기물에너지 회수
메탄가스 활용	· 혐기성 소화의 메탄가스 표집 및 처리·활용 · 매립가스 포집 및 처리·활용
5. 오염	
대기오염 방지 및 처리	· 대기오염 방지 및 처리 · 악취방지 및 저감 · 해양오염 방지 및 처리
6. 생물다양성	
생물다양성	· 육상 및 해양 생태계 보호·복원 · 산림 생태계 복원 · 도시 내 탄소흡수원 조성 · 생물종 보호·보전

전환 부문	
온실가스 감축	
산업	· 중소기업 사업장 온실가스 감축
발전·에너지	· 액화천연가스 (LNG) 및 혼합가스 기반 에너지 생산 · 액화천연가스 (LNG) 기반 수소 (블루수소) 제조
수송	· 친환경 선박 건조·친환경 선박 운송

정재규 한국기업지배구조원 선임연구위원은 "이러한 개선에 따라 기재 충실도가 높아진 것은 사실"이라며 "더불어 〈기업지배구조 보고서〉에 적용되는 핵심 원칙의 범주가 주주에게 한정된 점을 보완, 2021년에 〈ESG 모범규준〉을 발간하여, 이사회를 중심으로 지속가능성을 추구할 것을 제안하고, 경영전략, 위험관리, 보상체계 등에서 지속가능성을 검토하고 이해관계자와 적극적으로 소통하도록 권고하고 있다"라고 말했다. 기재 충실도는 2019년 54.5%였는데 2021년에 78.8%로 상승했고, 정량 항목의 준수율은 47.9%에서 57.8%로 높아졌다.[292] 2021년 11월에 자산 1조 원 이상의 상장법인으로 기업지배구조 공시 대상을 확대했으며,[293] 2024년부터는 5000억 원 이상, 2026년부터는 유가증권시장 전 상장사로 확대할 것을 예고했다.[294]

금융위원회와 금융감독원은 2021년 1월 14일에 '기업공시제도 종합 개선방안'을 발표하여, 2030년부터 모든 유가증권시장 상장사가 ESG 정보를 공시하도록 했다. 거래소 자율공시를 우선 활성화하고, 유가증권시장 상장사를 대상으로 ESG 공시를 단계적으로 의무화하는 방안을 추진하기로 했다.[295] 또한 한국 스튜어드십 코드인 '기관투자자의 수탁자 책임에 관한 원칙'을 개정하여 ESG 관련 수탁자 책임을 강화하는 것을 검토하고, 의결권자문사의 전문성과 공정성을 확보하기 위해 관리와 감독을 단계적으로 강화할 계획이다.[296]

한국거래소는 'ESG 정보공개 가이던스'를 제정하여 ESG 개념을 설명하고, ESG 이슈 관리를 위한 이사회와 경영진의 역할을 제시했다. 또한 ESG 정보공개의 필요성, 보고서 작성과 공개 절차, 그 과정에서 준수해야 할 원칙 및 평가 절차를 소개했다. ESG 주요 정보 공개 표준 및 권

장 공개지표로 TCFD[297], GRI[298] 등을 제안했다.[299]

현재 〔환경기술산업법〕은 기업을 중심으로 한 환경보고로 정리되어 있고, 거버넌스 보고체계가 따로 구축되었으며, 전체적인 ESG 정보 전달체계는 금융위원회, 금융감독원, 한국거래소 등을 중심으로 기업에 한정한 '공시' 제도로 제시되고 있으며, 투자자 보호에 초점이 맞춰져 있다.[300] 기획재정부도 2021년 3월 발표한 공공기관 공시제도에 ESG 관련 항목을 확대했고,[301] 서울시 NPO지원센터에서는 2015년에 'NPO 지속가능성 보고 가이드라인'을 제시했다.

유의할 사항은 지자체·공공기관 등의 ESG 공시·보고 제도는 이 조직이 사회공동체의 지속 발전 자체에 목적을 두고 있는 만큼 기업과 구분하여 논의해야 한다는 점이다.

해외의 ESG보고

대부분 국가에서 ESG 정보 공시 및 ESG보고 의무화 대상을 대규모 기업을 중심으로 하는 것을 발견할 수 있다. 앞에서 살펴본 대로 EU는 2014년에 고용인 500명 이상인 상장법인, 은행, 보험회사 등의 비재무정보보고, 즉 ESG보고를 도입(NFRD)하고 2018년에 의무화했다.[302, 303]

NFRD는 EU 집행위원회가 2014년 종업원 500인 이상이고, 자산총액 2000만 유로 또는 순매출 4000만 유로 초과의 상장법인, 공익 법인, 금융기업을 상대로 도입하고 2018년부터 시행 중인 의무지침이다. 2021년 말 현재 EU 전역의 약 1만 1700개 대기업 및 그룹이 적용대상이다.

EU 집행위원회와 유럽재무보고자문그룹(EFRAG, European Financial Reporting Advisory Group)은 10개 글로벌 비재무보고 표준 제정그룹(GRI, SASB, CDP, CDSB, TCFD, UNGC, UN Guiding Principles Reporing Framework, WICI 등)과 2020년부터 여러 차례 유럽 비재무보고지침 개정안에 관해 협의하여 2021년 4월에 적용대상 기업 범위를 모든 대기업 및 상장된 기업(소기업 제외)으로 확대하고, 보고에 대한 감사 의무 및 상세 비재무정보보고 지침 등을 담은 개정안〔기업 지속가능성보고지침(CSRD, Corporate Sustainability Reporting Directive)〕을 발표했다.

집행위는 의회와 협의를 거쳐 2022년 10월까지 개정안을 확정한 후 2022년 말 회원국 국내법에 CSRD 요건을 통합하고 2023회계연도부터 시행해 2024년 기업공시부터 반영할 계획이다. 한편 EFRAG는 기업 규모별 EU ESG보고 표준을 개발 중이며, 두 단계에 걸쳐 표준 발표·채택을 예정하는 등 ESG정보 공시 표준화에 박차를 가하고 있다.[304]

상장기업 중 노동자 10인 미만 또는 연매출액 70만 유로 이하 소기업을 제외한 모든 기업이 대상이 되면서 의무보고 기업이 기존 1만 1700개에서 4만 9000개로 늘어나게 된다. 특히 비(非)EU 법인의 EU 자회사 및 EU에 상장된 비EU 법인도 보고 의무를 지게 됐다. 비재무 정보의 보고는 사업보고서를 활용해도 좋고, 지속가능보고서 같은 별도 보고형식을 취해도 된다. 공시가 불가능한 기업은 '원칙준수 예외설명(CoE)' 원칙에 따라 그 이유를 제시해야 한다.[305]

영국에서는 ESG 정보의 공시제도를 회사법을 중심으로 추진하여, 대규모 기업을 대상으로 ESG 정보 공개를 의무화했고, 비상장기업은 ESG

정보를 웹사이트에 공개하도록 했다. 평균 고용인이 250인을 초과하는 상장기업은 대표이사와 종업원의 보수 격차 비율도 기재해야 한다. 임의적인 공시제도로는 런던거래소의 ESG보고 가이드가 있다.[306]

미국의 ESG 정보 공시제도는 〔규정 S-K(Regulation S-K)〕[307]와 〔도드-프랭크 법(Dodd-Frank Wall Street Reform and Consumer Protection Act)〕에 부분적으로 규정하여, 미국 증권거래위원회(SEC) 등록 기업을 대상으로 사실상 비재무 정보 공시를 의무화하고 있다.[308] 미국은 현재 진행 중인 법제화 논의를 마무리 짓고 모든 상장기업에 대해 ESG정보 공시를 의무화할 예정이다. 기업의 ESG 정보 공시가 불충분한 상황에 대응하기 위해 조직된 비영리 조직인 지속가능성회계표준 준심의회(SASB, Sustainability Accounting Standards Board)[309]에도 ESG 정보 공시제도가 있는데, 법제가 아닌 임의적인 기준이다. 미국 캘리포니아 주에서는 독자적으로 주 차원에서 〔연속공급 및 생산 투명법〕을 통해 연간 매출이 1억 달러를 초과하는 사업체를 대상으로 자사 웹사이트에 ESG 정보를 게시하도록 했다.[310]

일본에서는 기업과 투자자를 대상으로 정부가 주도적으로 ESG 정보를 담은, 가치협창(價値協創) 가이던스를 활용하여 ESG 정보를 쉽게 이해할 수 있도록 했고, 일본 상장기업 시가총액의 84%에 해당하는 상장기업과 주요 미상장기업 총 3781사를 대상으로 동양경제에서 매년 우편설문으로 CSR 조사를 하고 결과를 공표하고 있다.[311] 세계적으로 ESG보고의 기준으로 가장 많이 사용되는 GRI 외에 다양한 비재무 정보 보고 공개틀을 혼용해서 사용하고 있다는 점에서 ESG 정보 공시 및 ESG보고 과정의 차별화가 목격된다.

중국에는 방직업계와 전자업계를 위한 지속가능경영보고서 가이드라인이 있고, 중국 국가발전개혁위원회 산하 중소기업 합작발전촉진센터에서 중소기업의 사회책임 가이드라인을 제시하여, 현재 상장기업과 비상장기업을 포괄한 2000개 이상 기업을 대상으로 ESG 공시가 이뤄지고 있다. 중국 국무원 산하 중국사회과학원은 그 중 영업이익을 중심으로 100대 기업을 선정하여 기업의 사회적 책임 활동 수준을 평가한 뒤 2009년부터 그 순위를 발표하고 있다.[312]

대부분 국가에서 기업의 시가총액 등을 기준으로 규모가 큰 기업에 ESG 공시 및 보고를 의무화했고, 비상장기업이나 소규모의 기업에는 보고 방식에 변화를 주거나 공시 자율화를 적용한 것을 알 수 있다. 우리나라에서도 지금까지는 이처럼 부분적인 ESG 공시 및 보고 의무화를 추진하고 있는데, 다른 나라처럼 비상장기업에 ESG 공시 및 보고 의무화를 확대해야 할지, 또는 공시 및 보고 방식에 변화를 주면서 의무화해야 할지 논의가 필요한 시점이다.

또한 일본에서 다양한 비재무정보 보고기준을 혼용해서 사용하고 있는 상황을 고려하여 GRI에 한정하지 않고 다양한 기준을 검토한 후 통일된[313] 기준과 원칙을 수립할지에 관련한 연구가 필요할 것이다.[314] 현재 국내 기업들은 주로 GRI 스탠더드, ISO26000[315] 등 글로벌 지속가능경영 보고기준의 요구사항 및 유엔 지속가능발전목표(SDGs)의 세부 목표를 반영하여 ESG 보고를 하고 있고[316], IFRS(국제회계기준) 재단의 보고기준이 제정되면 도입하려고 하고 있다.

자본시장 공시 규정, 〔환경기술 및 환경산업 지원법〕 등 공시 공개 채널별로 다른 규정으로 제시되어 있어 문제이지만, ESG 보고 형태를 일원화할 필요는 없고 조직의 형태에 맞춰 적합한 틀을 선택하도록 하되,

일부 중복되는 정보의 내용과 공시 방법은 조정할 필요가 있어 보인다.

남아프리카공화국 요하네스버그 증권거래소가 모든 상장기업의 ESG 보고를 재무보고와 합쳐 통합보고(IR, Integrated Reporting) 방식으로 의무화한 것을 참고하여, 통합보고 방식을 보고 주체에게 선택하게 할 수도 있다. 사업보고서(+재무보고서)와 ESG보고서는 서로 다른 목적과 대상을 가지고 정보를 제공한다. 영업활동과 지속가능성 추구 활동, 재무성과와 비재무 성과 사이의 관계를 파악하기 어려운 상황을 극복하기 위해 통합보고가 하나의 대안이 될 수 있지만, 두 보고서의 문법이 다른 만큼 억지로 통합보고를 할 이유는 없고, 보고 주체가 각자의 논리에 의

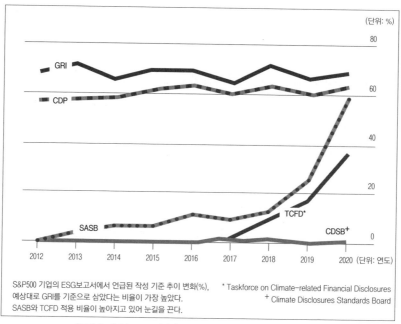

[그림 6-1] S&P500 기업의 ESG보고 기준 채택(보고서 언급) 비율

6장: ESG보고는 ESG사회의 기반이다

거해 자율적으로 선택하게 하는 게 더 타당하다. 통합보고 도입 논의에 앞서 ESG보고의 제도화를 먼저 결정해야 한다.

공공기관과 지자체의 ESG보고

공공기관은 영리를 근간으로 하는 민간기업과 달리 공공복리 증진 또는 독과점 억제가 목적이기 때문에 민간기업보다 높은 수준의 사회적 책임이 요구된다.[317] 공공기관의 ESG보고를 시행하는 국가 또한 증가하고 있으며 특히 공기업을 대상으로 한 규제가 늘고 있다. 대표적으로 스웨덴이나 인도네시아, 러시아는 공공의 이익을 위한 경영활동을 위해 공기업의 지속가능경영 원칙을 부과하며 투명성과 책임을 강화하고 있다. 특히 스웨덴에서는 모든 공기업이 GRI스탠더드를 준용한 지속가능성 보고서(ESG보고서)를 발간하고 있는데 기업에 앞서 공기업이 책임 있는 모범을 보이고자 하는 취지다.[318,319] 윤리적 문제, 환경, 인권, 양성평등 및 다양성과 같은 지속가능발전과 관련된 문제에 책임을 지기 위해서는 명확한 보고와 후속 조치를 담아낼 지속가능성 평가 및 소통이 필요하다는 판단에 따라 공기업의 ESG보고를 의무화했다.[320]

우리나라 정부 또한 공공기관의 공공성과 효율성을 제고하고 책임경영을 유도하기 위해 매년 공공기관의 경영실적을 평가하고 있다. 2007년 4월 [공공기관의 운영에 관한 법률]이 시행되면서 모든 공공기관은 지정된 경영 지표, 현황을 자사 홈페이지와 공공기관 경영정보 공개시스템(ALIO)을 통해 정기적으로 공시한다.[321, 322] 또한 2020년 5월에 시행된 〔지속가능발전법〕에 따라 지속가능발전 지표에 따른 국가의 지속가능성 평가 결과를 2년마다 지속가능발전위원회에서 종합해 〈지속가능성보고서〉를 작성하여 공표하도록 하면서 공공기관과 지자체의 〈지속가능성보고서〉 공개를 활성화하고 있다.[323]

그러나 기관마다 서로 다른 ESG 평가 방식을 도입하면서 공공기관과 지자체의 ESG보고서의 신뢰성 문제가 제기되고 있다. 실제로 2020년에 발간된 A공공기관과 B공공기관의 ESG보고서는 모두 국제 지속가능경영과 사회보고의 표준 가이드라인인 GRI스탠더드의 핵심(Core) 기준을 준수하여 작성했으나 우선순위나 접근 방식이 조금씩 다르며 A공공기관은 추가적인 표준을 적용하기도 했다. 국내외로 600여 개 이상의 평가지표가 운영되면서 일관된 평가 대응 체계의 수립이 쉽지 않은 것은 ESG보고와 보고를 위한 평가의 어려움 중 하나다.

이에 산업 전반의 범용적 가이드라인으로 2021년 12월 1일 산업통상자원부가 'K-ESG 가이드라인'을 공개했다.[324] 앞서 살펴본 대로, K-ESG 가이드라인은 글로벌 기준에 부합하면서도 국내 상황을 고려한 ESG 요소를 제시했고 공통적이고 핵심적인 항목을 추려 범용적이라는 장점이 있다. 하지만 기존 지표를 나열하고 산업별 차이를 반영하지 못했다는 한계가 존재해 평가기관을 위한 지표보다는 ESG 평가를 위해 어떻게 준비할지에 관한 지침서의 성격이 더 강하다는 지적이다.[325]

따라서 기존 체제에서 더 발전시켜 일관된 기준에 따라 각 해당 부서가 지속해서 측정하고 통합적으로 모니터링하는 시스템을 구축해야 한다. ESG보고서 작성 가이드라인에 있어서는 세계적으로 널리 쓰이는

6장: ESG보고는 ESG사회의 기반이다

GRI, UNGC 이행보고서(COP), ISO26000, AA1000시리즈 외에 〔OECD 공공기관 지배구조 가이드라인(2005년)〕 등과 같은 공공기관과 지자체에 특화한 가이드라인을 활용하는 방법이 있다.[326]

유엔의 지속가능발전목표(SDGs, 2015년)를 변용하여 2018년 12월 발표한 한국형 지속가능발전목표(K-SDGs)를 참고하여 지속가능성과 ESG의 보고가 통합된 형태로 가는 방향도 고려할 수 있다.[327, 328] 결론적으로 공공기관과 지자체는 ESG보고를 위한 통일된 평가 기준을 구축한 후 이에 따라 〈지속가능보고서〉 또는 〈ESG보고서〉를 작성하고 일부가 아닌 모든 지자체가 정기적으로 발간할 수 있도록 해야 한다. 더불어 ESG보고 과정에서 시민의 참여를 독려하여 소통의 장으로 확대할 수 있어야한다.

공공기관과 지자체를 넘어서 사회적 책임을 이행해야 하는 사회적 기관으로서 대학의 ESG보고가 필요하다. 사회의 ESG 열풍이 대학의 캠퍼스로도 확산하면서 탄소중립과 사회적 책임을 위한 ESG위원회가 점차 여러 대학에 신설되고 있다. 2021년 4월 건국대는 ESG경영 실천을 위해 ESG위원회를 신설했고 같은 달 고려대도 ESG 가치를 논의하고 실현하기 위한 ESG위원회를 만들었다. 특히 고려대는 SDGs 연구와 교육 활동을 엮은 보고서를 펴내기도 했다. ESG 교육과 연구와 함께 대학 경영에 ESG 가치를 적극적으로 반영하기 위해서는 정기적인 ESG보고가 필요하다.[329, 330]

여러 영역에 걸쳐 ESG보고서를 정기 발간하는 기관이 증가할수록 지속가능경영에 대한 자성과 개선의 기회, 이해관계자 간 이해와 소통을 돕는 선순환이 활성화할 수 있다.[331]

ESG 배려의 정치경제학

시민사회를 중심으로 한 ESG보고 발간역량 구축

ESG공시 확대로 ESG 관련 새로운 일자리가 생길 수 있을 것이다. 기존에는 자본시장 속 재무보고를 담당하는 회계사만 존재했다면, ESG 공시의 확대 및 ESG보고의 정례화 이후로는 비재무 공시 및 보고를 담당할 회계사가 필요해진다. 한국공인회계사회는 국제회계사연맹과 아시아·오세아니아 지역 9개국 회계사회 전문가가 참석한 원탁회의에서 논의한 내용을 바탕으로, 지속가능 정보 보고 및 인증 업무가 성숙할 때까지 회계업계가 지속가능성 관련 역량을 키우고 관심을 가지고 참여하며 보고 기준과 제도에 관해 지속해서 논의할 필요가 있다는 결론을 내렸다. 회계업계는 강력한 윤리적 기반, 탄탄한 자격 프레임워크, 광범위한 기술과 경험을 갖춰서 의사결정에 유용한 정보를 생성하고 보장하는 데 강점이 있으므로 ESG보고에 도움이 될 것이라고 주장했다.[332]

하지만 ESG 공시는 논외로 하더라도 정기적인 ESG보고서의 발간은 회계업계가 아닌 시민사회의 참여와 새로운 주도권 속에 이뤄져야 한다는 반론이 만만치 않다. ESG보고서 발간은 성격상 사회보고의 발간과 동일한 개념이고 이해관계자 자본주의 및 공동체 지향을 확고히 한다는 측면에서 발간과 작성, 검증을 담당할 시민사회의 역량을 키워서 활용하는 것이 ESG보고의 취지에 부합한다는 주장이다. 또한 공시된 ESG 정보의 신뢰성 확보를 위해 내부통제제도를 도입하거나, 공시 후 이해관계자와 주주와의 대화 구조를 넣는 등 제3자가 ESG 정보의 공개 및 적정성 평가 과정에 개입할 수 있게 하는 제도가 필요하다.[333]

GRI 스탠더드 기준에 맞춘 ESG보고서 사례

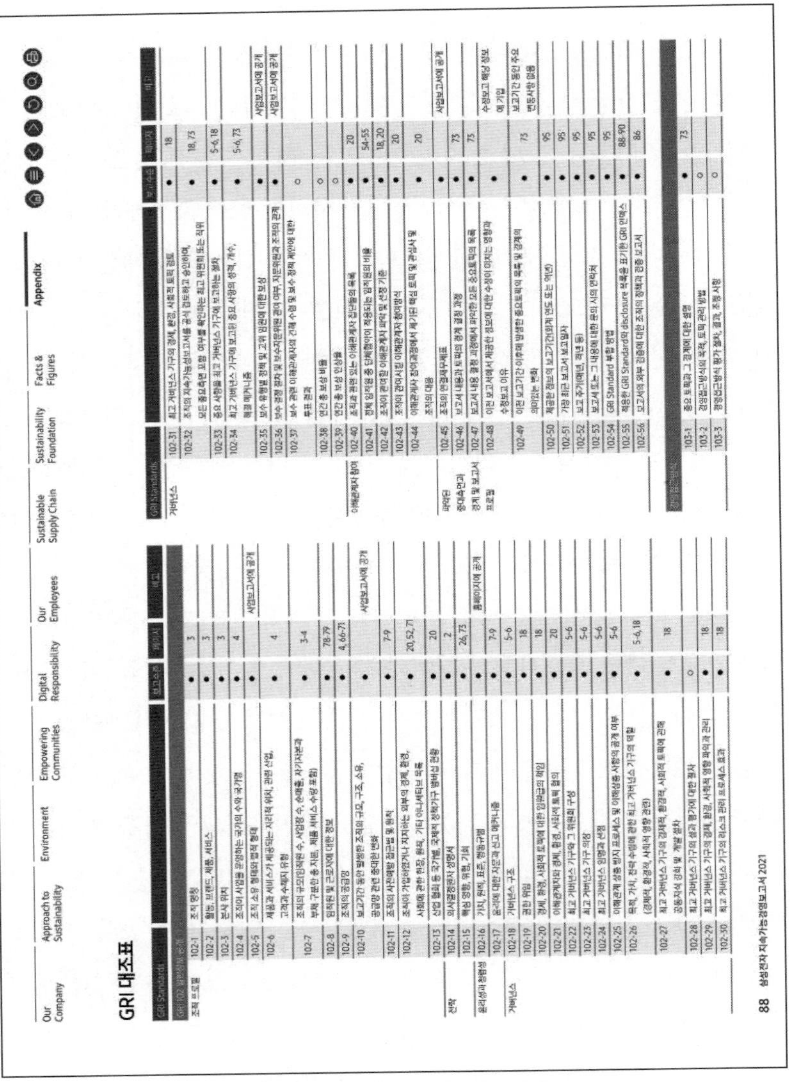

Our Company | Approach to Sustainability | Environment | Empowering Communities | Digital Responsibility | Our Employees | Sustainable Supply Chain | Sustainability Foundation | Facts & Figures | Appendix

GRI 대조표

GRI Standards			보고수준	페이지	비고
GRI 102 일반정보 공개					
조직 프로필	102-1	조직 명칭	●	3	
	102-2	활동, 브랜드, 제품, 서비스	●	3	
	102-3	본사 위치	●	3	
	102-4	조직이 사업을 운영하는 국가의 수와 국가명	●	4	
	102-5	조직 소유 형태와 법적 형태	●		사업보고서에 공개
	102-6	제품과 서비스가 제공되는 지리적 위치, 관련 산업, 고객과 수혜지 유형	●	4	
	102-7	조직의 규모(임직원 수, 사업장 수, 순매출, 자기자본과 부채 구분한 총 자본, 제품 서비스 수량 포함)	●	3-4	
	102-8	임직원 및 근로자에 대한 정보	●	78-79	
	102-9	조직의 공급망	●	4, 66-71	
	102-10	보고기간 동안 발생한 조직의 규모, 구조, 소유, 공급망 관련 중대한 변화	●		사업보고서에 공개
	102-11	조직의 사전예방 접근법 및 원칙	●	7-9	
	102-12	조직이 가입하였거나 지지하는 외부의 경제, 환경, 사회에 관한 헌장, 원칙, 기타 이니셔티브 목록	●	20, 52, 71	
	102-13	산업 협회 등 국가별, 국제적 정책기구 멤버십 현황	●	20	
전략	102-14	의사결정권자 성명서	●	2	
	102-15	핵심 영향, 위협, 기회	●	26, 73	
윤리성과 청렴성	102-16	가치, 원칙, 표준, 행동규범	●		홈페이지에 공개
	102-17	윤리에 대한 자문과 신고 메커니즘	●	7-9	
거버넌스	102-18	거버넌스 구조	●	5-6	
	102-19	권한 위임	●	18	
	102-20	경제, 환경, 사회적 토픽에 대한 임원급의 책임	●	18	
	102-21	이해관계자와 경제, 환경, 사회적 토픽 협의	●	20	
	102-22	최고 거버넌스 기구와 그 위원회 구성	●	5-6	
	102-23	최고 거버넌스 기구 의장	●	5-6	
	102-24	최고 거버넌스 임명과 선정	●	5-6	
	102-25	이해관계 상충 방지 프로세스 및 이해상충 사항의 공개 여부	●	5-6	
	102-26	목적, 가치, 전략 수립에 관한 최고 거버넌스 기구의 역할 (경제적, 환경적, 사회적 영향 관련)	●	5-6, 18	
	102-27	최고 거버넌스 기구의 경제적, 환경적, 사회적 토픽에 관해 공동지식 강화 및 개발 절차	●	18	
	102-28	최고 거버넌스 기구의 성과 평가에 대한 절차	○		
	102-29	최고 거버넌스 기구의 경제, 환경, 사회적 영향 파악과 관리	●	18	
	102-30	최고 거버넌스 기구의 리스크 관리 프로세스 효과	●	18	
거버넌스	102-31	최고 거버넌스 기구의 경제, 환경, 사회적 토픽 검토	●	18	
	102-32	조직의 지속가능성보고서를 공식 검토하고 승인하며, 모든 중요측면 포함 여부를 확인하는 최고 위원회 또는 직위	●	18, 73	
	102-33	중요 사항을 최고 거버넌스 기구에 보고하는 절차	●	5-6, 18	
	102-34	최고 거버넌스 기구에 보고된 중요 사항의 성격, 개수, 해결 메커니즘	●	5-6, 73	
	102-35	보수 유형별 정책 및 고위 임원에 대한 보상	●		사업보고서에 공개
	102-36	보수 결정 절차 및 보수자문위원 관여 여부, 자문위원과 조직의 관계	●		사업보고서에 공개
	102-37	보수 관련 이해관계자의 견해 수렴 및 보수 정책 제안에 대한 투표 결과	○		
	102-38	연간 총 보상 비율	○		
	102-39	연간 총 보상 인상율	○		
이해관계자 참여	102-40	조직과 관련 있는 이해관계자 집단들의 목록	●	20	
	102-41	전체 임직원 중 단체협약이 적용되는 임직원의 비율	●	54-55	
	102-42	조직이 관여할 이해관계자 파악 및 선정 기준	●	18, 20	
	102-43	조직이 관여시킬 이해관계자 참여방식	●	20	
	102-44	이해관계자 참여과정에서 제기된 핵심 토픽 및 관심사 및 조직의 대응	●	20	
파악된 중대측면과 경계 및 보고서 프로필	102-45	조직의 연결재무제표	●		사업보고서에 공개
	102-46	보고서 내용과 토픽의 경계 결정 과정	●	73	
	102-47	보고서 내용 결정 과정에서 파악한 모든 중요토픽의 목록	●	73	
	102-48	이전 보고서에서 제공한 정보에 대한 수정이 미치는 영향과 수정보고 이유	●		수정보고 해당 정보에 기입
	102-49	이전 보고기간 이후에 발생한 중요토픽의 목록 및 경계의 의미있는 변화	●	73	보고기간 동안 주요 변동사항 없음
	102-50	제공한 정보의 보고기간(회계 연도 또는 역년)	●	95	
	102-51	가장 최근 보고서 보고일자	●	95	
	102-52	보고 주기(매년, 격년 등)	●	95	
	102-53	보고서 또는 그 내용에 대한 문의 시의 연락처	●	95	
	102-54	GRI Standard 부합 방법	●	95	
	102-55	적용한 GRI Standard와 disclosure 목록을 표기한 GRI 인덱스	●	88-90	
	102-56	보고서의 외부 검증에 대한 조직의 정책과 검증 보고서	●	86	
경영접근방식					
	103-1	중요 토픽과 그 경계에 대한 설명	●	73	
	103-2	경영접근방식의 목적, 토픽 관리 방법	○		
	103-3	경영접근방식 평가 절차, 결과, 조정 사항	○		

88 삼성전자 지속가능경영보고서 2021

[그림 6-2] 삼성전자의 지속가능보고서 GRI 대조표 ❶ (자료: 삼성전자)

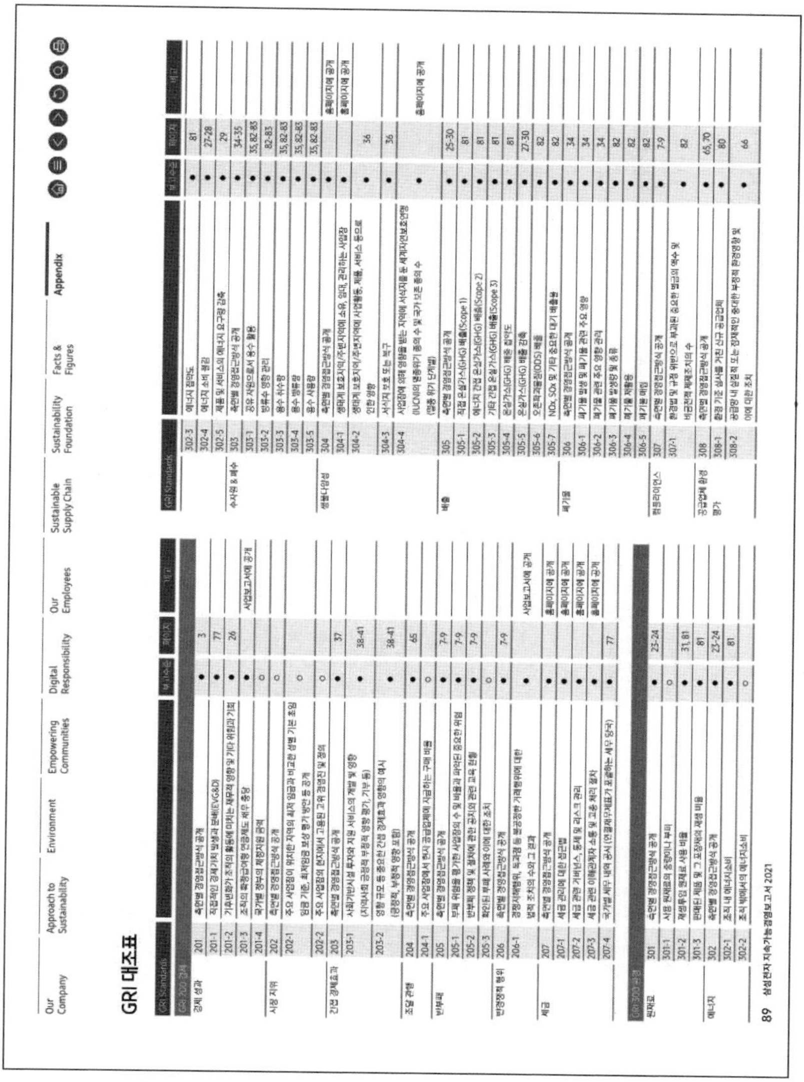

GRI 대조표

| Our Company | Approach to Sustainability | Environment | Empowering Communities | Digital Responsibility | Our Employees | Sustainable Supply Chain | Sustainability Foundation | Facts & Figures | Appendix |

[그림 6-3] 삼성전자의 지속가능보고서 GRI 대조표 ❷ (자료: 삼성전자)

315

6장: ESG보고는 ESG사회의 기반이다

GRI 대조표

Left table columns: Our Company | Approach to Sustainability | Environment | Empowering Communities | Digital Responsibility | Our Employees

GRI Standard		비고
고용	401	
	401-1	신규 채용 임직원과 이직 임직원
	401-2	임시직 또는 시간제 근로자에게는 제공되지 않고 상근직 근로자에게 제공되는 복리후생
	401-3	육아휴직
노사관계	402	
	402-1	경영상 변동에 관한 최소 통지기간
산업안전보건	403	
	403-1	산업안전보건 경영 시스템
	403-2	위험 식별, 리스크 평가 사고 조사
	403-3	산업 보건 지원 프로그램
	403-4	산업안전보건에 대한 근로자 참여, 상담, 커뮤니케이션
	403-5	산업안전보건 근로자 교육
	403-6	근로자 건강 증진 활동
	403-7	산업안전보건 관리 시스템에 의한 예방 및 완화
	403-8	
	403-9	업무 관련 상해
	403-10	업무 관련 질병
교육훈련 및 교육	404	
	404-1	임직원 1인당 연평균 교육시간
	404-2	임직원 역량강화 및 전환 지원 프로그램
	404-3	업무성과 및 경력개발에 대한 정기적인 검토를 받은 근로자 비율
다양성과 기회 균등	405	
	405-1	거버넌스 기구 및 근로자의 다양성
	405-2	남성 대비 여성의 기본급 및 보수 비율
차별금지	406	
	406-1	차별 사건의 수 및 이에 대한 시정조치
결사 및 단체교섭 자유	407	
	407-1	결사 및 단체교섭의 자유가 침해되었거나 침해될 현저한 위험이 있는 사업장 및 공급업체
아동노동	408	
	408-1	아동 노동 발생 위험이 높거나 아동 노동으로부터 근로자를 보호하기 위해 취한 조치

Right table columns: Sustainable Supply Chain | Sustainability Foundation | Facts & Figures | Appendix

GRI Standards		비고
강제노동	409	
	409-1	강제 노동 발생 위험이 높거나 강제 노동으로부터 근로자를 보호하기 위해 취한 조치
보안관행	410	
	410-1	인권 정책 및 절차에 관한 훈련을 받은 보안요원
원주민 권리	411	
	411-1	원주민 권리 침해 사건의 수
인권 평가	412	
	412-1	인권검토 또는 인권영향평가 대상인 사업장의 수와 비율
	412-2	인권 정책 또는 절차에 관한 임직원 교육
	412-3	인권조항을 포함하거나 인권심사를 거친 주요 투자 협정 및 계약
지역사회	413	
	413-1	지역사회에 참여하고, 영향평가, 개발 프로그램을 수행하는 사업장의 비율
	413-2	지역사회에 실질적이거나 잠재적으로 중대한 부정적 영향을 미치는 사업장
공급업체	414	
	414-1	사회적 기준에 따라 심사를 거친 신규 공급업체
	414-2	공급망의 부정적 사회 영향 및 이에 대한 조치
공공정책	415	
	415-1	국가별, 수령인/수혜자별 기부한 정치자금 총규모
고객 안전보건	416	
	416-1	제품 및 서비스의 보건 영향평가
	416-2	제품 및 서비스의 안전보건 영향에 관한 법률위반 및 자율규정 위반
제품 및 서비스 라벨링	417	
	417-1	정보 및 라벨링에 필요한 제품/서비스 정보 유형
	417-2	제품 및 서비스 정보와 라벨링에 관한 법률위반 및 자율규정 위반
	417-3	마케팅 커뮤니케이션과 관련한 법률위반 및 자율규정 위반
고객 개인정보보호	418	
	418-1	고객 개인정보보호 위반 및 고객정보 분실과 관련해 제기된 불만 건수
컴플라이언스	419	
	419-1	사회 및 경제 측면의 법률 및 규정 위반에 대한 중요한 벌금의 액수

[그림 6-4] 삼성전자의 지속가능보고서 GRI 대조표 ❸(자료: 삼성전자)

7장

사회적 가치를 포함한 대안 GDP

GDP는 틀렸다

국민총행복을 측정하는 국가들

사회적 가치를 계량화하는 것은 왜 중요할까

사회적 가치 측정 방법론: SROI

국제사회에서의 사회적 가치 측정 방법론: GPI

민간과 공공영역을 아우르는 사회적 가치 측정

국가적 지표 도입의 선행 과제

개별 지역과 국가의 특성에 맞는 데이터 구축

탄소소득 구상

개인의 탄소저감 활동을 측정하여 소득화하는 방법

재원 조달은 어떻게?

Environment,
Social and
Governance

Environment, Social and Governance

2005년 8월말 허리케인 카트리나가 재즈의 고향 뉴올리언스를 비롯 미국 동남부를 강타했다. 1836명이 목숨을 잃고 85만 가구의 이재민이 발생했다. 60만 개의 일자리가 타격을 입었고 1300만 에이커의 산림 역시 훼손됐다.[334] 이처럼 수많은 인명과 재산, 일자리, 환경의 손실이 발생했음에도 2005년 3분기에 미국의 GDP는 3.8% 성장했다. 재건을 위한 지출이 고용을 창출했고 의류, 가구를 비롯한 생활필수품 판매가 늘었기 때문이다. 건설 부문 지출증가, 생산시설 복구 과정이 오히려 GDP를 증가시키는 요인으로 작용했다.[335]

GDP는 틀렸다

국민 후생의 대표적 측정 도구로 사용된 GDP(국내총생산, Gross Domestic Product)가 도전에 직면해 있다.[336] 우선 GDP는 시장에서 측정되는 생산 활동에만 초점을 맞추었기 때문에 생산 활동이 긍정적인지 부정적인지를 구분하지 못한다는 비판이다.[337] 예를 들어 범죄와 관련된 활동은 아동의 건강과 보육을 위한 활동과 구분 없이 GDP에 포함되고 있다. 재화 생산 과정에서 오염 물질을 만들어 환경을 파괴하는 활동 역시 똑같이 GDP에 합산된다.

두 번째로 GDP는 청소, 요리, 육아와 같은 가사노동과 자원봉사와 같은 다양한 사회적 가치를 포함하는 생산 활동을 전혀 고려하지 못한다.[338] GDP는 화폐로 환산 가능한 경제적 가치만을 측정 대상으로 삼기 때문에 비임금 노동 등 가시적이지 않은 사회적 산출물을 관심 밖에 둔다는 지적을 받는다.

세 번째로 GDP는 불평등을 인식하지 않는다.[339] 소득이 오르더라도 국민 전체의 삶의 질이 반드시 상승하는 것은 아니다. 소득이 소수에게 집중된다면 국민 전체의 삶의 질은 GDP로 측정되지 않을 수 있다. GDP는 가계 간 소득 분포의 변화, 소득분배 상태를 제대로 반영하지 못한다. 이 외에도 GDP는 환경과 지속가능성에 관해 고려가 미흡하다.[340] 행복이나 삶의 만족과 같은 한 사회의 질적 수준을 측정하는 데 한계가 있다[341]는 등의 비판을 받는다. 그런데도 GDP는 여전히 한국과 세계 각국에서 국가 발전의 수준을 판단하는 대표적 지표로 사용되고 있다.

국민총행복을 측정하는 국가들

그동안 생산 증대를 통한 양적 경제성장을 최고의 가치로 받아들였다. 하지만 소득이 향상됐다고 해서, 즉 GDP 증가가 국민 삶의 질과 항상 비례하진 않았다. 소득 불균형 심화, 저성장, 고실업, 기후위기, 금융위기, 코로나19와 같은 사회경제적 문제는 미해결 상태로 남았다.[342] 따라서 웬만큼 경제성장을 이뤄 절대적 빈곤을 극복한 발전 국가에서는 '양적 성장'이 아닌, 삶의 질 향상을 위한 '질적 성장'으로 비전 전환이 필요하다는 대안이 제기된다.[343]

국제통화기금(IMF) 〈세계경제전망 보고서〉에 따르면 2021년 한국 GDP는 1조8239억 달러로 세계 10위이며, 1인당 국내총생산은 약 3만

5200달러로 세계 29위다.[344] 1인당 소득 3만 달러 시대가 도래했고 더불어 저성장 국면에 진입하는 우리 사회는 곳곳에서 분출하는 사회문제를 어떻게 해결할 것인가를 두고 진지하게 고민해야 하는 시점에 이르렀다.

GDP 증가는 단순히 경제활동의 증가를 나타낸 것일 뿐, 지속가능한 발전을 의미하지 않는다. 이에 따라 경제성장만이 아니라 국민이 얼마나 행복한지, 잘살고 있는지 측정하고 국민 개개인의 행복을 위해 노력하는 대안적 시도가 나타나고 있다. 부탄은 1974년 GDP가 아닌 국민총행복(GNH, Gross National Happiness)이 국가정책의 가장 중요한 목표라는 점을 헌법에 명시했다. GNH 개념은 크게 ① 좋은 정부 ② 지속 가능한 사회 및 경제 개발 ③ 문화 보존 ④ 환경보전이라는 4가지 영역으로 구성된다.

영국에서는 2010년 11월 캐머런 총리가 GDP는 국가의 성장을 측정하기에는 완전하지 않기 때문에 GWB(General Well-Being)라는 기준을 설정할 필요가 있음을 강조하면서 행복지수를 통해 영국인의 삶에서 무엇이 우선순위인가를 평가해서 장기적으로 정책에 반영하겠다고 천명했다. 후속조치로 영국 통계청(ONS)은 국가 복지와 관련한 측정방법 개발에 착수해 '국가복지측정프로그램(Measuring National Well-Being Development Program)'을 수립했다.[345]

우리나라도 국가의 정책적 관심이 경제성장에서 삶의 질로 옮겨가야 한다는 문제의식을 바탕으로 다양한 대안 GDP를 만들어왔다. 주체가 중앙정부, 광역지자체, 기초지자체로 다양하고 지표개발 역시 민간 연구소, 중앙정부와 지방정부 소속 연구소로 다원화하는 양상이다. 통계

7장: 사회적 가치를 포함한 대안

청 통계개발원은 2011~2014년 국민 삶의 질 지표를 개발했고 2017년에 첫 보고서를 발표했다. 국민 삶의 질 지표는 삶의 질을 구성하는 세부 생활 영역별 현황을 주요 지표로 측정하고, 이를 통해 국민 삶의 질 수준을 제시하고자 한다. 총 11개의 영역이 있으며, 그 안에서 71개의 지표를 측정한다.[346]

[표 7-1] 국민 삶의 질 지표

영역(12)	지표명
가족·공동체(5)	• 가족관계만족도 • 독거노인비율 • 사회단체참여율 • 사회적 고립도 • 지역사회 소속감
건강(7)	• 건강수명 • 기대수명 • 비만율 • 스트레스 인지율 • 신체활동실천율 • 자살률 • 주관적 건강상태
교육(6)	• 고등교육이수율 • 교육비 부담도 • 대학졸업자 취업률 • 유아교육 취원율 • 학교교육 효과 • 학교생활만족도
고용·임금(6)	• 고용률 • 근로시간 • 실업률 • 월평균 임금(실질) • 일자리만족도 • 저임금근로자비율
소득·소비·자산(7)	• 가계부채비율(가구처분가능소득 대비) • 가구순자산 • 가구중위소득 • 상대적 빈곤율 • 소득만족도 • 소비생활만족도 • 1인당 국민총소득
여가(6)	• 문화여가지출률 • 문화예술 및 스포츠 관람횟수 • 여가생활만족도 • 여가시간 • 여가시간 충분도 • 1인당 여행일수
주거(6)	• 자가점유가구비율 • 주거환경만족도 • 주택임대료비율(소득 대비) • 최저주거기준 미달가구 비율 • 통근시간 • 1인당 주거면적
환경(9)	• 기후변화 불안도 • 녹지환경 만족도 • 농어촌 상수도 보급률 • 대기질 만족도 • 미세먼지 농도 • 소음 만족도 • 수질만족도 • 토양환경 만족도 • 1인당 도시공원 면적
안전(9)	• 가해에 의한 사망률 • 도로교통사고사망률 • 범죄피해율 • 산재사망률 • 아동안전사고 사망률 • 아동학대 피해 경험률 • 안전에 대한 전반적 인식 • 야간보행안전도 • 화재 사망자수
시민참여 (7)	• 기관신뢰도 • 대인신뢰도 • 부패인식지수 • 선거투표율 • 시민의식 • 자원봉사참여율 • 정치적 역량감
주관적 웰빙(3)	• 긍정정서 • 부정정서 • 삶의 만족도
총	71개 지표

자료: 통계청 국가지표체계

ESG 배려의 정치경제학

최근에는 국가뿐 아니라 지역 수준의 행복과 삶의 질에 관한 논의가 활발하게 진행되고 있다. 행복과 삶의 질 수준은 동일 국가의 국민이라도 거주하는 지역에 따라 차이가 나타나기 때문이다. OECD가 2014년 지역 웰빙을 측정하는 지표를 구축해 그 결과를 공표함에 따라 국가 내 지역별 비교는 물론 국제 비교가 가능해졌다. 영국은 2017년 로컬 웰빙 지표를 구축해 지역별 웰빙 수준을 비교하고 있다. 지역의 행복지표는 국가 수준의 행복지표와 유사하나 개인의 일상생활이 이뤄지는 지역의 특성을 적극적으로 반영하는 것이 특징이다. 행정자치부와 한국지방행정연구원은 2015년 마을 단위의 자원, 지역공동체 역량, 주민의 삶의 질 현황을 담은 지역공동체 행복지표를 개발했다. 지역공동체 행복지표는 모든 지역에 공통으로 적용되는 공통지표와 도시, 농촌, 도농복합 등 지역에 적용되는 특성화 지표로 구성된다. 2015년 개발이 완료된 공동지표는 ① 마을 자원 ② 공동체 역량 ③ 삶의 질이라는 3개 영역, 88개 세부지표로 구성됐다.[347]

서울연구원이 주도해 개발한 서울형 행복지표는 2014년 서울형 행복지수 구축 연구를 시작으로, 8개 영역, 41개 지표를 구축했다. 이외에 충청북도, 전라북도, 대전광역시, 제주특별자치도, 인천 부평구, 전북 전주시, 경기 고양시 등 다양한 지역에서 국내 행복지표를 개발했다.[348]

7장: 사회적 가치를 포함한 대안

사회적 가치를 계량화하는 것은 왜 중요할까

　행복지표는 경제적 GDP를 넘어 삶의 질을 측정해, 사람을 위한 성장과 발전을 고려할 수 있다는 점에서 의미가 있다. 하지만 행복지표는 화폐로 계량되지 않는다는 점에서 도전을 받는다. GDP는 각 지표의 값을 산출해서 어떤 부분이 더 나아졌는지를 확인할 수 있다. 즉 계산이 용이하고 쉽게 화폐가치로 산출할 수 있다. 이러한 장점으로 GDP는 지금까지 정책결정 등에 오래도록 활용되고 있다.

　행복지표는 화폐가치로 계량되지 않았기 때문에 GDP와 직접적인 비교가 어렵다. 양적 성장과 질적 발전의 격차를 확인하고 표현하기 힘들다는 뜻이다. 행복지표가 국가 차원의 정책 수단으로 활용되기 어려운 지점이다. 행복지표의 문제의식에서 한 걸음 더 나가 만약 화폐화 방식의 사회적 가치 측정 체계를 도입한다면 사회정책의 타당성 및 실제 성과를 평가할 때 비용편익분석이 용이하여 활용도가 매우 높아질 것으로 기대된다.[349]

　정량화한 성과 값은 각 부처 및 지자체 등에서 운영하는 다양한 지원 정책에 적합하게 조정하여 활용할 수 있다. 통일성 있는 이러한 측정체계의 도입은 측정과 평가에 소요되는 비용을 절감하는 긍정적인 효과를 낳는다. 더불어 화폐화 방식의 사회적 가치 측정체계를 도입하면 정책 성과에 대해 범부처의 통합 측정이 가능하여 정부 정책 및 사업 수행의 정당성을 확보할 수 있게 된다.[350] 공공 부문에서 사회적 책임과 사회적 가치의 이행 결과를 검증하고, 투입된 경제적 가치인 세금에 대한 산출

가치인 사회적 가치를 계량화할 수 있기 때문이다. 공공기관은 세금 투입 및 예산집행과 관련해 타당성을 얻을 수 있다.

공공 부문뿐 아니라 기업 부문에서도 화폐화 방식의 사회적 가치 측정체계는 많은 도움을 준다. 만약 사회성과를 시장과 경제활동의 언어인 화폐가치로 측정하게 된다면 제품과 서비스의 가격에 사회적 가치를 반영할 수 있게 된다. 이때 단위를 통일하기 때문에 다양한 자원 투입과 산출 간의 비교 가능성이 높아지며 측정 방법의 반복 적용이 가능하기에 신뢰성을 확보할 수 있다. 또한 관리 차원에서 향상된 사회적 가치에 관한 정량적 근거를 만들 수 있고 이러한 성과와 비용을 기반으로 자원을 효율적으로 배분할 수 있게 된다. 비용 대비 효과성이 높은 사회적 가치 창출의 의사결정이 가능하다는 뜻이다.

사회적 가치의 계량화는 조직 내부 관리뿐 아니라 조직 외부에서 자원을 끌어오는 것도 쉽게 만든다. 사회적 가치의 추구가 '명목상' 경제적 가치의 일부를 훼손하는 상충관계에 있더라도 영업이익과 사회적 성과를 합산하여 총 가치를 제대로 관찰할 수 있도록 만들기 때문이다.[351]

지금까지는 경제적 가치의 손해를 감수하면서 사회적 가치를 창출할 때에 동기부여가 되기 힘든 측면이 있었다. 사회적 가치 활동이 제대로 수치화하지 않았기 때문에 사회적 가치는 일종의 이타적 선의로 간주됐다. 그러나 만약 사회적 가치를 계량화하게 되면 사회적 투입(input)뿐 아니라 사회적 효과(Impact)와 성과(Outcome)를 나타낼 수 있게 된다. 조직의 성장을 보여줄 뿐만 아니라 외부로부터 자원 유입(투자)을 끌어내는 정보로 활용된다.[352] 더불어 기업가치 평가에 활용되기에 사회적 제품 시장과 함께 사회적 자본시장을 활성화할 수 있다.

사회적 가치 측정 방법론: SROI

기업의 사회적 책임(CSR)이 중요해지면서 기업이 창출한 사회적 가치를 측정하기 위한 여러 가지 방법론이 개발됐다. 그중 '사회적 투자수익률(SROI, Social Returen On Investment)'은 사회문제 해결을 위한 공공기관의 개입이나 프로그램, 정책이나 조직에 의해 창출되는 사회·경제·환경적 가치를 이해하고 측정·보고하는 데 사용되는 방법론이다. SROI를 이용하면 조직의 재정과 운영비용에 대한 사회적 편익과 사회적 비용을 계산해 사회적 가치를 측정할 수 있다.[353]

SROI의 특징은 사회적 가치를 '화폐가치'로 책정하려고 시도한다는 것이다. 경제적 가치와 더불어 사회적 가치를 동시에 상승시키는 전략을 모색하기 위함이다.

SROI는 사회적 가치를 측정하는 방식에 따라 REDF(The Roberts Enterprise Development Fund) 방식과 NEF(New Economics Foundation) 방식으로 구분할 수 있다. REDF 방식은 가치계산을 강조한 방법이고, NEF 방식은 이해관계자의 사전 식별과 민감도 분석을 강조한 방법이지만 두 방식은 실질적으로 동일한 단계를 거친다. 즉 ① 범위설정과 이해관계자 확인 ② 결과물 맵핑 ③ 결과물 증명, 가치부여 ④ 영향력 산정 ⑤ SROI 산출 ⑥ 보고 및 활용 내재화의 순서로 진행된다.[354]

SROI는 중요 정보를 채택한 뒤 비용편익분석의 관점에서 각 결괏값의 총합을 구하는 프로세스로 사회적 성과를 측정한다.[355] 비용편익분석은 사회적 가치를 창출하는 데 들어간 비용과 그 결과로 증가한 사회적 편익을 측정하여 비율로 나타내는 방법이다.[356] 이때 사회적 편익은 사업으로 창출된 경제적 가치와 사회적 가치의 합계다.

$$\text{SROI} = \frac{\Sigma \text{경제적가치} + \Sigma \text{사회적가치}}{\Sigma \text{투입된 총가치}}$$

SROI는 평가성 SROI와 예측성 SROI로도 나뉜다. 평가성 SROI는 이미 일어난 실제 결과를 토대로 사후에 수행하는 방법이며, 예측성 SROI는 얼마나 많은 사회적 가치를 창출할 것인지를 사전에 예측하는 방법이다. SROI 값이 과대하게 추정되는 것을 막기 위해 모든 자료의 사용과 추정값의 계산은 가장 보수적인 관점으로 수행한다.[357]

SROI는 특히 사회적 효과를 창출하는 사회적 기업의 성과를 측정하는 데 매우 유효하다. SROI의 모든 사회적 가치는 화폐가치인 단일 단위로 측정된다. 따라서 환경과 사회 등 서로 다른 측정지표 간에 비교할 수 있을 뿐 아니라, 측정 주체가 달라도 비교할 수 있어 직관적인 의사결정이 가능하다.[358]

난점은 사회문제 해결 효과가 장기간에 걸쳐 나타날 수 있다는 것이다. 사업에 있어 단기 결과물로만 사회적 가치를 측정하게 되면 그 가치가 과소평가될 가능성을 배제하지 못한다.[359] 정부가 제공하는 공공서비스는 사회와 국민 전체를 대상으로 하며, 경제적 가치뿐 아니라 다양한 사회적 가치를 추구하기 때문에 재무적인 관점만으로 성과를 측정할 때 서비스 제공에 따른 편익이 과소 추정될 우려가 있다.[360]

아직 사회적 가치로 환산하는 데 사용할 만한 신뢰성 있는 데이터 지표가 구축되지 못했다는 게 SROI 도입의 어려움으로 지적된다. 객관성

논란 때문에 신뢰도 문제가 지속해서 거론된다. 따라서 영역별로 신뢰성 있는 대표지표의 객관화가 이뤄져야 한다.[361]

국제사회에서의 사회적 가치 측정 방법론: GPI

GDP의 한계를 극복하기 위해 국제사회 역시 GDP의 여러 대안 지표를 개발해왔다. 그 중 참진보지수(GPI, Genuine Progress Indicator)는 GDP로 측정되지 않는 환경적, 사회적 요소를 통합하여 국가의 경제 규모와 관련된 후생을 고려하는 지표다.[362] GPI는 경제 후생의 더 정확한 측정치를 제공하기 위해 자연 자본과 사회적 자본을 감소시키는 경제활동과 증가시키는 경제활동을 구분하여 파악한다. 지속가능한 경제 후생 측정의 시도다. 실제 내용을 살펴보면 GPI가 현재의 경제 후생에 영향을 미치는 요인과 미래 세대 후생에 영향을 미치는 요인까지 통합적으로 고려하고 있음을 알 수 있다.[363]

GPI는 SROI의 측정방식과 마찬가지로 사회적 가치에 대해 '화폐가치 전환 방식'을 활용한다. 그러나 단일지수 및 영역별 대시보드 형식으로 제공되는 GPI 산출 방식은 SROI와 달리 '개인의 소비'를 바탕으로 계산된다. 경제, 환경, 사회 부문의 세부 지표들을 '화폐단위'로 환산하여 더하거나 빼는 방식을 사용한다. 이때 더하는 값은 '가치'이고, 차감하는 값은 '비용'을 의미한다.[364] 연구자 및 연구기관에 따라 세부지표가 달라지지만, 주로 '개인소비'에서 환경오염과 범죄, 소득 불평등, 여가 감소 등의 비용을 빼고 가사노동이나 봉사활동 등의 가치를 더하는 방식을 취하고 있다.

구체적으로 GPI는 비(非)시장 이익을 고려하는데, 여가와 육아와 같은 사회적으로 생산적인 시간과 관련한다. 소득 불평등, 가계 자본과 공공서비스 역시 지표에 반영한다. 그런 다음, 공해 관련 비용과 같이 경제발전의 부작용을 포함하는 비용이나 교통사고 비용과 같은 순수하게 방어적인 지출을 경감한다. 이 단계에서 기존 및 미래 세대에 의해 발생한 자연 자본의 감소 및 고갈과 관련된 비용에 대한 공제가 이뤄진다. 소득 불평등 및 범죄 비용, 환경 악화 및 여가 손실, 자원봉사와 가사노동과 관련한 추가비용 역시 적용된다. 특히 소득의 불평등한 분배를 고

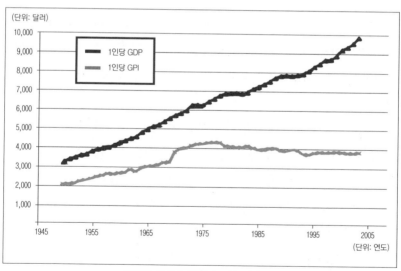

[그림 7-1] 세계 1인당 GDP와 1인당 GPI

7장: 사회적 가치를 포함한 대안

려하고, 지속가능한 소비와 지속가능하지 않은 형태의 소비를 구분함으로써 GDP 결함의 시정을 시도한다.[365]

17개 국가의 1인당 GDP와 1인당 GPI를 비교한 결과 1950년대 이후 전 세계 1인당 GDP와 1인당 GPI는 계속 성장하고 있으나, 1970년대 이후로 1인당 GPI는 제자리걸음을 하다가 이후에 감소한다.[366] 양적 경제성장이 사회 전체의 후생을 증가시키지 않는다는 사실을 보여준다.

우리나라에서도 GDP와 GPI의 격차가 점점 벌어지고 있었다. 한 연구에 따르면 GPI와 GDP의 변화 추이를 파악했을 때 2006년 이후 GDP는 지속해서 증가했지만, 이와 달리 GPI는 정체되어 소폭 증가하는 데 그쳤다. 특히 2008년에 GPI 값은 감소하는데, 이러한 후생 감소는 글로벌 금융위기가 원인이 된 것으로 보인다.[367] 1인당 GDP와 1인당 GPI를 비교했을 때는, 1인당 GDP가 1970년 2,032,086원에서 2017년 33,232,357원으로 나타나 연평균 6.13% 증가했다. 반면 1인당 GPI는 2,595,645원에서 16,939,547원으로 계산되어 연평균 4.07% 증가하는 데 머물렀다. 1970년대 이후 양적으로 경제가 성장했지만, 사회문제 및 환경문제는 고려하지 않아 GDP와 GPI의 격차가 시간이 갈수록 벌어진 것으로 판단된다.[368]

GPI는 나라별 자료의 수집이 상이하거나 연구자들이 특정 가치에 초점을 맞추어 지표를 구성하기 때문에 지표의 목록에서 차이가 발생하기도 한다.[369] 화폐가치 전환이 가능한 영역이 있고, 불가능하지는 않더라도 제약이 많은 영역이 있다 보니 GPI 지수에 포함될 수 있는 영역에 한계가 생겨 일어나는 현상이다.

GPI는 GDP와 직접 비교가 가능하고 정규화나 표준화 방식을 따르는

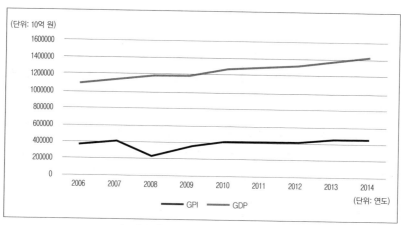

[그림 7-2] 한국의 GPI와 GDP의 변화 추이

다른 지표들에 비해 상대적으로 간단하기 때문에 국가정책에 활용될 가능성이 크다. 무엇보다 GPI와 같은 사회적 가치 측정 방법론을 통해 경제적 활동의 편익보다 사회적 비용이 더 크다는 것을 계산할 수 있다면 해당 경제 활동을 멈추거나 개선하는 행동을 유도할 수 있다.[370]

민간과 공공영역을 아우르는 사회적 가치 측정

공공 부문은 영리 기업, 사회적 기업과는 조직의 존재 이유, 비전, 목표, 핵심 가치, 일하는 방식, 성과가 다르다. 사회적 가치의 방향성과 영역도 마찬가지로 다르다. 영리 기업은 이익 극대화를 목적으로 이해관

7장: 사회적 가치를 포함한 대안

계자, 특별히 고객, 주주의 가치를 실현하고자 한다. 따라서 공공기관이 영리 기업의 사회적 가치 측정 경험을 모두 수용한 가치 측정 방법을 도입하는 게 적절해 보이지 않는다. 그럼에도 두 부문을 아우르는 사회적 가치가 계량되지 않는다면, 편익과 비용을 시장과 공공의 영역에 공통으로 유연하게 반영하기 어려워진다. 따라서 조직의 외부 환경과 각 행위자가 가지는 공통점을 중심으로 민간과 공공 부문을 포괄하는 사회적 가치 측정 방법론에 관한 건설적 논의가 필요하다. 논의 자체가 사회적 가치 창출에 도움이 된다.[371]

국가적 지표 도입의 선행 과제

화폐단위로 사회적 가치를 계산하는 방법론은 마련되어 있지만, GDP만큼이나 널리 활용되지는 않는다. 지표 측정은 모든 사람이 같은 값을 측정할 수 있을 때 하나의 지표로써 의미가 있다. GDP는 모든 국가가 다 같은 방식으로 측정하고 있으므로, GDP가 반영하는 부가가치가 정당한가 하는 논쟁이 있는데도 여전히 전 세계적으로 의미가 크다. 제도적으로 체계가 단일하기 때문이다.

상명대학교 경영대학원 조일형 교수는 "사회적 가치를 화폐 액으로 변환할 때 사람마다 추정치가 달라서 명확한 답을 내릴 수 없다"며 "다양한 이해관계자가 모여서 합리적인 사회적 가치 측정 체계를 의논하고, 그것을 제도화하고 문화·관습화해야 한다"고 말했다. 사회적 가치의 측정 방법론을 개발하는 것은 경제학의 문제가 아니라 사회학의 문제이기에 어떤 가치를 사회적 가치로 보고, 그것에 얼마만큼의 가치를 부여할지는 결국 공동체가 합의할 사항이다.

만약 폐수 1리터의 사회적 가치가 정해지지 않은 상태에서 폐수로 인한 사회적 손실액을 구한다면 손실액을 측정하는 주체별로 가치 환산액이 달라진다. 예를 들어 폐수 1리터의 사회적 가치를 측정하기 위해 대용치(代用値)를 사용할 것으로 예상되는데 행위 주체별로 주관적인 관점이 많이 들어있기에 다양한 이해관계자가 모여 사회적 가치 측정에 합의하고, 기초 통계를 만들어가는 것이 해법일 수밖에 없다. 사회적 가치에 대해 명확한 개념 합의가 선행하지 않는다면, 사회적 가치는 일개 정책적 의제로서 소모적인 홍보 대상으로서만 의미가 있을 뿐이다.[372]

국내에서 사회적 가치에 관한 입법 시도가 이어지고 있으나 발의안에서 사회적 가치 측정방식과 지표의 가이드라인을 제시하지는 않았다. 2014년 문재인 당시 새정치민주연합 의원을 포함한 의원 60명이 제19대 국회에서 최초로 〔공공기관의 사회적 가치 실현에 관한 기본법〕을 발의한 이후 제20대 국회에서 2016년 김경수 더불어민주당 의원과 이듬해 같은 당 박광온 의원이 연이어 해당 법안을 내놓았으나 임기 만료로 폐기됐다. 2020년 제21대 국회가 시작된 후 첫 번째 법안으로 그해 6월 박광온 의원이 〔사회적 가치 기본법〕을 다시 발의했고, 9월 같은 당 홍익표 의원도 같은 이름의 법안을 제안했다.

이 법은 사회적 가치를 "사회·경제·환경·문화 등 모든 영역에서 공공의 이익과 공동체의 발전에 기여할 수 있는 가치"로 정의했고, 세부적으로 13개로 구분했다. 발의안에 따르면 사회적 가치 실현 성과는 매년 평가해야 하지만 방식에 관해서는 대통령령으로 정한다고 명시되어 있을 뿐 어떤 지표를 이용해 평가할지 밝히지 않았다. 이 법의 적용 대상은 공공부문이며 민간영역을 포함하지 않는다. 공공부문에서 먼저 사회적 가치를 실현한 후 민간부문으로 확산하도록 하는 것이 이 법 제정의 목적이다.[373]

모든 경제 주체의 사회적 가치를 측정하기 위한 지표는 기업, 국민, 정부, 학계 등 모든 당사자가 참여해서 사회적 가치의 정의와 측정 방법을 지속해서 논의해야 한다. 모든 당사자가 참여하는 협의체를 구성하여 숙의의 긴 논의를 거친 다음 사회적 가치를 측정할 수 있는 제도화 단위의 기구를 만들어 지표와 방법론을 확정하는 과정이 필수적이다.

개별 지역과 국가의 특성에 맞는 데이터 구축

사회적 가치를 화폐가치로 측정할 수 있게 되면 모든 경제 주체가 경제적 가치와 더불어 사회적 가치를 동시에 증대시키는 전략을 모색할 수 있다. 모든 사회적 가치를 화폐가치인 단일 단위로 측정하기 때문에 서로 다른 측정지표 간에 비교할 수 있을 뿐만 아니라 측정 주체가 상이하더라도, 비교가 가능하여 실질적인 의사결정에 도움이 된다.[374]

SK에서는 사회적 가치와 경제적 가치를 같이 보여주는 DBL(Double Bottom Line)을 도입하여 결괏값을 발표한 적이 있다. 제품·서비스의 사회성과 측정을 시도한 이 방법론은 민간기업과 공기업에 확산하고 있다. LH공사, 한국도로공사 등 다수의 시장형 공기업이 2019년 공공기관 경영평가에서 '주요 사업'의 사회적 가치를 제품·서비스의 사회성과 화폐가치 환산치로 활용한 바 있다. 사회적경제에서는 SK의 사회성과인센티브(SPC, Social Progress Credit) 사업에서 2015년부터 200여 개 사회적 기업의 사회성과를 화폐가치로 측정하여 보상하고 있다. SPC 역시 제품·서비스의 사회성과를 측정한다.[375]

국제기구 및 정부에는 다른 측정 주체보다 정량적 또는 화폐적 측정 방법이 적다.[376] 또한 기업, 공공 부문, 국민의 행위를 아울러 사회적 가치를 화폐 액으로 환산하는 한국형 사회적 가치 국정지표는 아직 없다. 사회적 가치를 화폐가치로 측정하는 현실적인 방법은 준거 가격으로 국제기준 또는 공신력 있는 기관의 수치를 사용하는 것이다.[377] 만일 한국형 사회적 가치 측정 지표를 개발한다면 한국의 환경, 경제, 사회문화적 상황을 반영한 사회적 가치 데이터가 필요하다. 다른 나라와 비교했을 때 우리나라에서 유독 심각하게 드러나는 사회 문제들이 존재하기 때문이다. 실제로 우리나라는 OECD에서 가장 높은 수준의 대기업-중소기업 생산성 격차와 제조업-서비스업 격차를 보인다. 탈세계화 흐름도 수출국인 우리를 위협하고 있다. 내부의 디지털화는 빠르게 진전되고 있지만, 새로 진입한 혁신기업들이 국제적 기업으로 크는 속도는 더디다. 또한 2020년 기준 합계출산율이 0.84명으로 인구절벽 위기에 놓여있다.[378]

한국 실정에 맞는 사회적 가치가 개발되어야 비로소 한국의 사회문제를 진단하고, 사회적 가치를 증진할 수 있는 초석을 마련할 수 있다. 합의를 통해 한국 실정에 맞는 사회적 가치를 표준화하는 등 합리적인 측정 방법을 찾아나가야 한다.

더 나아가 한국형 사회적 가치 측정지표를 개발한다면 앞으로 사회적 가치 측정의 국제적 표준을 만들 때 하나의 준거틀이 될 수 있다. 전 세계적으로 사회적 가치를 측정하는 다양한 방법이 사용되고 있으나 현재 절대적인 글로벌 측정기준은 없는 상황이다. 2010년대 들어서면서 국제사회에서는 사회적 가치 측정 방법에 관한 글로벌 표준화 논의가 꾸준히 있었다. 하지만 특정 사회적 가치 측정 방법을 표준으로 활용하기에는 한계가 있어 글로벌 합의를 통해 표준화한 기준을 제정하는 방식을 추진하고 있다.[379]

조일형 교수는 "국내에서 체계화한 측정방식을 만들었을 때 그 방식이 합리적이라면 향후 국제적으로 이런 흐름이 왔을 때 선도국가로서 국제표준을 제시할 수 있다"며 "우리나라가 선진국을 향해 나아갈 수 있는 발판이 될 수 있다"고 말했다.

프랑스의 저명한 경제학자 미셸 아글리에타의 "국가의 진정한 부는 공적 자본"이라는 성찰은 특별히 코로나19 국면에서 유효했다. 아글리에타의 성찰에 기대면 GDP가 큰 나라보다 공적 자본이 더 많은 나라가 더 좋은 나라다. 이렇게도 말할 수 있겠다. 진정한 국부를 키우려면 GDP 못지않게 '소셜GDP'를 키워야 한다고. '소셜GDP'는 경제적 가치뿐 아니라 사회적 가치까지 계상한 국내총생산이다. 기업의 ESG성과측정에 하나의 버틈라인(경제)이 아니라 경제·환경·사회의 3개 버틈라인(TBL)을 동시에 봐야 한다는 앞서의 논의와 같은 맥락이다.

탄소소득 구상

참여소득은 영국의 진보적 경제학자 토니 앳킨슨이 1996년 처음 제시한 소득보장 제도로, 공동체 내에서 사회적 기여 활동을 하는 모든 구성원에게 정부가 일정한 소득을 지급하는 모델이다.[380] 참여소득은 사회적 권리의 보장과 함께 사회적 의무와 참여의 의무를 통합적으로 고려한다. 비록 국가 혹은 공동체가 참여소득을 통해 사회적으로 요구된 필요 서비스를 모두 충족시킬 노동(혹은 의무)을 강제할 수는 없지만, 사회적 조정의 영역을 확장해 달성 가능성을 높일 수 있다.[381]

참여소득은 시민사회 활성화와 사회적 연대를 끌어낼 수 있다. 참여소득의 주요 특징 중 하나는 시민의 자율적 선택을 최대한 보장한다는 점이다. 국가가 사회적 기여노동의 범위를 상당히 폭넓게 설정하고 어떤 구체적 형태의 노동을 강제하지 않는다. 시민은 사회적으로 유용한 일이 무엇이고, 그것이 자신의 노동력과 결부될 가능성(선호도, 경력개발, 의미부여 등)을 자율적으로 판단하여 결정할 수 있다.[382] 더불어 사는 사회에서는 누군가의 배려와 협력으로 모자란 사람을 채워주는 일련의 일(Work) 또는 참여가, 생산하고 보존하고 지속해야 하는 의무라는 윤리적 차원의 개념이 모두에게 적용될 수 있다. 일종의 공유지(Commons) 개념 아래에서 그것이 우리 모두의 것이라는 전제가 성립한다면 그렇다.[383] 나아가 '모두에게 보편적이며 동시에 무조건적인' 기본소득 이상(理想)이 정치적 수용 가능성을 확보하기 어려운 데 반해, 참여소득은 더욱 빠른 사회적 합의를 통해 도입이 수월하다는 장점이 있다.[384]

개인의 탄소저감 활동을 측정하여 소득화하는 방법

현재의 기술력과 스마트폰의 보급률을 감안하면 개인 수준에서 이뤄지는 포괄적이고 다양한 탄소저감 활동의 측정과 평가의 가능성은 매우 높다. 민관이 협력하여 탄소저감 활동 평가 알고리즘과 애플리케이션을 개발하여 개인의 탄소저감 활동을 해당 애플리케이션을 통해 파악하는 방식을 검토할 수 있다. 예를 들어 활동사진을 애플리케이션에 올려 이미지 인식 알고리즘을 통해 활동을 인증하는 식이다. 현재 기술 수준에서 딥러닝을 이용한다면 탄소저감 활동에 대한 이미지의 식별과 분류는 어려운 일이 아니다.[385]

API(응용 프로그램 인터페이스, Application Programming Interface) 기반의 이미지 분류 플랫폼을 이용한 이미지 분석 및 라벨링 애플리케이션은 이미 다수 개발되어 있다. 사용자가 이미지를 올리면 알고리즘에서 라벨을 할당하고 해당 데이터를 수집하여 분석하고 통계적으로 처리하여 사용자에게 결과를 전송하는 방식이다.[386] 해당 애플리케이션은 단순히 활동을 인증하는 것에 국한하지 않고 개인의 에너지 소비 상태를 점검하고 온실가스 저감 활동의 가이드라인을 제시하는 통합적인 수단이 되어야 한다.

개인은 커뮤니티 단위의 자발적 탄소 감축 활동과 지자체·기업의 탄소저감 프로젝트에 참여할 수 있다. 개인의 탄소저감 활동에 충분한 인센티브를 준다면, 더욱 큰 규모의 활동을 위한 커뮤니티 및 거점 공간이 자연적으로 구축될 것이며, 탄소저감 프로젝트 진행을 통해 이들이 더욱 큰 인센티브를 확보하는 선순환 구조를 형성하게 된다.

이러한 자발적 성격의 프로젝트는 해외에서 VER(Voluntary Emissions Reductions)이라는 이름으로 활성화했다. VER은 유엔이 아닌 제3기관의 승인을 얻은 배출가스 감축 프로젝트에서 제공하는 탄소배출권이다. 국가나 정치적 단체가 아닌, 유동적이고 자율적인 지역 단체 또는 비정부기구나 산업 단위 기반의 프로젝트를 통해 승인된다.[387] 미국 남동부의 앨라배마 캐슬배리 지역에서 시행된 'GEC Organics(GECO)'라는 신재생 기술 개발 기업에서 2014년부터 시행하고 있는 메탄 배출 방지 프로젝트 같은 게 대표적이다. 이 프로젝트에서 GECO는 지역에서 발생하는 나무 톱밥, 목재 부스러기 등의 폐기물을 매입한다. 폐기물은 유기 퇴비 생산을 위한 원료로 사용되어 지역 수준에서 폐기물 재활용을 통한 탄소 감축 효과를 거두었다.[388] 주민에게 탄소소득이라고 불릴 만한 이익이 돌아갔음은 물론이다.

해외에서는 이러한 VER 프로젝트를 인증하기 위한 제3인증기관이 다수 설립되어 있다. 해외 주요 VER 인증기관으로는 VCS(Verified Carbon Standard), the Climate Action Reserve(CAR), the Gold Standard, 그리고 American Carbon Registry(ACR) 등이 거론된다.[389] '골드 스탠더드(the Gold Standard)'는 2003년에 세계자연기금(WWF)과 다양한 비정부기구의 협력으로 설립되어 세계 80여 나라에서 2000여 개 탄소저감 프로젝트를 시행하고 있으며, 2018년에는 SustainCERT라는 인증기구를 설립하여 다양한 프로젝트의 영향 평가를 이행하고 있다.[390, 391] 이 기구는 다량의 데이터를 수집해 탄소 배출량 계산 및 인증 소프트웨어를 개발했고, 같은 이름의 애플리케이션을 통해 프로젝트의 평가가 쉽고 투명하게 이뤄질 수 있는 플랫폼을 제공하고 있다.[392] 프로젝트 참가자는 해당 애플리케이션을 통해 자신이 참여 중인 프로젝트의 진행 상태와 중간 결과를 확인할 수 있다.[393] '골드 스탠더드'는 이처럼 개인이 탄소저감 프로젝트에 더 쉽게 접근할 수 있도록 다양한 방법을 강구하고 있다.

우리나라에서도, 기업과 정부를 대상으로 한 현재의 탄소저감 평가지표를 개인의 탄소저감 활동까지를 범용으로, 또 가시적이고 구체적으로 보여주며 일반인이 쉽게 이해할 수 있는 지표로 확대할 필요가 있다. 지표 개발과 객관성·정확성·신뢰성·투명성을 갖춘 제3인증기관의 설립을 통해 시민 각각의 탄소저감 활동이 탄소저감에 실제로 얼마나 이바지하는지 정확하게 산정하여 보여줄 수 있다면 탄소저감에 관한 시민의 관심과 실행력을 높일 수 있다는 생각이다. 나아가 탄소소득 산정의 기준을 제시할 수 있게 된다.

개인의 탄소저감 활동은 '추가성'을 기준으로 평가되어야 한다. 추가성은 베이스라인 시나리오, 즉 해당 활동을 하지 않았을 때와 비교하여 탄소저감 활동이 실질적인 온실가스 감축을 가져왔음을 나타내는 개념이다. 이 개념은 선진국이 개발도상국에 온실가스 감축 사업을 지원하는 청정개발체제(CDM)의 평가 기준으로 사용된다. 사업을 시행한 결과 온실가스 배출량이 물리적(양적)으로 감소하는 사업만 실행을 승인하게 된다. VER에 있어서도, 알고리즘을 통해 추가성이 인증된 활동에 대해서만 얼마만큼의 추가성을 실현했는지에 따라 소득을 산정하여 지급할 수 있다.

재원 조달은 어떻게?

개인과 민간단체의 탄소저감 프로젝트에 대한 '탄소화폐' 지급 재원은 우선 세금을 고려할 수 있다. 환경세, 그중에서도 탄소세를 적극적으로 도입해 세금의 징수와 환원에 있어 지속가능발전의 긍정적 순환을 유도하자는 구상이다.

'탄소세'란 이산화탄소 저감 대책의 하나로, 화석연료를 사용하는 경우 연료에 함유된 탄소 함유량에 비례하여 세를 부과하는 제도다. 즉 탄소세는 일종의 종량세로서 탄소 배출량에 따라 세를 부과하는 것으로 에너지 사용에 따라 불가피하게 배출되는 이산화탄소의 배출을 억제하는 데 그 목적이 있는 목적세이기도 하다.

탄소세는 일부 국가에서 1990년대부터 도입하기 시작했으며, 현재 유럽 16개국에서 시행하고 있다. 1990년 핀란드와 폴란드가 가장 먼저 탄소세를 도입했으며, 스웨덴과 노르웨이가 1991년, 덴마크가 1992년에 뒤를 따르면서 노르딕 국가들에서 탄소세는 이미 30년 가량 시행된 익숙한 조세다. 과세 명분이 뚜렷하지만, 산업경쟁력에 미치는 영향이 적지 않아 탄소세 도입을 두고 경제적이고 정치적인 논란이 적지 않았다. 환경 감수성이 높은 유럽연합(EU)에서도 탄소세의 도입과정에서 산업 부문의 반대가 매우 컸다.[394]

탄소세 세수의 사용에는 두 가지 방법이 있는데, 하나는 세수의 사용 용도를 지정해 놓는 것으로 거둬들인 세수를 특별비용으로 전용하는 방식이고 다른 하나는 사용 용도를 지정하지 않는 것으로 다른 세수와 함

[표 7-2] 유럽 탄소세 도입 현황(2019년 현재)

국가명	적용비중	도입연도	국가명	적용비중	도입연도
폴란드	4%	1990	스위스	33%	2008
핀란드	36%	1990	아일랜드	49%	2010
스웨덴	40%	1991	아이슬란드	29%	2010
노르웨이	62%	1991	우크라이나	71%	2011
덴마크	40%	1992	영국	32%	2013
슬로베니아	24%	1996	프랑스	35%	2014
에스토니아	3%	2000	스페인	3%	2014
라트비아	15%	2004	포르투칼	29%	2015

(자료: 금민, 단위: 유로, CO2e 기준 이산화탄소 톤당)

께 징수하여 총괄적으로 사용하는 방식이다.[395] 전자와 같이 탄소세를 특별예산으로 편성하여 탄소저감 사업의 재원으로 사용한다면, 환경적 효과를 극대화하고 조세 징수의 저항을 줄일 수 있다. 관련한 긍정적 사례로는 스위스가 있다. 스위스는 탄소세 세수의 3분의 2 정도를 전 국민에게 동일한 액수로 환급하고, 나머지 3분의 1 정도는 건물과 주택의 에너지 절감 사업과 신재생에너지 사업 지원에 쓴다.[396]

세금 외에 탄소소득의 다른 재원으로는, 민간과 공공의 탄소상쇄시장(Carbon Offset Market)을 결합하여 민간 주도나 지방자치단체에서 발행된 자발적 탄소배출권인 VER과 공식적인 탄소배출권의 거래 혹은 교환을 가능하게 하는 방법을 검토할 수 있다.

현재 국내에서 운영되는 한국형 자발적 탄소배출권 시장인 K-VER 시장과 탄소배출권 시장 간에는 큰 격차가 있고 연계가 없으며 두 시장 모두 활성화하지 못한 실정이다. 하지만 두 시장을 연결하고 결합하여 VER을 공공의 탄소배출권과 어떤 형태로든 교환이 이뤄지게 만든다면 시민에게 전혀 새로운 형태의 참여소득인 탄소소득을 제공하고, 탄소상쇄시장을 활성화하면서 탄소저감에 도움을 줄 수 있다.

매킨지는 이에 따라 민간단체 주도의 온실가스 삭감 사업을 통한 VER을 일반 기업이나 단체에 판매할 수 있게 하면, 기업이나 단체는 구매한 VER을 자사의 사회책임 이행의 홍보수단으로 이용하고, 투자자들이 요구하는 환경친화 경영에 발맞추며, 규정된 삭감의무를 VER이란 배출권을 활용해 달성할 수 있을 것으로 전망했다.[393] 공공과 민간의 탄소상쇄시장 연결을 통해 민간 프로젝트 혹은 개인 참여에서 발생한 VER을 감축의무가 필요한 기업이 의무이행용으로 구매할 수 있게 하는 게 핵심이다. 시장의 실패를 시민참여로 해소하면서 동시에 그동안 부당하게 기업의 외부효과 비용을 지불한 시민은 외부효과의 비용을 기업에 물게 하면서 탄소소득을 올릴 수 있게 된다.

8장

결어 "Don't Be Evil"

존 엘킹턴, 르네 파세, 보 셸렌

명품소비보다 가치소비, MZ세대의 미닝아웃

내 몸에 닿는 것들, BTS와 '양심적 패션'

"못생긴 당근, 수프에 들어가면 상관없잖아"

"Don't Be Evil" vs. "Do the Right Thing"

사유와 연장 너머

Environment,
Social and
Governance

Environment, Social and Governance

ESG·지속가능성·기후변화라는 세 개 키워드로 2010~2021년 전 세계 구글 검색 빈도를 조사한 결과 기후변화의 상대적 빈도가 더 높게 나타났지만, 최근 들어 비슷한 수준으로 수렴되는 양상을 보였다. 편의적으로 해석하면 기후위기를 극복하고 지속가능한 사회 혹은 지속가능한 지구를 도모하려면 ESG에 관심을 기울여야 한다, 이렇게 말할 수 있다. 앞서 살펴본 대로 2020년초 블랙록 최고경영자(CEO) 래리 핑크의 연례서한이 ESG 검색 빈도를 끌어올린, 즉 ESG 열품을 만든 기폭제임이 그래프를 통해 확인된다.

우리나라의 상황은 훨씬 더 극적이다. ESG는 기후변화나 지속가능성에 비해 상대적으로 미미한 검색빈도를 보이다가 2019년 들어 변화의 기미가 나타나고, 마찬가지로 핑크의 연례서한 발표 이후로 검색량이 급증한다. 2020년 중반을 거치면서 지속가능성과 기후변화보다 검색량

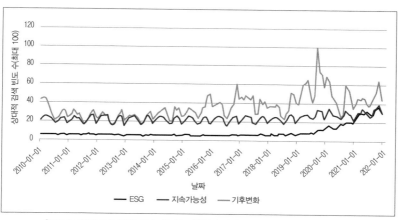

[그림 8-1] 전 세계 ESG, 지속가능성, 기후변화 검색 빈도 수 추이(자료: 구글 트렌드)

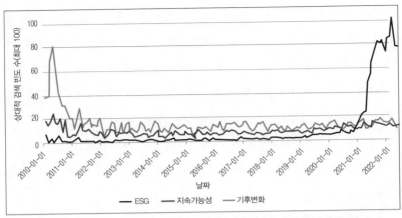

[그림 8-2] 우리나라 ESG, 지속가능성, 기후변화 검색 빈도 수 추이(자료: 구글 트렌드)

이 많아지기 시작하고 그래프에서 보듯 ESG가 두 키워드를 압도해 버린다. 한국에서는 '수렴' 대신 '대체'의 모습이다.

존 엘킹턴, 르네 파세, 보 셸렌

어떤 이들은 이러한 모습을 보고 자기비하를 담아 '냄비근성'이라고 해석할 법도 하다. 한국사회 또는 한국인 특유의 집중력이라고 긍정적으로 해석하는 방법 또한 가능하지 싶다. 후자의 해석이 '국뽕'적인 희망의 표출이라고 폄하하려면, 냄비근성을 통해 그동안 이것저것 기웃거리기만 하고 성취한 게 별로 없어야 할 텐데, 그렇게 보기엔 우리 사회가 현대사의 짧은 기간에 성취한 것이 너무 많다. 집중력 있게 우선순위를 세워 전략적으로 성취하는 DNA가 내재했다고 위 그래프를 해석해서 밑질 일은 없지 않을까.

한국 사회는 세 가지 키워드(ESG, 지속가능성, 기후변화)가 대표하는 문제 해결을 ESG를 통하기로 암묵적으로 합의했다고 볼 수도 있다. 사실 이 세 키워드는 서로 연결되어 있고, 또한 같은 사태를 보는 다른 시각이라고 할 수 있기에, 세 키워드에 대한 한국인의 상대 검색량을 통해 드러낸 태도가 하기에 따라 전략적이고 효율적인 접근법일 수 있다.

여기서 지속불가능에 대한 존 엘킹턴과 르네 파세의 해법 모형을 같이 검토해 보자. 세 가지 키워드의 상대적 구글 검색 빈도에서 세계인과 한국인 간의 차이와, 당연히 같은 문법인 양 등치할 수 있는 건 아니다. 세계인과 한국인 간의 상대적 검색빈도 차이와 나란히 놓음으로써 엘킹턴과 파세의 해법 모형 간의 차이가 근본적인 것임을 확인하게 된다. 다만 얼핏 외양상으로는 유비가 성립한다고 착각할 수도 있겠다. 엘킹턴의 트리플버틈라인(TBL) 모형에서는 경제(이익)·환경(지구)·사회(사람) 사이에 위계가 없고 균형이 중요하

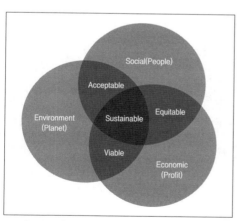

[그림 8-3] 존 엘킹턴의 트리플버틈라인(TBL) 모형

며, 세 원의 교집합에서 지속가능성이 구현된다는 사실을 확인한다.

반면 파세의 3개 동심원 모형에서는 분명한 위계가 존재한다. 파세는 1979년에 출간한 〈경제와 삶(l'économique et le vivant, 1979)〉이란 저서를 통해 경제계는 인간사회에 종속되고 인간사회는

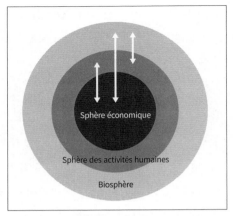

[그림 8-4] 르네 파세의 동심원 모형(자료: Passet, 1979)

생물권(Biosphere)에 종속되는 위계적 구조를 제시했다. 이 모형에서는 사회가 망가지면 자동으로 경제가 망가지고, 생물권이 훼손되면 인간사회와 (인간의) 경제가 자동으로 무력화한다. 따라서 존재와 해법의 우선순위가 명확하다.

ESG·지속가능성·기후변화 간에는 파세의 모형과 달리 위계가 없고, 또 엘킹턴 모형처럼 삼발이 구조를 취하는 것이 아니다. '수렴'하든 '대체'하든 분명한 흐름을 만들면서 확고한 변화를 만들어낸다는 것이, 혹은 만들어 내야 한다는 것이 핵심이다. 지속불가능의 문제에 대처하는 방법론으로 한국은 ESG를 골랐는데 그것이 나쁜 전략 같지 않고 세계적 흐름과 동떨어져 있지도 않다. 궤를 같이한다. 다만 강조점을 확실히 했을 뿐이다.

이 자리에서 언급하고 넘어가야 할 또 다른 유명한 모형은 스웨덴의

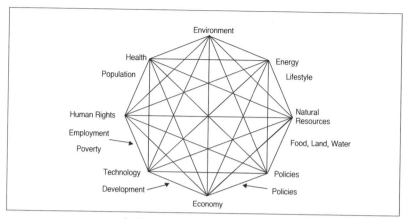

[그림 8–5] 셀렌의 '지속가능성 다이아몬드'

사회학자 보 셀렌이 1999년에 만든 '지속가능성 다이아몬드(Diamond of Sustainability)'다. 환경·경제·사회라는 세 축을 중심으로 상호관련성을 도식화했다. 셀렌은 "지구의 장기적인 지속가능성을 위한 정책 개발에 사회과학을 통합하는 것이 필요하다"며 "사회과학 요소들을 통해 지속가능성이 사회에 어떻게 자리를 잡았는지 알 수 있다"고 주장했다. 셀렌의 통합적 사고는 지속가능발전목표(SDGs) 수립과 지속가능발전교육(ESD) 방향 설정에 기여했다는 평가를 받는다.

현존하는 심각한 문제와 임박한 치명적 위기와 관련해 두 개의 그래프를 보며 추이를 파악하고, 세 가지 해법 모형으로 해법/탈출구의 영감을 얻어보는 것. 어떤 영감일지 모르지만 시각적 탐색을 통해 모종의 영감을 얻는 게 나쁘지는 않고, 오히려 확실히 필요해 보인다.

명품소비보다 가치소비, MZ세대의 미닝아웃

균형과 수렴은 성숙한 태도와 연결되긴 하지만, 강조와 우선순위설정이 확실히 더 효과적인 수단이 된다. 절박할수록 후자의 방법론에 눈을 돌리게 된다. 그러나 사람이란 본성상 어떤 절박도 시간이 좀 지나면 범상한 것으로 받아들이기에, 태도로 내재화하는 방법론이 종국에 더 강력한 해법일 수도 있다. 임박한 기후위기 혹은 기후재앙 앞에서 그레타 툰베리처럼 "감히(How dare you?)"라고 말하고 행동하면 속이 시원하고 확실한 답이 되겠지만, 전 미국 대통령 도널드 트럼프처럼 감히 툰베리를 조롱할 수는 없겠지만, ESG라는 온건하고 관점에 따라 보수적인, '감히' 해법이라고 하기 민망한 해법이 우리가 그나마 수용할 해법이라는 사실 또한 받아들여야 한다. 더 많은 사람과 더 많은 기업, 더 많은 조직, 더 많은 국가의 일상의 태도가 삭발의 결기만큼이나 소중하고 필요한 시점이다.

가치소비는 그러한 일상의 태도의 하나일 수 있다. 독일에서 가치소비는 상류계급의 새로운 문화자본을 형성한다고 한다. 명품소비보다 유기농 식품 등 눈에 띄지 않는 가치를 좇는 가치소비가 사회적 신분을 드러내는 척도가 됐다.[398] 가치소비가 부르주아 취향과 합체한 사례인 셈이다. 2021년 보그 비즈니스 인덱스 발표에 따르면 명품을 구매하는 소비자의 3분의 2가 브랜드의 환경 정책을 구매 시 중요한 결정요소로 고려하는 것으로 나타났다. 또 전체 구매자의 3분의 2는 제품 및 소재가 환경에 미치는 영향을 투명하게 파악할 수 있도록 탄소 라벨의 부착을

[그림 8-6] '의식 있는 디자인(Conscious Design)의 부상' 보고서(자료: 볼보자동차)

바랐다.

자동차 제조회사인 볼보는 글로벌 트렌드 분석 기업 '더 퓨처 라보라토리(The Future Laboratory)'와 함께 2021년 9월 지속가능한 럭셔리 소재의 미래에 관한 보고서 〈의식 있는 디자인(Conscious Design)의 부상〉을 발표했다. 2040년까지 완전한 순환 비즈니스를 완성한다는 계획 아래 2025년까지 신차에 사용되는 소재의 25%를 재활용 또는 바이오 기반 소재로 구성하겠다고 볼보는 밝혔다.[399] 가치소비를 겨냥한 마케팅 전략의 전형인 셈이다.

젊은 세대의 착한 소비 인증, 즉 MZ세대(1980년대 초~2000년대 초 출생)의 '미닝아웃' 또한 하나의 일상의 태도로 자리잡는 중이다. '미닝아웃(Meaning Out)'은 의미를 뜻하는 'Meaning'과 드러내기를 뜻하는 'Coming Out'의 합성어로, 기업의 윤리나 사회적 책임 등을 고려하여 가치 있는 물건을 구매함으로써 자신의 신념을 표출하는 행위를 의미한다.[400] MZ세대에게 가치소비는 자연스러운 규범인 동시에 인스타그램 등을 통해 개인 브랜드를 구축하고 홍보하는 개인 삶의 주요 전략을 담당하게 됐다는 분석이 나온다. 이에 따라 업계는 MZ세대를 공략하기 위해 가치소비를 내세우며 '친환경', '비건', '공정' 등을 콘셉트화한 제품을 출시하고 있다. 성장관리 앱 '그로우'의 2021년 7월 가치소비에 관한 설문조사에 따르면 MZ세대 10명 중 8명은 '가치소비자'이며, 기업의 ESG활동 중 가장 관심을 두는 분야는 환경인 것으로 나타났다.[401]

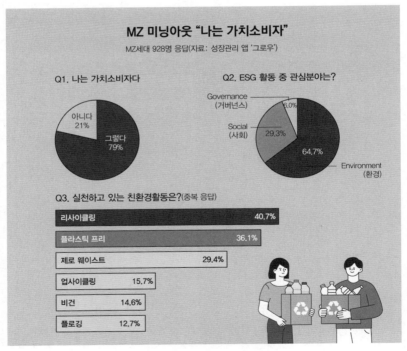

[그림 8-7] MZ 미닝아웃

MZ세대 928명을 대상으로 '가치소비자인가'를 묻자 79%가 '그렇다'라고 답했다. 가치소비 관심은 5점 만점에 평균 3.8점으로 나타났다. '제품·브랜드 선택 시 ESG 영향을 받는다'가 평균 3.5점이었다. ESG 중 가장 관심이 높은 분야는 환경(64.7%), 사회(29.3%), 거버넌스(6%) 순으로 조사됐다. 응답자의 78.2%는 실제로 환경보호 활동을 하고 있다고 답했다. 실천하는 친환경 활동(중복 응답)으로는 리사이클링(40.7%), 플라스틱 프리(36.1%), 제로 웨이스트(29.4%), 업사이클링(15.7%), 비건(14.6%), 플로깅(12.7%)을 꼽았다. 두 개 이상을 실천하는 응답자가 45%였다.

가치소비에 MZ세대의 '미닝아웃'만 있는 건 아니다. 소비행태 면에서 '미닝아웃'과 상당 부분 겹치는 '그린슈머'가 있고, 사회적 맥락을 중시한 '소셜슈머'도 있다. 가치소비와 관련하여 다소 모호한 느낌의 '앰비슈머'는, 가치관의 우선순위에 든 품목에는 소비를 망설이지 않지만 우선순위에 들지 않은 것에는 지갑을 잘 열지 않는 유형의 소비자다. 우선순위에 든 품목을 구매할 때는 무리를 해서라도 최대한 지출하지만 그렇지 않을 때는 더 없이 합리적이고 깐깐한 소비자가 된다. 소비자 한 사람 안에 이처럼 고가품과 저가품을 향한 상반된 소비행태가 동시에 일어나서 '양면적인 소비자(Ambivalent Consumer)', '앰비슈머'라 불린다.

2020년 2월 매일유업에 한 소비자가 편지와 함께 자신이 마신 음료(엔요)에 붙어있던 일회용 빨대를 사용하지 않고 동봉해 돌려보냈다. 매일유업 임원은 "빨대를 사용하지 않아도 음용하기 편리한 구조의 포장재를 연구하고 있고, 포장재 개발과 함께 빨대 제공의 합리적인 방식을 적극적으로 검토하고 있다"고 자필로 답장을 보냈다. 내부 검토를 거쳐 '엔요100' 제품에서 빨대를 제거하기로 결정하고 2020년 6월부터 빨대

없이 생산하고 있다. 액상발효유 중 유일하게 개별 빨대를 부착하고 시장점유율 1위를 차지한 제품이었으나 '그린슈머'의 요청에 '엔요100' 제품에서 빨대를 없애기로 과감한 결정을 내렸다. 이에 따른 연간 온실가스 배출량 저감 효과는 44톤으로 추산됐다.[402]

매일유업은 2021년 6월에 환경의 날(6월 5일)을 앞두고 플라스틱 빨대를 제거하고 상품명에 그 사실을 노골적으로 반영한 멸균우유 '매일우유 빨대뺐소'를 출시했다. 빨대의 유무가 제품명이 된 특별한 사례로 기록될 법하다. 기존에 PET 용기를 사용하던 '슬로우밀크'를 종이 소재인 후레시팩으로 패키지를 변경하고, 매일우유 2.3리터와 상하목장 유기농우유 등은 패키지를 경량화함으로써 플라스틱 사용량을 줄였다. RTD(Ready To Drink) 컵커피 '바리스타룰스' 등 컵 형태 제품에서는 알루미늄 라벨을 제거해 분리수거가 용이하도록 개선했다. 매일유업은 빨대 제거와 종이 패키지 사용 등 다양한 노력을 통해 연간 온실가스 배출량을 1287톤 줄였다고 밝혔다. 30년산 소나무 19만 5348그루를 심는 효과다.[403]

가치소비자가 되든, '그린슈머'가 되든 그런 소비를 가능하게 하는 건 정확한 정보다. '매일우유 빨대뺐소'처럼 빨대에 관한 한 소비자가 즉각 확인할 수 있는 확실하고 완벽한 정보가 있는가 하면, 대부분 제품의 '가치' 정보

[그림 8-8] 매일우유 빨대뺐소 제품
(자료: 매일유업)

는 확인 없이 제조업체가 제공하는 내용을 믿게 된다. 매일유업이 밝힌 '1287톤'과 '19만 5348그루'는 빨대처럼 눈으로 확인할 수 있는 게 아니다. 앞서 살펴보았듯, '돌고래 안전 마크'를 단 참치통조림이 정말로 돌고래를 보호하는 어로방법을 취했는지를 확인한 방도는 더더욱 없다.

그러다 보니 기업은 제품 판매나 기업이미지 제고를 위해 실제보다 과한 정보를 표시하고 싶은 유혹에 사로잡히곤 한다. '착한 소비'를 원하는 소비자에게 부정확한 정보를, 기업에게 유리한 방식으로 제공하는 수준을 넘어서 기만하는 정보를 제공하기도 하는데, 이른바 '그린워싱(위장환경주의)'이다.

가치소비를 위해서 소비자는 라벨링 등 더 많은 정보를 요구하고 기업은 요구에 부응하여 더 많은 정보를 제공하며, 정부는 제대로 된 정보제공 시스템을 만드는 데 노력하는 가운데 불행히도 그린워싱이 끼어든다. 그린워싱된 정보가 빨대 이상의 것이기에 분식회계를 적발하는 것만큼, 혹은 그린워싱에 별다른 처벌이 없기에 그린워싱을 잡아내기가 살짝 과

[그림 8–9] 왼쪽: 오레곤 대학과 엔바이로미디어가 함께 운영하는 그린워싱지수.
오른쪽: 테라초이스의 '그린워싱의 7가지 죄악' (자료: 한국환경산업기술원)

장하면 분식회계 적발보다 더 어렵다. 미국 오레곤 대학과 엔바이로미디어(EnviroMedia)가 함께 운영하는 그린워싱지수(EnviroMedia's Greenwashing Index), 캐나다의 환경마케팅 컨설팅 회사 테라초이스(TerraChoice)의 '그린워싱 7가지 죄악(Sins of Greenwashing)' 등은 그린워싱에 관한 가이드라인을 제시한 사례다.

이제 가치소비를 위한 정보가 ESG로 확대되면서 기업이 제공해야 할 정보가 많아지고, 당국의 감독기능이 더 강해져야 하는 상황이 되었고, 더불어 그린워싱에 이어 ESG워싱이 출현하고 있는 것 또한 사실이다. ESG워싱을 방지하기 위한 기업(시민)의 자발적인 노력과 공공영역의 정책적이고 제도적인 역할과 함께 시민사회가 어떻게 ESG워싱을 감시할지 지혜를 모을 때다. 숲이 너무 무성해지면 찾기 어려울 수 있다. 그 전에 나쁜 싹을 잘라 건강한 숲을 만들어야 한다.

내 몸에 닿는 것들, BTS와 '양심적 패션'

다큐멘터리 〈The True Cost〉는 앤드류 모건 감독의 2015년 작품으로 제목이 말하듯 패스트패션의 진실을 추적한 영화다. 영화 초반부 모건 감독의 내레이션을 들어보자.

"이것은 옷에 관한 이야기다. 우리가 입는 옷과 그걸 만드는 사람들, 그리고 옷이 세상에 미치는 영향에 관한 탐욕과 공포 및 권력과 빈곤의 이야기다. 이 이야기는 전 세계에 걸친 이야기라 복잡하다. 그러나 또한 간단하다. 옷의 이면에 얼마나 많은 이의 마음과 손길이 있는지 보여주기 때문이다. … 내가 발견한 사실들로 옷에 대한 나의 생각은 완전히 바뀌었고, 이걸 보게 된 당신도 그렇게 되기를 바란다."

영화에는 H&M, ZARA, Primark 등 글로벌 패스트패션 브랜드가 등장한다. 저렴한 가격으로 높은 상품회전율을 가능하게 하려고 이 기업들은 인건비가 싼 방글라데시, 베트남, 중국, 인도 등에서 제품을 생산했는데 외주비율이 100%에 근접했다. 이러한 의류 임가공이 국가 경제에 미치는 영향이 큰 방글라데시 같은 곳에서는 최저임금을 쉽게 올리지 못한다. 노동자의 임금은 하루에 3달러가 안 되었고 노조를 결성한 노동자들은 구타를 당했다.

2013년 4월 방글라데시 다카에서 8층짜리 건물 라나플라자(Rana Plaza)가 붕괴하는 사고가 일어나 1134명이 사망하고 약 2500명이 부상했다. 사상자의 대부분은 건물 안 의류공장에서 일하던 노동자였다. 같은 해에 다른 지역에서도 의류공장의 사고로 노동자 수백 명이 숨졌다.

라나플라자 사고는 패스트패션 산업의 스웨트샵(Sweatshop) 문제의 상징적인 예이지만, 패스트패션 산업의 더 큰 폐해는 환경문제. 엘렌 맥아더 재단 섬유 보고서에 따르면 2015년 기준 패스트패션 산업 의류 생산에 투입된 섬유(연간 9200만 톤) 중 1%만 옷으로 재탄생했다. 입고(혹은 그저 구매 후, 나아가 생산되고 팔리지 않은 채) 버려진 의류의 57%가 매립됐고 25%는 소각됐다.

2021년 말 ZARA의 모 기업 인디텍스는 '올바른 패션(Right Fashion)'이란 구호를 내걸고 2025년까지 사용 자재의 100%를 유기농·재사용 등 지속가능한 소재로 바꾸고 제작 과정을 투명하게 공개하겠다고 선언했다. 2017년 이후 5년간 94개국에서 헌 옷 6만 2000톤을 수거했다고 ZARA는 홍보했다. 다만 매년 9억 벌 가량의 옷을 생산하는 것을 생각하면 그렇게 대단한 실적이라고 보기 힘들어 그린워싱으로 보는 시각이 있다.

패션산업은 자동차산업, 컴퓨터 등 기술산업에 이어 세계에서 세 번째로 큰 제조업이다.[404] 전 세계적으로 3조 달러에 육박하는 가치사슬 전체에 걸쳐 7500만 명이 직접 고용되어 있다. 지구 전체 탄소 배출량의 10%[405], 폐수 배출량의 20%[406]를 차지한다.

한국무역협회가 2021년 12월에 발표한 연구보고서 〈필(必)환경 ESG 시대, 패션산업 친환경 트렌드와 시사점〉은 패션산업이 미세플라스틱, 폐기물량 등으로 환경오염을 유발하고 있고 더불어 지속가능한 패션에 대한 소비심리가 계속 확산하고 있어 패션산업 내 친환경 흐름에 주목할 필요가 있다고 지적했다. 방탄소년단(BTS)이 2021년 유엔 무대에 섰을 때 명품브랜드가 아닌 재고 의류와 친환경 원단으로 만든 옷을 입어 화제가 된 이른바 '양심적 패션(Conscious Fashion)'이나 ZARA가 표방한 '올바른 패션(Right Fashion)'과 맥락을 같이한다. 시장조사업체 리서치앤드마켓에 따르면 전 세계 '양심적 패션' 시장 규모는 2019년 63억5000만 달러에서 2023년 82억5000만 달러로 성장할 것으로 전망된다.

패션산업의 가치사슬은 업스트림(원재료, 섬유사), 미들스트림(직물, 염색 가공), 다운스트림(완제품, 유통)으로 구성된다. 고탄소업종에 해당하는 섬유제품 제조 부문을 중심으로 글로벌 탄소중립 정책에 크게 영향을 받을 것으로 분석된다. 온실가스 감축 노력 강화는 고탄소산업을 중

ESG 배려의 정치경제학

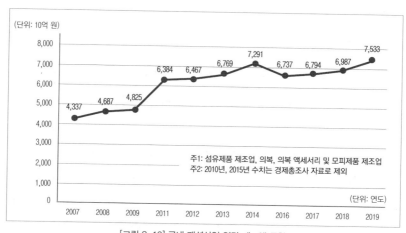

[그림 8-10] 국내 패션산업 연말 재고액 동향

(자료: 한국무역협회 '필환경 ESG시대, 패션산업 친환경 트렌드와 시사점'보고서)

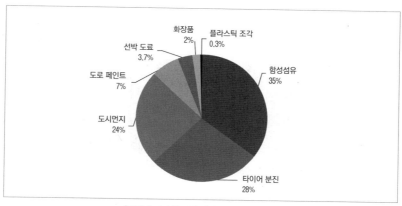

[그림 8-11] 글로벌 미세플라스틱 오염원

(자료: 한국무역협회 '필환경 ESG시대, 패션산업 친환경 트렌드와 시사점'보고서)

[그림 8-12] 패션산업의 가치사슬(자료: 한국무역협회)

심으로 생산비용 상승과 부가가치 감소를 초래한다.

한국은행에 따르면 패션산업 중 '섬유제품 제조업(방적, 직조 등)'이 고탄소업종에, '의복 제조업'은 고탄소와 저탄소업종 사이에 해당한다. 한국은행은 섬유제품 제조업을 포함하여 1차금속, 석탄발전, 비금속 광물제품, 화학물질 및 화학제품, 코크스와 연탄 및 석유정제품, 기타 운송장비 제조업, 금속광업, 금속가공제품 제조업 등 9개 산업을 고탄소업종으로 분류한다. 2050년까지 고탄소산업의 부도율은 2019년 대비 최대 10.2~18.8%p, 연평균 0.34~0.63%p로 큰 폭의 상승이 예상된다. 국제자연보전연맹(IUCN)은 글로벌 미세플라스틱으로 인한 해양 오염의 34.8%가 패스트패션 브랜드에서 생산한 합성섬유 세탁으로 인한 것으로 추정한다.

업계가 변화하고 있지만, 소비자도 대안을 찾고 있다. 패스트패션과 대비되는 개념인 슬로우패션의 대두와 함께 지속가능패션과 결부된 상향소비(트레이딩업, Trading Up) 현상이 대표적이다. '양심적 패션', '드레이딩업' 등은 지속가능한 윤리적 패션(Sustainable Ethical Fashion)을 견인한다. 패션산업을 구성하는 디자인, 생산, 판매, 구매 및 폐기의 전 과정에서 제기되는 열악한 작업 환경과 노동력 착취, 공동체 파괴, 환경오염, 동물 학대와 같은 문제의 해결책을 찾아내어 더 공정하고 지속가능한 사회 실현에 기여하는 패션이다. 업사이클링(Upcycling), 친환경 소재, 자원 절약, 제로웨이스트(Zero Waste), 공정무역, 노동권 및 인권 보호, 동물권 보호 등을 들 수 있다.

"못생긴 당근, 수프에 들어가면 상관없잖아"

미국 환경보호단체 NRDC에 따르면 미국에서 생산되는 농산물의 20%는 '못난이'라는 이유로 버려진다.[407] 유엔 식량농업기구(FAO)는 상품 가치가 낮다는 이유로 판매되지 않고 버려지는 음식물 쓰레기의 양이 전 세계 음식물 소비량의 3분의 1인 13억 톤에 달하며 과일과 채소의 45%도 버려진다고 추산했다. 못난이 농산물은 생산할 때 물과 비료를 쓰는 데 그치지 않고 폐기할 때 막대한 메탄과 이산화탄소가 발생한다.

프랑스 환경에너지관리청(ADEME)에 따르면 프랑스에서만 2019년 현재 매년 약 1000만 톤에 달하는 음식물이 폐기됐다. 산업 생산자와 제조업체가 만든 폐기물이 53%이며, 유통업자와 최종 소비자가 나머지를 만들어냈다.[408]

프랑스의 대형마트 '엥테르마르셰'는 못난이 농산물을 시세에서 30~50% 낮게 책정하여 판매하는 마케팅 정책을 2014년에 시작했고, 이

[그림 8-13] 엥테르마르셰의 못난이 농산물 캠페인(자료: 엥테르마르셰)

때 '푸드 리퍼브'라는 단어를 처음 사용했다. '푸드 리퍼브(Food Refub)'
는 음식을 뜻하는 'Food'와 제품 공급이란 뜻이 있는 'Refubished'의 합
성어다. 제조하고 유통하는 과정에서 작은 흠집이 생겼지만, 성능에 큰
문제가 없으면 손질하여 정상가보다 싼 가격으로 판매하는 의미의 '리
퍼브'를 음식에 적용했다.

농산물에 이어 팔리지 않는 식품을 제공받아 할인된 가격으로 판매
하는 프랑스 식료품점 '음식물 쓰레기와 싸우는 식료품점(Nous Épiceries
Anti-Gaspi)'과 버려질 위기의 식자재로 새로운 음식을 만들어 판매하는
영국의 '더 리얼 정크푸드 프로젝트(The Real Junk Food Project)' 또한 널리
알려진 '푸드 리퍼브' 단체다. '더 리얼 정크푸드 프로젝트'는 2013년부
터 버려지는 식재료로 음식을 만들고 있는데 2021년 현재 7개 국가에서
120개 이상의 매장을 운영하고 있다. 개장 이후 지금까지 약 5000톤의

[그림 8-14] '더 리얼 정크푸드 프로젝트'의 활동 모습(자료: '더 리얼 정크푸드 프로젝트')

ESG 배려의 정치경제학

쓰레기를 줄였다고 한다.

미국의 월마트, 크로거와 같은 대형 유통업체도 30~50% 저렴한 가격으로 못난이 농산물을 판매하고 있다. 덴마크의 시민단체 '단처치에이드(DanChurchAid)'가 운영하는 '위푸드(WeFood)'는 품질에 이상이 없지만 유통기한이 임박했거나 라벨, 용기 등이 파손되어 상품성이 떨어지는 제품을 30~50% 저렴하게 판매한다.

우리나라도 버려지는 못난이 농산물이 많다. 국회 입법조사처에 따르면 국내 연간 음식물 쓰레기는 500만 톤이며, 이 중 70%가 유통 및 보관 과정에서 발생한다.[409]

2012년 설립된 국내 사회적 기업 '파머스페이스'는 못난이 농산물을 온라인으로 소비자에게 판매하고 동시에 흠이 있는 농산물을 가공업체나 음식점 등에 납품하는 B2B 사업을 한다. 버려질 위기에 놓인 과일로 만든 주스를 판매하는 '열매가 맛있다'라는 가게도 운영한다.

2019년 SBS TV 예능 프로그램 '맛남의 광장'에서 방송인 백종원이 못난이 감자 30톤을 활용하면서 한국에서도 못난이 농산물에 대한 인식이 달라졌다. 방송 이후 못난이 감자는 전년 대비 439%의 매출을 기록했으며, 다른 못난이 농산물 수요가 많이 늘었다. 한국농수산식품유통공사(aT)는 못난이 딸기를 프랜차이즈 카페에서 딸기 음료 원료로 활용할 수 있도록 딸기 생산자 단체와 유명 프랜차이즈 간에 업무협약을 이끌었다.[406]

"Don't Be Evil" vs. "Do the Right Thing"

'미닝아웃', '푸드 리퍼브', '양심적 패션' 등 앞서 살펴본 대안을 모색하는 흐름은 분명 고무적이다. 지속가능한 세상을 향한 일상의 태도의 변혁을 뜻한다. 일상의 태도 변혁이 기후위기 시대에 ESG사회라는 해법으로 지속가능성을 다지는 유력한 수단이기 때문이다.

문제는 일상의 태도 변화가 주로 소비지나 시민 수준에서 논의되고 있다는 점이다. 시민과 소비자만의 변화만으로는 세상을 바꾸지 못한다. 공공과 시장, 국제사회가 함께 변화에 동참해야 임박하는 파국을 모면할 수 있다.

널리 인용되는 "사악해지지 말 것(Don't Be Evil)"은 구글 기업행동강령의 대표문장이다. 행동강령의 서문에 포함되어 구글의 모토처럼 사용됐다. 대략 2000년 무렵 사용되기 시작한 "Don't Be Evil"은 기업의 행동강령 치고는 사실 파격적인 문장이었다. 유명한 존슨앤존슨의 강령 '우리의 신조'와 비교하면 한 눈에 차이가 들어온다.

[그림 8–15] 구글의 모토 변화(자료: 구글)

"Don't Be Evil"은 구글의 지배구조가 변하면서 모토로서 위상의 하락을 겪었다. 구글이 지주회사격인 알파벳의 자회사가 되면서 구글의 모토는 알파벳의 것을 같이 쓰면서 2015년부터 "올바른 일을 하라(Do The Right Thing)"로 바뀐다. 구글이 자회사로 내려앉았듯 "Don't Be Evil" 또한 2018년 4월 무렵 행동강령의 서문에서 삭제된다. "Don't Be Evil"의 삭제를 두고 구글 기업 노선을 뜻하는 것이 아니냐는 이런저런 의견이 많았다. 정확하게는 삭제가 아니라, 서문에서 자취를 감추고 강령의 마지막으로 자리를 옮겼으니 '격하'라고 해야겠다.

보기에 따라 "Do The Right Thing"이 더 진취적인 방향성을 드러낸 듯하다. "Don't Be Evil"이 '네거티브'인 반면 "Do The Right Thing"은 '포지티브'이며 "Do The Right Thing"과 함께 사용되는 "상상할 수 없는 것을 상상하라(Imagine the Unimaginable)"는 모토 또한 '포지티브'다. '포지티브'가 긍정적이긴 하지만 그렇다고 '네거티브'보다 꼭 더 나은 것이라고 말하기는 힘들다. 우리는 모토의 이러한 변화에서 한때 기업의 사회적 책임(CSR) 대신 공유가치창출(CSV)을 주장하며 CSV가 CSR보다 한 단계 진전된 개념이라고 우기던 풍경을 떠올리게 된다. 결론부터 말하면 CSR 없는 CSV는 사악해지는 것(Be Evil)일 수 있다. 마찬가지로 "Don't Be Evil" 없는 "Do The Right Thing"은 사악해지면서(Be Evil) 돈 버는 걸 정당화하는 길로 이어질 수 있다. 극단적인 시나리오이긴 하지만 말이다.

"Don't Be Evil"은 일종의 직원행동주의로 이해될 수 있다. 직원은 회사의 핵심 이해관계자의 하나다. 따라서 직원행동주의는 주주행동주의 혹은 주주주의에 맞선 이해관계자(행동)주의의 일종이다. 주주를 경영의 중심에 놓은 방법론이 얼마나 쉽게 탐욕에 휘둘리는지 역사적 경험으로 우리는 자주 목격했다.

소비자와 (세계)시민의 관점에서는 "Do The Right Thing"만으로 더 나은 세상, 혹은 더 나빠지지 않는 세상을 향한 발걸음을 내딛을 수 있다. 그러나 기업과 공공의 영역에서는 "Don't Be Evil" 없는 "Do The Right Thing"은 사악해는(Be Evil) 결론을 절대 배제하지 못한다. 옳은 일을 하려면 불확실성이 제거되어야 한다. 시민의 ESG에선 '포지티브'만으로 충분하지만, 기업과 공공의 ESG에서는 '포지티브'와 '네거티브'가 병행해야 하며, 기본은 '네거티브'여야 한다. 21세기 인류의 미래를 장담하기 힘든 엄중한 상황에서 더 그렇다.

사유와 연장 너머

우리가 맞이하는 세상을 지속불가능하게 만드는 위협 요인이 기후변화인 것만은 아니다. 당연히 기후변화가 가장 심각한 위기를 만들어내고 있지만, 코로나19 이후 펼쳐질 비대면(Untact) 세상과 AI로 대변되는 4차산업혁명이란 변수를 고려하지 않고는 다음 세상을 상상할 수 없다. 그것은 위기일 수도 있고, 기회일 수도 있다.

많은 이가 얘기하듯 코로나가 앞당기고 있는 4차산업혁명 시대는 인류 진화의 최종 단계다. 르네 데카르트는 사유와 연장을 구분한 이원론으로 근대를 열었고, 뿌리 깊은 서양철학의 전통을 이어받은 데카르트적 근대는, 사유가 연장을 확대하고 확대된 연장이 사유를 촉진하는 되먹임을 반복하며 인간 주체와 이성의 시대를 열었다.

현재 논의되는 4차산업혁명과 AI전환은 아직은 사유와 연장 프레임 안에 머물러 있다. 현실의 사유와 연장은, 데카르트 이후 철학의 사유와 연장 또한 데카르트의 생각처럼 명료하게 이분(二分)되지는 않고 서로 엉켜 든다. '호모 파베르'는 사유와 연장의 엉김을 포착한 원형적 표현이다. 연장(延長)으로서 도구는 사유로서 인간과 정확히 구분되며 그 구분을 유지하는 가운데 근대 세계를 개척했지만, 지금에서는 연장이 사유가 되고 사유가 연장이 되는 혼란스런 융합이 일상으로 일어나고 있다.

예를 들어 삽과 망치는 동력 기계로 진화했고 인간은 그 기계를 쓰지 않고 조작한다. 동력 기계 상태만 해도, 삽과 망치와 비교하면 사유(인간)와 연장(도구)의 융합이 훨씬 강해졌다. 그 다음에는 기계와 접촉해 직접 조정하지 않아도 원격제어로 기계를 작동할 수 있게 됐다. 기술 문명이 고도화하면서 인간과 직접 물리적으로 연결되지 않은 형태의 비접촉 이동성 기계가 인간의 명령을 수행하게 된다. 4차산업혁명기엔 AI가 들어간 이동성 기계, 즉 학습과 판단이 가능한 로봇이 인간의 의지를 위임받아 스스로 움직이며 많은 것을 직접 실행한다. 곧 거의 모든 것을 AI가 인간을 대신하지 말란 법이 없어 보인다. 이때 대신에서 '위임'이 정상적으로 작동할지 아닐지를 두고 AI세계에 대한 낙관론과 비관론이 엇갈린다고 하겠다. 앞서 살펴본 대리인 문제가 이제는 물(物)의 영역으로 확대되는 추세다. 다가올 세계는 흔히 영화를 통해 선취되곤 하기에 이 주제에 관해서 영화로 논의를 이어가 보자.

톰 크루즈(빌 케이지 역)와 에밀리 블런트(리타 브라타스키 역)가 주연한 영화 〈엣지 오브 투모로우〉. 형태 면에서 〈엣지 오브 투모로우〉에서 나타난 사유와 연장의 엉김은 포스트휴머니즘의 초기 단계라고 할 수 있다. 극중 병사이자 무기인 톰 크루즈는 인간의 팔과 다리를 첨단장비로 증강한 전사로 설정된다. 능력의 강화 외에 'VR·AR'처럼 요즘 가상현실(VR, Virtual Reality)과 붙어서 한 단어처럼 쓰는 증강현실(AR, Augmented Reality) 기술이 동원된다. 그럼에도 인간은 자기 몸을 움직여야만 세계에 맞설 수 있고, 비록 극중에서 두 주인공이 끊임없이 되살아나기는 하지만 맞섰다가 패배하면 죽어야 한다.

영화 〈채피〉에서 악당을 연기한 휴 잭맨(빈센트 역)은 AI로봇 채피에 맞서 두뇌감응으로 원격 조정하는 거대 로봇을 가동한다. 〈엣지 오브 투모로우〉의 전투장비와 마찬가지로 사람이 없으면 무용지물이다. 차이는 〈엣지 오브 투모로우〉에서는 장비가 손과 팔다리 같은 인간 몸의 직접적 움직임에 반응하고, 〈채피〉에선 인간 뇌와 손동작에 원격으로 반응한다는 것이다. 〈채피〉의 예에서는 로봇 혹은 전투장비가 파괴되어도 인간은 다치지 않는다. 전투무기의 형태로는 아마 아니겠지만 두 가지 모두 멀지 않은 장래에 길거리에서 볼 수 있을 것이다.

다음 단계의 포스트휴먼은 영화 〈써로게이트〉에서 볼 수 있다. 이제 인간은 집 밖으로 나가지 않고 인체 크기의 캡슐 안에서 뇌파로 자신의 분신을 조정한다. 여기서 조정한다는 말은 부정확하고 '분신(아바타?)으로 생활한다'가 맞는 말이다. 앞의 용어를 차용하면 인간은 자신의 분신에게 사실상 삶을 일임한다. '조정'한다는 말은 영화 〈아바타〉에서나 사용됨직하다. 〈써로게이트〉에 이르러 사유와 연장은 묵시록적 혼합을 맞이한다. 만일 이런 세상이 현실에서 열린다면 그것을 인류 진화의 최종 단계에서 맞이하는 치명적 몰락의 풍경으로 불러야 하지 싶다.

다음 단계로 더 나가면 설명이 필요 없는 그 유명한 영화 〈매트릭스〉의 세계다. 그 세계에서 사유와 연장은 완벽하게 도치된다. 융합이 아니라 도치다. 사유가 연장이 되고 연장이 사유가 되며, 인간이 물질이고 물질이 인간이 되는 세계를 〈매트릭스〉가 묘사한다.

AI는 인간의 도움으로 인간의 통제 아래 발전하겠지만 어느 순간 독자적인 진화의 도정에 전격 진입할 가능성을 결코 배제하지 못한다. 만일 그 가능성이 결실을 보아 유사(類似) 인류가 출현한다면 그 유사 인류가 인간과 공존하는 방향으로 우호적인 관계를 맺을지, 인간을 몰아내는 적대적 관계를 맺을지는 유감스럽게도 지금으로선 당연히 불확실하다. 영화나 소설은 극화의 용이함과 재미 때문일 터인데, 후자를 많이 다루는 편이다.

ESG로 개척하는 세상은 기후위기, 4차산업혁명, 포스트휴머니즘, 비대면 등과 함께할 것이다. ESG세상은 지속불가능한 문명을 배격한, 다른 생명과 모든 인류가 평화롭고 지속가능하게 공존하는 균형의 거대 공동체일 테다. 여기서 핵심은 또한 절대 간과되지 말아야 할 것은, 모든 인간이 인간성을 잃지 않은 세계시민이자 주체로서 공존에 참여할 수 있어야 한다는 명제다.

지속가능발전목표(SDGs)의 슬로건은 "단 한 사람도 소외되지 않는 것(Leave No One Behind)"이다. 한눈에 실현불가능한 목표다. 이런 목표를 세우는 이유는 결과로서 그것이 실현불가능했다고 판명된다 하더라도 과정으로서 그 목표를 포기할 수는 없기 때문이다. 그 역설을 받아들일 수 있는 이유는 우리가 다름 아닌 인간이기 때문이고, ESG세상이란 것이 단지 조금 더 편리하고 안전한 세상을 뜻하는 것이 아니라, 인간이 인간임을 자각하고 다시금 인간이 중심인 세상을 만들고자 하는 믿음이기 때문이다. 모든 연장은 사유에 근거해야 한다는 황당한 믿음, 아마 정확하게는 희망을 재차 확인해야 하겠다. 다음의 평범한 문장으로 책을 마무리하고자 한다.

"우리가 가이아의 존재 안에서 생활을 영위하는 데는 아무런 규범도 법률도 필요치 않다. 그러나 우리가 행하는 모든 행위에는 반드시 그 결과가 따른다는 것을 결코 잊어서는 안 될 것이다."

– 제임스 러브록, 〈가이아-살아있는 생명체로서의 지구〉 中에서

ESG 배려의 정치경제학

Appendix
부록

미주

찾아보기

약어(용어정리)

Environment,
Social and
Governance

1장

1) 러셀 스팍스. (2007). 『사회책임투자』 (넷임팩트코리아 역). 홍성사. (PP 69~70).

2) 한국로고스경영학회. "김홍섭". (2014). 〔존웨슬리의 경영, 경제 사상과 현대적 적용에 관한 연구〕. 로고스경영연구 12(1).

3) 강종구. (2003년 4월 10일). "반전펀드들, 전쟁수혜 안 받겠다". *이데일리.*

4) 송철호. (2020년 1월 15일). "블랙록 CEO 2020년 투자핵심은 기후변화" 선언. *환경경제신문.*

5) American Financial Association. "Lins, K. V., Servaes, H., & A. Tamayo". (2017). 〔Social Capital, Trust, and FirmPerformance: The Value of Corporate Social Responsibility during the Financial Crisis〕. The Journal of Finance. 72(4). (pp 1785-1824).

6) 사단법인 아시아문화학술원. "조대형". (2021). 〔ESG 글로벌 추진 현황과 사례 분석〕. 인문사회 21. 12(3). (pp 2655-2660).

7) 삼정KPMG경제연구원(2020). 〔ESG 경영 시대, 전략패러다임 대전환〕. 삼정KPMG.

8) 단국대학교 글로벌벤처전략연구소. "이호석, 남정민, 이성호 & 박재춘". (2021). 〔중소기업 CSR의 성과에 관한 연구〕. Entrpreneurship & ESG 연구 1(1). (pp 3~6).

9) 안수현. (2021). 〔ESG(Environmental, Social and Governance)경영관련 국내 법제 현황분석과 향후 과제 – 21대 국회 상정법안을 소재로 –〕. 경제법연구 20(2). (pp 63~115).

10) 이민선. (2021년 5월 18일). "폐기물부담금 생기는 아이스팩...친환경 제품 늘어날까". *그린포스트코리아.*

11) 한솔. (2022년 1월 31일). "버려지는 아이스팩 대신 한우 육수", *KBS뉴스.*

2장

12) 칼 폴라니. (2009). 『거대한 전환』 (홍기빈 역). 길. (pp 241~242).

13) 같은 책. (pp 242~244).

14) 조르조 아감벤 외. (2010). 『민주주의는 죽었는가?』 (김상운 외 역). 난장. (pp 89~90).

15) 마이클 샌델. (2012). 『돈으로 살 수 없는 것들』 (안기순 역). 와이즈베리. (pp 33).

16) 같은 책. (pp 28).

17) 조민영. (2021년 2월 13일). "'달콤한 착취'…'네슬레 허쉬, 아동착취묵인' 美소송". 국민일보.

18) Joe Sandler Clarke. (2015, Sep. 2). "Child labour on Nestl farms: chocolate giant's problems continue". *The Guardian*.

19) Antony Barnett. (2020, Mar. 2). "Dispatches: Starbucks and Nespresso: The Truth About Your Coffee". *Dispatches*.

20) 박순봉. (2014년 8월 1일). "우즈벡 강제노동자의 피와 눈물을 닦아주세요.". *경향신문*.

21) 이민영. (2019년 5월 2일). "우즈벡, 면화 강제노동 개선…'우즈벡 면화 보이콧' 막 내릴까", *아시아투데이*.

22) "ILO welcomes lifting of Cotton Campaign boycott of Uzbekistan", ILO, 2022.3.14.

23) 이민영. (2019년 5월 2일). "우즈벡, 면화 강제노동 개선…'우즈벡 면화 보이콧' 막 내릴까", *아시아투데이*.

24) Child Labor and Forced Labor Reports, U.S. DEPARTMENT OF LABOR, 2020.

25) "ILO welcomes lifting of Cotton Campaign boycott of Uzbekistan", ILO, 2022.3.14

26) 한국환경산업기술원. "고태원". (2011). [환경표지제도에 대한 이해와 효율적인 운영 방향]. GGGP(해외녹색성장정책보고서) Special Issues 3(47). (pp 2).

27) 한국통상정보학회. "박지은, 이양기 & 김영림". (2021). 〔TBT협정하의 탄소라벨링에 관한 충돌가능성 검토 -WTO 분쟁사례를 중심으로-〕. 통상정보연구 23(2). (pp 159-178).

28) 미국 국립문서 기록관리청(National Archives and Records Administration) 홈페이지(ecfr.gov). (Title 50 Chapter II Subchapter C Part 216 Subpart H – Dolphin Safe Tuna Labeling). "2022년 2월 28일 확인".

29) NOAA수산(NOAA Fisheries) 홈페이지(fisheries.noaa.gov). (Frequent Questions: Dolphin-Safe). "2022년 2월 28일 확인".

30) Maria João Cruz, Miguel Machete, Gui Menezes, Emer Rogan & Monica A. Silva2,4,(2018). 〔Estimating common dolphin bycatch in the pole-and-line tuna fishery in the Azores〕.

31) 한국통상정보학회. "박지은, 이양기 & 김영림". (2021). 〔TBT협정하의 탄소라벨링에 관한 충돌가능성 검토 -WTO 분쟁사례를 중심으로-〕. 통상정보연구 23(2). (pp 159-178).

32) 세계무역기구(WTO) 홈페이지(www.wto.org). (Dispute settlement-DS381 : United States — Measures Concerning the Importation, Marketing and Sale of Tuna and Tuna Products). "2022년 2월 28일 확인".

33) 미국 하원의 법률개정 자문위(OLRC, The Office of the Law Revision Counsel of the United States House of Representatives) 홈페이지(uscode.house.gov). (Dolphin Protection Consumer Information Act). "2022년 2월 28일 확인".

34) 한국디지털디자인협의회. "윤선희&나건". (2015). 〔환경라벨링 제도의 사례연구 및 통합 필요성과 적용방안〕.디지털디자인학연구 15(3). (pp 467-476).

35) 환경정책연구원. "김광석, 박경원 & 박기완". (2014). 〔탄소라벨링 브랜드 충성도를 결정하는 요인: 가치-태도행동 모형의 적용〕. 환경정책연구 13(3). (pp 111-112).

36) 국제표준화기구(ISO) 홈페이지(iso.org)(ISO14040 :2006). "2022년 2월 28일 확인".

37) 유럽연합(EU)의 집행위원회 홈페이지(ec.europa.eu)(RhHS Directive) *RoHS(Directive on the restriction of the use of hazardous substances in electrical and

electronic equipment·1999년)는 유럽연합(EU)에서 제정한 전기 및 전자장비 내에 특정 유해물질 사용에 관한 제한 지침. 납, 수은, 카드뮴, 6가 크롬, PBB 및 PBDE(총 6종) 등 인체 유해 물질을 사용 제한하도록 한 지침. "2022년 2월 28일 확인".

38) 콜린 크라우치. (2005). 『포스트 민주주의』 (이한 역). 미지북스. (pp 47).

39) 귄터 그라스 외. (2005). 『세계화 이후의 민주주의』 (이승협 역). 평사리. (pp 138~139).

40) 샹탈 무페. (2006). 『민주주의의 역설』 (이행 역). 인간사랑. (pp 33).

41) 츠베탕 토도로프. (2012). 『민주주의 내부의 적』 (김지현 역). 반비. (pp 106).

42) 콜린 크라우치. (2005). 『포스트 민주주의』 (이한 역). 미지북스. (pp 69).

43) 같은 책. (pp 148).

3장

44) Lewis, S. (2009, July 23). "A force of nature: our influential Anthropocene period.". The Guardian.

45) 커밀라 로일 (2020). 『마르크스주의와 인류세』 (장호종 역). 마르크스21 (37). (pp 10~14).

46) Jamie Lorimer(2015). 『Wildlife in the Anthropocene』. University of Minnesota Press.

47) The University of Edingurgh. (Youtube). (2013, Feb. 18.). "First of the Gifford Lectures given by Bruno Latour in Edinburgh February 2013 'Facing Gaia'". "2022년 2월 28일 확인".

48) 한국과학기술학회. "박범순". (2019). 〔한국에서 인류세를 어떻게 연구할 것인가: DMZ 사례〕. 2019 한국과학기술학회 전기 학술대회. (pp 7~10).

49) Smith는 경제학의 아버지이자, 시장 자유주의의 비조라는 명성을 누리고 있지만, 이러한 명성은 사실은 Bernard de Mandeville(1670~1733년)에게 돌아가야 한다는

견해도 있다. Mandeville의 문제작 〈Fable of the Bees〉 부제가 "Private Vices, Public Benefits"임을 기억한다면, Smith는 Mandeville의 영감을 재해석했다고 볼 수 있다. 현대 신자유주의의 원조는 Mandeville인 것이다.

50) 러셀 스팍스(2007). 『사회책임투자』 (넷임팩트코리아 역). 홍성사. (PP 69~70).

51) 칼 마르크스(1991). 『자본론 I』 (김수행 역). 비봉출판사.

52) 한국증권법학회. "김갑래". (2012). [기업의 사회적 책임에 관한 미국 판례 분석: 한국에 대한 정책적 시사점]. 증권법연구 13(1). (pp 8~11).

53) 조돈문(2007). 재벌기업 지속가능보고서의 이데올로기적 기능: 삼성SDI 사례연구. 동향과 전망. 한국사회과학연구소. 70 : 139-172.

54) 대한경영학회. "장영철 & 안치용". (2012). [기업의 사회적 책임(CSR)과 기업성과·경쟁력의 재음미-선행연구들을 중심으로], 대한경영학회지 25(9). (pp 3553~3577).

55) 세계환경발전위원회(2005). 『우리 공동의 미래』(조형준 & 홍성태 역). 새물결. Sustainable development is development that meets the needs of the present without compromising the ability of future generations to meet their own needs. It contains within it two key concepts : the concept of ‘needs’, in particular the essential needs of the world’s poor, to which overriding priority should be given; and the idea of limitation imposed by the technology and social organization on environment’s ability to meet present and future needs.

56) 한국증권법학회. "김갑래". (2012). [기업의 사회적 책임에 관한 미국 판례 분석: 한국에 대한 정책적 시사점]. 증권법연구 13(1). (pp 1144~149).

57) 출처: Schreck, P. (2009). The Business Case for Corporate Social Responsibility.Physica-Verlag Heidelberg.

58) 유엔글로벌콤팩트 한국협회 홈페이지(unglobalcompact.kr)(유엔글로벌콤팩트 소개). "2022년 2월 28일 확인".

59) 같은 홈페이지. (10대 원칙). "2022년 2월 28일 확인".

60) 국제표준화기구(ISO) 홈페이지(www.iso.org)(ISO26000 and SDGs.) "2022년 2월 28일 확인".

61) 같은 홈페이지. (IWA 26:2017). "2022년 2월 28일 확인".

62) 안중훈. (2021년 9월 30일). "해외부패방지법(FCPA) 해외 동향 – 에어버스와 골드만삭스 사례를 중심으로". 〔TI-Korea Forum 뉴스레터〕〔제1호〕. 한국투명성기구.

63) 국민권익위원회. "조창훈". (2017). 〔ISO37001(2016) 부패방지경영시스템 가이드북〕. 국민권익위원회.

64) 딜로이트안진. "한성욱". (2017). 〔반부패 규제 강화와 기업의 대응 –글로벌 반부패 규제 강화와 ISO 37001〕. Deloitte Anjin Review (9).

65) 유엔통계청 홈페이지(unstats.un.org)(The Sustainable Development Report 2021). "2022년 2월 28일 확인".

66) 유엔글로벌콤팩트 한국협회 홈페이지(unglobalcompact.kr)(지속가능발전목표 (SDGs). "2022년 2월 28일 확인".

67) 국가 지속가능발전 포털 홈페이지(ncsd.go.kr)(국가 지속가능발전목표 (K-SDGs) 종합 정보 시스템) "2022년 2월 28일 확인".

68) 한국지역정보개발원. "권일한 & 백승호". (2016). 〔세상 속으로 : 해외동향 ; SDG's(지속가능개발목표)의 이해와 지역정보화〕. 지역정보화 96(0). (pp 104~109).

69) 한국국제협력단. "홍은경". (2016). 〔SDG 최종 지표 내용과 이행의 실제〕.국제개발협력 (2). (pp 20).

70) 충북대학교 국제개발연구소. "현민". (2019). 〔UN 지속가능발전목표의 한국 국제개발협력에의 연계: 지속가능발전목표 17의 이행수단을 중심으로〕. 사회적경제와 정책연구 9(3). (pp 189~192).

71) 한국행정연구원. "박정호, 정소윤 & 김은주". (2017). 〔지속가능발전목표 이행 실태 분석 및 개선방안 연구〕. 기본보고서.

4장

72) Economic Policy Uncertainty "Hites Ahir, Nicholas Bloom &Davide Furceri." (2019). [The World Uncertainty Index]. Economic Policy Uncertainty Research.

73) Hites Ahir, Nicholas Bloom & Davide Furceri. (2021, Jan. 19). "Uncertainty in systemic economies matters for uncertainty around the world.". 국제통화기금(IMF) 블로그(blogs.imf.org). "2022년 2월 28일 확인".

74) IMF. (2020). [Fiscal Rules, Escape Clauses, and Large Shocks]. Special Series on Fiscal Policies to Respond to COVID-19. Fiscal Affairs.

75) Hites Ahir, Nicholas Bloom & Davide Furceri. (2021, Jan. 19). "What the Continued Global Uncertainty Means for You.". 국제통화기금(IMF) 블로그(blogs.imf.org). "2022년 2월 28일 확인".

76) 블랙록(BlackRock) 홈페이지(blackrock.com). (금융업의 근본적 변화) "2022년 2월 28일 확인".

77) 금융투자협회. "류정선". (2021). [ESG 국제동향 및 국내 시사점]. 금융투자협회 조사연구보고서. (pp 2).

78) 같은 보고서(pp 4).

79) 한국금융연구원. "이시연". (2021). [국내외 ESG투자 현황 및 건전한 투자 생태계 조성을 위한 시사점]. KIF금융조사보고서 2021(1). (pp 2).

80) GSIA(Global Sustainable Investment Alliance). (2015) [2014 Global Sustainable Investment Review]. GISA. (pp 16).

81) GSIA(Global Sustainable Investment Alliance). (2021) [2020 Global Sustainable Investment Review]. GISA. (pp 9).

82) 금융투자협회. "류정선". (2021). [ESG 국제동향 및 국내 시사점]. 금융투자협회 조사연구보고서. (pp 2).

83) SGI(지속성장이니셔티브). "민경희". (2021). [지속성장 Report-ESG투자의 현황 및 활성화를 위한 과제]. 정책연구보고서 2021(5). (pp 11).

ESG 배려의 정치경제학

84) 금융투자협회. "류정선". (2021). [ESG 국제동향 및 국내 시사점]. 금융투자협회 조사연구보고서. (pp 9).

85) 한국거래소(KRX) ESG 포털 홈페이지(esg.krx.co.kr)(국내ESG현황). "2022년 2월 28일 확인".

86) 한국거래소(KRX) 홈페이지(sribond.krx.co.kr)(사회책임투자채권). "2022년 2월 28일 확인".

87) 자본시장연구원(KCMI). "김필규". (2021). [ESG채권의 특성 분석과 활성화 방안]. 자본시장포커스 2021(11). (pp 4).

88) 한국상사법학회. "최준선". (2007). [주주자본주의와 이해관계자 자본주의]. 상사법연구,26(2). (pp 169).

89) OECD(2020). [ESG Investing: Practices, Progress and Challenge]. (pp 6).

90) OECD(2021). [ESG Investing and Climate Transition]. (pp 9~10).

91) IMF(2020). [Greening the Recovery], Fiscal Affairs. (pp 1~2).

92) SGI(지속성장이니셔티브). "민경희". (2021). [지속성장 Report-ESG투자의 현황 및 활성화를 위한 과제]. 정책연구보고서 2021(5). (pp 3).

93) 한국금융연구원. "이시연". (2021). [국내외 ESG투자 현황 및 건전한 투자 생태계 조성을 위한 시사점]. KIF금융조사보고서 2021(1). (pp 25~27).

94) 국민연금기금 상근전문위원실. "신왕건". (2021). [국민연금의 ESG투자 Overview], 제2차 대한상의 ESG경영포럼 발표자료. (pp 1~2).

95) 삼정KPMG 경제연구원. (2021). [금융과 ESG의 공존: 지속가능한 금융회사의 경영 전략]. 삼정Insight (77). (pp 42).

96) 한국기업지배구조원(KCGS) 홈페이지(cgs.or.kr)(한국 스튜어드십 코드). "2022년 2월 28일 확인".

97) 자본시장연구원. "남재우". (2021). [공적연기금 ESG투자의 현황과 과제]. 자본시장연구원 이슈보고서 21-20. (pp 4).

98) 국민연금 홈페이지(nps.or.kr)(법규 및 지침). "2022년 2월 28일 확인".

99) 삼정KPMG 경제연구원. (2021). 〔금융과 ESG의 공존: 지속가능한 금융회사의 경영 전략〕. 삼정Insight (77). (pp 42).

100) 자본시장연구원. "남재우". (2021). 〔공적연기금 ESG투자의 현황과 과제〕. 자본시 장연구원 이슈보고서 21-20. (pp 7).

101) 세계경제포럼(World Economic Forum). "Parrado, E., Hoffmann, B., & Tristany Armangue i Jubert". (2020, July 25). 〔How ESG-focused investments can help transform Latin America〕.

102) 삼정KPMG 경제연구원(2021). 〔금융과 ESG의 공존: 지속가능한 금융회사의 경영 전략〕. 삼정Insight (77). (pp 14).

103) 자본시장연구원. "남재우". (2021). 〔공적연기금 ESG투자의 현황과 과제〕. 자본시 장연구원 이슈보고서 21-20. (pp 8~9).

104) 같은 자료. (pp 9).

105) 한국금융연구원. "여은정". (2019). 〔국내외 사회적 책임투자 사례 분석과 시사점〕. KIF금융조사보고서. (pp 12~17).

106) 삼정KPMG 경제연구원. (2021). 〔금융과 ESG의 공존: 지속가능한 금융회사의 경 영전략〕. 삼정Insight (77). (pp 13~14).

107) 한국금융연구. "여은정". (2019). 〔국내외 사회적 책임투자 사례 분석과 시사점〕. KIF금융조사보고서. (pp 18~20).

108) 자본시장연구원. "남재우". (2021). 〔공적연기금 ESG투자의 현황과 과제〕. 자본시 장연구원 이슈보고서 21-20. (pp 6)

109) 보건복지위원회. (2021. 11.). 〔국민연금법 일부 개정법률안 검토보고 이낙연의원 대표발의(의안번호 제211898호). (pp 94).

110) 국회예산정책처. "이종민". (2016). 〔공적 연기금 책임투자 평가〕. 사업평가 16-14(366). (pp 61).

111) 같은 자료. (pp 62).

ESG 배려의 정치경제학

112) 금융위원회. (2021). 〔ESG 국제동향 및 국내 시사점〕. (pp 4).

113) 기획재정위원회. (2021.11.). 〔국가재정법 일부 개정법률안 검토보고 〈기금 자산운용지침에 환경·사회·지배구조 고려 포함 등〉〕. 이낙연의원 대표발의(의안번호 제2111899호). (pp 1).

114) 국회예산정책처. "이종민". (2016). 〔공적 연기금 책임투자 평가〕. 사업평가 16-14(366). (pp 62).

115) 기획재정위원회. (2021.11.). 〔국가재정법 일부 개정법률안 검토보고 〈기금 자산운용지침에 환환경·사회·지배구조 고려 포함 등〉〕. 이낙연의원 대표발의(의안번호 제2111899호). (pp 1).

116) 국회예산정책처. "이종민". (2016). 〔공적 연기금 책임투자 평가〕. 사업평가 16-14(366). (pp 62).

117) 보건복지위원회. (2021. 11.). 〔국민연금법 일부 개정법률안 검토보고 이낙연의원 대표발의(의안번호 제211898호). (pp 95).

118) 숭실대학교법학연구소. "류지민". (2020). 〔기관투자자 신인의무의 규범화 과정과 방향 – 국민연금의 사례를 중심으로〕. 법학논총 47. (pp 646).

119) 같은 자료. (pp 649～650).

120) 보건복지부, (2021. 5. 28.). 〔국민연금기금운용지침 – 국민연금기금 투자정책서〕.

121) 전혜영. (2021). 〔기관투자자의 사회적 책임투자에 관한 법제 개선방안 연구〕 (국내석사학위논문 이화여자대학교 대학원). (pp 9).

122) 보건복지위원회. (2021. 11.). 〔국민연금법 일부 개정법률안 검토보고 이낙연의원 대표발의(의안번호 제211898호). (pp 97).

123) 같은 자료. (pp 96).

124) 자본시장연구원. "박혜진". (2020). 〔글로벌 ESG투자의 최근 동향과 주요 논점〕. 자본시장포커스 2020(5). (pp 3).

125) 한국금융연구원. "이시연". (2021). 〔국내외 ESG투자 현황 및 건전한 투자 생태계 조성을 위한 시사점〕. KIF금융조사보고서 2021(1). (pp 4).

126) 기획재정위원회. (2021.11.). 〔국가재정법 일부 개정법률안 검토보고 〈기금 자산운용지침에 환경·사회·지배구조 고려 포함 등〉〕. 이낙연의원 대표발의(의안번호 제2111899호). (pp 6).

127) 보건복지위원회. (20 21. 11.). 〔국민연금법 일부 개정법률안 검토보고 이낙연의원 대표발의(의안번호 제211898호). (pp 95).

128) 기획재정위원회. (2021.11.). 〔국가재정법 일부 개정법률안 검토보고 〈기금 자산운용지침에 환경·사회·지배구조 고려 포함 등〉〕. 이낙연의원 대표발의(의안번호 제2111899호). (pp 5).

129) 우리금융그룹. "김수정 & 장현웅". (2022). 〔2022년 국내외 자산운용업 트렌드와 시사점〕. 국내연구자료. (pp 2~3).

130) 자본시장연구원. "안유미." (2022). 〔벤처캐피탈 시장에서의 ESG 도입 움직임과 시사점〕. 자본시장포커스 2022(01). (pp 2~3).

131) 금융투자협회. "류정선". (2021). 〔ESG 국제동향 및 국내 시사점〕. 금융투자협회 조사연구보고서. (pp 15~17).

132) 한국금융연구원. "이지언". (2018). 〔국내 ESG투자 시장의 효율성 및 신뢰성 제고 과제〕. 금융 포커스 27(16). (pp 15) .

133) 자본시장연구원. "남재우". (2021). 〔공적연기금 ESG투자의 현황과 과제〕. 자본시장연구원 이슈보고서 21-20. (pp 29~30).

134) 국회예산정책처. "이종민". (2016). 〔공적 연기금 책임투자 평가〕. 사업평가 16-14(366). (pp 63).

135) 기획재정위원회. (2021.11.). 〔국가재정법 일부 개정법률안 검토보고 〈기금 자산운용지침에 환경·사회·지배구조 고려 포함 등〉〕. 이낙연의원 대표발의(의안번호 제2111899호). (pp 10).

136) 한국금융연구원. "이시연". (2021). 〔국내외 ESG투자 현황 및 건전한 투자 생태계 조성을 위한 시사점〕. KIF금융조사보고서 2021(1). (pp 5).

137) 한국금융연구원. "이지언". (2018). 〔국내 ESG투자 시장의 효율성 및 신뢰성 제고 과제〕. 금융 포커스 27(16). (pp 15).

138) 우리금융그룹. "이새롬 & 김강현". (2021). 글로벌 금융회사의 그린워싱 사례와 시사점. 연구보고서. (pp 1).

139) 한국금융연구원. "이지언". (2018). 〔국내 ESG투자 시장의 효율성 및 신뢰성 제고 과제〕. 금융 포커스 27(16). (pp 12~17).

140) 금융투자협회. "류정선". (2021). 〔ESG 국제동향 및 국내 시사점〕. 금융투자협회 조사연구보고서. (pp 4).

141) 한국금융연구원. "이지언". (2018). 〔국내 ESG투자 시장의 효율성 및 신뢰성 제고 과제〕. 금융 포커스 27(16). (pp16~17).

142) 한국금융연구원. "이지언". (2021). 〔국내 ESG투자 시장의 효율성 및 신뢰성 제고 과제〕. 금융 포커스 30(10). (pp 13).

143) 자본시장연구원. "남재우". (2021). 〔공적연기금 ESG투자의 현황과 과제〕. 자본시장연구원 이슈보고서 21-20. (pp 29).

5장

144) 한국경영학회. "박윤나 & 한상린". (2021). 〔기업의 ESG활동이 기업 이미지, 지각된 가격 공정성 및 소비자 반응에 미치는 영향〕. 경영학연구 50(3). (pp 643~664).

145) 볼보 홈페이지(volvocars.com).

146) 이장희. (2019). 〔위기관리를 통한 지속가능경영 : Risk 관리의 성공과 실패 사례 발표〕. 2019년 기업재난관리 발표자료.

147) Judith Rehak. (2002. Mar. 23..). "Tylenol made a hero of Johnson & Johnson:the recall that started them all". NY times. ※Mary Kellerman(12) 사망, Adam Janus(27), Stanley Janus(25) 등 'Extra-Strength Tylenol' 복용 후 사망.1982.9.29. 9:30 AM.

148) 오동희. (2007. 3. 7.). "〔투명윤리 경영〕 투명윤리 경영의 원조 존슨앤존슨". 디지털타임즈.

149) Eric Pace. (1982. Nov. 12.). "TYLENOL WILL REAPPEAR IN TRIPLE-SEAL PACKAGE". The New York Times.

150) Thomas D. Dowdell, Suresh Govindaraj, and Prem C. Jain. (1992). 〈The Tylenol incident, Ensuing Regulation, and stock prices〉. Journal of Financial and Quantitative analysis Vol.27. No.2.

151) Margot Hornblower. (1986. Feb. 15.). "Tylenol Maker Offers $100,000". The Washington post.

152) Wolnik, Karen A.; Fricke, Fred L.; Bonnin, Evelyn; Gaston, Cynthia M.; Satzger, R. Duane (March 1, 1984). "The Tylenol Tampering Incident". Analytical Chemistry. 56 (3).

153) 김혜영. (2017. 7. 29.). "「나는 걱정부자」 미 1982년 타이레놀 독극물 사태땐 제약사 '복용말라' 3100만통 회수". 한국일보.

154) The Associated Press. (1986. Feb. 24.). "Chronology of Events in Tylenol Poisonings With AM-Tylenol". AP NEWS.

155) Robert D. McFadden. (1982. Oct. 2.)., "POISON DEATHS BRING U.S. WARNING ON TYLENOL USE". The New York Times.

156) Jerry Knight. (1982. Oct. 11.). "Tylenol's Maker Shows How to Respond to Crisis". The Washington Post.

157) 김원제. (2006). 〈기업의 지속발전과 위기관리 커뮤니케이션〉. 대한인쇄문화협회. 프린팅코리아 제52권. pp 164-167.

158) Lashonda Louallen Eaddy. (2012). 〈Johnson & Johnson's Recall Debacle〉. STARS. University of Central Florida.

159) 김호. (2009). "브랜드 살리는 '리콜'의 지혜". 동아 비즈니스 리뷰 47호.

160) 존슨앤존슨 홈페이지(jnj.com/credo).

161) Jennifer Latson . (2014. Sep. 29.). "How Poisoned Tylenol Became a Crisis-Management Teaching Model". Times.

162) 한국 얀센 홈페이지 (Our Credo | Janssen Korea).

163) Eric Pace. (1982. Nov. 12.). "TYLENOL WILL REAPPEAR IN TRIPLE-SEAL PACKAGE". The New York Times.

164) Don Philps. (1983. May. 10.). "Congress passes anti-tampering bill. UPI.

165) Michael Decourcy Hinds. (1982. Oct. 12.). "TYLENOL SPOTLIGHTS A $6 BILLION INDUSTRY". The New York Times.

166) Katie Thomas. (2012. Oct. 1.). "James E. Burke, 87, Dies; Candid Ex-Chief of Johnson & Johnson". The New York Times.

167) By Steven Prokesc,. (1986. Feb. 15.). "TYLENOL CAPSULE OUTPUT IS SUSPENDED BY MAKER". The New York Times.

168) McNeil Consumer Healthcare Company Worldwide Consumer Pharmaceutical Intranet SiteContent, History of TYLENOL.

169) Sydney H.Schanberg. (1996. Mar. 28). "Six Cents an hour". Life Magazine.

170) CSR Ranking 100 2019 by Raptrak.

171) Brand Finance Apparel 50 2021.

172) Harvard Business Review. "Michael E. Porter & Mark R. Kramer". (2006). [Strategy and Society: The Link Between Competitive Advantage and Corporate Social Responsibility.]. Social Enterprise.

173) Werther Jr, W. B., & Chandler, D. (2011). 『Strategic corporate social responsibility: Stakeholders in a global environment』. Sage.

174) 한국기업경영학회. "송하민, 백미라 & 박병진". (2021). [전략적 CSR이 CSR 진정성 인식과 구매의도에 미치는 영향]. 기업경영연구 28(1). (pp 118).

175) 오픈소스(open source) : 무상으로 공개된 소스코드 또는 소프트웨어. 오픈소스 소프트웨어, OSS라고도 한다.

176) Hager, GD, Drobnis, A., Fang, F., Ghani, R., Greenwald, A., Lyons, T., & Parkes,

DC et al. (2017). "Artificial Intelligence for Social Good". A Computing Community Consortium (CCC) workshop report.

177) Nature Communications. "Nenad Toma ev & others". (2020). [AI for social good: unlocking the opportunity for positive impact]. Nature Communications 11(2468).

178) Science and Engineering Ethics. "Luciano Floridi . Josh Cowls, Thomas C. King & Mariarosaria Taddeo". (2020). [How to Design AI for Social Good: Seven Essential Factors] 26. (pp 1771~1796).

179) The Belmont Report, 인간 피험자 보호를 위한 윤리 원칙과 지침. 생명의료 및 행동 연구의 인간 피험자 보호를 위한 국가위원회(미국), 1979년 4월 18일.

180) Department of Health, Education, and Welfare. (1879). [The Belmont Report]

181) The Menlo Report, 미국 국토안보부에서 발행한 보고서로, 정보 및 통신기술과 관련된 연구를 위한 윤리적 프레임워크를 설명했다. 벨몬트 보고서가 제시한 원칙-인간 존중, 자선, 정의-을 사이버 보안 연구 개발의 맥락에 맞게 조정하고 네 번째 원칙인 '법과 공익의 존중'을 추가했다. 미국 국토안보부, 2012년 8월 3일.

182) Matthew Stewart. (2021. Aug. 5). "Introduction to AI for Social Good". Towards data science.

183) 하람비청년고용촉진단체(Harambee Youth Employment Accelerator) 홈페이지. (harambee.co.za). "2022년 2월 28일 확인".

184) 유벤와(Ubenwa) 홈페이지(ubenwa.ai). "2022년 2월 28일 확인".

185) 유한킴벌리 홈페이지(yuhan-kimberly.co.kr). "2022년 2월 28일 확인".

186) PTECH 홈페이지(ptech.org). "2022년 2월 28일 확인".

187) 박혜리외 2인. (2018.10.8.). "IBM 만든 6년제 P-TECH…'직업교육 받으러 왔다 박사 꿈 키워'". 중앙일보.

188) Rod Berger. (2020. Deb. 16.). "IBM Defining Global Education Market Beyond Traditional Borders". Forbes.

189) PTECH 홈페이지(ptech.org). "2022년 2월 28일 확인"

190) Mark Kramer. (2011, Feb. 18.). "CSR vs. CSV What's the difference?". FSG Inc.

191) 한국기업경영학회. "송하민, 백미라 & 박병진". (2021). 〔전략적 CSR이 CSR 진정성 인식과 구매의도에 미치는 영향〕. 기업경영연구 28(1). (pp 1138).

192) Harvard Business Review. "Michael. E. Poter & Mark R. Kramer". (2011). 〔Creating Shared Value: How to Reinvent Capitalism and Unleash a Wave of Innovation and Growth〕.

193) Klein, P. (2011, August 9). "Three Great Examples of Shared Value in Action". Forbes.

194) 구겐하임 재단(Guggenheim Foundation) 홈페이지. (guggenheim.org). "2022년 2월 28일 확인".

195) 네슬레 홈페이지(nestle.com)(Performance and reporting. (2019)). "2022년 2월 28일 확인".

196) 김종대. (2018.9.7.). "〔Biz Prism〕 獨퓨마 英BT의 사회적 가치…방식은 달라도 목표는 하나", 매일경제.

197) 선한결. (2021.1.17.). '환경 결산서' 내놓은 구찌 생로랑…名品 브랜드의 새 길 제시, 한경.

198) 롭 그레이. (2016). 『브랜드 마케팅! 이렇게 하면 실패한다.-고객들에게 탄핵될 뻔한 네슬레』(허수빈 역). 도도.

199) 한국전략경영학회. "윤영호 & 정진섭". (2020). 〔다국적 기업의 지속가능경영 전략이 제품의 구매의도에 미치는 영향 : 기업이미지의 매개효과 중심으로〕. 전략경영연구,23(1). (pp 49-79).

200) 국가통계포털 홈페이지(kosis.kr). (무역의존도(수출입의 대 GDP 비율 2020)).

201) BCI 홈페이지(bettercotton.org). "2022년 2월 28일 확인".

202) 대한무역투자진흥공사. "권평오". (2020). 〔최근 통상환경 변화와 GVC 재편 동향〕-글로벌 기업들의 사례〕. 20(022). (P 24).

203) 유정호. (2021) 〔탄소국경제도입의 영향과 대응방안〕. YES FRA 전문교육 특강 교육자료.

204) 황민규. (2022.2.8.). "세계 커피원두 재고 22년만에 최저…'커피값 더 오른다'. 조선비즈.

205) 葛岩. (2021, Jun. 18.). "巴西大旱，咖啡又要漲价了嗎？不止！). Chinatradenews..

206) Kate Gibson & Aimee Picchi. (2022, Feb. 3.). "Starbucks to raise prices, blaming inflation. It's the third price hike since October". CBS NEWS.

207) 중앙대학교 법학연구원. "김경석". (2009). [COSO의 내부통제시스템의 모니터링에 관련한 가이던스(공개초안)를 통해서 본 내부통제에서의 모니터링]. 법학논문집 33(1). (pp 93~118).

208) 이한듬. (2020.9.2.). "노동이사제 유럽은 활발, 국내 도입 조건은?". 머니S.

209) 유럽노총연구소(ETUI). (2015). [Table : WORKER BOARD-LEVEL PARTICIPATION IN THE 31 EUROPEAN ECONOMIC AREA COUNTRIES].

210) 최우영. (2021.12.12.). "'노동자지만 경영진입니다' 유럽의 노동이사제 살펴보니". 머니투데이.

211) 경희대 법학연구소. "김철". (2021). [노동이사제의 도입과 노동자 권익보호에 관한 연구]. 경희법학. (pp 355~402).

212) 법률저널 홈페이지(lec.co.kr). "2022년 2월 28일 확인".

213) 2020년 국세청 법인세 신고현황.

214) AT&T 홈페이지(att.com). "2022년 2월 28일 확인".

215) 김영준. (2021.7.17.). "ESG 경영 선도기업 | (7)KT] 디지털플랫폼 위에 ESG 탑재한 구현모 KT 대표". 월간중앙.

216) Scope1(직접배출량): 화석연료(경유, 휘발유, LNG 등) 사용으로 인해 직접적으로 배출되는 온실가스.

Scope2(간접배출량): 전기, 열, 스팀 생산 과정에서 발생되는 온실가스.

Scope3(간접배출량): 협력사, 소비자, 직원(출퇴근, 출장) 등 기업의 이해관계자가 배출하는 온실가스.

ESG 배려의 정치경제학

217) KT 홈페이지(corp.kt.com). "2022년 2월 28일 확인".

218) 2021 KT ESG보고서.

219) Dan Milmo. (2016. Oct. 6.). "Google Maps to show the lowest carbon route for car journeys". The Guardian.

220) 정남구. (2021.5.19.). "당근이세요? '중고거래로 남산 수십개 온실가스 흡수 효과'. 한겨레.

221) 박건형. (2021.5.23.). "구글, 100% 재생에너지 사용… 애플, 협력사까지 脫탄소 요구". 조선일보.

222) 애플 홈페이지(apple.com). "2022년 2월 28일 확인".

223) MS 홈페이지(microsoft.com). "2022년 2월 28일 확인".

224) MS 홈페이지(natick.research.microsoft.com) "2022년 2월 28일 확인".

225) 윤지혜. (2020.11.1.). "네이버, 국내 첫 '탄소 네거티브' 약속…뭐길래?". 아이뉴스.

226) 김양혁. (2021.7.5.). "네이버 데이터센터, 친환경이라더니 '전기 먹는 하마'…탄소로 재무건전성까지 위협". 조선비즈.

227) 그린피스 한국 홈페이지. (greenpeace.org/korea)(10분만에 읽는 '파리기후변화협정' A to Z). "2022년 2월 28일 확인".

228) 흡수제 또는 흡착제로는 아민류와 같은 알칼리 흡수액이나 제올라이트가 있다.

229) (재)한국이산화탄소포집 및 처리연구개발센터 홈페이지(kcrc.re.kr).

230) 에너지경제연구원. "이혜진 외". (2019). 〔CCU 기술 도입의 경제적 파급효과 분석〕. 에너지경제연구18(1). (pp 113∼136).

231) 딜로이트 안진. "최용호". (2020). 〔수소 경제의 본격화 시점, 결코 먼 미래가 아니다〕. Clients & Industires. (pp 7).

232) 주영재. (2021.10.9.). "그레이에서 그린으로' 수소경제, 어디로 가시겠습니까". 경향신문.

233) 황윤주. (2021.3.18.). "슬기로운 ESG 경영⋯중소기업 성장 돕고, 온실가스 감축도". 아시아경제.

234) 배상훈. (2021.11.29.). "중부발전, 보령에 블루수소 생산기지". 전기신문.

235) 성재용. (2021.5.3.). ""탄소의 자원화"⋯ 정유·석화업계, CCU 상용화 '가속도'". 뉴데일리경제.

236) 이윤정. (2021.5.21.). "이산화탄소 모아 건축자재로 활용⋯ 정유 화학사가 몰두하는 이 기술". 조선비즈.

237) Lanza Tech 홈페이지(lanzatech.com). "2022년 2월 28일 확인".

238) 딜로이트 인사이트 편집국. (2021). 〔2050 탄소중립 로드맵〕. Deloitte Insights 19. (pp 81~99).

239) 클라임웍스 홈페이지(climbworks.com). "2022년 2월 28일 확인".

240) UK Government. (2018). 〔Delivering Clean growth〕. CCUS Cost Challenge Taskforce report.

241) 같은 자료.

242) Adam Baylin-Stern & Niels Berghout. (2021. Feb. 17.). "=Is Carbon Capture too Expensive?". IEA.

243) 딜로이트 인사이트 편집국. (2021). 〔2050 탄소중립 로드맵〕. Deloitte Insights 19. (pp 81~99).

244) 두산백과사전

245) RE100 홈페이지(there100.org) "2022년 2월 28일 확인".

246) 러쉬 한국 홈페이지(lush.co.kr). "2022년 2월 28일 확인".

247) 러쉬 홈페이지(lush.com). "2022년 2월 28일 확인".

248) 김윤나영. (2020.12.8.). "코카콜라 펩시 네슬레, 3년 연속 플라스틱 오염기업 최상위". 경향신문.

249) 코카콜라 홈페이지(coca-colacompany.com)(sustainability) "2022년 2월 28일 확인".

250) Fortune 500 list of companies 2021. 포춘 홈페이지(fortune.com)(fortune500) "2022년 2월 28일 확인".

251) Stanford Univ. "Erica L. Plambeck & Lyn Denend". (2008). 〔The Greening of Walmart〕. Stanford Social Innovation Review.

252) 2020년 5월 25일 미국 미네소타주 미니애폴리스에서 경찰의 과잉진압으로 비무장 상태의 흑인남성 조지 플로이드가 사망한 사건.

253) 애플 홈페이지(apple.com)(제도적인 인종차별주의를 타파하고 전국적으로 인종 평등을 발전시키기 위한 새로운 인종간 평등 및 정의 이니셔티브 프로젝트 발표. 2021.1.13.) "2022년 2월 28일 확인".

254) 전상희. (2015.9.12.). "러쉬, #GayIsOk 캠페인 통해 성소수자의 평등 지원 적극 나서". 스포츠조선.

255) 러쉬 홈페이지(lush.com)(charity pot donations 2020)

256) 국가인권위원회. "곽노현외". 〔2009년도 인권상황실태조사 연구용역보고서 기업 인권경영 모범사례 연구 및 자가진단도구 개발〕.

257) KT 홈페이지(kt.com)(인권경영 정책) "2022년 2월 28일 확인".

258) 유니레버. (2020). 〔Human Rights report〕.

259) 유니레버 홈페이지(unilever.com)(human right in our operations) "2022년 2월 22일 확인".

260) 손의식. (2021.7.9.). "제약업계 'ISO 37001' 도입 확산... 윤리경영, 이젠 선택 아닌 필수". 라포르시안.

261) 김지섭. (2021.2.18.). "제약바이오 ISO 37001 도입, 대표 의지가 직원 청렴의식 바꿔". 한국제약바이오협회.

6장

262) KB금융그룹. (2021). [소비자가 본 ESG와 친환경 소비 행동]. KB 트렌드 보고서 1. (pp 9).

263) 삼정KPMG 경제연구원. (2021). [ESG의 부상, 기업은 무엇을 준비해야 하는가?]. Samjong INSIGHT 74 2021. (pp 2).

264) 한국기업지배구조원. "김선민". (2013). [유럽연합(EU)의 비재무적 정보 공시 현황 및 시사점]. CG 리뷰 70, (pp 72).

265) 삼정KPMG 경제연구원. (2021). [ESG의 부상, 기업은 무엇을 준비해야 하는가?]. Samjong INSIGHT 74 2021. (pp 3-4).

266) 한국기업지배구조원. "김선민". (2013). [유럽연합(EU)의 비재무적 정보 공시 현황 및 시사점]. CG 리뷰 70, (pp 72-73).

267) 국제금융센터. "이상원 & 박지은" (2021). [EU, 금융권 ESG 제도화의 본격 시행].

268) 문성후. (2021.11.24.). "해외 ESG 정보 공시 전쟁은 시작됐다". 매거진 한경.

269) 한국거래소 (2021). [ESG 정보 공개 가이던스], (pp 1~3).

270) 금융위원회, 금융감독원, 한국거래소. (2021). [기업 부담은 줄이고, 투자자 보호는 강화하는 기업공시제도 종합 개선방안 1].

271) 한국거래소. (2021). [ESG 정보 공개 가이던스]. (pp 23).

272) 잡코리아×알바몬 설문조사. (2022.1.21.). MZ세대 구직자 1183명 조사 결과, 취업 희망 기업 선정 시 ESG 경영 여부가 중요한지 질문에 64.6%가 '이왕이면 ESG 경영을 하는 기업에 입사를 희망', 19.5%가 'ESG 경영 기업에 우선 순위로 지원하고 있음'이라고 답했다. 글로벌 커머스 마케팅기업 크리테오의 조사 결과(2020), MZ세대의 52%는 '친환경 비건 등 자신의 신념과 가치관에 맞는 소비(미닝아웃 meaning out)를 한다'고 답했다. 글로벌 리서치기관 칸타월드패널 조사에서는 밀레니얼(46%)과 Z세대(42%)가 '사회적 문제에 중요한 역할을 하는 용감한 브랜드를 찾는다'고 응답했다.

273) 삼정KPMG 경제연구원. (2021). [ESG의 부상, 기업은 무엇을 준비해야 하는가?]

Samjong INSIGHT 74 2021. (pp 18).

274) 금융위원회, 금융감독원, 한국거래소 (2021). 기업 부담은 줄이고, 투자자 보호는 강화하는 기업공시제도 종합 개선방안 1.

275) 한국거래소 (2021). ESG 정보 공개 가이던스. 10.

276) 한국기업지배구조원. "김선민". (2013). 〔유럽연합(EU)의 비재무적 정보 공시 현황 및 시사점〕. CG 리뷰 70. (pp 76~77).

277) 삼정KPMG 경제연구원. (2021). 〔ESG의 부상, 기업은 무엇을 준비해야 하는가?〕 Samjong INSIGHT 74 2021. (pp 6).

278) 한국거래소. (2021). 〔ESG 정보 공개 가이던스〕. (pp 11).

279) 한국예술경영학회. "손예령". (2020). 〔문화를 통한 지속가능한 기업시민 실천을 위한 연구〕. 예술경영연구 56(1). (pp 121~122).

280) 사회적기업연구원. "임석준 & 모리나". (2019). 〔미국과 중국 기업의 사회적 책임 : 다양성과 공통성의 모색〕. 사회적가치와 기업연구 12(1). (pp 4).

281) 한국소비자원. "심영". (2021). 〔기업의 사회적 책임, 소비자의 사회적 책임과 소비 생활만족이 소비자복지에 미치는 영향〕. 소비자문제연구 52(1). (pp 78).

282) 한국예술경영학회. "손예령". (2020). 〔문화를 통한 지속가능한 기업시민 실천을 위한 연구〕. 예술경영연구 56(1). (pp 127).

283) 강민경. (2020.01.01.). "2020 AGENDA〕 기업시민이 희망이다". Insight Korea.

284) 한동희. (2019.2.18.). ""시민기업 역할 강화" 삼성전자 새 사회공헌 비전 선포". 조선비즈.

285) 환경부. (2021.). 〔한국형 녹색분류체계 가이드라인〕.

286) 환경기술 및 환경산업 지원법 제10조의 4.

287) 환경부 보도자료 (2021.4.7.).

288) 환경기술 및 환경산업 지원법 제16조의 8.

289) 환경부 보도자료 (2021.4.7.).

290) 자본시장연구원. "이인형 & 이상호". (2021). 〔지속가능보고 의무공시 이행을 위한 논의 방향〕. (pp 22).

291) 홍지연. (2019). 〔국내 기업지배구조 공시 의무화 배경 및 현황〕. 자본시장포커스 (23). (pp 1~4).

292) 자본시장연구원. "이인형 & 이상호". (2021). 〔지속가능보고 의무공시 이행을 위한 논의 방향〕. 보고서. (pp 22).

293) 신경희. (2021). 〔한국거래소 규정〕. 자본시장 제도동향. (pp 2).

294) 구은서. (2021). 〔자산 1조 기업, 지배구조보고서 의무화〕.

295) 금융위원회. (2021.2.3.). 코스닥 상장사에 대한 ESG공시 의무화는 현재 결정된 바 없어. 대한민국정책브리핑.

296) 금융위원회 & 금융감독원 보도자료. (2021.1.14.).

297) TCFD(Task Force on Climate-related Financial Diclosures)는 금융기관이 거래 대상의 기후변화 관련 위험 기회를 파악하기 위해 조직이 공개해야 하는 사항을 제시한다. 조직의 기후변화 대응 지배구조(2개 지침), 전략(3개 지침), 위험관리(3개 지침), 지표와 감축목표(3개 지침)에 대해 공개하도록 요구한다.

298) GRI(Global Reporting Initiative)는 모든 조직에 공통으로 적용되는 정보공개 기준을 제시하고, 경제, 환경, 사회 분야의 지표를 구체화했다. 2016년에 지표를 모듈식으로 확장한 GRI Standards를 제정했고, GRI Standards는 경제 분야 6개 주제 13개 지표, 환경 분야 8개 주제 30개 지표, 사회 분야 19개 주제 34개 지표로 구성되어 있다. 참조) 한국거래소 (2021). 〔ESG 정보 공개 가이던스〕. (pp 29).

299) 한국거래소 보도자료. (2021.1.18.).

300) 금융위원회 & 금융감독원 보도자료 (2021.1.14.).

301) 기획재정부 보도자료. (2021.3.4.).

302) European Commission 홈페이지(ec.europa.eu)(corporate-sustainability-reporting) "2022년 2월 28일 확인".

303) DIRECTIVE 2014/95/EU OF THE EUROPEAN PARLIAMENT AND OF THE

COUNCIL of 22 October 2014.

304) DIRECTIVE OF THE EUROPEAN PARLIAMENT AND OF THE COUNCIL of 4 April 2021.

305) 한국무역협회 브뤼셀지부. 강노경 & 한승권. (2021). 〔EU의 ESG 관련 입법 동향과 시사점〕. KITA Market Report. (pp 4).

306) 오성근. (2021). 〔환경·사회·지배구조(ESG)정보에 관한 공시제도의 개선방안 연구〕 동북아법연구 제14(3). (pp 121~127).

307) 같은 자료. (pp 105).

308) 같은 자료. (pp 111).

309) SASB는 산업별로 재무적으로 중요한 ESG 정보공개 지표를 제시한다. 2018년 SASB Standards를 발표하여 11개 산업군 77개 산업별 ESG 정보공개지표를 제시했다. 소비재, 서비스, 금융 등 산업군 별 5~8개의 ESG 정보공개 지표를 설정했다. 참조) 한국거래소. (2021). 〔ESG 정보 공개 가이던스〕. (pp 30).

310) 전북대 동북아법연구소. "오성근". (2021). 〔환경 사회 지배구조(ESG)정보에 관한 공시제도의 개선방안 연구〕 동북아법연구 14(3). (pp 112~113).

311) 한일경제협회. (2021). 〔일본 ESG투자의 현황과 시사점(하)〕. 일본경제리포트.

312) 한국상업교육학회. "양합". (2019). 〔기업의 사회적 책임활동이 기업가치에 미치는 영향에 관한 실증연구〕. 상업교육연구 29(6). (pp 9~10).

313) 자본시장연구원. "이상호". (2021). 〔ESG 정보 유용성 제고를 위한 기업공시 개선방안〕. 보고서. (pp 14).

314) 오성근. (2021). 〔환경 사회 지배구조(ESG)정보에 관한 공시제도의 개선방안 연구〕 동북아법연구 제14(3). (pp 137-138).

315) ISO26000: 국제표준화기구(ISO)에서 개발한 '기업의 사회적 책임(CSR, Corporate Social Responsibility)'의 세계적인 표준으로, 기업, 정부, NGO 등 사회를 구성하는 모든 조직이 지배구조, 인권, 노동, 환경, 소비자, 공정운영, 지역사회참여와 발전 등 7개 핵심 주제에 대해 준수해야 할 사항을 정리해 놓은 지침서. 참조) 한국기업

지배연구원. "황상규". (2010). 〔ISO26000(사회책임) 제정과 정부, 기업, 시민사회의 대응전략〕. 기업지배구조리뷰. (pp 15).

316) 한국거래소. (2021). 〔ESG 정보 공개 가이던스〕. (pp 20~21).

317) 한국기업지배연구원. "안상아". (2014). 〔국내 공공기관의 지속가능경영보고서 발간 현황 분석〕. (pp 74~75).

318) 한국기업지배연구원. "박윤정". (2013). 〔해외 지속가능성보고서 발간 및 비재무적 정보 공시규정 현황〕. CGS Report 21. (pp 13).

319) Regeringskansliet. (2007). 〔Guidelines for external reporting by state-owned companies〕.

320) 같은 자료.

321) 한국기업지배연구원. "안상아". (2014). 〔국내 공공기관의 지속가능경영보고서 발간 현황 분석〕. (pp 74~75).

322) 기획재정부. (2021). 〔공공기관 공시항목에 ESG(환경, 사회, 지배구조) 대폭 확대 보도자료〕.

323) 지속가능발전법 〔시행 2020. 5. 26.〕 〔법률 제17326호, 2020. 5. 26., 타법개정〕.

324) 산업통상자원부. (2021). 〔K-ESG 가이드라인〕. (pp 17).

325) 강수인. (2021.12.07.). "경실련 K-ESG 가이드라인, 기존 지표 나열 수준". NSP통신.

326) 한국기업지배연구원. "안상아". (2014). 〔국내 공공기관의 지속가능경영보고서 발간 현황 분석〕. (pp 93).

327) 이정석 외 6인. (2019). 〔지자체 지속가능발전 전략수립 및 SDGs 반영방안〕. KEI연구보고서 2019-15. (pp 0).

328) 같은 자료. (pp 6~7).

329) 조현미. (2021.09.03.) "교육도 ESG〕 '위기를 기회로' 대학가, ESG 도입 잰걸음" 아주경제.

330) 전승훈 (2021.11.18.). "고려대, ESG의 사회적 가치 확산 앞장선다." 동아일보.

ESG 배려의 정치경제학

331) 한국기업지배연구원. "안상아". (2014). [국내 공공기관의 지속가능경영보고서 발간 현황 분석]. (pp 90).

332) 정지원. (2021). [〈ESG경영 리포트〉 ESG 정보 공시 및 보고]. 월간공인회계사 2021-9.

333) 오성근. (2021). [환경 사회 지배구조(ESG)정보에 관한 공시제도의 개선방안 연구] 동북아법연구 제14(3). (pp 139).

7장

334) Talberth, J., C. Cobb, & N. Slattery. (2007). [The Genuine Progress Indicator 2006: A Tool for Sustainable Development.]. Redefining Progress.

335) 대외경제정책연구원. "이호진 & 나수엽". (2005). [허리케인 카트리나가 미국 및 우리 경제에 미치는 영향.오늘의 세계경제. (pp 2).

336) 다니앤 코일. (2014). 『번영과 몰락의 성적표 GDP 사용 설명서』(김홍식 역). 부키. (p 11).

337) LAB2050. "이승준, 김지원 외". (2021). [대안GDP 어떻게 만들 것인가?: 도시 국가 국제기구의 사례 분석] 연구보고서. (pp 4).

338) Kennedy, R. F. (1967, May 15.). "The Image of America and the Youth of the World". CBS Radio Network

339) Daly, H. E. (1996). 『Beyond Economic Growth: The Economics of Sustainable Development』. Beacon Press.

340) 한국지역개발학회. "김경아 & 문태훈". (2019). [참발전지수(GPI)의 개발 및 적용에 관한 연구]. 학술대회 논문집. (pp 4).

341) 한국국제경제학회. "남주하 & 김상봉". (2010). [한국의 경제행복지수 측정에 관한 연구]. 국제경제연구 18(20). (pp 2).

342) 한국지역개발학회. "김경아 & 문태훈". (2019). 〔참발전지수(GPI)의 개발 및 적용에 관한 연구〕. 학술대회 논문집. (pp 182).

343) 변미리, 민보경 & 박민진. (2017). 〔서울형 행복지표 구축과 제도화 방안〕. 서울연구원 정책과제연구보고서 . (pp 4).

344) IMF. (2021) 〔IMF World Economic Outlook〕. IMF.

345) 변미리, 민보경 & 박민진. (2017). 〔서울형 행복지표 구축과 제도화 방안〕. 서울연구원 정책과제연구보고서 . (pp 6).

346) 통계청 통계개발원. (2020), 〔국민 삶의 질 2019〕 보고서.

347) 변미리, 민보경 & 박민진. (2017). 〔서울형 행복지표 구축과 제도화 방안〕. 서울연구원 정책과제연구보고서 . (pp 6).

348) 박진도 외. (2021), 『GDP 너머 국민총행복 아직 행복하지 않은 국민을 위한 12가지 제언』. 한겨레출판. (pp 121).

349) 사회적가치와기업연구. "라준영, 김수진 & 박성훈". (2018). 〔사회성과인센티브(SPC)와 사회적 기업의 사회적 가치 측정: 사회성과의 화폐가치 환산〕. 사회적기업연구 11(2). (pp 138).

350) 한국사회학회. "정현천". (2017). 〔화폐화 방식의 사회적 가치 측정 체계 도입〕. 심포지움 논문집. (p 205).

351) 한국행정연구원. "정명은". (2019). 〔사회적 가치 측정: 합의, 자가측정, 화폐화〕. 한국행정연구, 28(3). (pp 78).

352) 최태원. (2014). 『새로운 모색, 사회적 기업』. 이야기가 있는 집.

353) 사회적가치와기업연구. "이용탁". (2021) 〔사회적 프랜차이징의 사회적 가치측정: SROI의 적용〕. 사회적기업연구 14(1). (pp 123~124).

354) 한국서비스경영학회. "조일형, 윤영진 & 이미영". (2020). 〔공공서비스 연구개발 성과의 사회적 가치 추정: 사회문제해결형 국가연구개발사업의 사회적투자수익률(SROI)〕. 서비스경영학회지 21(2). (pp 256).

355) 같은 자료. (pp 253).

356) 같은 자료. (pp 252).

357) 같은 자료. (pp 257)

358) 한국경영학회. "정아름, 허승준, 송기광 & 김보영". (2020). 〔사회적 가치 측정방법의 특징 분석 및 최신 동향〕. Korea Business Review 24(3). (pp 151).

359) 한국서비스경영학회. "조일형, 윤영진 & 이미영". (2020). 〔공공서비스 연구개발 성과의 사회적 가치 추정: 사회문제해결형 국가연구개발사업의 사회적투자수익률 (SROI)〕. 서비스경영학회지 21(2). (pp 259).

360) 같은 자료. (pp 251).

361) 한국인적자원관리학회. "조영복 & 류정란". (2014). 〔사회적기업의 사회적 가치 측정, 그 접근법과 발전방향의 모색 –SROI의 우수성을 중심으로-〕. 인적자원관리 연구 21(3). (pp 491).

362) 한국지역개발학회. "김경아 & 문태훈". (2019). 〔참발전지수(GPI)의 개발 및 적용에 관한 연구〕. 학술대회 논문집. (pp 503).

363) Institute of Ecology and Resource Management, University of Edinburgh. "Hanley, N., Moffatt, I., Fainchney, R.,& Wilson, M.". (1999). 〔Measuring sustainability: a time series of alternative indicators for Scotland〕. Ecological Economics 28. (pp 55~73).

364) Lab 2050. "이승준, 김지원 등". (2021). 〔대안GDP 어떻게 만들 것인가?: 도시 국가 국제기구의 사례 분석〕. Lab 2050 보고서 솔루션. (pp 26).

365) Institute of Ecology and Resource Management, University of Edinburgh. "Talberth, J.,& Weisdorf, M." (2017), 〔Genuine Progress Indicator 2.0: Pilot Accounts for the US, Maryland, and City of Bal.timore 20122014.〕 Ecological Economics.142. (pp.1~11).

366) Macmillan Publishers Limited. "Costanza, Kubiszewski, Giovannini, Lovins, McGlade, Pickett, Ragnarsd ttir, Roberts, De Vogli and Wilkinson". (2014). 〔Time to Leave GDP Behind〕. Nature 505. (pp 283~285).

367) 김경아 & 문태훈. (2019). 〔참발전지수(GPI)의 개발 및 적용에 관한 연구〕. 한국지 역개발학회 학술대회 논문집. (pp 507).

368) 김경아 & 문태훈. (2021). 〔참발전지수(GPI)의 개발 및 적용에 관한 연구〕. 한국환경정책학회 학술대회 논문집. (pp 183).

369) Springer. "Lawn, P.". (2005). 〔An assessment of the valuation methods used to calculate the Index of Sustainable Economic Welfare (ISEW), Genuine Progress Indicator(GPI), and Sustainable Net Benefit Index (SNBI)〕. Environment, Development, and Sustainability 7. (pp 185~208).

370) 김경아 & 문태훈. (2019). 〔참발전지수(GPI)의 개발 및 적용에 관한 연구〕. 한국지역개발학회 학술대회 논문집. (pp 182~183).

371) 한국행정연구원. "정명은". (2019). 〔사회적 가치 측정: 합의, 자가측정, 화폐화〕. 한국행정연구. 28(3). (pp 81~82).

372) 김현희. (2018). 〔사회적 가치 실현의 법제적 대응 전략 제2주제 토론문〕. 한국법제연구원 개원 28주년 기념 학술행사 자료집. (pp 69~70).

373) 박광온의원 등 16인. (2020.6.1.). 〔공공기관의 사회적 가치 실현에 관한 기본법안, 제2100001호〕. 제378회 국회(임시회).

374) 한국경영학회. "정아름, 허승준, 송기광 & 김보영". (2020). 〔사회적 가치 측정방법의 특징 분석 및 최신 동향.〕 Korea Business Review 24(3). (pp 151).

375) 사단법인 사회적기업학회. "라준영". (2020). 〔제품/서비스의 사회적 가치와 화폐화 측정.〕. 사회적기업연구 13(3). (pp 172).

376) 한국경영학회. "정아름, 허승준, 송기광 & 김보영". (2020). 〔사회적 가치 측정방법의 특징 분석 및 최신 동향.〕 Korea Business Review 24(3). (pp 157).

377) 같은 자료. (pp 162).

378) Lab 2050. "최영준". (2021). 〔참성장전략: 공멸이 아닌 공존의 시대로〕. Lab 2050 보고서 솔루션 2050(06). (pp 7~16).

379) 한국경영학회. "정아름, 허승준, 송기광 & 김보영". (2020). 〔사회적 가치 측정방법의 특징 분석 및 최신 동향.〕 Korea Business Review 24(3). (pp 160).

380) 김정훈(Jung Hoon Kim), 최석현(Seok Hyeon Choi). (2018). 사회적 시민권과 참여 소득에 관한 소고. 지역발전연구, 27(3): 119-146. p121.

381) 김정훈(Jung Hoon Kim), 최석현(Seok Hyeon Choi). (2018). 사회적 시민권과 참여 소득에 관한 소고. 지역발전연구, 27(3): 119-146. p133.

382) 김정훈(Jung Hoon Kim), 최석현(Seok Hyeon Choi). (2018). 사회적 시민권과 참여 소득에 관한 소고. 지역발전연구, 27(3): 119-146. p130.

383) 이상준. "참여소득, 캐퍼빌러티 그리고 적극적 노동시장 정책." 시민과세계. (2021): 107-160. p119.

384) 조남경. (2017). 기본소득 전략의 빈곤 비판: 호혜성, 노동윤리, 그리고 통제와 권리. 사회보장연구, 33(3), 253-269. p259.

385) 박평종. (2021). 인공지능 기반 이미지 생성 알고리즘과 사진. 미학예술학연구, 62, 200.

386) 권지혜, 김채림, 박소향, 박영인, 배주은, 김상진. (2021). 이미지 인식 기반 의약 정보 시스템 연구개발. 한국정보기술학회 종합학술발표논문집, 606-608.

387) 고재경. (2010). 탄소포인트제 평가 및 개선 방안. GRI Policy Brief, (40), 38.

388) Avoidance of Methane Emissions at Organic Compost Soil Amendment Facility. GSF Impact registry. (2015). Retrieved October 13, 2021, from https://registry.goldstandard.org/projects/details/500.

389) Verified Emission Reductions. Carbonfund.org. (2018). Retrieved October 13, 2021, from https://carbonfund.org/verified-emission-reductions.

390) Vision + Impacts | The Gold Standard. (2021). Goldstandard.org. https://www.goldstandard.org/about-us/vision-and-mission.

391) About SustainCERT. (2018). Sustain-Cert.com. https://www.sustain-cert.com/about.

392) SustainCERT. (2021, October 28). SustainCERT completes $10 Million Capital Raise to Drive a #RacetotheTop in Carbon Emissions Accounting and Verification.

Prnewswire.com. https://www.prnewswire.com/news-releases/sustaincert-completes-10-million-capital-raise-to-drive-a-racetothetop-in-carbon-emissions-accounting-and-verification-301410169.html.

393) SustainCERT: Project and Reviews. (2021). SustainCERT.com. https://desk.zoho.com/portal/sustaincert/en/kb/articles/access-your-project-on-sustaincert-app.

394) 안창남,& 길병학. (2010). 우리나라 탄소세 도입방안 연구. 조세연구, 10(2).

395) 윤성혜(Yun Sung-Hye). (2010). 중국의 탄소세 도입 배경과 전망. 東亞法學, -(49), 65-100.

396) 조혜경. (n.d.). (rep.). 스위스 탄소세 생태배당 모델, 성공적 환경정책의 모범사례로 부상하다 (Vol. No.14, Ser. Alternative Issue Paper). 정치경제연구소 대안.

397) Blaufelder, C., Levy, C., Mannion, P., & Pinner, D. (2021, January 29). A blueprint for scaling voluntary carbon markets to meet the climate challenge. McKinsey & Company; McKinsey & Company. https://www.mckinsey.com/business-functions/sustainability/our-insights/a-blueprint-for-scaling-voluntary-carbon-markets-to-meet-the-climate-challenge

8장

398) Märtin, D. (2019). ⟨Habitus: Sind Sie bereit f r den Sprung nach ganz oben?⟩. Campus Verlag.

399) 박소현. (2021.9.24.). "볼보, 2025년까지 신차 소재 25%를 재활용 바이오 소재로 교체". 매일경제.

400) 조소진. (2021.6.26.). "'미닝아웃'하는 MZ세대 공략나선 유통업계... '소비해야 할 '의미'까지 찾아라'". 한국일보.

홍채린. (2022.1.4.). "MZ세대 가치소비 열풍…유통업계 '불필요한 용기 줄이기' 동참". 조세일보.

ESG 배려의 정치경제학

401) 류영상. (2021.7.30.). "2030세대 79%가 돈보다 가치에 열광 '미닝 아웃' 트렌드 주도". 매일경제.

402) 이한. (2020.11.20.). "〔환경경제 용어사전 16〕 필환경 '그린슈머'는 무엇을 위해 지갑을 여는가". 그린포스트코리아.

403) 매일유업 홈페이지(maeil.com). (빨대 없는 멸균우유 '매일우유 빨대뺐소' 출시)." 2021년 2월 28일 확인".

404) World Bank 홈페이지(worldbank.org, UN Fashion charter) "2022년 2월 28일 확인".

405) 이한. (2020.11.20.). "〔환경경제 용어사전 16〕 필환경 '그린슈머'는 무엇을 위해 지갑을 여는가". 그린포스트코리아.

406) UNECE 홈페이지 (unece.org)(2018 report) "2022년 2월 28일 확인".

407) 공인아. (2019.9.20.) "푸드 리퍼브'를 아세요?". VOGUE.

408) 위은지. (2019.4.22.). "팔리지 않은 음식 팝니다" 음식물 쓰레기와 싸우는 식료품점. 동아일보.

409) 노예진. (2021.6.2.). "세계 푸드리퍼브 캠페인, '못난이 농산물'의 1석3조 효과". Worldtoday.

410) aT(농수산물유통공사) 사보. 2019년 9월호.

찾아보기

1MDB 스캔들 163

1유로 신발 222, 223

2차 이해관계자 137

3 ALL 원칙 21

3E 138, 145

3P 139, 145

3개 동심원 모형 352

2040 카본 네거티브 266

ㄱ

가이아이론 111

건전한 기업시민 134

검역 52

계몽되지 않은 자기이익 121

계몽된 사적이익 121

계속기업 143

골드만삭스 사건 163

골든 서클 300

공유가치창출 119, 122, 195, 221, 224, 230, 235, 369

공유지의 비극 97

관세 및 무역에 관한 일반협정 78

구글 AI 임팩트 챌린지 217

국가 지속가능발전목표 170

그랑 생 앙투안 50

그린슈머 357, 358, 401

그린스펀 풋 156

그린워싱지수 359, 360

극단적 투명성 244

글로벌지속가능성이니셔티브 258

기관투자자의 수탁자 책임에 관한 원칙 182, 306

기술화석 103

기업국가 117

기업 리스크 205, 251

기업시민 30, 32, 115, 123, 124, 129, 134, 137, 158, 257, 301, 302, 99

기업의 사회적 책임 19, 28, 35, 37, 42, 66, 92, 111, 114, 116, 118, 119, 122, 128, 130, 154, 156, 157, 185, 208, 289, 328, 369

기업책임 134

기업책임강령 114

기후변화 93, 97, 161, 162, 163, 168, 170, 171, 177, 178, 198, 199, 200, 242, 243, 262, 263, 298, 301, 304, 324, 349, 350, 351, 352, 370, 376, 390, 394

ㄴ

나틱 프로젝트 265

내부통제 164, 195, 247, 249, 250, 252, 315

네스카페 플랜 225

네슬레의 CSV 224, 225, 226

ESG 배려의 정치경제학

ㄷ

닭세 103

대리인 문제 150

더 리얼 정크푸드 프로젝트 366

더블버튼라인 27

돈의 사용법 20, 112

돌고래 안전 라벨링 32, 77, 78, 79, 82, 359

ㄹ

래리 핑크 20, 23, 24, 29, 176, 349

로널드 코즈 63

리스크 관리 139, 204, 211, 249, 250, 251,
301

리우선언 167

ㅁ

마르세유 페스트 50

마크 카니 97

맬서스 53

맬서스 트랩 54

모두를 위한 인공지능 214

물제로

물 환원 프로젝트 201, 202, 204

미닝아웃 300, 347, 354, 355, 356, 357, 368,
393, 401

ㅂ

바닥을 향한 경쟁 88

배출권거래 128

밸디즈 원칙 127

분기 자본주의 30, 31

블랙록 20, 23, 176, 178, 181, 191, 349

비용편익분석 47

ㅅ

사탄의 맷돌 60

사회책임투자 20, 21, 22, 23, 24, 28, 29, 36,
112, 180, 181, 184

생존가능성 92

서울 뉴칼라 스쿨 221

성장의 한계 111, 125, 157

세계불확실성 지수 175

세계자연기금 202, 341, 409

세리즈 원칙 127

소셜GDP 338

솔루셔니즘 95, 96

수소 경제 267, 270

수익성의 원칙 188

스웨트샵 82

스톡옵션 151

스튜어드십코드 7가지 세부 원칙 182

시례리 프로젝트 204

시장만능주의 57

시장사회 58

시장의 우상 58

신생대 제4기 홍적세 101

신생대 제4기 충적세 101
신인의무 188
신탁윤리 113
쓰레기 없는 세상 281
씨스피라시 77

ㅇ
아데스병 281, 282
안정성의 원칙 188
애즈유소우 74
앰비슈머 357
양면적인 소비자 357
양심적 패션 347, 360, 362, 364, 368
에드워드 프리먼 130
에스텔 51
에지 컴퓨팅 258
연례서한 20, 23, 29, 349
열-산업 자본주의 106
올바른 패션 361, 362
외부효과 62
요하네스버그 선언 167
우리강산 푸르게 푸르게 217, 218, 248
우리 공동의 미래 126
우리의 신조 207, 208, 209, 368
우즈베키스탄 코튼 서약 74
월가를 점거하라 153
위기 관리 204

위푸드 367
유능함 197, 200
유엔 글로벌콤팩트 158
이중선체 구조 127
이해관계자 130, 137
이해관계자자본주의 179
이해관계자중심주의 154
인류세 101
인종간 평등 및 정의 이니셔티브 263, 285
임팩트 액셀러레이터 263

ㅈ
적도원칙 278, 279
전과정평가 84
전략적 CSR 122, 129, 195, 213, 214, 217
전부원가가격책정 145
전부원가회계 83, 145
제조공정방법 81
존슨앤존슨 114
존 웨슬리 17, 20, 112
좋은 사회를 위한 AI 214
좋은 인류세 107
죄악의 주식 22, 24, 29
주식매수청구권 151
주인과 노예의 변증 153
주주자본주의 179
주주중심주의 154

ESG 배려의 정치경제학

지배구조 19, 25, 34, 37, 39, 42, 93, 160, 176,
    183, 193, 226, 227, 244, 246, 247, 298,
    303, 306, 314, 369
지속가능경영 137
지속가능금융 공시 규제 298
지속가능발전 157
지속가능성 92
지속가능성 다이아몬드 353
지속가능 제조조달 지표 213
지속가능투자 176
지평의 비극 97

ㅊ

착한 소비 33, 297, 300, 355, 359
참여소득 339, 345, 399
참진보지수 330, 408
책임투자원칙 20, 24, 176, 182, 297
침묵의 봄 111, 125

ㅋ

칼 폴라니 60
캐롤의 CSR 피라미드 66
코즈의 정리 63
코코아 협약 71
코튼 캠페인 74
콥워치 141
쿨머니 30, 31
크로스 도킹 시스템 283

ㅌ

탄소 네거티브 263, 264
탄소상쇄시장 344, 345
탄소세 36, 264, 343, 344, 400
탄소화폐 343
탈석탄 금융 278
통합보고 311, 312
투명한 가격 244, 245
트리플버틈라인 138

ㅍ

파이어니어 펀드 22
팍스 월드 펀드 22
팜사업 환경사회정책 279
패션협정 235
폴 크뤼천 101
푸드 리퍼브 366, 368, 401
플랜트바틀 282
피구세 67
핀토 메모 47
핀토 트랩 57

ㅎ

한국 뉴칼라 스쿨 221
한국형 RE100 275
핫머니 29, 30, 31
호모 사피엔스 KFC 코카콜라 103

찾아보기

호모 사피엔스 사피엔스 103

호모 이코노미쿠스 58

호모 파베르 371

환경경영 39, 40, 139, 160, 195, 197, 198, 200, 248

환경손익계산서 232, 234

A

AI4SG 214, 216

ambivalent consumer 357

Anthropocene 101

As You Sow 74

C

Carbon Negative 264

Carbon Offset Market 344

CERES Principles 127

Competence 197

conscious fashion 362

Cool Money 31

Corporate Citizen 134

Corporate Citizenship 301

Corporate Responsibility 134

CorpWatch 141

Cotton Campaign 74

Creating Shared Value 122, 221, 224, 227

Credo of Corporate Responsibility 114

Crisis Management 204

Cross-Docking System 283

CSR 19, 28, 30, 66, 92, 111, 112, 113, 114, 115, 116, 117, 118, 119, 120, 121, 122, 123, 124, 128, 129, 130, 133, 135, 136, 138, 156, 157, 160, 185, 208, 213, 214, 217, 222, 224, 226, 230, 238, 289, 301, 302, 308, 309, 328, 369, 99

CSR의 기표 119

CSR체계 224

CSV 119, 122, 195, 221, 222, 223, 224, 225, 226, 227, 228, 229, 230, 233, 235, 238, 369

D

DBL 27, 233, 336

Diamond of Sustainability 353

Double Hull Structure 127

E

edge computing 258

Emissions Trading 128

Enlightened Self-Interest 121

EnviroMedia's Greenwashing Index 360

Equity, Ecology, Economy 145

ESG경영 19, 26, 27, 30, 32, 33, 34, 40, 115, 157, 195, 198, 211, 248, 256, 257, 314

ESG 관련 법안 36

ESG워싱 33, 193, 360

ESG 정보공개 가이던스 306

ESG지주회사 지수 192

ESG 책임투자 186

ESG 배려의 정치경제학

ESG투자 176

ET 128

EU Accounting Directive 298

EU회계지침 298

F

Food Refub 366

Full Cost Accounting 83, 145

Full Cost Pricing 145

G

GATT 78

GECO 341

GEC Organics 341

Genuine Progress Indicator 330, 396, 398, 408

GeSI 258

Get IT Together 230, 231

Global Enabling Sustainability Initiative 258

Going Concern 143

Google AI Impact Challenge 217

GPI 184, 319, 330, 331, 332, 333, 397, 398, 399, 408

GRI 30, 32, 307, 308, 309, 310, 312, 313, 314, 316, 317, 318

GRI스탠더드 310, 312, 313

H

Homo Sapiens Sapiens 103

Hot Momey 30

I

IC 249

Impact Accelerator 263

Integrated Reporting 311

Internal Control 249

IR 70, 311

ISO26000 19, 128, 159, 160, 161, 162, 99

ISO37001 160, 162, 164, 166, 195, 99, 292, 293

K

K-ESG 가이드라인 39, 40, 313

K-RE100 275

K-SDGs 170

L

LCA 84

Life-Cycle Assessment 84

M

Mark Carney 97

MDGs 19

N

Natick 265

NDPE정책 279

NEF 328

New Economics Foundation 328

NPO 지속가능성 보고 가이드라인 307

찾아보기

O

Occupy Wall Street 153

Our Credo 207, 209

OWS 153

P

Paul Crutzen 101

People, Planet, Profit 145

Pigue Tax 67

Pinto Trap 57

PPMs 81

Primary Stakeholder 137

Process & Production Methods 81

P-TECH 220, 221

Q

Quarantine 52

Quarterly Capitalism 30

R

Race To The Bottom 88

Racial Equity and Justice Initiative 263, 285

RAIN 202, 203

REDF 328

R. Edward Freeman 130

REJI 285, 286

Replenish Africa Initiative 202

Right Fashion 361, 362

Risk Management 204

S

SDGs 19

Seaspiracy 77

Secondary Stakeholder 137

SFDR 298

Shareholder Capitalism 179

Signifiant 119

SMSI 213

Socially Responsible Investment 20

Solutionism 95

SRI 20, 24, 28, 30, 112, 181

SROI 230, 231, 232, 319, 328, 329, 330, 397, 398, 409

Stakeholder 130

Stakeholder Capitalism 179

Survivability 92

Sustainability 92

Sustainable Finance Disclosure Regulation 298

Sustainable Investing 176

Sustainable Manufacturing and Sourcing Index 213

Sweatshop 82

T

TBL 138

TCFD 307, 308

Technofossil 103

The Real Junk Food Project 366

Thermo-Industrial Capitalism 106

The Roberts Enterprise Development Fund
    328

The Tragedy Of The Commons 97

The Tragedy Of The Horizon 97

Transparent pricing 245

Triple-Bottom Line 138

Trusteeship 113

U
Unenlightened Self-Interest 121

UNGC 158, 159

UNGC 10대 원칙 159

Uzbek Cotton Pledge 74

V
Valdez Principles 127

VER 341

VER 인증기관 341

Voluntary Emissions Reductions 341

W
Warmth 197

Water Zero 225

WeFood 367

World Uncertainty Index 175

World without Waste 281

WUI 175

WWF 202, 204, 341, 409

탄소정보공개프로젝트	CDP	Carbon Disclosure Project
기업의 사회적 기회	CSO	Corporate Social Opportunity
최고지속가능성책임자	CSO	Chief Sustainability Officer
기업의 사회적 성과	CSP	Corporate Social Performance
기업의 사회적 책임	CSR	Corporate Social Responsibility
기업 지속가능성보고지침	CSRD	Corporate Sustainability Reporting Directive
공유가치창출	CSV	Creating Shared Value
더블버틈라인	DBL	Duble-Bottom Line
유럽재무보고자문그룹	EFRAG	European Financial Reporting Advisory Group
배출권거래	ET	Emissions Trading
전부원가회계	FCA	full cost accounting
관세 및 무역에 관한 일반 협정	GATT	General Agreement on Tariffs and Trade
국내총생산	GDP	Gross Domestic Product
국민총행복	GNH	Gross National Happiness
국제인권변호사회	IRA	International Rights Advocates
참진보지수	GPI	Genuine Progress Indicator
글로벌 가치 사슬	GVC	Global Value Chain
내부통제	IC	Internal Control
국제기업지배구조네트워크	ICGN	International Corporate Governance Network
국제노동기구	ILO	International Labour Organization
국제통화기금	IMF	International Monetary Fund
국제해사기구	IMO	International Maritime Organization
국제표준화기구	ISO	International Organization for Standardization
전과정평가	LCA	Life-Cycle Assessment
새천년개발목표	MDGs	Millennium Development Goals

비재무보고지침	NFRD	Non-Financial Reporting Directive
상장회사 회계감독위원회	PCAOB	The Public Company Accounting Oversight Board
책임투자원칙	PRI	Principles for Responsible Investment
책임투자	RI	Responsible Investment
지역별 가치 사슬	RVC	Regional Value Chain
지속가능성회계기준심의회	SASB	Sustainability Accounting Standards Board
지속가능발전목표	SDGs	Sustainable Development Goals
지속가능금융 공시 규제	SFDR	Sustainable Finance Disclosure Regulation
사회책임투자	SRI	Socially Responsible Investment
사회적 투자수익률	SROI	Social Returen On Investment
트리플버틈라인	TBL	Triple-Bottom Line
유엔개발계획	UNDP	United Nations Development Programme
유엔환경계획	UNEP	United Nations Environment Programme
금융이니셔티브	FI	Finance Initiative
유엔글로벌콤팩트	UNGC	UN Global Compact
유엔 기업과 인권 이행원칙	UNGPs	United Nations Guiding Principles on Business and Human Rights
자발적 탄소 배출권	VER	Voluntary Emissions Reductions
지속가능발전세계정상회의	WSSD	World Summit on Sustainable Development
세계무역기구	WTO	The World Trade Organization
세계불확실성 지수	WUI	World Uncertainty Index
세계자연기금	WWF	World Wide Fund for Naturee

ESG 배려의 정치경제학

지은이 | 안치용·이윤진
RA(리서치 어시스턴트) | 노희원 이찬희 장가연 장효빈 현경주 현예린
펴낸곳 | 마인드큐브
펴낸이 | 이상용
책임편집 | 홍원규
디자인 | SNAcommunications(서경아, 남선미, 서보성)

출판등록 | 제2018-000063호
이메일 | viewpoint300@naver.com
전화 | 031-945-8046
팩스 | 031-945-8047

초판 1쇄 발행 | 2022년 5월 23일

ISBN | 979-11-88434-60-2 03320